Collana Duevi

CW01662347

Elena Bianchini Braglia

Anna e Lo Sfregiato

una principessa estense nella Francia delle guerre di religione

COLLANA DUEVITTORIE
Edizioni Terra e Identità

In copertina:
Pierre Charles Comte, *Anna Eleonora d'Este fa giurare al figlio Enrico di vendicare l'assassinio del padre Francesco, Duca di Guisa,* olio su tela, 1864,Castello di Blois

Grazie a Maria Cristina Bocchi, Roberta Iotti, Lia Tassi
e don Mauro Tranquillo

PROLOGO

Nella chiesa di Notre Dame de Liesse, ad Annecy, un grande santo pronunciava un solenne elogio funebre. Le parole di Francesco di Sales accompagnavano nell'ultimo suo viaggio Anna Eleonora d'Este, principessa di Ferrara, duchessa di Guisa poi di Nemours, per il popolo cattolico «regina di Parigi», per molti anni protagonista della vita politica e mondana della Francia degli ultimi Valois. Il 17 maggio 1607, aveva chiuso gli occhi per sempre a una vita drammatica e intensa che si era dipanata dolorosissima per settantasei lunghi anni sul tragico sfondo dei conflitti religiosi che avevano bagnato di sangue le terre del re cristianissimo. La regina Maria de' Medici era rimasta al suo fianco fino all'ultimo istante, finché non le aveva udito esalare l'ultimo respiro, finché la vita non aveva abbandonato il Palazzo parigino dei Nemours, dove Anna aveva negli ultimi mesi trascinato in solitudine un'esistenza ritirata, mesta, la sua mente vivacissima di brillante intelligenza, ferrea volontà, fulgida fede ormai vittima di lento progressivo decadimento.

Il Palazzo dei Nemours a Parigi era splendido, e immenso. Troppo per una donna sola e ammalata. Solenne quando un tempo ospitava i ricevimenti di famiglia, maestoso quando i discendenti del duca vi si riunivano per discutere o banchettare. I saloni affrescati risuonavano di melodie e voci che si mescevano al lontano scalpitare degli zoccoli dei cavalli, allo stridere delle ruote delle carrozze. I camerieri in livrea aprivano il pesante portone e nuovi ospiti continuavano a riempire le sale. Alla luce tremula e bianca delle candele si mangiava e si ballava fino a tarda notte, i camini scoppiettanti, le dame elegantissime, la regina Maria de' Medici sempre affabile, il re cortese, accondiscendente. Il duca di Nemours era morto, la sua vedova sembrava essere il centro della vita mondana di Parigi. Ma tutto ciò che è mondano è anche destinato a scemare insieme all'inarrestabile correre del tempo.

Ora che la malattia l'aveva abbattuta, i grandi specchi di cristallo non riflettevano che la sbiadita sembianza d'una dimessa dama. Ma se a Parigi era finalmente tornata la pace, era stato anche grazie a lei, grazie a questa donna malata quasi già dimenticata dal mondo. E poco le importava adesso che nessuna risata cristallina, nessuna nota strappata a un'arpa o a un clavicembalo dalle mani esperte di un musicista di corte, nessuna carrozza blasonata riempissero più le nude sale e i silenti cortili di un Palazzo che negli ultimi mesi pareva divenuto il suo ospizio, null'altro che il ricovero di un'anziana signora stanca e un po' svagata. Il suo compito era terminato. Non ricordava di preciso quando, né perché, ma era sicura che fosse terminato. E non si era certo trattato di un compito facile. Il ruolo che la storia, che quell'immensa tragedia che è la storia umana aveva chiesto ad Anna d'Este d'interpretare era stato tutt'altro che lieve.

Nulla le fu risparmiato. E se ora la sua povera mente aveva ceduto, nessuno che avesse un poco di coscienza avrebbe potuto fargliene una colpa, né in fondo meravigliarsene.

Le giornate scorrevano lente, finalmente avare di emozioni, finalmente tutte uguali, lunghissime, monotone. Per chi ha sofferto ogni dolore, in fondo non può esserci ristoro più grande, dono più gradito. Non le mancava affatto la vita di corte, frivola, capricciosa quando non spietata e crudele. Non le mancavano gli intrighi politici che l'avevano vista così a lungo involontaria protagonista. Ora doveva solamente prepararsi a morire, e pregare Dio di potersi preparare bene. Aveva veduto crollare una Dinastia e nascerne un'altra. Aveva aiutato il nuovo re di Francia a farsi accettare dai cattolici e a chiudere una lunga guerra fratricida, una guerra che l'aveva privata degli affetti più cari, una guerra che doveva finire. Se chiudeva gli occhi in quelle sale buie e silenziose, poteva ancora udire i suoi stessi singhiozzi, e vedere i cadaveri mutilati dei figli adorati.

Ogni giorno, mentre invano cercava di ricordare gli avvenimenti più prossimi, e la mente sembrava offuscarsi fino a cancellarne ogni traccia, mentre lottava coi residui di una memoria malata per ripescare dall'oblio i nomi e i visi di quei pochi che le erano vicini in quegli ultimi mesi di agonia, le scorreva dinanzi agli occhi stanchi una vita intensa, un avventuroso drammatico romanzo. Episodi lontanissimi, uomini morti da anni, vecchie lettere sbiadite, dialoghi fugaci e perduti... Tutto tornava a vivere. I ricordi erano violenti, le immagini lucidissime, palpitanti, proprio come se tutto fosse accaduto in quel momento, come se non avesse mai smesso di accadere.

Anna Eleonora principessa d'Este, duchessa di Guisa e di Nemours, si faceva protagonista di un romanzo che ogni giorno era costretta a leggere e rileggere. Sembrava un tormento, ma forse era invece un dolce dono del Cielo. Dicevano che la follia si fosse impadronita della sua mente. Ma dolce amica è la follia quando ci consente di raggiungere sublimi vette inattese, quando dispettosa e molesta vuol farci dimenticare perfino il nostro stesso nome, ma poi ci sorprende generosa lasciandoci analizzare tutta un'anima con insperata lucidità. Anna non avrebbe saputo dire se era la follia a mettere in scena ogni giorno, mentre se ne stava seduta in poltrona e solo pochi raggi del sole tenue di una primavera al suo esordio riuscivano a raggirare il muro delle pesanti cortine cremisi, la grandiosa commedia della sua vita. Sapeva solamente che in quei momenti la stanza si animava, i saloni risuonavano di voci e melodie dolcissime, rilucevano i candelabri, e il Palazzo sembrava più vivo di quando era un vero centro di vita mondana. Allora la corte di Parigi era tutta radunata dinanzi a lei, cavalieri e dame in carne e ossa, eleganti, deliziosamente raffinati, ambiziosi e sanguinari, terribilmente spietati o teneramente galanti.

Rivedeva i vasti pianori delle campagne francesi ingentiliti dai romantici castelli della Loira, che audaci spezzavano la monotonia verde della natura per incantare con una maestosa improvvisa bellezza, ma rivedeva anche quel lembo di terra italica dove sorgeva il piccolo ducato retto dai suoi avi… la spensierata e coltissima Ferrara, le raffinate ville di campagna che avevano sorriso con grazia agli ultimi anni di splendore di una capitale al tramonto. Ritrovava i figli, i grandi Guisa, pieni di promesse strappate da una morte violenta e prematura, ma anche suo fratello Alfonso d'Este, invecchiato e deluso da tre matrimoni senza prole… riviveva l'orrore della guerra, l'odio fra cattolici e protestanti che aveva cominciato suo malgrado a conoscere ancora bambina, fra le mura domestiche, nei puerili battibecchi dei genitori. Ma grazie a Dio vedeva anche la pace, fortemente anelata e finalmente riconquistata.

Poteva rivedere tutta l'esistenza, quasi senza più soffrire, quasi come se si trattasse di un racconto lontano. Riusciva a comprendere ogni momento vissuto rimirandolo con serenità, ripensava tutto con distacco, come se la morte si fosse già portata via i dubbi e gli equivoci, le ansie e i dolori. Se era lei, non poteva che ringraziarla, la follia, compagna fedele dei suoi ultimi giorni, giacché tutti dovrebbero desiderare una siffatta lezione prima di congedarsi dal mondo. E dopo di essa non le sarebbe rimasto che attendere la morte, attendere con gioia e speranza il momento in cui al suo spirito fosse concesso di rivedere i frutti di quella stessa esistenza con gli occhi dei posteri, giacché a quel punto solo una morte amica che fosse andata a liberarla dagli ultimi residui di un'esistenza ormai conclusa, che avesse levato l'anima oltre il tempo e le pesanti catene dei giudizi umani, le avrebbe forse consentito di saperne di più.

Ma per ora l'appagava questo continuo ripensarsi, questo incessante ripercorrere un'esistenza tragica, unica, dolorosa, edificante. Un'esistenza che sembrava perfino irreale e che invece, per colpa di un destino capriccioso o grazie a un Dio benevolo, era capitata proprio a lei…

I

«Certamente, si sarebbe potuto dire che le loro bellezze e le loro grazie erano eguali, sennonché la signora di Guisa era un poco più bella; però ella si contentava di sorpassare soltanto in ciò la sua rivale, lasciando a costei il primato della gloria e della alterigia: poiché la signora di Guisa era la più dolce, la più buona, la più modesta e la più affabile principessa che si potesse trovare, benché a suo modo ella sapesse mostrarsi anche altera. La natura l'aveva fatta tale, tanto nella sua statura alta e bella, quanto nel suo portamento grave e maestoso, così che vedendola la prima volta, si era alquanto intimiditi nell'accostarla, ma una volta avvicinata e parlato con lei, non altro si trovava in lei che una grande dolcezza, molto candore e bonarietà, virtù che essa traeva da suo nonno, il buon padre del popolo, e dalla dolce aria di Francia. Il che non impediva che, all'occorrenza, ella sapesse far valere la sua grandezza e la sua gloria».

Brantôme

Era il 16 novembre. Ferrara, deliziosa città sulle rive del Po, era avvolta da quella nebbia umida, impenetrabile che già dal primo autunno e fino a primavera inoltrata avvolge solitamente nel suo manto cenerino campi, strade e boschi. I campanili e le torri più alte svanivano mescendosi al candore brumoso che offuscava tutto fino alle ore più calde del giorno, quando i raggi del sole a stento laceravano diradandolo il fumo bianco che, come rinvigorito, tornava poi a offuscare ogni cosa all'appressarsi del tramonto.

L'anno del Signore 1531 volgeva ormai al termine, ma prima di congedarsi prometteva di lasciare un dono prezioso a quella città felice che si faceva beffe di un clima umido e malsano e cresceva ricca e prospera. Una nobile antichissima Casata guidava quelle terre fin dai tempi delle signorie e vi aveva consolidato il proprio potere, trasformando quel lembo della pianura padana in uno Stato di modeste dimensioni, ma certo di prim'ordine in quanto a benessere, cultura, arte.

La città era in festa, attendeva la nascita di un fanciullo fra le mura maestose del Castello estense, forse un erede al trono, o forse una principessa che con le sue nozze avrebbe rinsaldato qualche alleanza prestigiosa e rinvigorito il potere della Dinastia. Nacqui io, Anna. Anna Eleonora d'Este. Deliziosa bambolina paffuta, sana e robusta, che, ancora ignara di un glorioso destino in terra di Francia, quel destino e quella terra salutava già nel nome: il prestigioso nome della nonna Anna di Bretagna.

Papa Paolo III aveva concesso agli Este, suoi feudatari, l'onore d'esser padrino al battesimo, mentre aulici versi venivano composti per salutare la nuova vita da messer Bernardo, letterato d'insigni qualità, pochi anni dopo eclissato dal genio del suo stesso figliolo, al quale sarebbe stato dato di rendere immortale il nome dei Tasso cantando le avventure dei crociati in Terrasanta. Ero la figlia primogenita dell'erede al trono di Ferrara, che sarebbe di lì a poco divenuto duca col nome di Ercole II. La sua unione con mia madre Renea di Valois, fortemente voluta dal nonno Alfonso I per l'indubbio prestigio che poteva derivare a un piccolo Stato italiano dalle nozze con la figlia del re di Francia, non sarebbe stata sempre felice, ma certo si rivelò subito feconda. Appena due anni dopo la mia nascita, Ferrara poté rallegrarsi di nuovo e dare il benvenuto all'erede al trono, Alfonso, mentre il 1534 salutò l'arrivo di Lucrezia. Tre anni dopo vide la luce Leonora e nel 1538 Luigi, destinato alla carriera ecclesiastica.

Terminato il suo compito, assicurato al figlio un matrimonio prestigioso e accertatosi che una numerosa discendenza avrebbe garantito il futuro della Dinastia, il vecchio duca Alfonso I si congedò dal mondo. Ad assisterlo fino all'ultimo respiro fu la sua giovane affascinante favorita, Laura Dianti, ricordata col delizioso nome di Eustochia, celebrata come una delle gemme più incantevoli del Rinascimento ferrarese, immortalata dai poeti e dal sapiente pennello di Tiziano. Nel cuore di mio nonno, Laura aveva preso il posto della moglie Lucrezia Borgia, morta di parto nel fiore degli anni, donna misteriosa dal tragico passato, prima chiacchierata poi adorata dai ferraresi. Lucrezia fu duchessa umile e pia, magnificata dai versi di Pietro Bembo, che teneramente l'amò fra le righe d'una fitta corrispondenza, fra gli sguardi rubati nei casti incontri a corte, dove le uggiose giornate autunnali trascorrevano liete in dotte conversazioni di letteratura e poesia. Laura aveva preso il posto di Lucrezia nel cuore del duca, ma disgraziatamente non sul contratto di nozze. Mio nonno Alfonso non aveva forse mai preso in considerazione l'opportunità di sposare quella donna avvenente dai modesti natali che aveva reso serena la sua vecchiaia e certo non aveva potuto mai nemmeno immaginare ciò che quella mancanza avrebbe comportato per il futuro della Dinastia. Papa Pio V, desiderando forse riprendere pieno possesso di quella vivace prospera pianura, avrebbe emanato una bolla per rendere noto che Ferrara sarebbe rimasta agli Estensi solamente finché un erede legittimo avesse potuto sedere sul trono. Era invero assai spesso accaduto che, in mancanza di legittima prole, figli naturali, anche nati da fugaci amori plebei, venissero legittimati dal papa e resi atti al regno, ma ciò non si sarebbe in futuro ripetuto. Non che questo riguardasse mio padre Ercole. Era egli legittimo figlio di Lucrezia Borgia, ed ora a sua volta generava legittima prole. Se anche avesse saputo della bolla, Alfonso avrebbe riposato tranquillo. Avrebbe detto addio alle sue rigogliose terre, alla sua elegantissima corte, ai suoi fedeli sudditi convinto d'aver scrupolosamente adempiuto ogni dovere. Così egli credeva, e sereno spirò... del problema del suo mancato sposalizio con Laura Dianti si sarebbe dovuto occupare il suo omonimo nipote, mio fratello, che nonostante tre matrimoni non sarebbe riuscito a dare un legittimo erede a Ferrara.

I miei antenati, i marchesi d'Este, accortamente coniugando l'abile uso delle armi, una spregiudicata politica matrimoniale e indiscusse doti diplomatiche, erano riusciti a consolidare il loro potere, fino all'ambita investitura ducale ottenuta da Borso nel 1471. Era di antichissima nobiltà la mia stirpe. E le doti umane dei singoli componenti andavano a congiungersi, per risultarne accresciute, all'indiscusso prestigio di sangue. Qualora si volesse rintracciare la nostra origine, l'antica genesi degli Estensi, occorrerebbe andare a ritroso nei secoli, a prima dell'anno mille. Quello che fu considerato il progenitore della Dinastia, il conte e duca di Toscana Bonifacio I, risultava vivente nell'anno 813. Imponendosi al governo di diversi territori italiani, i successori riuscirono a confermarsi tra i feudatari più potenti della penisola. Alberto Azzo II, dalla lunghissima vita iniziata nel 996 e terminata nel 1097, era stimato uno dei signori più potenti del tempo e fra i suoi possedimenti annoverava le contee di Milano e della Lunigiana, oltre a terre e proprietà in numerose città, fra le quali già Ferrara e Modena. Lungo il corso del suo centenario cammino su questa terra si sposò due, forse tre volte, e in tal modo si fece antenato di diverse famiglie reali d'Europa. Cunizza di Altdorf, principessa tedesca, fu la sua prima moglie. Gli diede un figlio di nome Guelfo, che fu duca di Baviera. Da Guelfo discesero poi i duchi di Sassonia. In seconde nozze, Alberto Azzo sposò la francese Garsenda del Maine, che diede alla luce Folco, erede dei beni paterni in Italia. Da lui discese la nostra stirpe, e già suo figlio Obizzo I ottenne cariche in varie importanti città, fra cui Ferrara, destinata a divenire raffinata capitale, culla di una delle corti più colte e ricercate d'Europa, teatro di insigni artisti, musici e letterati dai celebrati nomi.

Se mio padre Ercole poteva vantare la propria legittima discendenza da questa antica famiglia di potenti feudatari, mia madre, Renea di Valois, poteva in verità fare molto di più. Ad accogliere il suo primo vagito, la mattina del 25 ottobre 1510, erano state le avite stanze del Castello di Blois, e il padre che ansioso attendeva di stringerla fra le braccia era Luigi XII, re di Francia. La donna che le aveva dato la vita era Anna di Bretagna, l'ambita principessa che, unendosi in matrimonio a due re francesi, aveva portato al regno cristianissimo quella remota regione del nord che ancora non gli apparteneva. Renea era cresciuta nella piena consapevolezza del suo altissimo lignaggio, consapevolezza che la consolava e ripagava del gracile aspetto e della scarsa avvenenza. Era ella infatti assai piccola di statura, ossuta e curva. Sembrava fragile, eppure il suo temperamento ad onta dell'aspetto era energico, fiero, risoluto, e tale era stato fin dalla più tenera età. Il volto duro, orgoglioso, dai lineamenti irregolari, era purtuttavia incorniciato da una folta capigliatura bionda, la pelle era candida e gli occhi rilucevano vivaci e intelligenti, ma in alcun modo la si sarebbe potuta definire bella. Da bambina anzi era talmente sgraziata e rachitica che Luigi XII motteggiava spesso il suo aspetto, e guardandola con tenerezza soleva affermare, quasi con compiacimento, che forse non si sarebbe dovuto mai separare da lei, giacché sarebbe stato arduo trovarle un marito. In realtà non lo sarebbe stato affatto. Renea poteva anche essere brutta, ma restava la figlia del re di Francia, fatto che compensava sempre abbondantemente ogni eventuale carenza di doti estetiche. Dovette suo malgrado ammetterlo anche il promesso sposo Ercole, quando la vide per la prima volta e scoraggiato scrisse, il 22 maggio 1528 da Saint-Germain, al padre Alfonso che aveva combinato codeste prestigiose nozze e fiducioso attendeva l'arrivo a Ferrara della figlia del re cristianissimo: «Madama Renea non è bella, pure se compenserà con le altre bone conditioni».

Mio padre Ercole d'Este era a quel tempo un giovane ventenne che poteva senz'altro essere definito piacente. Di belle fattezze, univa alle doti estetiche il fascino dei modi distinti e di una brillante conversazione. Estimatore delle lettere e della poesia, amava la musica e le arti, era colto, educato, galante. Partito da Ferrara il 3 aprile con un seguito di centoventi persone e pieno di belle speranze, era giunto a Parigi il 20 maggio, e due giorni dopo aveva potuto incontrare Renea al Castello di Saint-Germain, sontuosa residenza di campagna a pochi chilometri dalla capitale. Lo sfarzo e l'eleganza della corte francese, gli onori con cui venne accolto, di certo dovettero fargli piacere, ma non al punto da non lasciargli avvertire un senso di cocente delusione nel trovarsi innanzi la futura sposa. Quella fanciulla così poco avvenente lo guardava con distacco, quasi con risentimento, e Ercole non poteva immaginare di doverla condurre a casa propria e di dover trascorrere ogni giorno della vita al suo fianco. E se il giovane principe estense non poteva in alcun modo compiacersi di quella fidanzata nient'affatto graziosa, certo non poteva dirsi soddisfatta Renea, benché non potesse negare come il suo sposo fosse invece affascinante!

Figlia di un grande sovrano, superba, ambiziosa, incline al comando, non poteva pensare senza profondo disgusto a un anonimo futuro di duchessa in un piccolo Stato italiano! Si sentiva portata per un grande regno e già detestava codesto giovane attraente che minacciava di seppellirla nella modesta corte di uno dei tanti microscopici pezzetti di quel variopinto mosaico chiamato Italia. Avrebbe dato qualunque cosa per non dover lasciare la Francia, il lussuoso sfarzo di Parigi, l'eleganza e la vivacità di una grande corte, sulla quale si sentiva destinata a regnare. Quanto imprecò contro quella «maledetta legge salica» che le impediva di regnare semplicemente in quanto figlia del re, senza che un inutile marito dovesse per forza condurla sui gradini di un trono che lei avrebbe invece voluto e potuto reggere da sola! Eppure così doveva essere, e sia Ercole sia Renea si sarebbero rassegnati alla reciproca sgradita compagnia e insieme si sarebbero mestamente messi in viaggio per Ferrara.

Alfonso I d'Este aveva voluto ad ogni costo che questa principessa divenisse moglie del suo erede e futuro duca. L'aveva voluta al punto da rifiutare un'altra conveniente offerta, quella di unire Ercole a Caterina de' Medici, appartenente a una famiglia certo di non antica nobiltà, ma di sconfinato potere e incommensurabile ricchezza. Se il duca di Ferrara non avesse rifiutato la sua mano per il figlio, la grande reggente di Francia, la madre degli ultimi Valois, la fredda, calcolatrice regista suo malgrado delle guerre di religione, sarebbe stata semplicemente duchessa di Ferrara. Ma un destino un poco ghiribizzoso dispose ben altrimenti. Renea, d'illustri natali, doveva scendere in Italia al fianco del duca Ercole per governare, rimpiangendo ognora i fasti francesi, un piccolo Stato. Avrebbe portato nella pacifica Ferrara un assaggio di quei dissidi religiosi che dilaniarono l'Europa e che probabilmente mai sarebbero giunti alla corte estense senza il suo impegno in tal senso. Caterina de' Medici, ad onta dei modesti natali che tanta irrisione le avrebbero provocato in Francia, si trovò regina potentissima del paese che Renea aveva dovuto lasciare, e che sarebbe stato nei lunghi anni del suo potere tormentato, annichilito dalle guerre di religione, da quegli stessi dissidi che Renea sembrava quasi per capriccio voler riprodurre in piccolissima scala alla corte di Ferrara.

Le nozze di Ercole d'Este e Renea di Valois vennero celebrate il 28 giugno a Parigi, accompagnate da feste sontuose. L'eleganza degli abiti delle splendide dame, la gaiezza dei balli, l'abbondanza dei regali banchetti, forse non fecero che accrescere ancor più l'ombrato rimpianto di chi a tutto ciò si accingeva a dire addio. Una tragica notizia, quella di un'orribile epidemia di peste che stava mettendo in ginocchio la capitale estense, provocò forse un inconscio moto di sollievo nella principessa francese, che si piegava con finta rassegnazione alla necessità di rimandare la data della partenza. Ancora due mesi in patria, ancora due mesi a godere della vitalità parigina, tutta l'estate per danzare da un castello all'altro, da un giardino all'altro, parlando e cantando in francese, cercando di non pensare a quando sarebbe stata costretta a farlo in italiano. Ma l'estate, giocosa illusione, evanescente come la calda brezza delle serate trascorse sulle terrazze dei castelli, mentre le note briose dei musici strappavano la malinconia dai cuori, e subito arrivava l'alba, l'estate finì troppo in fretta. Mentre ai primi di settembre i gentiluomini cominciavano a radunarsi nelle tenute campestri per le consuete partite di caccia, Renea contava le sue damigelle, dava le ultime istruzioni a quelle che l'avrebbero seguita e gli ultimi saluti caldi di lagrime a quelle che l'avrebbero lasciata.

Il 16 settembre iniziò il lungo sgradito viaggio, e Renea entrava nel ducato estense quando gli ultimi tepori dell'autunno si dissolvevano lasciando il posto a bianche nebbie che andavano ad avvolgere tutto, tutto quello che la circondava e che lei non aveva desiderato, come se pietose avessero voluto almeno celare agli occhi quel che in alcun modo si poteva nascondere al cuore amareggiato. Erano i primi di novembre quando a Reggio ella incontrò il duca Alfonso I. Forse fu per il grande rammarico che aveva nel cuore, forse per la consapevolezza che quell'uomo era la causa principale della sua sciagura, ma i suoi occhi lasciarono trapelare solo una grande tristezza. Una mestizia che nemmeno il nobile contegno di principessa poté mascherare. Il saggio suocero immediatamente se ne avvide e si sentì in dovere di consolarla, garantendole che, pur non potendo certo Ferrara in alcun modo competere con i fasti sublimi di Parigi, nella capitale estense ella sarebbe stata «signora de tutto».

Il 12 novembre i novelli sposi giunsero a Modena. Il duomo romanico affiancato dalla ghirlandina che svettava verso il cielo per mescersi nella nebbia fino a sfumarvi e celare quasi pudica il capo nel cielo bianco come lei, ospitò la mesta principessa per una solenne cerimonia. Il rito del matrimonio che mesi prima aveva incantato i francesi sarebbe stato replicato per la gioia dei sudditi estensi. Ercole e Renea ripeterono e rinnovarono le promesse matrimoniali, e il primo giorno di dicembre entrarono nella capitale, accolti dalla consueta folla acclamante e curiosa. Renea abbagliava i sudditi sfoggiando un abito di panno d'oro, mentre la corona che illuminava la chioma sapientemente acconciata ricordava a tutti che la futura duchessa di Ferrara era figlia di Luigi XII, re di Francia. Anche il seguito e la dote, comprendente il ducato di Chartres, la contea di Gisors in Normandia e il Castello di Montargis erano degni di una regina.

Per lenire la nostalgia che serbava dell'amata patria, mia madre Renea a Ferrara si sarebbe circondata di una corte personale in larga parte francese. Aveva al suo servizio un centinaio di persone guidate dall'ambiziosa Michelle de Soubise, dama d'onore che, oltre a esercitare una grande influenza sulla futura duchessa di Ferrara, teneva costantemente informata la corte di Francia di tutto ciò che accadeva alla corte estense. Il bilancio familiare fu la causa dei primi, ma sfortunatamente non degli unici, attriti fra i miei genitori. Gli Estensi erano eleganti, amavano celebrare nel lusso feste e ricorrenze, accoglievano gli ospiti con magnificenza, sapevano farsi splendidi mecenati, ma nella gestione quotidiana dell'economia erano scrupolosamente austeri e parsimoniosi. La corte di mia madre appariva dunque a mio padre troppo dispendiosa, un inutile sperpero di danaro che le casse dello Stato ferrarese non potevano permettersi. I servitori di mia madre Renea percepivano in effetti compensi altissimi, che andavano a sommarsi ai già sontuosi doni che ella con incauta liberalità dispensava, soprattutto alle sue dame favorite e a Michelle de Soubise. Quest'ultima godeva dell'emolumento di milleduecento lire tornesi l'anno, e le sue figlie ricevevano trecento lire ciascuna. A questo punto si potrebbe esser indotti a pensare che il compenso delle figlie fosse piuttosto misero. In realtà esso era comunque altissimo. Qualcuno si sarebbe preoccupato di spiegarmi che, in quegli anni, i funzionari alla corte estense percepivano di consueto centocinquanta, al massimo duecento lire l'anno. Era dunque l'onorario di Michelle de Soubise ad essere smisurato!

Di giorno in giorno mio padre Ercole si faceva più contrariato, e certo non si dava troppo da fare per nasconderlo. Quante volte dovetti assistere a liti e rimproveri! Silenziosa m'acquattavo in un angolo e osservavo mia madre, il volto fiero contratto dallo sdegno, e mio padre che con voce calda e ostentata pacatezza impartiva ordini. Mia madre taceva, lasciava che Ercole terminasse le sue ramanzine, poi lo congedava, e subito mandava a chiamare le sue dame e ritrovava l'allegria, fingendo di dimenticare ogni rimprovero. Ricordo anche il giorno in cui ella decise di dare a mio padre una piccola soddisfazione. Forse s'era stancata di tante discussioni, o forse semplicemente quel giorno si sentiva ben disposta nei confronti del marito. Lo mandò a chiamare e, con l'aria delle grandi concessioni, lo informò che aveva deciso di seguire i suoi consigli, che avrebbe ridotto le spese e il numero dei servitori. Mio padre la guardò commosso, un lampo di gratitudine attraversò gli occhi severi, che tuttavia si incupivano sempre più mentre scorreva i fogli che mia madre gli aveva allungato, i resoconti dettagliati delle sue rinunce. I servitori di Renea, da oltre cento che erano, sarebbero passati a ottanta. Un sacrificio certo, ma apprezzabile solamente come primo passo, come prova di buona volontà, di sicuro non bastante a riportare la pace in famiglia. Ottanta servitori erano ancora decisamente troppi per l'austera corte estense! Amareggiato per la speranza delusa, Ercole divenne ancor più severo. A dare ragione, e quindi forza, alla sua disapprovazione per i costumi di mia madre c'era anche il malcontento dei sudditi.

La corte francese di Renea non era mai piaciuta ai ferraresi, che la percepivano come una realtà avulsa, estranea, forestiera. Dapprima si mormorava di nascosto, si criticava l'ostentata grandigia, si motteggiavano gli accenti stranieri o gli abiti di foggia francese, poi, con il diffondersi delle idee della riforma, quando la corte di mia madre cominciò a trasformarsi in un rifugio di eretici, tutta Ferrara, dal popolo minuto, all'aristocrazia, alla stessa famiglia ducale, cessò di mormorare per palesare pubblicamente il proprio biasimo. Renea sembrava non comprendere cosa ci fosse di tanto riprovevole nel suo comportamento, e di conseguenza non accettava di far alcunché per correggerlo. La sua straordinaria vivacità intellettuale non era rimasta insensibile davanti alle nuove idee religiose, come non lo sarebbe rimasta dinanzi ad alcuna novità. Tutto interessava, tutto attraeva irresistibilmente la sua intelligenza brillante, assetata di ogni tipo di sapere lecito o illecito, incuriosita da ogni teoria giusta o errata che fosse. Dopo che la sua mente luminosa aveva individuato un'idea da perseguire, interveniva la sua volontà, da sempre risoluta e caparbia, a far sì che per nulla al mondo ella potesse essere convinta a rinunciarvi. Così accadde con il calvinismo. Renea si accostò con la curiosità intellettuale che le era consona al pensiero dell'eretico ginevrino, e di fronte alle invadenze del marito, dei prelati ferraresi, della corte, non fece che avvinghiarsi con sempre maggior ostinazione intorno alle sue scomode posizioni. Gravi contrasti con mio padre inevitabilmente dovevano sollevarsi anche, e soprattutto, in merito all'educazione dei figli.

Io ero stata destinata fin dalla nascita a gloriose nozze ed ebbi il privilegio di una accuratissima istruzione e di un'educazione di prim'ordine. A corte tutti mi elogiavano, sostenevano fossi dotata di vivacissima intelligenza e di memoria prodigiosa. Il poeta di corte Girolamo Falletti aveva composto in mio onore alcune poesie, mentre una *Galatea* di Girolamo da Carpi era stata parzialmente ridipinta e trasformata in una *Venere sull'Eridano*, rappresentazione simbolica della principessa estense nata sulle rive del Po. Feci di tutto per non deludere le aspettative. Mi dilettavo in svariati studi e apprendevo moltissimo con sorprendente facilità. L'umanista Celio Calcagnini raccontava compiaciuto a tutti d'avermi udita in tenera età recitare a memoria brani di Demostene e di Cicerone, e di come senza sforzo sapessi tradurre brani di Esopo. Conoscevo bene anche i trattati di Aristotele e le odi di Orazio, e tutti i miei maestri, compreso l'esigentissimo Senapius, si dicevano orgogliosi di me. Ogni volta che qualche ospite illustre s'intratteneva a corte, venivo invitata a esibirmi in canti o recite, quale prova vivente dell'immensa cura che gli Este mettevano nell'educazione dei principi.

Nel 1543, quando ancora non avevo compiuto dodici anni, papa Paolo III diretto a Bologna fece una sosta a Ferrara, e io presi parte alla recita in suo onore della commedia di Terenzio, *Gli Adelfi*. Mio padre ricevette molti elogi, dal pontefice e da tutta la corte, per le mie prodigiose capacità, ma la prova tangibile del successo fu il fatto che papa Paolo III chiese la mia mano per suo nipote Orazio Farnese. Un grande onore, che il duca Ercole cortesemente rifiutò. Aveva, per quella che reputava la più splendida delle sue figlie, ambizioni più alte.

Il poeta francese Brantôme dopo avermi incontrata per la prima volta, mi fece l'onore di scrivere che, delle tre giovani principesse estensi, ero indubbiamente la più colta e dotata, e che avevo altrettanto belli il corpo e l'anima. Avevo potuto discorrere con lui, giacché avevo già imparato a parlare correttamente il francese.

La passione per la musica, che inondava tutta Ferrara, mi aveva travolta fin dall'infanzia e molte delle mie ore scorrevano in letizia con le dita agili che si muovevano dapprima timide poi sempre più sapienti a strappare note dolci o malinconiche, liete o solenni a qualche vecchio strumento, un liuto o una spinetta. Talvolta la mia voce si levava alta e melodiosa nel canto, ma quando sceglievo il silenzio lasciavo che la mia anima si spargesse nell'inchiostro nero che riempiva pagine e pagine di quaderni che poi gelosa custodivo nei miei bauli. Erano forse immaturi, i miei sonetti, e forse se li avesse veduti messer Bernardo avrebbe cominciato a elogiarmi per semplice dovere d'encomio, mentre i lunghi baffi complici avrebbero celato un fugace sorriso beffardo. Tuttavia a me garbavano, mi facevano compagnia nelle giornate più cupe e umide, quando il calore del fuoco non poteva far nulla per scaldare le ampie sale del castello, ma poteva la poesia.

Mio padre non lo avrebbe mai voluto ammettere, ma gran parte del merito della mia straordinaria cultura, quella di cui egli andava così fiero dinanzi ai foresti ospiti, doveva invero essere riconosciuto a mia madre Renea. Ella aveva sempre insistito per occuparsi personalmente dell'istruzione delle sue figlie, e naturalmente lo faceva a modo suo, certo mai senza suscitare gli ormai consueti rimproveri da parte del duca. Aveva scelto per noi principesse un'istitutrice preparatissima. Il suo nome era Olimpia Morata. Era una donna di vastissima erudizione, capace di padroneggiare perfettamente il greco e il latino, ma, naturalmente non a caso, era di fede calvinista. Mio padre Ercole non celò nemmeno per un istante il proprio immenso disappunto, e non accettò mai di riconoscere le indubbie qualità di un'ottima insegnante, qualità che ai suoi occhi scemavano a fronte del rischio che potesse influenzarci con le sue idee eretiche. D'altra parte Renea per nulla al mondo avrebbe acconsentito che venisse sostituita l'istitutrice che lei stessa aveva valutata e scelta, così anche su questo argomento le discussioni dovettero susseguirsi, interminabili e logoranti.

Fin dall'infanzia la mia vita sembrò voler rispecchiare quello che sarebbe stato il mio futuro destino tragicamente segnato dai dissidi religiosi che lacerarono l'Europa del mio secolo. Io, destinata a essere paladina in Francia del cattolicesimo minacciato dal diffondersi dell'eresia, destinata a vedere mio marito assassinato dal fanatismo protestante, i miei figli uccisi da un monarca che l'odio e la sete di potere, fra le incertezze di un paese ormai dilaniato dalle guerre fra cattolici e ugonotti, sembrava aver reso folle, crebbi già fra due corti e due fedi, educata dalla madre al calvinismo, dal padre al cattolicesimo intransigente della controriforma. Mi pare ora quasi come se un fato misericordioso avesse voluto in un certo qual modo prepararmi, consentirmi d'accedere in modo graduale a quei conflitti che m'avrebbero tormentato l'intera esistenza. Vissi così da fanciulla, a Ferrara, in ridottissima scala, nelle vesti di spiacevoli incidenti diplomatici, di più o meno accese dispute familiari, un anticipo di quei contrasti religiosi che in Francia avrei dovuto veder sbocciare in tutto il loro orrore, fra guerre interminabili, esecuzioni di massa, sangue che lordava le strade di Parigi e la mia stessa casa.

Quello che più mi meravigliava dello straordinario temperamento di mia madre Renea fu il fatto che ella non cercasse mai, nella cattolica capitale estense, di nascondere le proprie idee. Pubblicamente deplorata, ella, ben lungi dal provar vergogna, o soggezione, sapeva mantenere un contegno fiero e orgoglioso. Se provò turbamento per quello che stava accadendo, certo non lo palesò mai. Non saprei dire se il suo atteggiamento caparbio, quasi di sfida, fosse l'unico modo che il suo carattere tenace conoscesse per celare disagi e imbarazzo. L'unica certezza che avevo io, bambina, in quell'atmosfera tesa e ostile, era che mia madre sfidava ormai pubblicamente mio padre, disobbedendo ai suoi ordini e compiendo irriducibile tutto ciò che egli disapprovava. Ebbi paura quando cominciai a rendermi conto che a Ferrara trovavano ospitalità intellettuali e artisti cacciati dalle altre corti perché sospettati d'eresia. Temevo che mio padre lo avrebbe scoperto e che infine l'avrebbe rimandata in Francia, e io non l'avrei più rivista.

Mi divertiva tuttavia talvolta quell'atmosfera effervescente che avvolgeva la corte, mi incuriosiva veder giungere illustri personaggi, come il poeta francese Clément Marot, che a Ferrara scrisse molte delle sue opere. Avevo solo quattro anni, ma la mia piccola mente era così vivace e curiosa che riuscì a godere di un episodio bizzarro, e finanche a serbarne un netto ricordo. Era ormai giunta la fine dell'anno di grazia 1535, mio padre il duca si trovava a Roma in visita al papa, e mia madre aveva assunto le sue veci, amministrando lo Stato e gestendo gli affari di governo. Nulla di cui preoccuparsi, almeno riguardo agli affari di Stato. Era ella estremamente abile, dotata di indubbie capacità diplomatiche, e niente rischiava di essere trascurato in mancanza del duca. Ma avrebbe potuto resistere all'assenza del marito senza combinare qualche grosso guaio con i suoi ormai abituali ospiti eretici? Naturalmente no. Aveva anzi per quell'occasione programmato un grosso, immenso disastro. Il suo nome era Calvino. Mia madre aveva saputo da uno scritto di Teodoro Beza che Calvino serbava un grande desiderio di visitare l'Italia e in particolare di incontrare la duchessa di Ferrara, ovunque nota per la sua benevolenza verso i riformati. La presenza di un personaggio di siffatto spessore avrebbe gettato la nostra città nel caos, il popolo si sarebbe ribellato, i ministri avrebbero avvisato il duca, il duca avrebbe dovuto dare spiegazioni al papa e mia madre sarebbe stata severamente punita. Ma Renea non era una sciocca. Sapeva che una visita di Calvino alla sua corte avrebbe dovuto rimanere segretissima, e contava di poter disporre ogni cosa affinché così fosse. Li vidi, al loro arrivo, quei due personaggi misteriosi, che si facevano chiamare Charles d'Esperville e Louis d'Haulmont. Charles d'Esperville era il falso nome che spesso Calvino utilizzava nelle occasioni in cui era richiesto l'anonimato, e Louis d'Haulmont probabilmente era il canonico Du Tillet, fervente seguace del ginevrino. Ma io questo allora non potevo saperlo. Io vedevo solamente due individui dall'accento forestiero, i modi asciutti e sbrigativi, gli abiti modesti. Mi meravigliò l'accoglienza che ricevettero. La duchessa mia madre volle tributare a quei due uomini così ordinari splendidi onori e immediatamente aprì per loro le porte della sua corte privata. Un mistero, che tale sarebbe dovuto rimanere. Su quella presenza insolita cadde il silenzio totale, e se provavo a fare domande venivo immediatamente zittita. Non si doveva assolutamente sapere che Calvino si trovava a Ferrara. Egli se ne sarebbe andato in incognito com'era giunto e la vita avrebbe ricominciato a scorrere identica a prima, con la duchessa che creava scandalo con le sue eresie, il duca seccato e imbarazzato, una corte di riformati avulsa da una popolazione profondamente cattolica... In realtà Calvino si congedò da Ferrara, ma lo stesso non poterono fare le sue idee e le conseguenze di quelle giornate trascorse con i cortigiani di Renea fra prediche, discussioni religiose e lettura dei vangeli. Gli animi dei riformati erano usciti dall'incontro con il loro capo accesi al punto da non poter più accettare di nascondersi, cosa che invero già facevano malvolentieri. Il primo incidente grave vide protagonista il musicista Léon Janet, eretico espulso dalla Francia e accolto da Renea. Era il giorno di Pasqua del 1536 e la corte era riunita come di consueto per la messa solenne. Infiammato dalle parole recentemente udite dal suo maestro, l'ardito musico decise di mettere da parte ogni prudenza e dissimulazione, ma forse smarrì anche educazione e buon senso. Il silenzio delle nostre orazioni pasquali venne bruscamente interrotto dalle grida concitate di quell'uomo. Ritto in mezzo alla chiesa fra gli astanti inginocchiati inveiva, borbottava senza che io potessi comprendere il senso delle sue frasi, poi puntava il dito contro ognuno di noi e ripeteva «idolatri», l'unica parola che mi rimase in mente delle tante strane che pronunciò, l'unica che continuò a replicare incessantemente, finanche quando le guardie lo condussero via, fra il sollievo dei ferraresi e lo sdegno mal represso dei francesi. Due di questi, Jean Cornillau, il tesoriere di mia madre Renea, e Bouchefort de Tournay presero le difese del sobillatore e cominciarono a gridare a loro volta, ottenendo come unico risultato che le guardie prendessero anche loro. Mio padre Ercole venne così a trovarsi in un mare di guai. Doveva rendere conto dell'accaduto sia alla Francia sia al papa. La Francia reclamò la consegna dei prigionieri e il diritto di processarli, trattandosi appunto di sudditi francesi. Ben volentieri Ercole li avrebbe spediti oltralpe svincolandosi da quell'imbarazzante situazione, ma il papa avanzava la stessa pretesa sostenendo che, trattandosi innanzitutto di eretici, il caso sarebbe senz'altro stato di competenza della Chiesa di Roma e del tribunale dell'Inquisizione. Pressato e ognora più in imbarazzo mio padre, che non voleva scontentare uno dei due contendenti compiacendo l'altro, dichiarò infine che non v'erano prove sufficienti a carico degli accusati, poiché l'unico personaggio in grado di fornirle, immagino Calvino stesso, era nel frattempo fuggito da Ferrara. Nel febbraio di quel 1536 Calvino infatti aveva attraversato Modena, Reggio e Piacenza per raggiungere il Piemonte, dove aveva trovato calorosa accoglienza nelle terre dei valdesi. Con Renea sarebbe rimasto in contatto epistolare per tutta la vita. Mio padre aveva quindi saputo della sua visita, ma aveva voluto far finta di nulla…

La presenza di eretici a Ferrara rappresentava un problema molto serio, fonte di enorme imbarazzo per il duca Ercole. La nostra capitale era un feudo pontificio, e mio padre era un semplice vicario del papa. Come avrebbe giustificato davanti al suo signore il fatto che le sue terre si stessero trasformando in un ricettacolo di eretici? Anche la religiosità poco ortodossa di mia madre metteva in grande impaccio il duca. È vero che nel 1534 papa Paolo III aveva concesso un documento nel quale proibiva a chiunque d'intromettersi nelle questioni di fede della duchessa, lasciando tal diritto alla sola Santa Sede, ma è altrettanto vero che, forte di codesto documento, Renea s'era sentita protetta e aveva preso a far pubblica mostra delle sue confessioni di fede alternative.

Per cercare di allontanare mia madre dalle nuove idee, mio padre Ercole fu costretto a mandar via da Ferrara tutti i membri della sua corte personale sospettati di eresia. La prima a preparare i bauli fu, in quello stesso 1536, Michelle de Soubise, accompagnata dalla figlia Renée. Nel 1544 sarebbe partita anche l'altra figlia della Soubise, Anne de Pons, con il marito Antoine. Renea si sentiva sempre più sola e si lamentava pubblicamente, tanto che dalla Francia non mancavano di alzarsi celebri voci in sua difesa. Perfino François Rabelais espresse preoccupazione per la sorte della dolce principessa francese malauguratamente caduta nelle grinfie di un bruto che la privava di ogni libertà. Un maldestro equivoco. Mio padre non era affatto un bruto, né tantomeno maltrattò mai la moglie. Ebbe anzi nei suoi confronti una pazienza esemplare, che Renea mise duramente alla prova con la sua ostinazione nel perseverare in una circostanza davvero problematica per un duca che regnava innanzitutto per conto del papa. La sua posizione di vicario pontificio con una moglie calvinista era a dir poco imbarazzante ed egli cercò per anni di destreggiarsi come meglio poté, ma la situazione divenne ingestibile quando anche gli italiani che simpatizzavano per l'eresia cominciarono a cercare la protezione di Renea.

Fanino Fanini arrivò da Faenza ricercato come relapso, cioè colpevole di essere ritornato alle idee eretiche dopo averle una volta abiurate. Quando il Fanini venne arrestato, mio padre rifiutò di consegnarlo al papa, dichiarando che, essendo stato il relapso preso a Ferrara, il problema apparteneva esclusivamente alla giurisdizione estense. Renea implorava pietà per il fuggiasco faentino ed Ercole desiderava accontentarla. Per diciotto mesi discusse con la Santa Sede, sprofondando nei più reconditi cavilli legali nel tentativo d'individuare una clausola che potesse salvare il condannato. Nel frattempo l'ascesa al soglio pontificio di Giulio III s'era accompagnata a una maggior severità verso l'eresia. Giacché il fenomeno andava assumendo proporzioni preoccupanti, la Santa Sede richiedeva più impegno nel punire gli eretici ostinati e puntualità nell'esecuzione delle condanne. A quel punto a Ercole non rimase altro da fare che obbedire: il relapso venne impiccato poi messo al rogo il 22 agosto 1550.

Mia madre Renea si sentiva terribilmente estranea in quella città che non era mai riuscita ad amare. Volentieri sarebbe partita insieme a me, quando, sposandomi, andai a raggiungere la terra che lei aveva dovuto lasciare tanti anni prima.

Appena compiuti i quindici anni, avevo ricevuto la proposta di matrimonio di Sigismondo Augusto, figlio del re di Polonia. Mio padre Ercole stava per dare il proprio assenso, ma dalla Francia era giunto il veto di Enrico II. Si disse che la fama della mia bellezza e delle mie virtù aveva oltrepassato le Alpi, e che il re desiderava entrassi a far parte della sua corte. Lo zio cardinale Ippolito d'Este presentò allora a mio padre la richiesta di tre candidati francesi: il duca d'Aumale, che godeva d'un posto privilegiato a corte, il duca d'Enghien, imparentato con la Casa reale, e il ricchissimo duca di Saint-Pol.

Nato nel 1509 dal matrimonio del duca di Ferrara Alfonso I con Lucrezia Borgia, a soli dieci anni mio zio Ippolito aveva ricevuto gli ordini minori. Sarebbe presto divenuto arcivescovo di Milano per rinuncia dell'omonimo zio cardinale. Già da molti anni, dal tempo delle nozze di suo fratello Ercole con Renea di Valois, intratteneva fecondi rapporti diplomatici col regno d'oltralpe. Per tutta la vita avrebbe viaggiato fra Italia e Francia, dove le sue ottime relazioni con Francesco I e con Enrico II gli fecero raggiungere prestigiose posizioni. Dieci anni prima delle mie nozze francesi, proprio per interessamento di Francesco I aveva ottenuto la porpora cardinalizia. Raffinato amante dell'arte, nel 1537 aveva ospitato Benvenuto Cellini che a lungo avrebbe lavorato per lui. A Fontainebleau aveva da poco terminato la costruzione di una fiabesca residenza su progetto di Sebastiano Serio. Primaticcio e Niccolò dell'Abate ne avevano ingentilito le pareti con affreschi sontuosi. Era un palazzo piccolo ma splendido, spesso animato da balli e banchetti ai quali partecipavano tutte le famiglie più in vista di Francia.

Ercole rimase a lungo a riflettere dinanzi alla rosa di candidati presentatagli dal fratello, poi la sua scelta cadde su Francesco d'Aumale, figlio del duca di Guisa della Casata dei Lorena. L'opzione dovette forse apparire piuttosto bizzarra a chi lo aveva veduto rifiutare altre prestigiose proposte, a chi lo aveva udito affermare che per la più splendida delle sue bellissime figlie sognava un futuro glorioso. Forse a Ferrara qualcuno rimase deluso. In effetti, i Guisa sarebbero di lì a poco divenuti la famiglia più potente di Francia, ma la loro straordinaria scalata ai vertici del potere era appena cominciata. La Dinastia era stata fondata in Francia da Claudio, quinto figlio di Renato II duca di Lorena. Claudio s'era imparentato con la Casa reale francese sposando Antonietta di Borbone e in cinquant'anni i suoi figli avevano accumulato cariche e onori, ma ancora nulla lasciava presagire il glorioso futuro che li avrebbe condotti a un passo dal trono. Insomma, in quel 1548, i Guisa non erano che una delle tante nobili famiglie francesi.

Dal punto di vista degli Estensi l'unione non sembrava offrire particolari vantaggi. Francesco di Guisa aveva poco tempo prima cercato di sposare Cristina, figlia del re di Danimarca Cristiano II, vedova del duca di Milano Francesco Maria Sforza, e del duca di Lorena Francesco I. Aveva ricevuto uno sprezzante rifiuto, e la bella duchessa gli aveva senza troppi complimenti mandato a dire «che non avrebbe giammai sposato l'ultimogenito di una Casa dopo essere stata moglie del primogenito» come riferiva Brantôme per poi sottolineare come tuttavia dal matrimonio con me Francesco di Guisa sarebbe stato ampiamente ripagato dell'umiliazione subita: «... per il quale rifiuto il signore di Guisa le serbò grande risentimento, sebbene di poi, sposandosi con quella che divenne sua moglie non perdesse nulla al cambio: poiché codesta sua moglie, oltre che discendere da un lignaggio molto illustre ed essere nientemeno che nipote di un Luigi XII, cioè di uno dei migliori e più valorosi re che si fossero mai seduti sul trono francese era, ciò che più conta, la più bella donna della cristianità».

A convincere Ercole fu il re di Francia Enrico II il quale, se già da tempo bramava che andassi a far parte della sua corte, ora chiedeva esplicitamente che lo facessi sposando Francesco di Guisa. Era in questo suo desiderio portatore delle ambizioni della sua favorita, Diana di Poitiers, imparentata con i Guisa e accesa sostenitrice del partito cattolico. Non aveva dimenticato, l'astuta Diana, chi fosse mia madre. Secondogenita di Luigi XII e sorella di Claudia, sposa di Francesco I, mia madre Renea era zia di Enrico II, quindi, sposando Francesco di Guisa, io lo rendevo in pratica cugino del re, e di conseguenza andavo a consolidare la sua posizione a corte, e con la sua quella del partito cattolico. Per convincere Ercole a cedere la sua preziosissima perla, Enrico II fece leva su una vecchia questione economica che gli Estensi avevano in sospeso con la corona francese. Quest'ultima infatti era da tempo debitrice ai duchi d'Este di un'ingente somma di danaro. Il risarcimento era stato a lungo procrastinato, tanto che gli Este si erano ormai quasi rassegnati a rinunciarvi. Ora, Enrico II avrebbe finalmente pagato il debito fornendomi una ricca dote: per mio padre si presentò così la possibilità di risparmiare recuperando un vecchio credito, mentre i Guisa rinsaldavano i legami con la Casa reale e il partito cattolico acquisiva a corte nuova autorevolezza.

Lo zio Ippolito a conclusione delle mie nozze ottenne l'incarico di protettore di Francia presso la Santa Sede. Due anni dopo sarebbe stato nominato governatore di Tivoli, dove avrebbe fatto costruire la magnifica Villa d'Este. La sua brillante carriera lo avrebbe poi visto luogotenente del re cristianissimo a Siena, e plenipotenziario di Francia a Roma.

II

«Se giudicate dalle apparenze in un luogo come questo vi ingannerete sempre: esse non corrispondono quasi mai alla verità»

Madame de La Fayette

Per incontrare me, giovane sposa, a Ferrara vennero inviati i duchi di Vendôme, di Troyes e di Lorena, accolti da sontuosi festeggiamenti. La nostra capitale, impareggiabile nel celebrare i grandi avvenimenti di Casa d'Este, si profondeva in affettuosi saluti e teneri auguri di felicità e io, il 5 ottobre 1548, lasciavo per sempre la mia terra natia.

Accompagnata da tutta la famiglia, mi diressi dapprima a Mantova per salutare i Gonzaga, e qui potei godere ancora di una settimana di splendide feste organizzate in mio onore. Tra balli, banchetti, luminarie sul lago, concerti e spettacoli, con le mie dame e con il seguito francese m'accingevo ad accomiatarmi dai miei genitori. Mia madre Renea sembrava non dover più cessare di piangere. Mi chiedevo quando avrei potuto rivederla e, finché i lenti convogli non la rapirono ai reciproci affranti sguardi, in lagrime la fissai, mentre scossa dai singhiozzi sembrava avere perduta tutta la sua alterigia.

Già il 9 ottobre mandavo una lettera a mio padre. «Non mancherò di dare avviso a Vostra Eccellenza di ogni cosa», promettevo, aggiungendo che avrei pregato sempre che Dio «mi accresca nella sua bona gratia alla quale umilmente mi raccomando». Le frequenti missive al duca di Ferrara, nelle quali mi firmavo «umilissima et obbedientissima figliola», segnarono ogni tappa del mio viaggio fino a Parigi. Il 15 ottobre col mio seguito raggiungevo Vercelli «ed avendo veduto il guarniero il quale pur ora è arrivato, non ho voluto mancare di darvi avviso del mio ben stare e della bona accoglientia che ci ha fatto il signor duca di Savoia». Ancora una splendida ospitalità ricevette il convoglio estense a Torino, il 20 ottobre, e il 7 novembre arrivammo a Lione, dove dovetti congedare parte del seguito ferrarese e scrissi a mio padre per raccomandarmi che, appena giunti a Ferrara, i miei accompagnatori ricevessero i complimenti «per la gran diligentia che hanno tutti usato verso me».

Dopo la mia partenza le tensioni fra i miei genitori come avevo temuto si aggravarono. Mia madre passava le sue giornate ferraresi a Palazzo San Francesco, ma spesso preferiva soggiornare in solitudine nella Delizia campestre di Consandolo. Lontana la figliola, perduta madame de Soubise, incrinati visibilmente i rapporti col marito, guardata con sospetto dal religiosissimo popolo ferrarese, ridusse sempre più le sue apparizioni a corte, pur continuando a dare scomodo spettacolo del suo calvinismo. Renea evitava le funzioni religiose, ignorava i precetti e i digiuni quaresimali, ben lungi dal dedicarsi solo privatamente alle pratiche della religione riformata, continuava a mettere in imbarazzo il duca e il popolo di una città profondamente cattolica. Paziente e tollerante Ercole cercava di far finta di nulla, fingeva di non avvedersi delle clamorose assenze della moglie alle pubbliche funzioni, sperando che i ferraresi volessero fare altrettanto. Egli forse pensava che l'incomoda situazione avrebbe potuto trascinarsi così per sempre, gravida di imbarazzi, ma scevra da tragedie o definitive rotture, almeno finché il papa non avesse deciso di prendere provvedimenti. Non era tuttavia il papa a occupare i suoi pensieri in quei mesi di dissidi familiari, quanto piuttosto il futuro delle figlie. Era il duca disposto a tollerare l'eresia della moglie, ma mai avrebbe acconsentito che ella deviasse la fede delle figliole, fino a quel momento salda e forte come quella di tutti gli Estensi. Non c'era ovviamente nulla più da temere per me, che ero già in Francia, felicemente sposata con il massimo esponente del partito cattolico. Nulla avevo ereditato della bizzarria religiosa di mia madre, e anzi promettevo di affiancare valorosa mio marito nella sua tenace opposizione all'eresia in Francia. Ma Leonora e Lucrezia erano ancora fanciulle, trascorrevano molto tempo con nostra madre, la quale certo non perdeva occasione d'indottrinarle...

Appresi nella primavera del 1554 che il fragile edificio costruito da Ercole mio padre sulla sua stessa speranza che nulla sarebbe intervenuto a mutare un precario equilibrio familiare, era miseramente crollato. Mi riferirono che da molti mesi ormai mia madre Renea sembrava cercare il pubblico scandalo con atteggiamenti irragionevoli e gratuitamente provocatori. E mi venne narrato un episodio assai spiacevole. Era il Venerdì Santo. Tutti osservavano il digiuno quaresimale, ma la duchessa ordinò agli attoniti domestici di imbandire una ricca tavola, specificando che avrebbe oltremodo gradito trovarvi la carne, alla quale ella non aveva motivo di rinunciare. Strana creatura era mia madre! Non paga d'aver scandalizzato i poveri domestici di Casa d'Este, certo non avvezzi a siffatte novità, volle ad ogni costo che al lauto banchetto prendessero parte anche Leonora e Lucrezia. Avrei voluto vederle, le mie sorelle, incapaci di disobbedire alla madre, eppur consapevoli che il padre le avrebbe severamente punite! Se avevano sperato che il misfatto potesse rimanere segreto dovettero presto ricredersi. La mattina successiva, alla funzione del Sabato Santo, mentre il sacerdote distribuiva l'eucaristia, sgomente si lanciavano una reciproca fugace occhiata, coscienti di non potervisi accostare, ma ancora speranzose che il padre non se ne sarebbe accorto. Invece lo sguardo severo e indagatore di Ercole s'era già posato sulla loro insolita assenza dall'altare. Al termine della funzione vennero interrogate e, quando emerse la verità, il duca mio padre andò su tutte le furie. La caparbia capricciosa Renea, che amava ostentare le proprie idee, singolari assai più a Ferrara di quanto non sarebbero state in Francia, che voleva forse provocare quel marito seccaginoso ai suoi occhi troppo succube del papa, che magari inconsciamente cercava una vendetta per l'allontanamento di madame de Soubise, questa volta aveva decisamente, irrimediabilmente esagerato. Sicuramente sapeva, nel momento stesso in cui progettava di compierlo, che un simile affronto non sarebbe potuto passare sotto silenzio.

La prima risoluzione mio padre l'avrebbe adottata per proteggere le mie sorelle. Leonora e Lucrezia vennero immediatamente mandate presso la zia Eleonora d'Este, badessa del monastero del *Corpus Domini*. Lì avrebbero avuto modo di terminare in modo consono la preparazione alla Pasqua. Poi pensò a mia madre Renea. Quali misure poter adottare con lei? Decise di chiedere aiuto al re di Francia. In fondo era proprio dalla Francia che proveniva il guaio che stava mettendo in subbuglio la pacifica corte estense. Enrico II si dimostrò ben disposto a collaborare. Mandò a Ferrara il rigoroso inquisitore Mathieu Ory, al quale si unirono, nell'ardua incombenza, il gesuita Jean Pelletier e l'inquisitore ferrarese Papino. I tre si riunirono segretamente per prepararsi ad affrontare il problema. La duchessa di Ferrara doveva essere convinta a rinunciare per sempre al calvinismo, giacché la pazienza del duca era ormai esaurita. Poche parole, una stretta di mano, e i tre religiosi si avviarono decisi e fiduciosi verso la loro missione. In fondo non si trattava di un compito gravoso. Le donne sono bizzose, si sa, e con un sapiente uso delle arti muliebri riescono facilmente a imporre i loro capricci, ma sono anche volubili, vanitose, legate ai loro privilegi, e quegli stessi capricci appaiono ben disposte ad accantonare qualora si vedano prospettare adeguati vantaggi... Con le parole giuste, qualche promessa allettante, al massimo qualche larvata intimidazione, non sarebbe certo stato difficoltoso disperdere nella vivace duchessa qualsiasi voglia di stupire o cambiare il mondo. Animati da grande ottimismo, i teologi dovettero ben presto capire che il colloquio sarebbe invece stato lungo e penoso. Nulla di preoccupante. Erano ben domesticati alle disquisizioni!

Con tutto l'ardore e l'eloquenza di cui erano capaci, si prodigarono per ore nel tentativo, che non potevano permettersi di fallire, di riportare seduta stante Renea in seno alla madre Chiesa. Mille domande le posero, per indagare le ragioni del suo pensiero, e con rispettosa attenzione ascoltarono tutte le risposte. Dapprima con dolcezza, poi con riguardosa severità le spiegarono le ragioni del cattolicesimo e scrupolosamente le illustrarono la delicata posizione del duca di Ferrara, poi la invitarono a rivedere le proprie idee, incompatibili con il ruolo di duchessa, per il bene della sua stessa anima, ma anche del duca e dello Stato. Si guardarono compiaciuti. Erano stati perfetti.

I grandi occhi sgranati e muti della duchessa di Ferrara mostravano com'ella avesse ben compreso ogni parola. Lo avevano sempre detto che sarebbe stato facile! In fondo in quella donna dall'apparenza così altezzosa albergava un animo sensibile, e molto ragionevole. Ora, con una semplice formula da leggere ad alta voce doveva solamente abiurare l'eresia, e la missione poteva dirsi compiuta. La pace ritrovata, l'armonia familiare riconquistata, il perdono di Dio misericordioso certo subito ottenuto... Ma invece di limitarsi a leggere, Renea cominciò a parlare, la voce rotta dal pianto, umili lagrime a rigare il viso altero. Questo non era previsto. La duchessa non doveva spiegare o discutere o piangere, doveva abiurare, e basta. Invece ella pianse, espose infinite riflessioni, cercò di scusarsi e difendersi, ma rifiutò recisamente di ripudiare la sua fede. I tre teologi si guardarono sgomenti. Il duca era stato molto chiaro. Se Renea avesse rifiutato di rinunciare all'eresia, avrebbe dovuto essere immediatamente arrestata...

Decisero di riprovare. Ancora le parlarono a lungo, dapprima invitandola ragionevolmente a seguire il loro consiglio, poi ancora cercando di convincerla illustrando ogni ottima ragione per farlo, infine supplicandola e minacciandola. Nulla da fare. Dagli occhi della duchessa scivolava via qualche lagrima fugace, ma dalle sue labbra non uscivano quelle poche parole che loro avevano bisogno di udire. Di fronte a tal pervicacia si rassegnarono a tentare l'estrema risoluzione indicata dal duca. Condussero l'ostinata nel Palazzo Ducale di Piazza, dove appositamente per la sua prigionia erano state preparate alcune stanze. Certo, la duchessa non sarebbe stata rinchiusa nelle umide segrete del Castello. Sarebbe rimasta in quelle comode stanze, sotto la vigilanza di uomini di fiducia del duca. Non le avrebbero fatto mancare nulla, ma l'avrebbero costretta alla solitudine, l'avrebbero tenuta lontana dalla corte e dalla famiglia, dalle tentazioni calviniste e dalla possibilità di combinare altri pubblici guai. Fu sufficiente. Mia madre cedette e al Pelletier promise solennemente di rinunciare per sempre all'eresia e di professare la fede cattolica. Da quel momento a Ferrara non si ebbero più scandali, ma ella non volle più vivere accanto al marito, benché lui si mostrasse tenero e accondiscendente. La loro separazione fu effettiva e definitiva. Alla morte di Ercole, mia madre avrebbe lasciato quella città ostile che mai era riuscita ad amare e che assai poco l'aveva amata. Sarebbe tornata in Francia, nel Castello di Montargis, dove avrebbe ripreso a professare la religione protestante.

Ricordo con tenerezza il giorno del mio arrivo in terra di Francia, e il momento in cui incontrai per la prima volta il mio sposo. Francesco di Guisa si era messo in viaggio da Parigi per venirmi incontro, mentre io mi dirigevo ansiosa con le mie dame verso il Castello di Saint-Germain, dove credevo avrei incontrato il mio promesso e la famiglia reale francese. Invece assai prima Francesco, attorniato da magnifica schiera di cavalieri, mi si presentò innanzi. Mi avevano parlato molto di lui. Sapevo che era nato nel 1519 da Antonietta di Borbone e Claudio di Lorena, il primo duca di Guisa, che sarebbe morto sessantenne appena due anni dopo le mie nozze, lasciando il titolo di duca a mio marito. A ventinove anni, bellissimo cavaliere e valoroso capitano, era all'esordio di quella scalata al successo che avrebbe portato la sua famiglia ai vertici del potere e nostro figlio ad ambire, non del tutto illegittimamente, nientemeno che al trono di Francia! Sapevo anche di come si fosse recentemente distinto nell'assedio di Boulogne, che gli aveva lasciato, oltre alla carica di governatore del Delfinato che il re gli aveva assegnato a ricompensa dei servigi resi, una cicatrice al volto, un vistoso sfregio che peraltro non diminuiva affatto il suo fascino. Da quel momento tutti lo avevano soprannominato lo Sfregiato. Il suo nome era ovunque rispettato, il suo carisma immenso, il popolo lo amava, a corte acquisiva di giorno in giorno maggiore prestigio. Subito il mio giovane cuore trepidante d'attesa, intriso di speranze e timori all'appressarsi dell'uomo che ancora non conoscevo ma che sapevo avrei avuto accanto ogni giorno della vita, si riscaldò. Cortese, affabile, e insieme distinto, elegante, raffinato, Francesco mi piacque subito. E certo anche io a lui dovetti altrettanto piacere, di certo apprezzò in me l'incantevole principessa ferrarese bella e colta come la celebre Isabella d'Este, alla quale tutti dicevano rassomigliassi. Francesco ed io ci amammo fin dal primo istante, e la grazia di quel sentimento appena sbocciato, la complicità, la tenerezza di quel primo romantico viaggio fino al fiabesco Castello di Saint-Germain, che raggiungemmo quando i primi rigori annunciavano ormai il sopraggiungere dell'inverno, non furono che il dolcissimo inizio di un'unione che fu sempre felice.

Ci sposammo il 4 dicembre 1548. Le nozze vennero celebrate dal cardinale di Borbone, alla presenza del re e di tutta la corte di Francia. Ricevemmo ricchi doni da Enrico II e da Caterina de' Medici. Il cardinale di Borbone volle donarci il letto nuziale. L'ambasciatore ferrarese alla corte di Francia s'affrettò a tranquillizzare il duca Ercole II, mio padre, comunicando entusiasta che sua figlia era «contenta e innamorata dello sposo».

Se i primi giorni trascorsi accanto a mio marito furono pieni di felicità, non altrettanto poté dirsi del mio ingresso alla corte di Parigi. Lontana da Ferrara, dalla sfavillante, raffinata e pacifica corte estense, inizialmente mi sentii perduta. I contrasti fra i miei genitori, gli intrighi che talvolta turbavano, o perfino insanguinavano, la capitale estense, mi sembrarono null'altro che puerili giochi innocenti al confronto di ciò che mi parve la vita di corte a Parigi nella prima brutale impressione che ne ricevetti.

Mite d'animo, ancor giovane e sola, ingenua e in fondo pura, non ero affatto pronta a tutto quell'incomprensibile groviglio d'intriganti pettegolezzi, di aspri risentimenti e feroci invidie, di rivalità fra potentissime amanti e favorite. Complotti, inganni, ingiurie, repentini passaggi da una fazione all'altra, così rari alla corte di Ferrara, sembravano qui all'ordine del giorno. I cortigiani francesi mi parvero tutti inguaribilmente capricciosi, invadenti, maliziosi, e per un attimo mi sentii del tutto afflitta e scoraggiata. Avrei voluto poter tornare a casa, in quel lembo di pianura padana avvolto dalla nebbia che per diciassette anni m'aveva protetta e vezzeggiata. Mi mancavano i poeti che cantavano le mie lodi, mi mancava mia madre, perfino quando faceva infuriare mio padre. Mi mancavano terribilmente le Delizie estensi, le eleganti ville decorate dai più celebri artisti italiani che ingentilivano la pianura e accoglievano la corte nei mesi estivi offrendo refrigerio dalla canicola cittadina. Non c'era notte in cui non sognassi di rivedere lo splendido Castello di Belriguardo, la più antica delle nostre Delizie, il magnifico palazzo che il Tasso chiamava *reale albergo* e che per la sua sontuosità sarebbe certo apparso più degno di un re che del signore d'un piccolo Stato. Duecento stanze, appartamenti affrescati dalle mani sapienti dei migliori pittori del tempo, una loggia elegantissima a terreno dove si poteva passeggiare quando il maltempo scoraggiava le camminate nei boschi, giardini pieni di piante rare e preziose, frutteti, viali, pergolati… Quando, nel 1598, papa Clemente VIII avrebbe preso possesso di Ferrara si sarebbe fermato alcuni giorni a Belriguardo. Mi fu narrato ciò che registrò anche il cronista Filippo Rodi, ossia che il papa rimase sorpreso, incantato dalla magnificenza della villa, e si rammaricò di non poter disporre d'una residenza così sontuosa nelle campagne romane. Non mi ero poi mai potuta godere la superba riserva di caccia fatta costruire da mio padre solo un anno prima delle mie nozze, a Copparo. Un bellissimo palazzo munito di torri era stato progettato dall'architetto ducale Terzo de Terzi, con le sale mirabilmente affrescate dal Garofalo, che in una loggia aveva dipinto i ritratti dei sedici Estensi signori di Ferrara, da Azzolino a mio padre Ercole II. Il pennello esperto di Girolamo da Carpi aveva poi rappresentato la battaglia di Marignano del 1515, quella battaglia dei giganti nella quale Francesco I, offrendo prova di straordinario valore, aveva sconfitto gli svizzeri, reputati fino a quel momento imbattibili. Affinché l'opera riuscisse quanto più possibile fedele al vero, il duca di Ferrara, tramite il cardinale Ippolito mio zio, aveva ottenuto un disegno della battaglia dal Primaticcio, celebre artista italiano in quegli anni al servizio di Francesco I. Il grande affresco splendeva ora nella nuova Delizia estense, orgoglio di Ercole II, sontuoso omaggio del duca di Ferrara al re di Francia, emblema della rinnovata amicizia verso la corona del re cristianissimo, quella stessa amicizia che aveva condotto me, Anna d'Este, in quelle terre lontane…

Ricordavo con rimpianto anche le lunghe colte conversazioni che nelle splendide Delizie estensi intrattenevano i cortigiani per ore intorno agli argomenti più svariati, e non c'era dama o cavaliere che non sapesse discutere brillantemente di filosofia e teologia, o improvvisarsi brillante novelliere... Negli anni successivi Annibale Romei, illustre gentiluomo ferrarese, avrebbe immortalato le dotte conversazioni e i vivaci passatempi in voga alla corte estense nei suoi ultimi raggi di splendore, nei suoi *Discorsi*, la cui prima edizione sarebbe uscita nel 1585 riscuotendo grande successo. Teatro immaginario dei *Discorsi* di Annibale Romei sarebbe stata - così come il Palazzo di Urbino all'inizio del secolo aveva offerto lo scenario ai dialoghi del *Cortegiano* di Baldassarre Castiglione - una Delizia che io non avrei mai veduta, giacché sarebbe stata il capolavoro di mio fratello Alfonso negli anni del suo regno, il Palazzo della Mesola. Quando partii per la Francia, la Mesola non era che una folta boscaglia che si stendeva lungo la spiaggia del mar Adriatico, tra il porto di Goro e il Po di Volano. Il duca Ercole I l'aveva acquisita nel 1490, ma essa era sempre rimasta in abbandono, trovandosi peraltro in territorio assai paludoso e insalubre. Alfonso II, desiderando un luogo di svago che offrisse le comodità della caccia e della pesca insieme, avrebbe deciso nel 1578, come riferì l'ambasciatore Canigiani, di «far bello et delizioso quel luogo». Innalzò allora intorno alla fitta selva un muro di cinta che andava ad abbracciare un circuito di dodici chilometri, dove fece rinchiudere selvaggina d'ogni tipo. Con un ingegnoso sistema di tubi metallici v'immise l'acqua dell'Adriatico che prese a scorrere in ampi e profondi canali consentendo il transito delle imbarcazioni e fornendo ottimo pesce di mare per la pesca. Infine fece costruire, sotto la direzione del celebre Giambattista Aleotti detto l'*Argenta*, un grandioso palazzo. I lavori sarebbero iniziati nel 1579 e la nuova Delizia sarebbe stata terminata nel 1593, in tempo per salutare gli ultimissimi briosi anni prima della fine, il fastoso declino della Ferrara estense. Io non avrei preso parte a quell'estremo soffio vitale mondano e splendido, a quel tripudio di vita campestre e sofisticata, dotta e frivola, favolosa e condannata. Per me, principessa lontana, solo fantasia per anticipare questo triste eppur mirabile crepuscolo, solo dolcissimi ricordi destinati a sbiadire, accompagnati dalla melanconica consapevolezza che tutto ciò ora doveva proseguire senza di me, relegata in terra straniera, dove nulla mi era familiare e dove solo l'amore e l'impegno preso sembravano trattenermi. Questo pensiero mi parve all'inizio insopportabile, e assai strano mi sembrò poi che la violenza con cui esso s'era imposto nei primi giorni, dovesse pian piano scemare, mentre la sorda amaritudine che provavo alla sola idea della mia lontana Ferrara gradualmente cedeva il posto a una nostalgia pacata e dolcissima.

Come sovente accade, finanche nelle situazioni più avverse, e dovevo pur riconoscere che comunque tale non era la mia, mi ero abituata. In una lettera del marzo 1549 da Saint Germain scrivevo del mio desiderio di riabbracciare l'amato padre, ammettendo che se avessi potuto aggiungere siffatta gioia «appresso agli altri miei contenti», mi sarebbe sembrato di essere «la più felice donna che fusse mai nel mondo».

Con l'eleganza e la raffinatezza che avevo potuto ereditare dalla corte estense, riuscii presto a ritagliarmi un posto privilegiato a Palazzo Reale, e anzi ne divenni una delle dame più elogiate e potenti. Riservata, non adusa ai pettegolezzi, alle vendette e ai tradimenti, ero peraltro riuscita a inserirmi in quella corte estranea, sfrenata e vorticosa, senza venirne travolta, e rimasi ognora, anche nei travagliati anni successivi, anche nei momenti più tragici della guerra civile, una delle poche dame di Palazzo che non avesse nemici.

Al posto dei letterati italiani, quelli francesi cominciarono a cantare le mie lodi, e poeti della tempra di Ronsard e Brantôme vollero farmi l'onore di ricordarmi nelle loro liriche. Pierre de Bourdeille, signore di Brantôme, mi avrebbe elogiato come «la più bella che si possa trovare nella corte», e nella sua opera più famosa, *Les dames galantes,* ospitò un mio vivace ritratto letterario. Era, il poeta, un fervente cattolico, acerrimo nemico del nuovo partito ugonotto del quale i Guisa erano i primi oppositori. La simpatia per la Casa di Lorena suppongo avrà quindi accresciuto l'entusiasmo con il quale egli mi faceva l'onore di dipingermi nei suoi scritti, tuttavia non mi fu tolta la soddisfazione di superare, nei suoi encomi, la mia rivale Cristina di Danimarca, duchessa di Lorena, alla quale Francesco di Guisa aveva un tempo chiesto la mano. Apparteneva anch'ella alla Dinastia cattolica che Brantôme appoggiava, e l'aveva egli sempre descritta donna di raro splendore, quand'anche «assai orgogliosa e non scevra di alquanta presunzione».

III

«La messa non è un sacrificio, o l'azione del sacrificatore. Dobbiamo considerarla un sacramento o un testamento. Chiamiamola benedizione, eucaristia, mensa del Signore, memoriale del Signore. Le si dia qualunque altro nome, purché non la si macchi col nome di sacrificio...»

Martin Lutero

Sapevo che, uscita trionfante dalla guerra dei cent'anni, la monarchia francese godeva di altissimo prestigio e immensa potenza. Nel 1491 Carlo VIII aveva avuto in dote da mia nonna Anna la regione della Bretagna. Poi era morto, appena venticinquenne, per avere battuto la testa contro l'architrave di un corridoio del Castello di Amboise. Mia nonna, giovanissima vedova, aveva deciso di sposare il successore del sovrano precocemente defunto, mio nonno Luigi XII. Sapevo anche che da pochi anni il regno di Francia aveva ottenuto le terre di Borgogna, le Fiandre e l'Artois. Nel corso della secolare guerra contro l'Inghilterra era stata inoltre conquistata l'Aquitania. Si era insomma formato un regno compatto, guidato da una Dinastia potente, che poteva peraltro contare su un esercito efficiente e un popolo fedelissimo. Le ambizioni di questo Stato, che con Spagna e Impero si contendeva la supremazia europea, si erano riversate sulla mia Italia, su quel giardino fiorito d'arte e musica, su quella terra feconda di geniali spiriti che volentieri lasciava ad altri la contesa di ogni egemonia politica, per esercitare indisturbata un'indiscussa superiorità culturale. Il vivaio d'Europa, il teatro d'ogni splendore, il paese dalle molteplici sfavillanti capitali, si era suo malgrado fatto l'oggetto dei sogni proibiti di tre re di Francia. Carlo VIII, Luigi XII e Francesco I ardentemente bramarono l'Italia, fecero di tutto per conquistarla, entrarono in feroce concorrenza con la Spagna, e sventuratamente resero la penisola teatro non più di briosi commedianti, bensì di penose guerre che si susseguivano estenuanti, interminabili, intervallate da attimi di tregua sempre troppo brevi. Nessuna delle due grandi potenze riusciva ad avere definitivamente la meglio sull'altra, a intermittenza il conflitto s'arrestava e riprendeva, sfiancando il popolo.

Un momento di svolta sembrò aversi in una mattina di febbraio del 1525, quando a Pavia l'esercito comandato da Francesco I fu pesantemente sconfitto dall'esercito guidato dal vicerè di Carlo V. Mi fu narrato ogni particolare della prigionia del re in Spagna. In cambio della libertà egli dovette impegnarsi a rinunciare a tutte le conquiste degli ultimi anni, a Milano, a Napoli e alla Borgogna. Davanti a un potere imperiale che a quel punto sarebbe andato a estendersi a nord e a sud della penisola, pericolosamente accerchiando le terre pontificie, il papa decise di avvicinarsi alla Francia. Solo il duca di Ferrara, mio nonno Alfonso, aveva deciso di mantenersi neutrale, mentre gli altri Stati italiani aderivano alla Lega di Cognac. Carlo V, offeso e adirato per quello che considerava un vile tradimento del papa, fino a poco prima suo alleato, aveva tosto deciso di invadere Roma.

Correva l'ormai lontano 1527. L'esercito imperiale era riuscito a evitare le forze della Lega di Cognac e indisturbato s'era diretto verso la città santa, guidato da Carlo di Borbone, principe francese in conflitto personale con Francesco I. Il papa aveva avuto appena il tempo di cercare riparo fra le mura di Castel Sant'Angelo, e la fortezza pontificia venne stretta d'assedio da una soldatesca mal pagata a stento trattenuta dal Borbone. Sapevo come i soldati che componevano l'esercito di Carlo V fossero in gran parte mercenari tedeschi, e compresi come essi dovettero aver confuso l'arte della guerra con la rivalsa personale e forse l'astio per il compenso sempre troppo basso. Agivano mossi da un fuoco infernale che li portava a dispiegare la violenza più atroce, una ferocia mai vista, fatalmente accresciuta dal personale odio religioso che molti di essi, luterani, nutrivano nei confronti della città eterna. Quando lo scultore Benvenuto Cellini con un colpo di archibugio uccise dai merli di Castel Sant'Angelo Carlo di Borbone, nulla più poté trattenere la soldataglia che dilagò per la città uccidendo e saccheggiando. Con livore l'odio razziatore s'abbatté su altari, chiese e luoghi sacri, nei quali i mercenari luterani si compiacquero di commettere ogni sorta d'atto sacrilego. Un evento apocalittico, una devastazione totale, rovinosa, che avrebbe dovuto aprire uno strappo irreparabile nei rapporti sempre tesi fra il papato e l'impero. Ma, come avrei mio malgrado avuto modo d'appurare infinite volte nei lunghi anni che avrei trascorso fra gli intrighi della spregiudicata corte francese, le esigenze della politica offrono sovente balsami miracolosi, capaci di guarire in assai breve tempo anche ferite che paiono mortali. Appena due anni trascorsero dall'orrido sacco di Roma, e papa e imperatore furono riconciliati dall'accordo di Barcellona, mentre la Pace di Cambrai si proponeva di chiudere le ostilità tra Francia e Spagna. La Francia s'impegnava a rinunciare a Milano e a Napoli, mentre Carlo V veniva solennemente incoronato a Bologna, seconda città della Stato pontificio.

Due partiti si fronteggiavano in Francia già durante il regno di Francesco I, quando io, ancora ignara del futuro che là m'attendeva, crescevo spensierata alla corte estense. Il primo, al quale appartenevano la regina Eleonora, il delfino Enrico e sua moglie Caterina de' Medici, era guidato dalla potentissima Diana de Poitiers, favorita del delfino, e vedeva schierati i principi di Lorena e i Guisa nella difesa del cattolicesimo contro le nascenti idee della riforma. L'altro partito era guidato dalla favorita del re, Anna de Pisseleu, nota con il titolo di madame d'Etampes. Favorevole alle nuove idee di Lutero, contava sull'appoggio di Francesco I, di Margherita di Navarra, dell'ammiraglio de Brion e di numerosi signori ai quali presto si sarebbero uniti gli Châtillon-Coligny. Il re Francesco I apparteneva al secondo partito non tanto per convinzioni religiose quanto per un totale asservimento ai desideri e ai vezzi della sua intrigante abilissima favorita. Non s'era mai avvicinato alle idee della riforma, pur dimostrando, da perfetto umanista, una certa tolleranza e forse anche una simpatia per tutto ciò che di nuovo s'affacciava sul panorama filosofico e culturale europeo. Fedele alla dottrina cattolica, subiva gli assalti dell'amante, madame d'Etampes, e della sorella Margherita, le quali furbescamente non mancavano d'ideare ogni stratagemma, di tentare ogni artificio per convertire il sovrano al calvinismo.

Mi fu narrato di come un giorno lo condussero a Saint-Eustache per fargli ascoltare un noto predicatore luterano, ma di come restarono deluse nel vedere il re andarsene palesemente seccato, nel bel mezzo del sermone, precisando che non avrebbe mai più gradito essere disturbato per assistere a simili buffonate. Il desiderio di un re equivaleva di solito a un ordine, ma le due agguerrite donzelle non erano certo di temperamento arrendevole. Di comune accordo disposero che, se il re non desiderava più recarsi ad ascoltare prediche, senz'altro si sarebbe potuto provvedere a indottrinarlo a domicilio. A tal scopo fecero chiamare a corte un teologo di loro fiducia che aveva fama di una certa abilità nel contestare il valore della messa, secondo la dottrina luterana. Il re con la disponibilità che sempre lo caratterizzava, garbatamente lo ricevette, ma ben presto emerse come la sua conoscenza del catechismo e della dottrina cattolica fosse superiore a quella del teologo luterano. Dopo breve discussione, il teologo protestante non solo rinunciò a indottrinare il sovrano, ma decise di tornare in seno alla Chiesa cattolica. Madame d'Etampes era furibonda. Proprio non riusciva a comprendere perché il re, che l'assecondava in tutto, non volesse punto cedere sulla questione religiosa, e si fece ancor più accanita nella sua battaglia al partito cattolico, peraltro guidato dalla sua detestatissima rivale, Diana di Poitiers. Mi sarebbe poi stato narrato da più voci di come Anna de Pisseleu, donna vuota e perfida, che su null'altro faceva leva per raggiungere e mantenere il successo che sull'avvenenza, odiasse disperatamente Diana di Poitiers da quando, molti anni prima, durante un torneo, entrambe erano state elette a pari merito come le donne più belle di Parigi.

Anna era ancora una fanciulla e, nel vedersi costretta a dividere l'ambito titolo con Diana, che era già vedova e aveva superato i trent'anni, non s'era fatta scrupolo di lasciare indignata la festa, affermando che solo degli stupidi avevano potuto metterle al pari «una vecchia». Ma la «vecchia» in questione era notoriamente splendida e lo sarebbe rimasta fino alla vera senilità e alla morte, mantenendo sempre vivo l'amore immenso che per lei nutriva il delfino Enrico, di vent'anni più giovane. Qualcuno mormorava che quella dea algida dal portamento altero che scoraggiava ogni possibile corteggiatore e che dalla morte del marito Louis de Brézé, siniscalco di Normandia, indossava solo abiti bianchi o neri, avesse addirittura stregato, con qualche misterioso filtro magico, il figlio del sovrano. Il suo potere a corte era forse un poco inferiore a quello di madame d'Etampes, che manovrava il re come fosse una marionetta, ma era sicuramente destinato a durare più a lungo. Tutti sapevano che alla morte del sovrano madame d'Etampes sarebbe fatalmente caduta in disgrazia. Frattanto comunque Diana era ben risoluta a utilizzare tutto il potere di cui disponeva come amante del delfino per convincere Francesco I a schierarsi con il partito cattolico, o quantomeno a non favorire in alcun modo l'eresia che, generando disordini, rappresentava un pericolo sia per l'autorità del papa che per quella del sovrano.

Disposta a tutto pur di vincere contro l'odiata rivale e il suo partito, la favorita del re dal canto suo non trascurò nessuna arma, lecita o illecita che fosse. Seppi poi che era stata lei la prima a impartire ai suoi amici luterani l'ordine di distruggere le statue dei santi e di infrangere le vetrate delle chiese, dando inizio a una triste sequela di atti sacrileghi che avrebbero infiammato di rabbia il cattolicissimo popolo francese. E fu ancora lei a sollecitare l'affissione di manifesti contro la messa, tanto che nell'ottobre del 1534 Parigi, Orleans, Blois, Tours e Amboise – qui Francesco I se ne trovò perfino una affissa sulla porta della sua stanza da letto – vennero sommerse da migliaia di locandine contro il santo sacrificio, «contro la pomposa e orgogliosa messa papista, mediante la quale il mondo è e sarà completamente rovinato, distrutto, perduto e desolato, poiché in essa Nostro Signore è così oltraggiosamente bestemmiato e il popolo sedotto e accecato come non si può più né si deve tollerare». Lo stesso Francesco I, che pure era assai liberale con i riformati, rimase scosso dalla violenza della propaganda e, per chiedere perdono della grave offesa arrecata alla fede, volle guidare personalmente a Parigi una solenne processione riparatrice.

Vedo ora con chiarezza come nel problema della messa risiedesse davvero il cuore di tutta la questione religiosa, il valico insormontabile che separava cattolici e protestanti. Gli attacchi, più o meno giustificati, più o meno leciti, che Lutero aveva mosso alla corruzione di Roma, non avevano intaccato la fede e se si fosse limitato a questo il monaco tedesco non sarebbe uscito dalla Chiesa. Ma essi non erano che pretesti, meri pretesti occasionali dai quali Lutero aveva preso le mosse per andare a sconvolgere tutta la nostra dottrina, per metterne in dubbio i dogmi fondamentali e distruggerla dalle fondamenta. Non si era limitato a criticare alcuni aspetti della vita di Roma, aveva voluto creare una nuova religione, che andava a colpire non la vendita delle indulgenze, bensì il mistero sacro del sacrificio dell'altare, l'inviolabile dottrina della presenza reale di Cristo nell'eucaristia.

I protestanti ambivano a svigorire alle radici il miracolo su cui si fondava tutta la Chiesa, e l'intera loro dottrina poteva dirsi edificata sulla celebre minaccia proclamata da Lutero: «Affermo che la prostituzione, l'omicidio, il furto, l'adulterio sono meno perniciosi dell'abominevole messa papista. Quando la messa sarà abolita, avremo eliminato il papato. Il papato si sostiene sulla messa come su una roccia. Assieme alla messa crollerà l'intero edificio». Ben comprendo come non potesse il mondo cattolico esimersi dal reagire con forza a un fenomeno che minacciava l'essenza stessa della nostra dottrina. Per questo il 15 agosto 1534 un ufficiale spagnolo che molto ammirai, Ignazio di Loyola, si ritrovò a Montmartre con numerosi amici, quasi tutti spagnoli come lui, e insieme promisero di consacrarsi a «servire il Vicario di Cristo in terra per servire il Signore e la Chiesa», dando vita alla battagliera Compagnia di Gesù, solido baluardo del cattolicesimo minacciato dal dilagare dell'eresia.

Dopo l'incidente dei manifestini contro la messa, la corte si trovò a dover affrontare gli eccessi della nipote di Francesco I, Jeanne d'Albret. Unica figlia della sorella del re, Margherita, e di Jean d'Albret, re di Navarra, a dodici anni era stata promessa ad Antonio di Borbone-Vendôme, divenuto capo del Casato dei Borbone e primo principe del sangue. Il ramo principale s'era infatti estinto con la morte sotto i merli di Castel Sant'Angelo del conestabile Carlo di Borbone. L'intrepida Jeanne rimaneva quindi l'unica erede del regno di Navarra e con il suo matrimonio portava codesto territorio fra i domini del Casato di Borbone e della monarchia francese. Nonostante la giovane età, manifestava già un temperamento alquanto ardimentoso.

La ricordo bene, la battagliera Jeanne. La sua intelligenza era vivace, il carattere caparbio. Fervente, appassionata seguace delle idee di Calvino, vi s'accostava con un fanatismo che sgomentava finanche sua madre Margherita, che pure l'aveva ella stessa avvicinata alle nuove idee. Credo che per Margherita, colta umanista curiosa d'ogni manifestazione del sapere umano, l'avvicinamento al calvinismo derivasse da un'infatuazione intellettuale, mentre Jeanne prometteva di diventare una maniaca collerica e faziosa, piena di disprezzo per la Chiesa e per i cattolici, anche quando si trattava dei suoi stessi parenti e amici. Qualcuno mi narrò di come, ancor fanciulla, fosse intervenuta con ago e filo su un ricamo della madre raffigurante la celebrazione della Messa per rifare le teste ai preti trasformandole in teste di volpe. E non potei fare a meno di pensare che decisamente non prometteva nulla di buono. Né effettivamente sarebbe migliorata con l'età, quando anziché sui ricami avrebbe sfogato il focoso temperamento polemico sul governo di un'intera regione!

In Navarra, durante il regno di Jeanne d'Albret, che aveva eletto come suo consigliere Teodoro Beza, discepolo di Calvino, i riformati sarebbero stati sobillati alla rivolta armata in nome della libertà. Il culto cattolico, a quel punto accantonando l'idea della libertà, sarebbe stato severamente interdetto.

Ricordo Jeanne come una donna arcigna, scialba, ossessivamente moralista come tutti i protestanti, insofferente di tutto ciò che potesse richiamare la bellezza della vita terrena, la gioia di un'umanità per gli austeri calvinisti sempre intrinsecamente cattiva e irrimediabilmente corrotta dal peccato originale. Rigettava come indecente lassismo la nostra meravigliosa capacità di non paventare la morte pur amando voluttuosamente la vita, di onorare Dio senza disprezzare doni e appagamenti mondani. Qualsiasi piacere terreno e sensuale ella sprezzante l'allontanava con fierezza. Portava acconciature severe e abiti miseri, vesti semplicissime che adornava abitualmente con le perle, unica concessione a una femminea vanità soffocata.

Non ero ancora giunta in Francia quando il partito vicino ai riformati subì un grave colpo. Il 31 marzo 1547, a soli cinquantatré anni, morì Francesco I. Soccombeva l'amato sovrano alla tubercolosi e si spegneva sereno nel suo Castello di Rambouillet. Mi fu narrato di come tutta l'arroganza di madame d'Etampes si dissolse insieme all'ultimo respiro esalato dal suo amante. Al letto di morte del re, gli astanti dovettero assistere imbarazzati a una assai poco aristocratica scena isterica della bella favorita, che si gettò sul pavimento gridando platealmente «terra inghiottimi». Nessuno naturalmente fu sfiorato dall'idea che a muoverla fosse il dolore per la perdita dell'amato. Anna de Pisseleu piangeva la repentina inevitabile caduta, la perdita irrimediabile di ciò che aveva ognora rappresentato la sua unica ragione di vita: il potere. Si ritirò a vita privata nel Castello di Limours e dovette solo ringraziare che la favorita del nuovo re, la sua odiata rivale Diana di Poitiers, non avesse il suo stesso livoroso temperamento, altrimenti l'avrebbe fatta uccidere. Immagino che ella avesse fortemente temuto di subire la sorte che sarebbe toccata a Diana se i ruoli fossero stati invertiti, senza rendersi conto di quanto Diana le fosse superiore. Verso la sua mortale nemica decaduta si dimostrò infatti ella magnanima, benché tutta la corte s'attendesse e forse addirittura auspicasse il peggio per madame d'Etampes. Di certo il parlamento cattolico non si sarebbe opposto alla sua condanna, ma Diana preferì lasciarla preda della sua stessa angoscia nella solitudine di Limours. In fondo, per una donna che aveva vissuto solo per esibirsi nell'esercizio di un potere arbitrario e illimitato, contando esclusivamente sulle proprie capacità di seduttrice, la solitudine d'una residenza lontana dai clamori parigini, l'oblio e il silenzio, rappresentavano già un castigo ben severo, che di lì a poco sarebbe stato ulteriormente inasprito da un'iniziativa del marito. Appresi che il signor d'Etampes, dopo anni di muta docilità nell'umiliazione del pubblico tradimento - dopo che il re, a parziale risarcimento, gli aveva concesso una pensione, ma l'adultera, sempre assetata di denaro e incapace di farselo bastare, gli aveva sottratto pure quella - aveva deciso di prendersi una piccola rivalsa. Costrinse l'ormai impotente sposa a firmare un clamoroso atto di donazione col quale ella rinunciava a tutti i beni ricevuti dal defunto sovrano, compreso il Castello di Limours, poi la mandò in Bretagna e la recluse nel tetro isolato maniero di Hardouinaye, dal quale poté uscire solo morta, diciotto anni dopo.

Mi sarei presto accorta di come l'atteggiamento della monarchia verso la riforma, già inaspritosi dopo lo scandalo dei volantini contro la messa, con l'ascesa al trono di Enrico II si sarebbe fatto decisamente ostile. L'inizio della grande fortuna di Diana di Poitiers, duchessa di Valentinois, adorata favorita del delfino che veniva incoronato re il 20 luglio 1547, segnò anche l'inizio d'un periodo propizio per i Guisa, principi di Lorena, suoi alleati. Mio cognato Carlo di Lorena, con l'avvento di Enrico II al trono, venne nominato cardinale a soli venticinque anni, e consacrò personalmente il re a Reims.

La mia futura famiglia acquisiva potere, ma io sarei rimasta sempre lontana dalle facili illusioni. Avrei imparato che alla corte di Francia nulla era mai definitivo, ascese e cadute s'alternavano ghiribizzose inseguendo gli umori dei sovrani o dei loro prediletti, e chi un giorno si reputava tale, poteva facilmente il giorno successivo non esserlo più. Con Enrico II sul trono, i favori vennero riversati a piene mani su coloro che erano caduti in disgrazia sotto Francesco I per la perversa influenza di madame d'Etampes. Il patto che legava la duchessa di Valentinois ai Guisa era molto ambizioso. I Guisa aspiravano a entrare a far parte della famiglia reale e, come complici di Diana, intervennero per la prima volta nella grande politica francese, giacché l'influenza ch'ella poteva esercitare su Enrico II era davvero sconfinata. Ora si poteva affermare che il consiglio del re, con i Montmorency e i Lorena, cattolici da sempre a lei vicini, si trovasse completamente nelle sue mani. Diana fece nominare il cardinale Carlo capo del consiglio privato, e ne fece il punto di riferimento del partito cattolico.

Maria di Lorena, sorella di mio marito Francesco e del cardinale Carlo, aveva sposato il re di Scozia, Giacomo V Stuart. Rimasta vedova, s'era vista minacciata dagli inglesi e dai protestanti, che, intendendo riunire Inghilterra e Scozia sotto un'unica corona, progettavano di eliminare la reggente e impadronirsi della figlioletta, Maria Stuarda, di appena cinque anni, per maritarla con Edoardo VI, figlio di Enrico VIII, e primo re protestante d'Inghilterra. Mentre gli inglesi si preparavano a invadere la Scozia e la reggente Maria di Lorena si rendeva conto di non essere in grado d'opporre la minima resistenza, i Guisa riuscivano a convincere il re di Francia della necessità di inviare un esercito in suo aiuto. Il contingente francese ottenne il successo sperato, conquistò la città di Boulogne e condusse in Francia la piccola Maria Stuarda, un vero gioiello di bambina, mia diletta nipote, che sarebbe stata promessa al delfino Francesco. Grazie a questa impresa un giorno la mia famiglia francese sarebbe stata strettamente imparentata con i sovrani.

«La piccola regina di Scozia è la bambina più perfetta che io abbia mai veduto», aveva affermato Enrico II quando nostra nipote era approdata nelle sue terre, e nell'estate del 1548 tutta la corte aveva festeggiato la futura delfina, una bambina davvero graziosissima. Parlava solo la lingua scozzese in quei suoi primi giorni in Francia, e l'accento aspro strideva con la sua natura tanto aggraziata. Imparò tuttavia assai presto la lingua della terra che avrebbe presto preso a considerare come la sua nuova patria. Per tutta la vita avrebbe scritto e parlato in francese, anche dopo che le amare vicende della sua tormentosa esistenza la condussero lontana da noi e dalle nostre terre.

La gloria dei Guisa cominciava così, con l'ascesa al trono di Enrico II, incoronato a Reims il 25 luglio 1547. Io ero quindi giunta in Francia quando il grande prestigio di mio marito era da poco incominciato, e accanto a lui vidi la grande Dinastia lorenese conquistare ruoli sempre più prestigiosi e soprattutto una popolarità immensa, fino all'eloquente appellativo riservato a mio figlio Enrico di «re di Parigi». Ma, come sovente accade, commisurate al potere crescevano pure le avversità e in special modo gli oppositori e i nemici, sempre più crudeli, sempre più implacabili man mano che vedevano ingrossarsi la posta in gioco.

Da timida principessa d'un piccolo Stato italiano che timorosa s'affacciava sugli intrighi della ragion di Stato più spietata, fui costretta a trasfigurarmi con celerità. In breve seppi presentarmi, sicura, altera, come la risoluta moglie d'un grande uomo politico, del capo osannato e detestato del partito cattolico che s'avviava spedito verso le sanguinosissime guerre di religione. Al fianco dello Sfregiato, conobbi tutto ciò che mai alla corte estense avrei immaginato di dover conoscere. Quando da fanciulla ragionavo e discutevo con mia madre, avevo imparato a difendere la religione cattolica argomentando sull'importanza dell'eucaristia, a insistere per poter recitare il rosario e rispettare i digiuni quaresimali, e pensavo che questo fosse quanto. Avrei dovuto ben ricredermi, allorché, nel corso dei lunghi anni che il cammino terreno mi destinava, in nome di Dio e della sua Chiesa nulla mi sarebbe stato risparmiato, nessun dolore, nessuna tragedia, e se mai rimpiansi le incruente dispute con mia madre, mai tuttavia provai la tentazione d'arretrare dinanzi a quelli che sapevo essere i miei doveri di moglie e madre dei massimi esponenti e difensori del cattolicesimo minacciato e perseguitato.

Ero sposata da pochi mesi e mi ero appena ripresa da una fastidiosa indisposizione della quale mi ero più volte lamentata nelle lettere a mio padre. «Già dieci giorni sono ch'ordinariamente ho una febbre... che non mi ha mai lasciata», gli scrivevo il 16 aprile 1549, poi alla fine di maggio più sollevata: «... quanto al male ch'io ho avuto, io ne sono molto ben guarita, gratia di Dio, e ho trovato un medico del re che è stato in Italia, il quale mi ha medicata all'italiana e molto bene...». Con gioia immensa scoprii d'aspettare un figlio. Il primo a saperlo fu proprio mio padre Ercole, al quale, emozionata e confusa, il 28 maggio 1549, trasmettevo apprensive perplessità sul mio nuovo stato: «Dubito d'esser gravida, ma non ne sono ancora ben certa. Io mi sento male il dopo disnare e vomito qualche volta... e pure non lascio d'ingrassarmi», scrivevo senza omettere, un poco goffamente, d'aggiungere infine quello che secondo me era il segno principale della presunta gravidanza: «Ho fallito di quindici giorni le mie purgationi». I timidi sospetti d'una giovane impacciata priva d'ogni esperienza trovarono presto felice conferma e il 3 settembre potevo annunciare commossa: «Ho sentito muovere la mia creatura!». Da Parigi il 1 novembre informavo ancora mio padre che «quanto alla mia gravidanza, io son grossa di sei mesi, ma assicuro ben Vostra Eccellenza che mai non mi sentii meglio di quel ch'io fo dippoi aver sentito movere la mia creatura».

E finalmente vide la luce un bel maschietto, sano e robusto. Lo chiamammo Enrico. Il re in persona tenne a battesimo quel fanciullino destinato a una gloriosa vita e a una tragica morte, colui che avrebbe attirato su di sé le entusiastiche speranze dei cattolici francesi e un pugnale rabbioso mosso dall'invidia, colui che sarebbe stato amato fino all'idolatria e detestato fino al più vile dei delitti. Certo stringendo fra le braccia quella piccola creatura, già fonte d'orgoglio materno per il solo fatto d'esistere, non potevo immaginare quali immense soddisfazioni e quali tremendi dolori m'avrebbe portato. Per il momento potei semplicemente constatare come la nascita d'un erede maschio andasse a consolidare la mia posizione all'interno della famiglia e della stessa corte parigina. Altri sei figlioli avrei avuto dal caro Francesco. Due anni dopo Enrico sarebbe nata Caterina, una tenera fanciulla che amai profondamente e che mi sarebbe sempre stata vicina, prezioso conforto nelle avversità, fonte di sicura forza, dolcissima e caparbia, ricca d'ogni virtù e di straordinario vigore. Videro poi la luce Carlo, futuro duca di Mayenne, Luigi, destinato a diventare il grande cardinale di Guisa, il piccolo Antonio che con nostro immenso dolore sarebbe morto ad appena tre anni, Francesco e infine Massimiliano, anch'egli purtroppo destinato a lasciarci assai presto.

Se nei primi tempi della mia nuova esistenza in Francia avevo cercato di tenermi in disparte dalla vita politica, ora vi prendevo parte a pieno titolo e acquisivo a corte ruoli di primissimo piano. La mia presenza era ovunque richiesta, la mia compagnia sembrava essere da tutti ambita. L'educazione e l'istruzione che avevo ricevuto alla corte estense offrivano ora i frutti più maturi. Sposa di un uomo ricco e potente, amavo utilizzare il prestigio, il tempo e il denaro che traevo dalla mia posizione per incoraggiare artisti e poeti, soprattutto italiani. Già a Ferrara avevo imparato a dedicarmi con amorevole passione alla cultura, alla musica e all'arte, e ora non avrei certo perduta l'occasione di farmi, sull'esempio di mio padre e dei miei avi, generosa mecenate.

Una sincera amicizia mi legò già in quegli anni alla regina Caterina de' Medici, un'amicizia che sarebbe durata tutta una vita, scampando indenne ai contrasti, spesso astiosi, causati dalle profonde divergenze politiche e religiose.

Dovetti purtroppo anche avvedermi di come la morte di Francesco I non avesse, come si era sperato, posto termine alle guerre in Italia. Lo scontro tra due potenze che andavano contendendosi l'egemonia in Europa poteva considerarsi ancora aperto durante il regno di Enrico II, il quale anzi immediatamente avrebbe voluto riprendere la guerra contro Carlo V, una guerra che voleva vincere a ogni costo e che lo avrebbe perfino portato ad allearsi con i principi luterani di Germania e con il sultano di Costantinopoli. Nessuno poteva fingere di non vedere quanto i popoli fossero ormai sfiniti, le finanze esauste, eppure le radici della contesa restavano profonde. Non potevo ignorare, io che avevo ricevuto un'accurata educazione storica alla corte estense, quanto esse fossero difficili da divellere, risiedendo nella stessa conformazione dell'impero di Carlo V, che, per eccezione, riuniva su di sé i domini asburgici ereditati dal padre, Filippo detto il Bello, e quelli spagnoli ereditati dalla madre, Giovanna detta la Pazza, figlia dei re cattolici Isabella e Ferdinando. Si trattava d'un dominio vastissimo ma spezzato, e la cerniera che avrebbe potuto unificarlo si trovava appunto in Italia, nei possedimenti strategici del ducato di Milano. Il territorio a disposizione della monarchia francese, pur meno vasto, era tuttavia compatto. E ben vedevo come la Francia fosse in Europa l'unica vera antagonista di Carlo V. Un'antagonista peraltro fastidiosa, col suo rappresentare un ostacolo naturale per l'imperatore ogni qualvolta si trovasse a dover transitare da una parte all'altra delle sue terre. Il re di Francia, da parte sua, detestava sentirsi accerchiato da regioni facenti capo a un unico grande sovrano. La rivalità era in conseguenza di ciò sempre aperta, e irrisolvibile, se non attraverso un radicale mutamento della configurazione stessa di una delle due potenze, cosa che di fatto sarebbe avvenuta nel 1555, quando Carlo V decise di offrire all'Europa e al mondo intero una scena piuttosto insolita, forse la presa di coscienza d'un triste fallimento o forse una grande lezione di vita.

All'apice del potere e della gloria, l'imperatore sul cui regno non tramontava mai il sole spontaneamente volle abdicare, per finire il proprio cammino terreno in una casetta attigua al monastero di Yuste, un convento nelle colline boscose e selvagge dell'Estremadura, in quella che si diceva essere la provincia più spoglia e inospitale della Spagna. Lì sarebbe morto il 21 settembre 1558, dopo una malattia di tre settimane, stringendo al petto il crocifisso della moglie Isabella, che aveva teneramente amata.

La Pace di Augusta del 1555, riconoscendo ai principi tedeschi la libertà di decidere se praticare la religione cattolica o quella riformata e vincolando i sudditi a seguire la scelta del sovrano secondo la celebre formula del *Cuius regius eius religio*, rappresentava sicuramente un'irreparabile sconfitta, un fallimento esistenziale per un sovrano cattolico che aveva cercato in ogni modo, di fronte al dilagare dell'eresia, di tutelare l'unità religiosa irrinunciabile fondamento del Sacro Romano Impero. Forse aveva inciso, tale smacco, sulla sua clamorosa decisione, ma ci fu anche chi disse che egli aveva cominciato a pensare di ritirarsi dopo la sconfitta di Metz, il grande successo di mio marito Francesco di Guisa.

Enrico II nel riprendere la guerra contro la Spagna interrotta alla morte del padre, s'era impadronito dei tre vescovadi di Metz, Toul e Verdun con tal facilità che la conquista veniva da noi tutti gaiamente definita «la passeggiata sul Reno». Mio marito il duca di Guisa, affiancato dal conestabile di Montmorency, era entrato a Metz mentre Carlo V avanzava con un forte esercito per riprendere a qualunque costo pieno possesso di quella città che non poteva permettersi di perdere, pena il vedere irreparabilmente compromessa la sua stessa autorità in Germania. Il 20 novembre l'esercito imperiale sfilava sotto i bastioni della città, sotto le possenti mura che, di lì a poco, la stessa artiglieria imperiale avrebbe abbattuto, per poi partire all'assalto delle truppe francesi. Ma non appena le mura crollarono, le milizie di Carlo V dovettero indietreggiare. Dietro i vecchi bastioni, lo Sfregiato aveva fatto innalzare gabbioni di protezione dai quali i suoi uomini avevano accolto gli sbigottiti soldati di Carlo V. Tutti i francesi, dai soldati semplici agli ufficiali, fino ai principi e al duca di Guisa in persona, trasportavano senza sosta sacchi di terra coi quali immediatamente richiudevano le eventuali brecce che il nemico riusciva ad aprire. L'artiglieria imperiale si sfiniva per demolire difese che venivano all'istante riattate. Intanto sopraggiungevano il freddo di dicembre, la neve, la carestia, e gli uomini di Carlo V morivano come mosche.

Il 26 dicembre 1552 l'imperatore spossato comunicava la sofferta decisione di togliere l'assedio a Metz. Sentiva che le forze lo stavano abbandonando, che la sua energia non era più quella d'un tempo. «La fortuna non ama i vecchi», avrebbe mestamente affermato dopo la sconfitta, prima di annunciare la sua ritirata dal mondo.

Si trattò per mio marito Francesco di Guisa di una lieta sorpresa. In una lettera al fratello aveva scritto, non senza una punta d'apprensione, che Carlo V «finché avrà vita non accetterà l'onta di andarsene senza vedere la fine». E invece il giorno di capodanno Carlo V se ne andava. Dei sessantamila uomini che aveva condotto all'assedio di Metz potevano ripartire con lui solo in dodicimila. Gli altri rimanevano lì. Uscendo dalle mura di Metz lo Sfregiato trovò sul campo di battaglia corpi esanimi, uomini agonizzanti, cavalli abbattuti, materiale bellico abbandonato. Un tetro scenario di morte, al quale cercò di porre parziale rimedio ordinando che tutti i feriti venissero trasportati in città e curati da medici francesi. Il successo di Metz valse al mio sposo preziosi riconoscimenti personali, così che egli superò in prestigio e autorevolezza il suo eterno rivale, il conestabile di Montmorency, e assunse a pieno titolo il ruolo di comandante in capo degli eserciti del re di Francia.

Alla fine del 1555 la pace sembrava ancora tanto lontana che Enrico II decise di predisporre un esercito sotto il comando di mio marito il duca di Guisa per combattere ancora in Italia e conquistare il regno di Napoli. Carlo V volle però iniziare subito le trattative per l'armistizio. I negoziati si aprirono nel gennaio 1556 nell'abbazia di Vaucelles. I plenipotenziari francesi, forti dei successi dello Sfregiato, chiesero il massimo. Dichiararono che non avrebbero rinunciato a nessuno dei tre vescovadi, né alle conquiste in Piemonte e misero subito in chiaro che anche solo il discuterne sarebbe stata un'inutile perdita di tempo. Ma l'imperatore, che ormai non desiderava altro che ritirarsi, non aveva alcuna intenzione di trattare. Accettò impassibile le condizioni francesi e in due giorni vennero stabiliti i termini di una tregua di cinque anni. Pochi giorni dopo, il 16 gennaio, con una solenne cerimonia a Bruxelles abdicò al trono di Spagna e di Sicilia, mentre già due mesi prima, il 25 ottobre del 1555, aveva ufficialmente trasmesso a suo figlio Filippo la regalità sulle Fiandre. Al fratello Ferdinando avrebbe invece lasciato il titolo imperiale, i regni di Boemia e Ungheria, l'arciducato d'Austria.

Quello di un sovrano che, al culmine del potere, imperatore del più ricco e vasto dominio europeo, rinuncia a tutto per ritirarsi a vita privata fu uno spettacolo mai visto e che dubito si sarebbe mai più ripetuto. Anche solo per questo forse Carlo V merita le parole che il suo fido scudiero don Luis Quijada sussurrò al momento del suo trapasso: «Morì il più grande uomo che mai sia stato e che mai sarà».

IV

«Il duca di Nemours portava il giallo e il nero: tutti ne cercarono inutilmente la ragione. Facile fu invece l'indovinarla per la principessa di Clèves, che si sovvenne di aver detto in sua presenza di prediligere il giallo e di esser dispiacente di essere bionda perché ciò le impediva di indossarne. Il duca aveva stimato di potersi mostrare con quel colore senza commettere indiscrezione; giacché, la principessa di Clèves non indossandolo mai, sarebbe stato impossibile sospettare che fosse il suo»

Madame de La Fayette

La tregua di Vaucelles avrebbe dovuto sospendere la guerra tra Francia e Spagna per cinque anni. Restammo tutti sbalorditi, e addolorati, nell'apprendere che in realtà essa sarebbe stata infranta assai prima, anche se potevo consolarmi col riconoscere che l'entità del conflitto non sarebbe più stata quella di prima. La separazione della Spagna dall'Impero aveva infatti mutato il panorama europeo, cominciando a dissotterrare le radici stesse dei lunghi contrasti. Certo, gli Asburgo rimanevano una potente famiglia imperiale, ma la divisione dei due rami d'Austria e Spagna fu un'insperata vittoria per i re cristianissimi. La rivalità tra Francia e Spagna prometteva di scemare gradualmente, ma qualche strascico ancora doveva esserci. Papa Paolo IV, al secolo Gian Pietro Carafa, appartenente a una potente famiglia napoletana, sognava di stringere tutti gli Stati italiani in un patto segreto con la Francia, onde porre un limite all'influenza della Spagna sul mezzogiorno italico. Come al solito si rivelò impossibile accordare intorno a un unico obiettivo tutti i principi che regnavano sulla penisola. Ottavio Farnese e Cosimo de' Medici preferirono ignorare l'appello del papa e schierarsi al fianco della Spagna. Mio padre il duca di Ferrara seguì invece il pontefice nella Lega antispagnola, uscendo dalla sua tradizionale neutralità. Lo avevo udito mille volte ribadire quella che era la sua più grande convinzione, ossia che le guerre fossero sempre e comunque dannose per un piccolo Stato. Aveva per lungo tempo scrupolosamente evitato di schierarsi nel conflitto tra le due potenze che si contendevano i territori italici, ma ora riteneva opportuno appoggiare la Francia, alla quale era legato per il matrimonio con mia madre Renea, e per le mie nozze con il duca di Guisa. Lasciandosi coinvolgere nell'alleanza contro la Spagna, il re di Francia rompeva la tregua di Vaucelles, ma la sua guerra in territorio italiano fu persa quasi ancor prima di cominciare.

Con mio disappunto Montmorency era riuscito a riottenere per sé il comando supremo dell'esercito che, dopo Metz, era stato affidato al mio sposo Francesco di Guisa. Al pari di mio marito, godeva egli del valente appoggio di Diana di Poitiers, la quale gli era peraltro debitrice, giacché molti anni prima l'aveva aiutata a entrare nelle grazie del delfino. Era così riuscito a convincere l'autorevole favorita ad appoggiarlo nel recuperare la sua vecchia carica, anche contro l'interesse dello Sfregiato. E di fronte a questa protezione poco importava che molti gli attribuissero la colpa degli ultimi fallimenti francesi e che i più lo considerassero un «uomo vilissimo»...

Era il 13 gennaio 1557 quando seppi che la guerra era stata dichiarata e assai presto essa divampò nel nord della Francia. La regina d'Inghilterra, la cattolica Maria Tudor, appoggiava il marito Filippo II di Spagna, che il 7 giugno radunò sessantamila uomini agli ordini di Emanuele Filiberto di Savoia, che tutti conoscevano essere condottiero valorosissimo, tenacemente risoluto a riconquistare la Savoia e il Piemonte dai francesi strappati a suo padre Carlo III. L'esercito francese guidato da Montmorency, nel quale combattevano anche i miei fratelli Alfonso e Luigi, venne sconfitto a San Quintino, il 10 agosto 1557. Ero ben consapevole di come quella disfatta significasse nientemeno che la definitiva supremazia europea di Filippo II di Spagna. Montmorency fu condotto prigioniero a Gand con i suoi quattro figli. Suo nipote Coligny, resistette ancora diciassette giorni, consentendo al re di richiamare dall'Italia mio marito il duca di Guisa con il suo esercito. A memoria della battaglia Filippo II ordinò la costruzione del Palazzo dell'Escorial che, in segno di riconoscenza per l'inattesa vittoria nel giorno di San Lorenzo, volle a forma di griglia, strumento di martirio del suo santo protettore.

Ricordo ancora con dolore vivo il momento in cui giunse l'annuncio della caduta di San Quintino. Un annuncio repentino e funesto, come un lampo letale che squarcia l'oscurità d'una notte di riposo, un lampo che s'abbatté sulla Francia portando seco immensa sciagura. Tutti sapevamo che, se il duca di Savoia e Filippo II avessero deciso di marciare su Parigi, assai probabilmente la nostra incantevole capitale sarebbe caduta, o quantomeno avrebbe costretto Enrico II a una pace rovinosa, che per lungo tempo ne avrebbe compromesso fasto e splendore. Rabbia e disperazione scesero impietose su tutti noi, sul re spantato, paralizzato nell'incubo, nella terrifica coscienza della gravezza del pericolo sfiorato. Ma il nostro sovrano sapeva di non potersi abbandonare allo scoramento ed esso fu immediatamente fugato dalla coscienza che il pericolo era stato sì lambito, ma che ancora non ci aveva travolti, e che, affinché non lo facesse, occorreva tosto reagire e rifuggirlo. Fece quindi subito partire l'ordine di rimpatrio per mio marito che era sceso in Italia in aiuto del papa.

Il 6 ottobre lo Sfregiato rientrava in Francia, dove erano ad attenderlo le condizioni più favorevoli alla sua ormai inarrestabile ascesa. Il conestabile sconfitto era prigioniero, il re, superato il primo momento di sconforto, si mostrava risoluto a riprendere la battaglia. Mio marito ottenne la carica di luogotenente generale del regno, e unì le proprie truppe a quelle che il sovrano era riuscito ad armare mentre Filippo II mieteva successi al nord. Prima della fine dell'anno sarebbe riuscito a porre fra Parigi e l'esercito invasore una forza armata di trentacinquemila uomini.

Appena salito al trono, Enrico II aveva manifestato l'intenzione di realizzare un grande progetto, un sogno che da due secoli i sovrani francesi accarezzavano senza poter concretare. L'oggetto del desiderio era Calais, terra francese in possesso degli inglesi, che nemmeno la vittoria della guerra dei Cent'anni era valsa a riconquistare. Fortificata fin dal 1351, era ritenuta inespugnabile, ed era tanta la determinazione degli inglesi a conservare quest'ultimo possesso sul continente, che sull'architrave della porta della città avevano fatto incidere la frase: «I francesi prenderanno Calais quando il ferro e il piombo galleggeranno come il sughero». In effetti nessuno in quegli anni avrebbe potuto ragionevolmente credere che sarebbe stato possibile espugnare Calais, peraltro circondata da vaste zone di sabbie mobili e acquitrinose paludi. In inverno il mare gonfio accerchiava la cittadina, che finiva con l'apparire come una piccola isola sperduta e irraggiungibile. Un angusto passaggio fra le dighe era l'unica scomoda via d'accesso, protetta da una guarnigione di soldati che gli inglesi reputavano bastante fintanto che la marea avvolgeva in un unico abbraccio la terra agognata dal nemico. Ma non appena, con la primavera nascente, le acque cominciavano a ritirarsi, dall'oltremanica giungevano ingenti rinforzi, e la città si trovava accerchiata e protetta non più dal mare, ma da valenti truppe disposte a tutto pur di difendere quel lembo di terra conteso.

Ascoltavo mio marito per ore quando s'abbandonava a grandi sogni, ma non potevo in alcun modo dimostrare di considerarli realizzabili. Eppure egli non ascoltava i miei dubbi, non temeva i pericoli, e appariva sempre più risoluto a realizzare il desiderio lungamente accarezzato dal suo re. Ignorando le mie proteste, mi spiegava che per conquistare Calais sarebbe senz'altro stato necessario approfittare dell'inverno, affrontare l'irruenza delle acque piuttosto che quella del potente esercito inglese. Nel mese di novembre, i primi freddi gli annunciarono che era giunto il momento di cominciare a preparare il suo piano, e non valeva il dolce tepore domestico a placare un cuore indomito. Si preparò all'assedio mentre l'alta marea si preparava ad avvolgere Calais, e i soldati si accingevano a far ritorno alle loro case. Sapeva d'andare ad affrontare un'impresa ai limiti delle possibilità umane, e per questo lavorava scrupolosamente, giorno e notte. Non voleva fidarsi di nessuno. Sulla sua abitudine di scrivere gli ordini di propria mano, perché preferiva non confidare troppo nella diligenza dei segretari, scherzava sovente anche con me il maresciallo Monluc che pure riconosceva come «non vi fosse uomo che non lo giudicasse il luogotenente più vigile e diligente di quanti ve ne siano stati nel nostro tempo» e che aveva sempre detto mio marito essere «un principe così saggio, affabile e cortese che non v'era nel suo esercito uomo che non si fosse messo volentieri a qualsiasi rischio dietro ordine suo, tanto sapeva guadagnare i cuori». Era il maresciallo Monluc fratello del vescovo di Valence, membro del consiglio di Caterina. Il maresciallo era un fervente cattolico, amico sincero del duca di Guisa, mentre il vescovo di Valence era aperto alle idee della riforma, e, scriveva Brantôme, «aveva fama di luterano o calvinista».

Il 31 dicembre 1557 le truppe francesi cominciarono il loro audace cammino verso la città inespugnabile. La rapidità con cui lo Sfregiato seppe condurre le operazioni belliche non consentì alle truppe nemiche d'intervenire per fermarlo. L'assedio fu breve e, già il 4 gennaio, mio marito poteva consegnare a un entusiasta Enrico II l'oggetto delle sue brame e prendersi al contempo una rivincita su Filippo II, marito della regina d'Inghilterra Maria Tudor. Rientrò a Parigi osannato e onnipotente. Dopo lo sgomento della disfatta di San Quintino i parigini gridavano al miracolo e acclamavano colui che aveva saputo compierlo, colui che aveva fatto «galleggiare il ferro e il piombo come il sughero». Nacque nella capitale un vero e proprio culto per lo Sfregiato, per il suo valore militare, ma anche per le sue doti personali di generosità, gentilezza, e soprattutto per la sua fede cattolica. I parigini profondamente religiosi, minacciati dal diffondersi delle idee della riforma, riconoscevano in lui il loro principale difensore, il paladino della fede, l'eroe della Chiesa.

Enrico II ricompensò il duca di Guisa affidandogli i governatorati della Borgogna, della Champagne e le prestigiose cariche di gran scudiero e gran ciambellano. Al suo fianco anch'io acquisii ruoli sempre più rilevanti nella pubblica vita di Francia, e condivisi appieno le sue idee, restandogli accanto e aiutandolo con dedizione in ogni circostanza.

Altro impulso alla fulminea scalata della Casa dei Lorena venne dal matrimonio del delfino Francesco con Maria Stuarda. Avevo stretto con la piccola Maria un rapporto di dolce amicizia, l'amavo e l'ammiravo per la dolcezza e la grazia che la sua delicata eppur maestosa persona sapeva emanare. Quando ebbe compiuto nove anni espressi a sua madre, mia cognata Maria di Guisa, tutta l'ammirazione per quella nipotina che era «la più bella e aggraziata piccola regina che chiunque potesse desiderare» augurandomi che a mia figlia Caterina fosse presto concesso d'essere ammessa al suo servizio. Ora Maria stava per sposarsi, mia figlia era una delle sue dame di compagnia, entrambe erano ricche di virtù e legate da affettuosa amicizia. Non potevo che sentirmi orgogliosa sia come madre, sia come zia della futura regina di Francia.

Il fidanzamento ufficiale ebbe luogo il 19 aprile 1558 nel salone del Louvre. Il cardinale di Lorena unì le mani dei due giovani, poi i cortigiani s'intrattennero per un sontuoso ballo. Enrico II danzò con la futura sposa del figlio, poi il delfino Francesco solennemente dichiarò che «di sua libera volontà e col pieno consenso del re e della regina suo padre e sua madre, e debitamente da essi autorizzato a prendere come sua sposa e consorte la regina di Scozia, egli prometteva di sposarla la domenica seguente, il 24 aprile». Mio marito era stato incaricato di organizzare i festeggiamenti per le nozze e le cronache dell'epoca avrebbero riferito ogni particolare di quello che fu senz'altro «un evento di raro splendore». La folla s'accalcava, curiosa e commossa, sul sagrato della cattedrale di Notre Dame quando, nella sua nuova carica di gran maestro della Real Casa, apparve Francesco di Guisa. Molti nobili avevano già preso posto sulla gradinata e precludevano alla gente sulla strada la vista del corteo. Generoso e attento, egli si preoccupò di farli tosto scendere, in modo che anche il popolo dalle strade potesse godere dell'atteso spettacolo. Una «fanfara di trombe, clarini, oboe, pifferi, viole, violini, cetre, e infiniti altri strumenti che era una delizia udirli» annunciarono l'approssimarsi del corteo nuziale, aperto dai principi reali, tanto splendidi ed eleganti «che era una meraviglia vederli». La madre della sposa avanzava con il re alla sua destra e il cardinale Carlo di Lorena suo fratello alla sinistra. La regina Caterina de' Medici, le principesse, le dame di corte seguivano «tutte meravigliosamente acconciate». I gigli reali erano ricamati ovunque. Io sorridevo accanto a Francesco, che la folla non cessava d'acclamare e che da quelle nozze sarebbe uscito ancor più potente.

Forte del mio nuovo ulteriore prestigio e della consapevolezza che nelle famiglie reali i matrimoni avevano spesso più peso politico delle guerre, avevo deciso di farmi raggiungere in Francia da mio fratello Alfonso, al fine di trovare per lui una moglie alla corte di Enrico II. Credei d'averla individuata nella sorella del re, Margherita di Valois, ancora nubile benché avesse superato i trent'anni. Certo, aveva qualche anno più di Alfonso, ma era bella, elegante e molto colta. Un matrimonio con la sorella del re di Francia avrebbe rappresentato per il futuro duca di Ferrara un ottimo successo diplomatico. Alfonso lo sapeva e certo non si mostrava contrario al progetto, ma a rovinare i miei sapienti intrighi amorosi giunse inaspettato un fermo veto da parte di nostro padre Ercole. Provai e riprovai ad allettarlo illustrando le mie valide ragioni diplomatiche, provai a solleticare il suo orgoglio mostrando i magnifici vantaggi che scorgevo in quell'unione, provai a commuoverlo palesando la cocente delusione che avrei provato innanzi al fallimento d'un progetto che mi stava molto a cuore, mi mostrai tenera e suadente, offesa e adirata, ma egli proprio non volle ascoltare ragioni! Di principesse francesi alla corte estense ce ne era già una, e creava già abbastanza problemi. Per nulla al mondo ne avrebbe accolta un'altra!

Alfonso avrebbe sposato una figlia di Cosimo I de' Medici, favorendo un avvicinamento degli Este alla potente, ricchissima famiglia fiorentina. Venne fidanzato con Maria, e nemmeno l'improvvisa morte della promessa poté rompere gli accordi: il nome della sorella Lucrezia fu prontamente sostituito a quello della defunta, e il trattato nuziale venne firmato. Ne fui profondamente delusa e non mi preoccupai certo d'avere la delicatezza di nasconderlo. Adirata, dopo avere appreso la triste nuova, affermai che mio padre aveva scelto per Alfonso una sposa «guerza e brutta», e aggiunsi perfino che i Medici «non sono nemmeno degni di essere chiamati nostri servitori». Avevo esagerato, e presto me ne pentii, benché sapessi di non essermi allontanata troppo dal vero. La Casata dei Medici non era d'antica nobiltà come quella estense e non poteva vantare, come noi, sicure discendenze aristocratiche. Il sangue reale non scorreva nelle vene dei ricchi banchieri che solo grazie alle enormi ricchezze accumulate con abili commerci avevano conquistato il potere a Firenze. Ben lo sapeva la regina Caterina, che fin dal momento del suo arrivo in Francia aveva dovuto affrontare lo scherno della corte, dove nessuno perdeva l'occasione di rimarcare l'incredibile sorte di una figlia di mercanti fortunosamente ascesa al trono di Francia.

Avevo definito Lucrezia «guerza» per quel suo lieve difetto all'occhio destro che veniva sapientemente celato nei ritratti, ma devo ammettere che in fondo «brutta» non era. Appena quattordicenne, era forse acerba, ma il fisico alto e magro, gli occhi neri vivaci, la folta capigliatura castana, la rendevano comunque piacevole. Il carattere precocemente serio e taciturno le conferiva anche un'aria di composta regalità. Non lo avrei mai ammesso, ma in fondo potevo capire, seppur non condividere, le ragioni di mio padre. Aveva voluto l'unione di Alfonso con Lucrezia de' Medici per salvare il ducato dalle conseguenze della disfatta di San Quintino. Ercole, che si era schierato con i francesi sconfitti, avrebbe rischiato di perdere terre e denaro se l'accordo con una forza schierata con la Spagna vittoriosa non avesse ristabilito la situazione antecedente al conflitto. E quell'accordo fu appunto sancito dal matrimonio che venne celebrato il 3 luglio 1558. Lucrezia era perdutamente innamorata di mio fratello, e lo attese nei lunghi mesi che lui, dopo le nozze, trascorse ancora in Francia al servizio di Enrico II. Triste e inappetente, attendeva con ansia il ritorno del marito. Al suo fianco, per provvedere ai suoi bisogni ma anche per sorvegliarla, Alfonso aveva posto il fedelissimo Francesco Susena, il quale si dava un gran daffare con lunghe chiacchiere per distrarre la fanciulla, che invece laconica lo liquidava con poche parole e non rideva mai. Il senese Pastorini, al servizio del duca di Ferrara, per consolarla le inviò un piccolo ritratto di Alfonso rinchiuso in una cassetta a forma di libro. Fu il vescovo a porgerlo alla principessa chiedendole se lo riconosceva e invitandola a rallegrarsi: «Lo conosco benissimo» rispose lei «ma rallegrare non mi posso, perché non parla».

Io vedevo Alfonso condurre in Francia una vita lieta, dove non trovava posto alcuna nostalgia per la giovane moglie lasciata a Firenze. Non aveva fretta di tornare da lei, e nemmeno le scriveva. «Fa carestia di sue lettere» commentava nostro padre Ercole, al quale Lucrezia scriveva lamentando «il lungo silenzio del principe» e confessando di nutrire per lui «un po' di stizza essendo così avaro di due righe». La salute della giovane declinava e, se qualcuno aveva osato sperare che l'inappetenza fosse dovuta a una gravidanza, i più invece indovinavano trattarsi solamente di nostalgia. A Firenze si sperava che dopo la pace di Cateau Cambrésis Alfonso sarebbe tornato in Italia, invece Enrico II gli riservò ruoli d'onore alle nozze della figlia Elisabetta con Filippo di Spagna. Mio fratello talvolta mi mostrava le lettere supplici della moglie: «Si ricordi di tornare perché non mi dà il cuore di vivere più senza di lui» scriveva firmandosi sempre «servitora e consorte che l'ama più che alla vita sua et più».

In quello stesso anno fui raggiunta in Francia anche dal minore dei miei fratelli, Luigi, che fin da bambino era stato destinato alla Chiesa. Il gesuita Pelletier era stato inviato espressamente a Ferrara da Ignazio di Loyola per l'educazione di quel giovane al quale il papa aveva già promesso una sfolgorante carriera ecclesiastica. A soli quindici anni, Luigi era stato nominato vescovo di Ferrara. La sua indole ribelle non era tuttavia avvezza ad accettare ciò che altri avevano programmato per lui e dopo cinque anni di brillante episcopato, egli aveva deciso di lasciare Ferrara e fuggire in Francia, per cercare la mia protezione. La decisione ovviamente aveva suscitato il plauso di nostra madre Renea, che mai avrebbe voluto dare un figlio alla chiesa di Roma. Riuscii a convincere mio marito e tutti i Guisa ad accogliere con benevolenza il fuggiasco, finanche quando incautamente prese a manifestare l'intenzione di lasciare la Chiesa per sposarsi. Era diffusa consuetudine intraprendere la carriera ecclesiastica senza ricevere gli ordini maggiori, per cui non era impossibile che un vescovo o un cardinale potessero disporre di titoli o benefici senza essere ordinati sacerdoti e quindi potessero lasciare lo stato clericale e sposarsi. A lungo mio fratello incalzò affinché venissero avviate le trattative matrimoniali con la contessa di Saint-Paul, Maria di Borbone, ma nostro padre, da Ferrara, s'opponeva con fermezza alle nozze.

Enrico II cercava di convincere il giovane a tornare alla vita religiosa, desideroso d'avere un proprio fedele nel Sacro Collegio, e ancor più insistette quando seppe che il papa gli aveva promesso il cappello cardinalizio se fosse tornato a Ferrara e avesse ripreso il suo posto alla guida della diocesi. Luigi tornò in patria pochi mesi dopo, nel maggio 1560. L'anno seguente sarebbe giunta la porpora promessa e Luigi avrebbe dedicato tutta la vita al servizio della Chiesa. Fu stimato diplomatico di Francia, che ebbe in lui un prezioso mediatore presso la Santa Sede. Nelle sue residenze romane avrebbe ospitato principi italiani e stranieri, artisti e letterati. Da lui sarebbe stata completata la villa di Tivoli ereditata dallo zio e, come lo zio, sarebbe divenuto governatore. Nel 1565 avrebbe poi accolto fra i suoi gentiluomini Torquato Tasso, introducendolo alla corte di Ferrara.

Per ricompensare i Guisa dei servigi resi alla corona, Enrico II volle dare una delle sue figlie in sposa a Carlo, duca di Lorena. Lo Sfregiato in quel periodo di straordinari successi vedeva i legami con la famiglia reale farsi sempre più stretti. Io ero la nipote di Luigi XII, sua madre Antonietta era una Borbone, sua nipote Maria era la moglie del delfino e sarebbe un giorno diventata regina di Francia, e ora suo cugino sposava la figlia del re. Le premesse per una straordinaria influenza sulla corte e sulla Francia intera non mancavano, ma non sempre mio marito si dimostrava propenso a inseguire il successo, o almeno non ad ogni costo, non se ciò implicava rinnegare o nascondere le proprie idee. Così, quando violentemente s'oppose alle clausole del trattato di Cateau Cambrésis, perse parte della benevolenza del sovrano, che quella pace, pur piuttosto sconveniente, desiderava assolutamente concludere.

La pace di Cateau Cambrésis andava a risolvere le residue

ragioni di conflitto tra Spagna e Francia e fu firmata il 2 aprile 1559. Alla Francia furono definitivamente riconosciute Calais, i vescovadi di Metz, Toul e Verdun lungo il confine del Reno, e il marchesato di Saluzzo. In cambio il re cristianissimo si impegnava a rinunciare per sempre a Milano e a Napoli, e a sgomberare tutti i territori italiani. Restituiva quindi le conquiste piemontesi al vincitore di San Quintino, in forma di dote alla sorella Margherita che andava in sposa a Emanuele Filiberto. Cedeva poi la Corsica a Genova, la repubblica di Montalcino a Cosimo I de' Medici, il Monferrato al duca di Mantova. In poche parole, la Francia usciva definitivamente dalla scena italiana, dove si disponeva senza più impedimenti il potere spagnolo. Il sogno italiano che aveva portato sul campo di battaglia tutti gli ultimi Valois svaniva per sempre. E il risveglio fu amaro.

Enrico II venne accusato d'avere ceduto troppo in fretta firmando un trattato che, pur ponendo fine alla serie di guerre che in tanti anni avevano sfinito il popolo e svuotato le casse dello Stato, a conti fatti era svantaggioso per la Francia. In realtà egli, come del resto Filippo II, aveva fretta di chiudere il capitolo delle guerre con la Spagna per dedicarsi ai problemi interni, e in particolare al diffondersi delle idee della riforma, che stava minacciando l'unità politica, oltre che religiosa, del regno, e questo anche per rispondere all'invito di papa Paolo IV che, con apposita bolla aveva intimato i sovrani di dedicarsi con solerzia, scevri da ulteriori indugi e distrazioni, a combattere l'eresia.

A coronamento delle trattative di pace, per sancire l'avvenuta riconciliazione tra i due paesi, furono stipulati due contratti nuziali. Enrico II dava sua sorella Margherita in sposa a Emanuele Filiberto di Savoia, e la sua primogenita Elisabetta, che aveva appena compiuto quattordici anni, a Filippo II di Spagna, trentaduenne, vedovo di Maria Emanuela d'Aviz del Portogallo e di Maria Tudor. La prima moglie del re di Spagna era morta nel dare alla luce un bambino malaticcio, Carlo, che aveva la stessa età di Elisabetta, e che era stato inizialmente il candidato alle nozze. Poi si era deciso che Elisabetta avrebbe sposato Filippo e che sarebbe stata regina di Spagna. Una soluzione certamente più vantaggiosa per Enrico II, che contava sull'aiuto della figlia per tenere sotto controllo il suo principale avversario. E un aiuto simile lo attendeva pure dalla sorella Margherita. Le due principesse francesi avrebbero avuto il compito di ammansire con le virtù muliebri i due storici nemici del re cristianissimo. Il primo matrimonio sarebbe stato celebrato alla fine di giugno, il secondo all'inizio di luglio. La corte e Parigi si accingevano così a festeggiare, non tanto quella pace un po' umiliante, quanto le prestigiose nozze che, camuffando in successo politico una sconfitta militare, apparentemente salvavano la dignità del re e della Francia.

I Guisa non parevano certo di un umore adatto alle feste, ma il re insisteva affinché fosse organizzato un grande torneo cavalleresco. Rue Saint-Antoine, la via più spaziosa della città, venne disselciata e cosparsa di sabbia. Una palizzata fu eretta a delimitare i recinti entro cui si sarebbero affrontati i campioni, scagliandosi l'uno contro l'altro a velocità sostenuta nel tentativo di disarcionarsi a vicenda. Lungo i perimetri del recinto vennero innalzate tribune lussuosamente adornate per ospitare dame e cavalieri. Il torneo si aprì il 28 giugno. I parigini salivano fin sui tetti delle case per assistere a quello spettacolo straordinario che sembrava voler riportare indietro il tempo alle giostre medievali, quando cavalieri armati di lance appuntite sfidavano i nemici sui loro destrieri per l'amore galante di una bella dama.

Tutti sapevano che Enrico II si batteva per la sua Diana di Poitiers. E infatti il re come sempre vestiva in bianco e nero, i colori dell'amata, ma nell'uso delle lance pensava di limitarsi a un gioco innocente, certo senza potersi nemmeno figurare quale reale, tremendo, autentico colpo di scena avrebbe offerto alla sua Parigi abbarbicata sui tetti in cerca di facili emozioni. Dalle tribune assistevo trepidante all'aprirsi della sfida. Mio fratello Alfonso d'Este portava i colori rosso e giallo, mio marito Francesco invece vestiva di rosso e bianco. Con loro gareggiava il duca di Nemours, che portava i colori giallo e nero, che erano anche i miei colori, e infatti qualche malizioso ne avrebbe approfittato per insinuare che egli già fosse segretamente innamorato di me. Questi erano i campioni sfidanti che insieme al re «avrebbero accettato di combattere contro qualsiasi cavaliere si fosse presentato, senza rifiutare nessuno».

Il 30 giugno, ultimo giorno di torneo, il duca di Savoia, mio marito il duca di Guisa e il capitano della guardia scozzese Gabriel de Montgomery, conte di Lorges, giostrarono con il re. Enrico II amava la tenzone e si reputava imbattibile. Quando il giovane Montgomery riportò un lieve vantaggio, fiero volle subito tentare contro di lui una nuova sfida e, sebbene il conte avesse opposto un cordiale rifiuto, insistette: «... è un ordine!» affermò caparbio, senza sapere di pronunciare con quelle poche quasi giocose parole la sua stessa sentenza di morte.

In quell'ultimo scontro la lancia di Montgomery si spezzò, la lunga punta aguzza scivolò sotto la visiera, sfondò l'occhio e penetrò a fondo, fino al cervello. Il re che fingeva d'essere un cavaliere medievale miseramente cadeva dinanzi a un pubblico attonito, sconvolto da quell'inatteso eccesso di realtà che faceva capolino laddove avrebbe dovuto esserci solamente farsa.

Come in un incubo vidi mio fratello accogliere il sovrano agonizzante fra le braccia. Il moribondo fu trasportato in una camera del Palazzo delle Tournelles, dove nulla fu lasciato intentato per cercare di salvargli la vita. Caterina de' Medici immediatamente convocò i più valenti chirurghi, interpellò improbabili maghi e astrologi nel tentativo disperato di conservare accanto a sé l'adorato marito, ma il 10 luglio fu costretta a rendere pubblica la notizia della sua morte. Il giorno stesso il re venne sepolto a Saint-Denis. Subito dopo i funerali, Alfonso dovette ripartire per Ferrara perché anche nostro padre Ercole stava morendo ed egli doveva prepararsi a salire sul trono estense. Le nozze di Margherita con Emanuele Filiberto per espresso desiderio del re morente furono comunque celebrate, ma la cerimonia non si tenne a Notre Dame, bensì nella piccola chiesa di San Paolo, vicino alle Tournelles, a mezzanotte. Il Palazzo sarebbe stato abbattuto dopo la morte di Enrico II per ordine di Caterina che non voleva dover più passare per rue Saint-Antoine, e al suo posto sarebbe stata realizzata una piazza.

Ripensai in quei giorni con una certa apprensione a una delle innumerevoli sciocche profezie di uno degli astrologi che circondavano la superstiziosa Caterina. Un certo Luc Gauric aveva predetto che il nostro re sarebbe morto in duello, ma nessuno gli aveva prestato attenzione: l'idea che un re si lasciasse coinvolgere in un duello era assurda! Eppure costui non si era allontanato dal vero, per quanto illogica potesse essere apparsa la sua previsione, la qual cosa m'angustiava giacché una simile preveggenza l'aveva egli avuta anche in merito a mio marito, il duca di Guisa. Aveva questo Gauric osato dichiarare che secondo il parere degli astri lo Sfregiato sarebbe morto assai giovane, cadendo per un colpo fatale alla schiena. Tal profezia aveva lasciato i cortigiani scettici e increduli, e mio marito un poco offeso. Solo un vile codardo avrebbe offerto la schiena al nemico, e tutti conoscevano il valore impavido del cavaliere di Guisa! Nessuno aveva quindi creduto alla serietà del mago, la cui voce cavernosa ora tuttavia parlava ai miei pensieri, accendeva timori, rinfocolava angosce che indarno cercavo di scacciare...

Con la morte di Enrico II la Dinastia dei Valois entrava in una grave crisi. Sarebbe assai presto scemato tutto il prestigio di cui aveva goduto, si sarebbe fatalmente perduta ogni autorevolezza, sarebbe scomparsa ogni traccia di consenso e amore da parte dei sudditi.

Tristi anni ci attendevano, anni di sangue che m'avrebbero vista tragica protagonista, come se quella lancia sciocca che era fatalmente uscita dal suo ruolo di puerile giuoco per farsi assassina avesse colpito anche me, costringendomi dolorante a mutare ruolo a mia volta, in una sorta di commedia impazzita. Abbandonavo ora le mie vesti di sicura e spensierata moglie dell'uomo più potente della corte per assumere quelle sciagurate di misera donna che impotente vede scorrere il sangue di tutti i suoi cari.

Non posso certo affermare che il nostro sovrano Enrico II avesse una forte personalità. Il mondo intero non ignora come egli agisse costantemente e unicamente sotto il pesante giogo dell'amante Diana de Poitiers. Nondimeno la sua autorità sul popolo francese era indiscussa, tale era sempre stata e tale posso ritenere avrebbe continuato a essere se un giuoco sciocco non avesse rovinato ogni cosa. Lasciava comunque quattro figli maschi, e nessuno avrebbe ancor potuto supporre che la pianta rigogliosa dei Valois si sarebbe presto disseccata. La nostra regina

Caterina de' Medici, ognora ossessionata da maghi e astrologi, quasi come se il conoscere il futuro potesse rendercelo più lieve, non faceva che interrogare Nostradamus sul futuro della Dinastia. Se con il duca di Ferrara, mio fratello, avrebbe quel mago clamorosamente errato col promettere un erede che mai sarebbe giunto, con Caterina fu invece subito categorico: con la morte dell'ultimo dei suoi figli si sarebbe interrotto il plurisecolare sodalizio tra i Valois e il trono di Francia. Nessuno degli ultimi sovrani avrebbe lasciato un figlio maschio degno del trono.

Sembrò tanto strano a Caterina, affamata di potere, ossessivamente gelosa della regalità della Casa di cui era entrata a far parte sposando un uomo che aveva adorato, che di ben quattro figli maschi nessuno sarebbe stato in grado di procreare, che non volle credere alla profezia. E senza posa prese a cercarne di più consolanti, interrogò maghi e indovini d'ogni sorta, senza tuttavia poter mutare un destino già segnato. La Dinastia era condannata, e non solo si sarebbe estinta dopo i figli di Enrico, ma sarebbe uscita di scena in pessimo modo, offrendo nei suoi ultimi atti un orrido spettacolo. Tre figli di Enrico e Caterina si sarebbero susseguiti sul trono non solo senza riuscire a perpetuarlo, ma nemmeno potendo serbarne dignità e prestigio. Il possente albero un tempo vigoroso rimaneva privo di linfa, secco, sterile, destinato a morire, giacché «ogni albero che non produce frutti buoni viene tagliato e gettato nel fuoco». E in alcun modo avrebbero potuto essere definiti buoni gli ultimi frutti dei Valois, patetico prodotto malriuscito e perverso di una stirpe che malamente, disperatamente, si trascinava verso il tramonto.

La Francia non se ne stette tranquilla a guardare una Dinastia agonizzante spegnersi lentamente e naturalmente come un lume che abbia esaurito lo stoppino, né gli ultimi sovrani accettarono la fine con pacata dignitosa rassegnazione. Come un condannato che rifiuta la morte e goffamente si agita, grottesco nel suo vano opporsi a un destino ineluttabile, così gli ultimi Valois, nel momento in cui presero ad avvertire tutta la precarietà del loro potere, si fecero irascibili, superstiziosi, esibizionisti, fanatici. La Francia dilaniata dalla guerra civile, il popolo sfinito, sfiduciato, le potenze straniere acquattate come sciacalli ad attendere gli esiti d'una debolezza fatale, furono il tragico misero scenario degli ultimi Valois, che d'altra parte non riuscirono a dimostrare di saper affrontare con opportuna lucidità la situazione avversa. Colei che unica si palesò abile a gestire il potere, la donna che tutti a corte avevano deriso per i modesti natali, e che qualcuno ancora in tono dispregiativo chiamava «l'italiana», si sarebbe dimostrata troppo ossessivamente aggrappata alla regalità che cercava a ogni costo di difendere e prolungare. Forse per questo fu drammaticamente incapace di valutare con obiettività persone, situazioni, sentimenti, a tutto anteponendo la fanatica difesa di quella ragion di Stato che credeva le avrebbe consentito di conservare un poco più a lungo la corona che i suoi figli avrebbero comunque miseramente perduta.

I mille problemi che dilaniavano la Francia non trovarono negli ultimi semi dei Valois un'adeguata risposta. Per rendermi ben conto della debolezza della monarchia dopo Enrico II talvolta ripensavo a quante volte il governo s'era trovato costretto a convocare gli Stati Generali. Riuniti solo in casi d'estrema necessità, per risolvere problemi della massima urgenza o crisi paralizzanti, gli Stati Generali non erano mai stati adunati da Enrico II, e quando questi morì erano trascorsi settant'anni dalla loro ultima convocazione. Durante le due reggenze di Caterina de' Medici e il regno di Enrico III, furono, in soli trent'anni, convocati per ben quattro volte.

Troppo spesso mi trovo a pensare che, se Enrico II fosse sopravvissuto, la Francia non sarebbe scivolata nell'orrore della guerra civile. Che gli ugonotti rappresentassero un pericolo, Enrico II lo sapeva. La sua legislazione in materia di religione ne teneva conto e cercava di contrastare la diffusione delle idee della riforma. Dovette in un certo modo sospettare o temere che, dopo di lui, la questione religiosa si sarebbe complicata e il pericolo protestante si sarebbe fatto più minaccioso se sul letto di morte dalle sue labbra tremanti uscì labile un chiaro monito: «Il mio popolo persista e resti fermo nella fede in cui io muoio». E anche gli ugonotti dovettero intuire che la morte di questo sovrano avrebbe segnato un punto a loro favore, se già il primo giorno di luglio un riformato francese informava Calvino dell'incidente e gioiva definendolo «un colpo della provvidenza».

Con la morte di Enrico II inevitabilmente s'offuscò anche la luminosa stella che aveva brillato alimentandosi della forza prodigiosa di un'illecita passione al suo fianco. Caterina non volle disdegnare di mostrarsi con Diana benevola almeno quanto Diana lo era stata con Madame d'Etampes. Le permise di conservare beni, titoli e doni ricevuti dall'amante, ad eccezione del solo Castello di Chenonceaux. La bianca fiabesca dimora che sovrasta il fiume Cher era stata donata due anni prima a Diana dal re. Un dono illecito, giacché il palazzo, voluto da Francesco I, era un bene inalienabile della corona. Caterina lo rivendicò per sé e negli anni successivi lo avrebbe reso ancor più splendido, impreziosendolo con la galleria, così lunga e dritta da sembrare in corsa insieme al fiume, e il giardino, più incantevole di quello di Diana. Alla rivale avrebbe offerto in cambio Chaumont, delizioso maniero con un parco immenso e romantiche torrette medievali che non poteva eguagliare quello a cui aveva dovuto rinunciare solo perché Chenonceaux non aveva eguali, ma che certo non mancava di una sua confortevole sontuosità.

La splendida sirena ormai alle soglie d'una vecchiaia che il sinuoso corpo s'ostinava a non voler rivelare, vi soggiornò tuttavia solo di rado, privilegiando il Castello di Anet, dove si ritirò a vita privata e dove morì pochi anni dopo, nel 1566.

Dopo quella giostra maledetta che aveva mutato una festa in un'orrida sciagura, Caterina de' Medici si trasferì al Louvre e si chiuse in un lutto strettissimo. Assunse la reggenza per il figlio quindicenne e rapida si trasfigurò da remissiva silenziosa regina solo di nome, muta e volutamente succube del marito, sfacciatamente adombrata dall'esuberante favorita, nella donna più potente del regno, unica straordinaria forza capace e determinata sulla quale per decenni si sarebbero convogliate tutte le miserie e i drammi di un paese dilaniato dalla guerra, dall'eresia, dalle passioni ambiziose e sfrenate di opposte fazioni.

Di salute cagionevole e debole personalità, Francesco II era atterrito dinanzi all'idea di dover regnare. Il giorno stesso della morte di Enrico II, consegnò alla madre un atto che le conferiva la più ampia autorità per guidare la Francia.

All'ascesa al trono di Francesco II, se anche non corrispose un effettivo impegno del re poco più che fanciullo negli affari di governo, corrispose tuttavia un incremento dell'influenza a corte dei Guisa, la cui nipote diveniva almeno nominalmente sovrana di Francia. Il re amava ardentemente la splendida moglie, e Maria ricambiava di un tenero affetto fraterno quel giovane adolescente ammalato e poco aitante che le era al fianco fin dall'infanzia e che ora l'aveva resa regina di una delle massime potenze europee. Legatissima agli zii, cercò fin da subito di usare l'autorità che le veniva dalla nuova posizione per sostenerci. Già il giorno successivo alla morte di Enrico II, il nuovo sovrano aveva ricevuto l'ambasciatore spagnolo per informarlo ufficialmente che al duca Francesco di Guisa mio marito sarebbero stati affidati gli affari militari, mentre suo fratello Carlo, cardinale di Lorena, avrebbe avuto la gestione delle finanze, della diplomazia e della politica interna. L'ambasciatore inglese Throckmorton avrebbe affermato che in quegli anni il regno di Francia era governato da noi Guisa. Il fratello dello Sfregiato, il brillante cardinale Carlo, aveva appena incoronato, il 18 settembre, in una triste giornata ventosa e piovosa con la corte parata a lutto per l'ancora recente morte di Enrico II, re Francesco II, cosi come anni prima aveva incoronato lo stesso Enrico II. Non aveva certo il temperamento guerriero del fratello, ma era un politico dalle doti straordinarie. Al solenne aspetto univa un acutissimo ingegno, una prodigiosa memoria e un'eloquenza accattivante. I suoi sermoni non mancavano mai di sollevare l'ammirazione generale alla corte francese. L'ambasciatore di Venezia avrebbe riportato come durante la Settimana Santa del 1560 nessuno parlasse d'altro che dei lodevoli discorsi del cardinale di Lorena. Quando egli parlava attirava sempre un foltissimo pubblico, benché i suoi nemici si dessero continuamente un gran daffare per affiggere in tutte le strade di Parigi manifesti indecenti contro di lui. Le virtù eccezionali di mio cognato dovettero comunque essere riconosciute anche dagli avversari, se Teodoro Beza, dopo un colloquio con Carlo di Lorena, affermò che, se avesse posseduto il fascino del cardinale, sarebbe riuscito a convertire al calvinismo metà della Francia. Grazie a Dio ne era ben lungi.

Al ricevimento dell'ambasciatore spagnolo erano presenti Maria Stuarda e le figlie del defunto re, tutte vestite di bianco, che era il colore ufficiale del lutto per le regine di Francia. Caterina volle invece indossare il nero. Lei non stava piangendo il re, ma il marito che aveva disperatamente amato. Non era una regina in lutto, bensì una vedova affranta, una donna abbattuta, triste. E tale sarebbe rimasta per tutta la sua lunga vita.

Al fianco di Enrico II, Caterina era rimasta nell'ombra, eclissata dalla splendida Diana, che Enrico adorava almeno quanto Caterina adorava lui. Non aveva alcun potere, né sul marito plagiato dalla favorita, né sulla corte che non aveva mai cessato di considerarla una figlia di mercanti arricchiti, arrivata in Francia per caso, divenuta regina per la benevolenza di Francesco I, che l'aveva presa in inspiegabile simpatia.

Da vedova sarebbe stata una donna potentissima, avrebbe tenuto stretto fra mani ferme e forti il destino del regno, governando al posto dei figli, sui quali esercitava uno sconfinato ascendente. Eppure non ci fu giorno in cui gli abiti neri, che indossò fino alla morte accantonandoli solo in rarissime occasioni, non riflettessero un'amaritudine autentica, lancinante e acuta i primi istanti come gli ultimi. Non ci fu giorno in cui non sparse lagrime sincere sul diletto marito prematuramente morto in una sciocca sfida cavalleresca, non ci fu giorno in cui poté dimenticare di maledire quella lancia che l'aveva resa davvero regina, ma non più moglie. E non ci fu nemmeno giorno in cui non agognò il momento in cui si sarebbe infine ricongiunta all'amato, nella cappella mortuaria di Saint Denis, nel sontuoso sepolcro a due posti che già aveva fatto preparare e dove finalmente fra loro non ci sarebbe più stata Diana, dove forse per la prima volta sarebbe stata davvero sola con il suo Enrico. E per l'assassino innocente non poté impedirsi di provare ognora un odio immenso, tanto ingiustificato quanto indelebile.

Montgomery in un primo momento fu posto agli arresti ma, data la sua evidente innocenza, fu subito rilasciato. Impacciato davanti a un misfatto che, pur mai voluto, lo poneva inevitabilmente dinanzi all'inconscio astio della disperata vedova, preferì lasciare la Francia e cercare asilo oltremare, in Inghilterra. Ricomparve molti anni dopo, quando forse sperava che sulla sua involontaria colpa fosse sceso quel velo d'oblio che il tempo non manca mai di stendere pietoso sulle sventure umane. Eppure a quell'ormai lontana imprudenza forse perdonata, fu così avventato da aggiungerne di nuove e volle porsi, capo protestante, alla testa d'un esercito ribelle che guerreggiò contro la corona, contro il potere e le ambizioni di quella donna che già lo odiava per averla resa vedova. Devastò la Normandia e quando fu catturato nessuna amnistia poté lavare i suoi misfatti e salvare la sua vita infedele. Fu catturato e decapitato in Place de Grève nel 1574, non per avere involontariamente ucciso il re, ma per avere deliberatamente combattuto contro la monarchia e la religione.

Non appena la decaduta Diana ebbe sigillato i polverosi bauli che, racchiudendo gli abiti sontuosi dei tramontati giorni di gloria, salutavano la sua ufficiale uscita dalla vita mondana parigina, mio marito ed io ci trasferimmo nel maestoso appartamento al Louvre che ella per tanti anni aveva abitato e che ora veniva assegnato a noi. Quel trasferimento era già emblema della nostra futura grandezza. Ci stavamo accingendo a occupare il posto della caduta Diana non solo nell'appartamento più splendido del Palazzo Reale, ma altresì nella vita politica del regno di Francia. Per lo Sfregiato s'apparecchiavano giorni luminosi, si prospettava un grande futuro. A soli quarant'anni era luogotenente generale del regno, la sua celebrità era all'apice, né poteva scorgere avversari o circostanze che potessero andare a offuscarla. Io raggiante brillavo felice al fianco dell'uomo più potente e popolare di Francia. A corte ero amata e potevo godere di appoggi e amicizie influenti, come quella che mi legava alla giovane regina Maria Stuarda. Il poeta Brantôme, quando molti anni dopo sarei stata la non più giovane duchessa di Nemours, avrebbe ricordato un ballo da noi improvvisato con ingenua spontaneità, ballo che sarebbe finito tra i ricordi più gioiosi di quei primi anni beati destinati a scorrere troppo rapidi.

Mentre in Francia Francesco II sostituiva Enrico II, a Ferrara saliva al trono mio fratello Alfonso. Nostro padre Ercole aveva trascorso la vita a cercare un maldestro equilibrio tra la fede cattolica della città estense e le ostentazioni calviniste della duchessa Renea. Alfonso preferì evitare di cimentarsi in un'impresa che già s'era dimostrata fallimentare e decise di rompere gli indugi. Ferrara era cattolica, era feudo pontificio, e il duca non poteva permettersi di tollerare che vi venisse diffusa l'eresia, nemmeno se a perpetrarla era la duchessa in persona. Senza troppe cerimonie rispedì nostra madre oltralpe, e a me, che pure avrei voluto poterla difendere, non rimase altro da fare che andarle incontro. Ci trovammo a Orleans, poi la accompagnai fino a Montargis, dove avrebbe preso stabile dimora. Mia madre ed io avevamo mantenuto, nonostante le profonde divergenze, affettuosi rapporti epistolari. L'unico aspetto positivo d'un conflitto che l'aveva fatta molto soffrire era che ora risiedeva in Francia, e ci saremmo potute incontrare spesso. Certo, questo non m'avrebbe impedito di sostenere mio marito nella lotta all'eresia. Al fianco dello Sfregiato avevo un preciso ruolo politico, quello di principale avversaria del partito ugonotto, e nessuno, nemmeno mia madre, avrebbe potuto indurmi a trascurarlo. Renea capì e, pur ritornando alla fede calvinista, non prese parte attiva per il partito dei riformati.

Il problema religioso andava assumendo sempre più esplicite connotazioni politiche. I protestanti che, sotto Enrico II, si premuravano di professare le nuove idee nell'ombra e accettavano senza ribellarsi le restrizioni imposte al culto riformato, ora, forti della debolezza del giovane Francesco II, cominciavano a uscire allo scoperto, ad avanzare richieste via via più esigenti, a ribellarsi con atti violenti e sacrileghi. Nella notte di Natale, alcuni calvinisti avevano invaso una chiesa del sobborgo di Saint-Marcel. Confusi tra gli astanti, avevano atteso il momento della consacrazione per massacrare il sacerdote, immolato sull'altare nel momento stesso in cui solennemente elevava al cielo l'ostia, per i protestanti oggetto di disprezzabile idolatria. I fedeli atterriti immediatamente si riebbero da spavento e stupore. Chiusero le porte della chiesa per impedire agli assassini di fuggire, e furibondi si lanciarono sui criminali riducendoli a pezzi.

Potevo ben vedere come il disprezzo per le nuove idee s'andasse diffondendo rapido fra la gente del popolo, uomini e donne semplici che spesso non disponevano d'altra ricchezza oltre a quella fede preziosa e confortante. Una fede antica, tramandata dai padri e dalla Chiesa, che ogni giorno si concretizzava rassicurante in mille piccole devozioni, ora minacciate da una furia sacrilega che essi non sapevano spiegarsi, ma che li disgustava e li impauriva. Per questo noi Guisa eravamo amati dalla gente almeno quanto eravamo detestati dai protestanti. Il popolo francese si sentiva rassicurato dalla nostra fede intransigente che tenace avversava l'eresia, e in noi vedeva un baluardo contro il pericolo dilagante. I calvinisti e i simpatizzanti del partito riformato, non potendo fare a meno d'esecrare una famiglia cattolica che si faceva sempre più potente, cercavano d'ingegnarsi nella continua ricerca d'espedienti che potessero arrestare la nostra ascesa. Il primo tentativo in tal senso si concretizzò in un ardito complotto, nel quale si vide la bramosia di governare dei potenti, smaniosi d'assumere l'autorità che in quei mesi sembrava a noi riservata, sposarsi con l'odio dei protestanti verso la nostra Casata e contro Caterina, dacché, nel pieno rispetto degli editti emanati da Enrico II, avevamo cominciato in quei mesi a reprimere ogni manifestazione di eresia. Il 23 dicembre 1559 secondo le volontà del defunto sovrano venne strangolato poi bruciato sul rogo il consigliere protestante Anne du Bourg. I riformati alla morte di Enrico II avevano sperato che la sentenza non sarebbe stata eseguita, ma Caterina e i Guisa erano stati irremovibili.

Il primo dei suddetti elementi, ovvero la bramosia di governare, giungeva dalla famiglia dei Borbone. Principi del sangue, di rango superiore ai Guisa, i Borbone ambivano a posizioni di supremazia a corte. Antonio di Borbone duca di Vendôme, re di Navarra per il matrimonio con Jeanne d'Albret, avrebbe avuto forse il diritto di protestare contro la nomina di mio marito a capo del governo, ma non lo aveva fatto. Era un uomo semplice e superficiale, affatto privo d'ambizione, assai più interessato ai piaceri della carne che agli onori della politica, «tutto posseduto da Venere» diceva Calvino, il quale per un attimo aveva sperato di poter trovare in lui, grazie all'influsso della moglie fanatica calvinista, un futuro capo riformato, ma che si era dovuto ricredere nel vederlo, dopo essersi timidamente avvicinato alle idee della riforma, far frettolosamente ritorno alla fede cattolica per compiacere una donna. L'ambizione che faceva difetto nel cedevole Antonio, abbondava per converso in suo fratello, Luigi di Condè. Principe avido e spietato, fu lui l'artefice del complotto che, eliminando i Guisa, avrebbe nei suoi disegni dovuto spianare ai Borboni la strada verso il potere.

La persona adatta a realizzare l'impresa, colui nel quale s'incarnava il secondo ingrediente del complotto - l'odio dei riformati contro i Guisa - venne presto individuata in un certo Jean du Barry, signore di La Renaudie, originario del Périgord. Condannato come falsario dal parlamento di Digione, s'era rifugiato a Ginevra dove aveva incontrato Calvino. Il fabulatore non aveva impiegato molto a incantare il poveretto, esponendogli un utopico disegno politico, smerciando una sciocca chimera per un'ideale configurazione della futura Francia calvinista. L'entusiasmo di La Renaudie fu tanto grande che tosto egli decise d'offrire il proprio personale contributo alla realizzazione del progetto. Pensò che sarebbe bastato impadronirsi della persona del sovrano, convincerlo o obbligarlo a convertirsi al calvinismo, fargli convocare gli Stati Generali, ai quali non sarebbe rimasto che sancire la ripartizione della Francia in cantoni autonomi secondo il modello elvetico. Nel gennaio 1560 La Renaudie, che poteva peraltro, per la realizzazione del suo folle disegno, contare su finanziamenti provenienti dall'Inghilterra, raccolse a Nantes uomini armati venuti dalla Normandia, dalla Bretagna e dalla Guascogna. Fece convergere le sue truppe verso Tours, per poi farle risalire lungo la valle della Loira. La meta era Blois, dove dimorava la corte. Forse fu proprio a Tours in questa occasione che i riformati francesi assunsero l'appellativo di Ugonotti, perché si riunirono presso la porta di Ugo. Qualcuno avrebbe sostenuto invece che il termine ugonotti derivasse da *eidgenossen*, congiurati, dal nome della fazione di Ginevra che nel 1524 aveva rovesciato il governo del duca di Savoia.

Mio marito non era soddisfatto del soggiorno a Blois. La città era piacevole, e io mi stavo divertendo, ma lui non riusciva a svagarsi. Continuava a ripetere che il luogo era privo di fortificazioni. Io non riuscivo proprio a capire quale potesse essere il motivo del suo timore, dacché nessuno di noi nutriva ancora il minimo sospetto circa il complotto che si andava intessendo alle nostre spalle. Non potei tuttavia dargli torto. In fondo ben conoscevo anch'io la pericolosità di quel momento gravido di nemici, così quando la corte accettò di piegarsi alle insistenze dello Sfregiato e si trasferì ad Amboise, non me ne dispiacqui. Non distante da Blois, forse meno vivace e ridente, ma assai meglio difesa, Amboise, con il massiccio Castello circondato da spesse mura, era il luogo più consono a ospitare il re e la corte in quelle giornate cariche di nascenti tensioni. Purtroppo un siffatto contrattempo non scoraggiò La Renaudie, che semplicemente dirottò verso Amboise le sue temibili truppe rinforzate da luterani tedeschi e olandesi. Non partecipavano militarmente all'impresa gli inglesi, ma la regina Elisabetta aveva contribuito con un sostanzioso finanziamento, che per ironia della sorte sarebbe stato proprio la principale causa del fallimento del progetto. La notizia d'una grossa somma di denaro destinata a una misteriosa impresa in terra straniera non era infatti riuscita a restare segreta a Londra, avendo stuzzicato la curiosità di molti. Di chiacchiera in chiacchiera il progetto della regina di finanziare i ribelli francesi divenne di dominio pubblico. A Londra tutti conoscevano il piano sovvertitore dell'audace riformato mentre ancora in Francia nessuno sospettava nulla. I cattolici inglesi, oppressi da Elisabetta, esasperati dal nuovo orientamento religioso che la regina aveva voluto imporre, decisero di contrastare quello che sembrava configurarsi come un vero e proprio complotto protestante su scala internazionale. Avvisarono quindi il cardinale di Lorena, e alla loro voce si unirono quella del vescovo di Arras, avvisato da un principe tedesco, e quella di un avvocato protestante di Parigi, Pierre Avenelles, con il quale La Renaudie aveva avuto l'imprudenza di vantarsi dell'impresa che stava per compiere. L'avvocato non aveva saputo reggere il peso della confidenza e, spaventato, s'era precipitato ad avvertire la corte.

Vidi il paese che ospitava il nostro soggiorno venire immediatamente posto in stato d'assedio. Le porte vennero murate, mentre le truppe del re perlustravano i boschi intorno alla città. In un castello nei dintorni di Amboise le truppe regie sorpresero e arrestarono il barone di Castelnau e un gruppo di protestanti che custodivano armi e munizioni. Castelnau era un parente del principe di Condè e il cardinale di Lorena credette di avere in mano il capo dell'insurrezione. La Renaudie, ancora persuaso dell'assoluta segretezza del piano, tranquillo incedeva col suo esercito, che risaliva la Loira per cingere d'assedio Amboise. Appena raggiunta la cittadina, il sobillatore ordinò l'attacco, ma dovette subito indietreggiare. Faceva affidamento sull'effetto sorpresa, ma l'unico ad avere una sorpresa, e null'affatto piacevole, fu lui. Gli uomini del re erano già lì ad attenderlo, schierati e pronti a difendere la città. Mentre La Renaudie sbigottito prendeva atto del fallimento della congiura, giungeva ad Amboise anche l'istigatore, il principe di Condè, forse convinto di venire a prendere possesso della città già assediata e vinta. Fece buon viso a cattiva sorte e anzi, visto come si erano messe le cose, andò a porsi al fianco delle truppe del re e «non pensò più che a far buona figura nella difesa del Castello».

La Renaudie cercò di ritirarsi, ma ormai era tardi. L'esercito regio controllava in modo capillare tutto il territorio che circondava Amboise. Mentre cercava disperatamente di fuggire fu raggiunto da un colpo di archibugio. Il suo corpo venne esposto sul ponte della Loira. Gli altri ribelli, inseguiti dagli uomini di mio marito, vennero catturati e ricondotti ad Amboise. Una punizione esemplare li attendeva, una repressione feroce e spettacolare che per il futuro scoraggiasse eventuali consimili trovate.

Furono erette delle tribune dove presero posto i notabili della valle della Loira, appositamente convocati perché potessero assistere al supplizio. Intorno all'improvvisata arena s'assiepò una moltitudine curiosa, case e strade brulicavano, e da ogni finestra facevano capolino occhi indiscreti. Nessuno ad Amboise voleva perdere quell'inconsueto spettacolo. Sembrava di rivivere la scena del torneo parigino, ma ora non si sarebbe trattato di un gioco innocente finito in tragedia, bensì di una tragedia annunciata.

Nella tribuna regale, Francesco II sedeva a fianco di Caterina. Anche il fratello del re, il futuro Carlo IX, che non aveva ancora dieci anni, venne invitato a prendere posto sugli spalti. Fu mio cognato ad affermare che lo spettacolo avrebbe «completato la sua educazione».

Il principe di Condè sedeva impassibile accanto ai sovrani. Non lo turbava il rimorso per quel sangue versato a causa sua, né il pensiero che il suo posto avrebbe dovuto essere sotto la tribuna, non sopra. Abile dissimulatore, riuscì a mantenersi ugualmente indifferente anche quando un colpo di scena mozzafiato ammutolì tutti. I cinquantadue cospiratori sfilavano silenziosi dinanzi ai cortigiani per avviarsi verso il supplizio. Ad un tratto si fermarono, accennarono una riverenza, poi ripresero il cammino. Era al cospetto di Condè, nel momento in cui passavano davanti a lui, che i ribelli si erano inchinati. Avevano voluto salutare il loro capo. Il principe sapeva che quel gesto inaspettato e sorprendente gli avrebbe attirato addosso i sospetti di tutta la corte, ma non per questo si lasciò turbare. Nessuno dei congiurati lo aveva fino a quel momento tradito, e di lì a pochi istanti nessuno avrebbe più potuto farlo.

Lo Sfregiato a cavallo, in tenuta militare, stava dinanzi al suo re, ai piedi della tribuna. I capi della congiura a uno a uno gli passavano davanti. E una testa rotolava dal patibolo. E poi un'altra, e un'altra ancora... Lo guardavo dal mio posto in tribuna e non potevo impedire alle lagrime di scivolarmi sul viso pallido. Non avrei saputo spiegarne il motivo, non potevo dare torto a mio marito, ma tutta quella morte mi sgomentava. Cercavo di nascondere le gote inumidite dietro al ventaglio, ma la regina Caterina se ne avvide e ne rimase turbata.

«Perché piangete?», la udii sussurrare. Rimasi un attimo in silenzio, incapace di esprimere gli angoscianti misteriosi presagi che m'opprimevano, poi mestamente risposi: «Ho visto una dolorosa tragedia, e temo che una grande disgrazia stia per colpirci, e Dio ci stermini per tutte le crudeltà che si commettono qui. Quanto odio, quante vendette sulla testa dei miei figli...». Triste profezia, tragica visione di orrori imminenti. Mentre la pietà per il sangue nemico inondava di commozione il mio cuore, l'ombrato presentimento che in un giorno forse non lontano io stessa avrei avuto modo di suscitare in un qualche cuore gentile quei medesimi sentimenti di compassione, s'affacciava alla mia mente generandovi il terrore. E la madre si rivelò, come sovente accade, più accorta della donna e della moglie. Tutta la paura, l'angosciosa previsione fu per gli orrori che si sarebbero riversati sui miei figli. Ma non solo loro fra i miei cari sarebbero stati travolti dal turbine di violenza che per lunghi anni avrebbe scosso l'intera Francia.

L'ultimo ribelle a raggiungere il boia fu Castelnau. Un momento difficile. I cortigiani si guardarono, muti e sgomenti. Castelnau era uno di loro, un aristocratico, parente e amico di molti fra coloro che ora, tra rabbia furente e dolce sollievo, aspra pena e mera curiosità, si preparavano ad assistere alla sua esecuzione. Per un istante mi parve che perfino il boia alzasse lo sguardo, come a voler scrutare gli animi, in un impercettibile moto di pietà, forse d'esitazione, per vedere se vi potesse essere un mutamento in quella sorte avversa, qualcuno che s'opponesse, qualcuno che si lasciasse ingraziare dalla misericordia. Non so per quale motivo, ma sperai che ciò accadesse. Non dovevo essere la sola, giacché dalle tribune si levò un mormorio confuso, intriso di dolente stupore. Sopirai di sollievo e speranza quando vidi che qualcuno si alzava e andava a raggiungere Caterina. Trattenni il fiato mentre la reggente impassibile ascoltava la supplica. Forse Castelnau poteva essere risparmiato, forse… ma Caterina si limitò a scuotere leggermente la testa. Tutti capirono. La giustizia avrebbe seguito il suo corso, il sangue blu che scorreva nelle vene di Castelnau non gli sarebbe valso a ottenere la grazia. Avrebbe seguito i suoi complici fino all'ultimo atto. Il boia attese ancora un istante, quasi a voler esser certo che quella tardiva supplica non fosse stata accolta, gli occhi fissi sulla reggente in attesa di un cenno. Nulla. La scure poteva essere calata per la cinquantaduesima volta. Sul sangue aristocratico di Castelnau che scorreva sotto la mannaia per andare a mescersi a quello più umile dei suoi complici, si calava il sipario. Lo spettacolo era terminato, giustizia era fatta.

La nobiltà, fra qualche lagrima di donna, qualche sospiro rassegnato e poche banali parole di circostanza, s'apprestava a lasciare le tribune. Io immobile continuavo a fissare quel ceppo sul quale avevo veduto cadere un amico traditore, e scioccamente mi chiedevo senza poter trovare risposta se fosse egli sempre stato un traditore che tutti avevano ingenuamente creduto amico, o se fosse sempre stato un amico, e con improvviso voltafaccia avesse deciso di tradire... Poi alla testa mozzata di Castelnau vidi sovrapporsi quella di mio marito. Lo Sfregiato, osannato dal popolo, dinanzi a quello stesso popolo che si faceva all'improvviso morbosamente curioso, versava il suo sangue innocente. No, non era il sangue di Francesco, ma quello di Enrico, il mio piccolo adorato figliolo, che assumeva l'eredità paterna nel bene e nel male... o forse era il mio, certo, questo speravo, che quando l'odio dei protestanti si fosse riversato sulla nostra famiglia e nessuno fosse riuscito a impedire la carneficina, anch'io sarei stata uccisa insieme ai miei cari, onde versando sangue mi fossero risparmiate le lagrime. Voci confuse mi giungevano da lontano mentre codesti orrori mi sfilavano innanzi, ma erano davvero tanto lontane! Troppo. Mi chiamavano e io non potevo rispondere. Le mie labbra serrate sembravano tener prigioniero ogni suono. Tutto intorno a me prese a girare vorticosamente inghiottendo vivi e morti, amici e nemici, in un unico immenso turbine infernale. Raccolsi le poche forze che mi pareva di aver faticosamente serbato, provai ad alzarmi dallo scranno per allontanarmi da quella tribuna di morte, ma i miei arti parevano non poter obbedire, e mi lasciarono cadere a terra, svenuta.

Al rotolare dell'ultima testa, quella di suo cugino Castelnau, Condè aveva potuto tirare un sospiro di sollievo. Nessuno ora avrebbe più potuto rivelare il suo segreto. Corse a rovistare fra lettere e documenti per accertarsi che nulla rimanesse a prova del misfatto. Immaginava che, dopo l'imbarazzante incidente dell'estremo saluto dei complici, avrebbero inevitabilmente sospettato di lui. E infatti il re diede ordine di sequestrare le sue carte, perquisire i suoi bauli, ma troppo tardi. Ormai ciò che doveva sparire era stato fatto sparire, ciò che era rimasto non poteva essere utilizzato. Tutti potevano sospettarlo, nessuno poteva accusarlo, non c'erano prove, non c'erano più testimoni. Con una certa soddisfazione Condè si sentì sicuro d'averla fatta franca. E quando avesse deciso di riprovare avrebbe fatto in modo di non fallire.

I corpi senza vita dei congiurati vennero appesi alle mura

del Castello, e vi rimasero a lungo, a pubblico ammonimento. Francesco II ricompensò mio marito il duca di Guisa nominandolo maestro di Palazzo. Mia madre Renea invece non nascose al genero il proprio disappunto. Solo a lui attribuiva la colpa dell'accaduto, al suo potere esorbitante, al suo cattolicesimo intransigente. Si rammaricava che la sua diletta figliola si trovasse ora al fianco di quell'uomo che lei non poteva stimare. Non poteva accettare che io condividessi le sue idee, eppure era così. Avevo ognora amato e rispettato la mia bizzarra madre calvinista, ma non le avevo mai dato modo di credere che avrei potuto avvicinarmi alle sue dottrine. Ero sempre stata una fervente cattolica, avevo sempre avuto orrore dell'eresia. E ormai ero a tutti gli effetti una Guisa, in tutti i sensi ero proprio ciò che Renea non avrebbe mai voluto che fossi. E forse non le importava in fondo che al fianco dello Sfregiato io mi sentissi oltremodo felice, che lo amassi profondamente, come lei mai era riuscita ad amare mio padre Ercole d'Este.

V

«Il duca di Guisa aveva dato prove di un valore ammirevole, e aveva veduto le sue gesta coronate da così grande successo, che non v'era condottiero il quale non guardasse a lui con invidia. Il suo valore era sorretto da tutte le altre grandi qualità: vasto e profondo era il suo spirito, nobile ed eletta la sua anima…»

Madame de La Fayette

Il macabro spettacolo che segnò tristemente la storia di Amboise non aveva avuto per la regina madre alcuna motivazione religiosa, o quantomeno non di quella religione che vedeva opporsi in quegli anni cattolici e protestanti. La sola fede che ognora infiammò il cuore, la mente, l'azione di Caterina de' Medici, fu la ragion di Stato. Alla sacra missione di tutelare il potere regale e preservare il trono dei figli, ella consacrò l'intera esistenza. Tutto il resto era per lei secondario e irrilevante. Gli uomini che avevo veduto morire ad Amboise non erano calvinisti colpevoli d'aver offeso la nostra fede, bensì ribelli giustiziati per aver attentato al trono dei Valois. E infatti, subito dopo avere sedato la sommossa, Caterina annunciò di voler intraprendere una politica d'equilibrio, orientata alla tolleranza, finalizzata alla ricerca di un'improbabile via verso la convivenza di cattolici e ugonotti. Profondi furono i suoi contrasti con i Guisa, ed ella non riuscì mai a non guardare con sospetto alla nostra famiglia, una Casata potente e caparbia che, con la sua tenace difesa della Chiesa cattolica, andava a ostacolare i suoi disegni di pacificazione.

Per raggiungere quella pace tra cattolici e calvinisti che tanto desiderava, Caterina reputò opportuno accogliere la richiesta di Coligny, il quale proponeva di convocare un'assemblea di notabili appartenenti alle due fedi per discutere intorno al problema religioso. Erano Coligny e Caterina forse convinti che, ponendo a confronto le due differenti dottrine, i punti che esse avevano in comune sarebbero apparsi predominanti rispetto alle ragioni di contrasto. I motivi di concordia sarebbero stati poi magari approfonditi, messi in risalto, fintanto che l'assemblea non si fosse sciolta in un lungo abbraccio pacificatore.

La riunione si svolse a Fontainebleau il 21 agosto 1560, e raccolse tutti i nomi più altisonanti dell'aristocrazia francese, eccetto due. All'appello non risposero infatti Antonio di Borbone e Luigi di Condè.

Antonio di Borbone non pareva troppo interessato all'argomento proposto, e certo preferì non sprecare in tediose dispute dottrinali il tempo che avrebbe potuto lietamente trascorrere in compagnia di qualche gentile donzella. Luigi di Condè ritenne invece opportuno non mettersi troppo in mostra dopo il misfatto di Amboise.

Era invece presente, e in prima fila, il cancelliere Michel de L'Hospital, braccio destro di Caterina nella ricerca di una mediazione tra cattolici e ugonotti e soprattutto tra i Lorena e gli Châtillon-Coligny, principali rappresentanti delle opposte fazioni. Caterina dopo i fatti di Amboise avrebbe voluto ridimensionare il potere della nostra Casata, volentieri avrebbe immolato noi fedeli Guisa alla causa della pace, per mitigare i nemici, ma sapeva che, se lo avesse fatto, si sarebbe poi potuta trovare sola a fronteggiare probabili nuove congiure ugonotte. Non appena l'assemblea fu aperta, Coligny esordì con un feroce attacco al suo primo antagonista, mio marito Francesco di Guisa. Lo Sfregiato controbatteva in tono pacato, ben lungi dal perdere quel controllo serafico che non mancava mai di rendere ancor più furibondo il suo già impetuoso avversario. Luogotenente generale del regno, incarnava il potere legittimo, mentre Coligny non era che l'effigie dell'aristocrazia ugonotta sovversiva.

«Voi parlate a titolo personale, non avete alcun mandato», si limitò infatti a dichiarare mio marito dinanzi all'irruenza del rivale. Coligny replicò che il suo mandato non era scritto su carta, ma esisteva e non poteva essere ignorato: era la volontà stessa della Francia, giacché avrebbe potuto raccogliere diecimila firme per proibire le persecuzioni contro i protestanti. Lo Sfregiato non si scompose e ribadì che avrebbe potuto raccoglierne centomila affinché invece continuassero. Non era soltanto una risposta provocatoria. Mio marito sapeva bene di avere il popolo al suo fianco. Benché il numero dei protestanti si fosse accresciuto negli ultimi cinque anni, tanto da divenire motivo di turbamento per Enrico II e da indurlo ad adottare una politica repressiva, essi nondimeno rappresentavano ancora una minoranza che assai poco avrebbe potuto se non fosse stata dagli stranieri sostenuta. L'ambasciatore di Venezia aveva stimato la presenza di quattrocentomila protestanti nella nostra Francia che contava sedici milioni d'abitanti. A far sì che essi rappresentassero un pericolo non era certo il loro numero, né il loro carisma. I francesi non sembravano lasciarsi tentare dalle idee della riforma, anzi, spesso insorgevano spontaneamente per difendere le chiese e i sacerdoti minacciati. L'eresia aveva tuttavia sedotto molti aristocratici, sui quali, ad aiutare la conversione, si inserivano questioni prettamente economiche. Il principe che passava alla religione riformata di solito si appropriava dei beni della Chiesa presenti sulle sue terre e incrementava così le proprie personali ricchezze. Mancava in Francia una regolamentazione in tal senso, regolamentazione alla quale si era invece già provveduto altrove, come in Germania, dove la questione era stata disciplinata nel 1555 dalla pace di Augusta, con la clausola del *Reservatum Ecclesiasticum*, che impediva a chi s'allontanava dalla Chiesa di conservare le rendite del beneficio ecclesiastico.

Ora, i nobili ugonotti erano pronti a ribellarsi alla corona, a organizzare congiure, ad assoldare eserciti stranieri. Ricevevano finanziamenti dall'estero, soprattutto dall'Inghilterra, e, se avessero vinto, avrebbero trasformato, a prescindere dalla volontà del popolo cattolico, la Francia in un paese calvinista, in una nuova pedina del protestantesimo internazionale. Questa possibilità terrorizzava i cattolici e li spingeva esasperati a rispondere con la forza alle prepotenze degli ugonotti, coi quali il potere monarchico si mostrava invece arrendevole.

Un testimone del duello oratorio tra mio marito il duca di Guisa e l'ammiraglio Gaspard de Coligny trovò assai facile «pronosticare che i due si troveranno un giorno schierati su due fronti contrapposti, che ancora non si sono costituiti». Non sbagliava, benchè i due fronti, se non ancora apertamente allineati, in realtà già esistessero. L'urto era imminente. La regina madre lo sapeva e voleva evitarlo a ogni costo. Per questo all'insaputa della mia famiglia manteneva stretti contatti con i riformati.

Si decise di convocare a Orleans il 10 dicembre gli Stati Generali, la storica assemblea della Francia che, malgrado l'impegno profuso da Caterina e da Michel de L'Hospital nel soffocare le tensioni, non si sarebbe affatto aperta in un clima di conciliazione. Mio marito arrivò all'appuntamento esasperato. Riceveva continue minacce, e non c'era alba alla quale potesse far seguito un tramonto senza ch'egli avesse dovuto udire discorrere di complotti o assassinii, senza che avesse ricevuto missive imbevute d'intimidazioni o prove tangibili di nuove congiure. Pochi giorni prima i suoi uomini avevano arrestato un luogotenente di Condè che si dirigeva verso il Béarn. Portava seco alcune lettere indirizzate al principe, lettere che rivelavano, senza lasciare spazio a troppi dubbi, l'esistenza di un nuovo complotto. Condè alla guida dei protestanti si proponeva di occupare Lione, capitale finanziaria del regno, poi le città di Poitiers, Tours e Orleans e infine di assassinare lo Sfregiato.

Uno scherzo di pessimo gusto aveva poi di recente intimamente offeso la nostra famiglia. Il papa, in segno di felicitazione per la sventata minaccia della congiura calvinista di Amboise, aveva inviato a mio marito e al cardinale mio cognato una lettera di encomio. Essa doveva accompagnare un nobile dono, una preziosa *Vergine con fanciullo* di Michelangelo. La pregiatissima tela era stata affidata, per il suo viaggio in Francia, alle cure di un mercante, che nessuno sapeva essere un fanatico luterano. L'astuto beffatore aveva tuttavia pensato di sostituire il capolavoro michelangiolesco con un quadro d'identiche dimensioni, ma ben differenti effigi. Accuratamente impacchettata e accompagnata dalla lettera del Santo Padre, la tela giunse puntuale fra le mani degli ignari destinatari. Il cardinale di Lorena aprì felice la lettera del papa e lesse ad alta voce. Tutti attendevano impazienti di poter ammirare il quadro, ma non appena l'involto s'aprì, quello che avrebbe dovuto essere un sussulto di meraviglia si mutò in un grido soffocato di disgusto. Non il dolce viso di Maria né il sorriso paffuto del Bambinello fecero capolino dal pacco, bensì orride scene perverse. Mi vergognai moltissimo, e lasciai la sala, incapace di trattenere le lagrime di rabbia che pungevano i miei occhi oltraggiati dall'istante in cui avevo dovuto riconoscere le mie stesse sembianze, proposte nella loro nudità, in oscene pose accanto a quelle altrettanto ignude e lascivamente abbracciate del cardinale di Lorena, di Maria Stuarda e di Caterina de' Medici. Lo sdegno incredulo dei cortigiani s'unì all'ira furente di mio marito, mentre mio cognato ordinava di dare immediatamente in pasto alle fiamme l'insultante immagine.

Tutti sapevano come «la responsabilità di questo scherzo fosse da attribuire agli ugonotti», responsabilità che, secondo un libello protestante composto nel 1574 da tal Eusebio Filadelfo, sarebbe stata «all'origine di molti dei mali che costoro in seguito hanno sofferto». Un vero peccato che costoro, ognora difesi da incolti libellisti, non si siano anche in seguito limitati a scherzi di più o meno cattivo gusto. Come gli eventi avrebbero presto dimostrato, al morboso appetito per le immagini oscene i riformati, in preda all'odio furente verso la messa, gli oggetti sacri e tutto ciò che la loro eretica dottrina attribuiva all'idolatria, aggiunsero atti sacrileghi e violenze d'ogni sorta, in totale assenza di quella tolleranza che non mancavano poi di rivendicare.

Già in quei mesi i calvinisti, riuniti in bande armate, percorrevano Provenza, Delfinato e Guyenne occupando chiese e profanando immagini sacre. Il vescovo di Montpellier aveva scritto a Caterina per avvisarla che «i pretesi riformati hanno occupato la chiesa di San Matteo» e per invitarla a intervenire per cercare di porre un freno a «quei mostri che vogliono estinguere la vera religione e seppellirla insieme con i suoi ministri, per mettere al loro posto le ranocchie di Ginevra e i serpenti di Zurigo».

I Borboni per cercare di manovrare l'opinione pubblica facevano diffondere libelli e opuscoli contro i Guisa. In uno di questi, intitolato *Épistre au tigre de la France* e attribuito a Francois Hotman, ero ancora io la protagonista indiscussa, vittima di oscene calunnie insieme a mio marito e al cardinale mio cognato.

Anche nel sud del paese le eccitazioni crescevano, gli ugonotti si presentavano ai sermoni armati di tutto punto, saccheggiavano le chiese, si scontravano con le truppe reali. Il conte di Panisse-Passy era ormai divenuto celebre per la sua abitudine di abbattere, ovunque avesse la ventura di passare, immagini sacre e oggetti di culto. Non facevano essi d'altra parte nulla di difforme dalle disposizioni ricevute da Calvino, il quale stimava essere opera meritoria uccidere i preti, soprattutto i Gesuiti, e spiegava ai suoi seguaci come, qualora non si riuscisse a fare ciò, occorresse quantomeno schiacciarli «sotto le menzogne e le calunnie».

Queste erano le ultime tragiche notizie, queste le tensioni che s'andavano a riversare sulla nostra corte, riunitasi a Orleans in attesa dell'apertura degli Stati Generali. La mia famiglia aveva chiesto che i Borboni giungessero a Orleans senza alcun seguito armato. Fummo accontentati, ed effettivamente nessuna solennità salutò l'ingresso dei primi principi del sangue, verso i quali anzi alcuni ignoti dal cuore ardito osarono perfino lanciare qualche motteggio. Dovetti ammettere che ne ebbi un certo compiacimento, così come quando udii il re domandare a Condè, ancor prima di salutarlo e con tono oltremodo provocatorio, che ruolo avesse rivestito ad Amboise. Il principe impallidì vistosamente, insieme a Caterina, che vide sgretolarsi i suoi sogni di pace. Quantunque negasse con prepotenza di essere stato coinvolto nella congiura, Condè venne infine accusato. Mesi di attente, scrupolose indagini avevano consentito di raccogliere prove finalmente inoppugnabili. Il principe venne arrestato e sottoposto a giudizio. La mia famiglia si attendeva che venisse subito condannato a morte e lo Sfregiato non mancò di far intendere ai giudici che una qualsiasi altra sentenza lo avrebbe di certo profondamente deluso. Il processo tuttavia si trascinò più a lungo del previsto, poiché il re durante una passeggiata nei boschi aveva preso un'infreddatura. Problema da nulla per chiunque, ma non per il nostro sovrano, la cui salute cagionevole trasformava con triste facilità una semplice costipazione in una lunga infermità. Ciò non impedì ai più maligni di pensare, e invero non si può affermare non ne avessero in fondo le ragioni, che la regina madre avesse convinto i giudici a procrastinare la sentenza. Per inseguire la sua ossessione, la riconciliazione, finiva sempre con il favorire l'inimico a discapito dell'amico. Il cardinale Luigi di Guisa mio cognato non volle rischiare di cadere nella sua trappola e tosto riunì alcuni giudici a lui devoti, i quali emisero seduta stante il fatale verdetto. L'esecuzione di Condè era fissata per il giorno stesso dell'apertura degli Stati Generali, il 10 dicembre, ma i suoi sostenitori contavano sulla malattia del re per salvarlo. L'eventuale morte di Francesco II avrebbe infatti sicuramente avuto come prima conseguenza una sospensione del provvedimento d'esecuzione della condanna. Essi s'aggrappavano così alla speranza d'una morte per poter nutrire la speranza di salvare una vita.

Nessuno s'era mai aspettato che il regno di Francesco II sarebbe durato a lungo. Gracile e malaticcio, il nostro sovrano lo era fin dalla nascita. Ma negli ultimi tempi le sue condizioni s'erano aggravate a causa delle adenoidi che gli provocavano ricorrenti fastidi e di un'otite purulenta d'origine tubercolare. Parlava con una goffa voce nasale e i molesti patimenti ai quali era condannato dalla sua debole natura lo mantenevano in un pietoso stato di persistente tensione che si sfogava in sempre più consueti e spaventosi eccessi di collera. I medici erano concordi nell'affermare che non avrebbe superato i vent'anni. Ora, questo raffreddore che all'inizio non era parso che un espediente politico per rinviare una scomoda seduta giudiziaria, si prolungava, s'aggravava e preoccupava tutti. Tutti eccetto i sostenitori di Condè, naturalmente.

Il duca d'Alba, ambasciatore del re di Spagna, sembrava essere il più preoccupato. Se Francesco fosse morto sarebbe salito al trono Carlo, che aveva appena nove anni. Caterina sarebbe stata reggente per lungo tempo, il suo potere sarebbe stato ancor più grande. E tutti ben conoscevano l'avversione di Caterina per Filippo II. Nel vano tentativo di scongiurare cotal pericolo, il duca d'Alba raccomandava alla regina madre e a mio marito di utilizzare la loro influenza presso il re per impedirgli d'andare a caccia e giocare alla pallacorda, esercizi che rischiavano di sfiancare il suo debole fisico. Evidentemente non conosceva egli il nostro sovrano, che per nulla al mondo si sarebbe mai lasciato indurre a rinunciare ai suoi passatempi, e se lo avesse fatto ne sarebbe uscito certo ancor più sofferente, ancor più vittima dei suoi attacchi rabbiosi. Il capo della polizia segreta di Filippo II in Francia, Chantonnay, giunse a osservare come, nonostante codesti avvertimenti, il re non avesse affatto modificato le sue abitudini. Osò finanche suggerire al re di Spagna che, permettendo al sovrano di soddisfare in tal guisa i suoi capricci, lo Sfregiato aspirava forse ad accorciare la sua vita. Forse la preoccupazione gli aveva fatto perdere il senno, ma certo questo Chantonnay, pur capo della polizia politica, non dava affatto prova di sottile arguzia. Come poteva supporre che mio marito desiderasse la morte del re, quando tutti sapevano che essa avrebbe fatalmente rappresentato per lui e per tutta la nostra Casata un'incommensurabile perdita di potere? Se è vero infatti che gran parte del prestigio della nostra famiglia proveniva dai successi militari e dalla popolarità dello Sfregiato, nondimeno è indubbio che posizione e autorità dei Lorena a corte erano prosperate con l'ascesa al trono di Francesco II, sul quale agiva influentissima la giovane Maria, nostra devota nipote. La vita del re rappresentava talmente tanto per noi Guisa che, all'annuncio dell'aggravarsi delle sue condizioni, mio marito, al solito formale e contegnoso, offrì alla corte sbalordita uno spettacolo assai raro. Colto da un vero eccesso di collera, come mai avevo avuto la sventura di vederne, prese a gridare furibondo, imprecando, minacciando di far impiccare i medici se non fossero riusciti a salvarlo. Ma ovviamente a nulla valsero le invettive. Il 5 dicembre di quel 1560 re Francesco II spirava. Aveva sedici anni. La vita del principe traditore Condè fu salvata dalla giovane morte innocente dell'oggetto del tradimento. E ancora s'udirono i riformati gridare entusiasti alla «morte provvidenziale». Scriveva Calvino a Sturm: «Avete mai letto o udito qualcosa di più tempestivo della morte del piccolo re? I mali peggiori non trovavano rimedio, finché Dio non si rivelò improvvisamente dai cieli, e colui che aveva forato l'occhio del padre colpiva l'orecchio del figlio».

VI

«L'ascesa di una donna al governo, all'autorità sovrana, alla dominazione o all'imperio di un qualsiasi regno, nazione o città è un evento che ripugna alla natura e offende Dio, la cosa più contraria alla volontà rivelata e all'ordinamento approvato da Lui, e infine è un completo sovvertimento dell'ordine, dell'equità e della giustizia»

John Knox

La scomparsa del re, e soprattutto il fatto che Maria Stuarda non fosse più regina, diede - come taluni avevano previsto e altri auspicato - a Caterina la possibilità di salvare Condè, allontanare i Guisa e iniziare una politica d'intesa con i riformati. Ammantata di bianco nel suo appartamento guarnito di nero, per quaranta giorni Maria Stuarda osservò un lutto strettissimo. Piangeva. L'aspra amaritudine per la perdita di quello che era stato certo più un amico sincero che non un amante appassionato era autentica. In fondo era davvero affezionata a quel fratello amorevole che era cresciuto con lei, che aveva diviso i giochi puerili dei primi anni in Francia, che aveva riempito il suo casto letto da sposa e l'aveva resa regina.

Mi sembra di rivederli quando goffamente abbracciati ballavano al mio ricevimento nuziale. Lei aveva solo sei anni, ma era già incantevole. Lui ne aveva appena cinque, e sembrava molto più piccino. Mentre danzavano era già evidente il contrasto fra l'esuberante gioia di vivere della magnifica regina di Scozia e il timido impaccio d'un ragazzino malaticcio che avrebbe ereditato il trono di Francia senza mai poter essere re. Forse non si erano amati appassionatamente, ma nessuno screzio aveva inquinato il loro rapporto, mai uno sgarbo le aveva fatto quel marito bambino, tenero e gracile, a lei tutto devoto, commovente nel suo sfidare la malattia per non lasciarla sola nelle battute di caccia, ai balli e ai banchetti. Il primo sgarbo glielo faceva ora. Morendo Francesco II condannava la sua sposa a lasciare quel regno amato per far ritorno nella sua selvaggia inospitale Scozia. Aveva abbastanza sensibilità Maria per capire come la sua presenza a corte non fosse più desiderata. Per l'ambiziosa Caterina due regine vedove non potevano coesistere presso il medesimo trono. E ora alla regina madre la fiera Maria doveva tornare a cedere il primo passo nelle pubbliche cerimonie. Forse pensò che in fondo sarebbe stato meglio essere una vera regina in un regno austero e barbaro piuttosto che un'ospite indesiderata in un regno splendido che non le apparteneva più. Pensò di ritirarsi provvisoriamente in Lorena dagli zii. Partì alla metà del mese di marzo e volle visitare tutte le nostre terre. Ci recammo dapprima al Castello di Nanteuil, poi proseguimmo per Reims dove volle fermarsi per tre settimane nel convento della zia Renea, badessa di Saint-Pierre. Il 20 marzo Maria rientrò per pochi giorni a Parigi, poi chiese di essere accompagnata a Nancy, dove avrebbe visitato i possedimenti del duca Carlo di Lorena e avrebbe riabbracciato Claudia, sorella del suo defunto marito. I lorenesi offrirono alla giovane regina vedova una grandiosa accoglienza, con i cannoni che sparavano dalle mura della città, partite di caccia, spettacoli e concerti organizzati in suo onore. Una febbre terzana costrinse Maria a rimanere a Joinville con la nonna Antonietta per una lunga convalescenza. Amava così tanto Maria il Castello di Joinville, con i suoi verdi giardini e i vasti parchi dove mille volte aveva giocato con mio figlio Enrico! Sembrava tornare bambina mentre rincorreva il cugino, sembrava perdere quegli otto anni che la separavano da lui mentre si nascondeva fra i cespugli, faceva capolino dai putti di marmo che ornavano il parco, poi saliva sulle alte fontane e coglieva zampilli con le candidissime mani. Solo quando era sfinita e affamata rientrava in casa tenendo per mano il piccolo

Enrico, «il bimbo più bello del mondo» diceva, ridendo felice mentre gli scompigliava i riccioli biondi, poi insieme a lui cercava di scendere nelle cucine per farsi preparare una torta, o qualche dolce di cui era ghiotta. Tre mesi spensierati trascorsero troppo in fretta. Avevo sperato che sarebbero valsi a convincerla a rimanere con noi, ma rimasi delusa, giacché quando rientrò a Parigi Maria era sorprendentemente decisa a tornare in Scozia. Non saprei dire se fu l'ostilità di Caterina a determinare l'ardita scelta, una scelta che le costò un dolore immenso. Nonostante l'avversione della regina madre, come vedova del re Maria Stuarda aveva indiscutibilmente diritto a un posto onorevole alla corte di Francia. Nessuno l'avrebbe mai costretta ad andarsene. Ella avrebbe potuto trascorrere una vita serena, avrebbe potuto salutare lieta giorni e giorni di lussuosi ricevimenti, balli, ricchi banchetti. Ma il suo temperamento ardito, la sua fiera natura, avrebbero accettato di veder scorrere un'esistenza vana in una corte che l'avrebbe relegata all'ombra della regina madre, quand'ella sapeva che al di là del mare l'attendeva un regno tutto suo? Il cuore indomito della nostra adorata nipote non volle accettare la scelta che si palesava come la più facile, comoda, sicura. Si trovava a dover decidere tra una vita ricca e beata alla corte di Francia e una ardua e perigliosa in un regno ostile, tra ciò che amava e ciò che non conosceva, tra gli amici e un mondo pieno di sconosciuti, dove non c'era più ad attenderla nemmeno la madre, Maria di Guisa, mia cognata, che era morta l'11 giugno 1560. Fu difficile, dolorosissimo, azzardato. Per noi quasi inaspettato. Ma alla fine ella comunicò che aveva deciso d'essere regina. Non sapeva ciò che era ad attenderla al di là del mare. Sapeva ciò che lasciava, ed era tutto ciò che aveva amato, e che ora le straziava il cuore. Ma non si lasciò tentare dalla via larga, ad ogni costo sembrava voler provare a percorrere quella stretta. Stretta, tortuosa, piena di pericoli, tormenti, angosce. Mai più a Maria sarebbe stato concesso di trascorrere giorni lieti come quelli che aveva vissuto in Francia da delfina e giovanissima regina. Ma se mai ebbe dei rimpianti, non mi fu dato di saperlo. Solamente mi parve che già al momento della partenza ella sentisse come il futuro che l'attendeva sarebbe stato grigio e buio al pari delle brumose terre di Scozia. E nei suoi occhi si leggeva solo mestizia mentre raccoglieva abiti e gioielli, faceva sigillare i bauli e delegava a noi zii la gestione dei beni che possedeva in Francia. Dopo avere salutato la corte con una festa d'addio a Saint Germain che si prolungò per quattro giorni, Maria s'imbarcò per il suo lontano regno, dove peraltro la situazione era assai instabile, con un regime protestante guidato da John Knox, il quale certo non celava il proprio disprezzo per la sovrana cattolica che s'apprestava a rientrare dalla Francia. L'odio furibondo di questo ribelle fanatico si concentrava in special modo sulle donne, che egli amava definire «deboli, fragili, impazienti, fiacche, folli, incostanti, volubili, crudeli e prive di buon senso e di temperanza». Nell'estate del 1558 era stato dato alle stampe un disgustoso libello anonimo che tutti sapevano essere opera del predicatore di Edimburgo. Già il titolo, *Il primo squillo di tromba contro il mostruoso regime delle donne,* mi aveva profondamente indignata, ma quando ebbi modo di leggerne il contenuto alla rabbia si aggiunse la preoccupazione per la mia cara nipote. La sua terra era governata da gente di siffatta specie, che impunita si permetteva di calunniare principesse e regine, e riempire d'insulti volgari pagine che sapevano diffondersi rapide per seminare discordia. Dopo la cerimonia che aveva posto sul capo di mia cognata Maria di Guisa la corona di Scozia quel becero sobillatore aveva osato scrivere di aver suo malgrado dovuto assistere a «uno spettacolo come quando si mette un basto sulla schiena di una vacca riottosa». Ma le ire di Knox si riversavano furiose soprattutto su Maria Tudor, che a causa di quel libello che la definiva «la sanguinaria» avrebbe a lungo dovuto conservare nell'immaginario popolare tal ingiusto appellativo.

Arrogante e inflessibile Knox si sarebbe opposto a Maria Stuarda con un odio superbo e assassino, con tutte le sue forze, accanito e irriducibile. E la natura morbida e conciliante della nostra cara nipote, le sue doti artistiche, il suo amore per la vita e i dolci piaceri che essa può offrire, non avrebbe mai potuto né voluto comprendere l'arida severità, l'odio iconoclasta, il rigetto dell'arte e della luce, il feroce disprezzo puritano per la bellezza.

Ora Maria, ancor giovane e ingenua, adusa solo ai vezzi cui l'aveva abituata la Francia innamorata della sua grazia, raggiungeva una terra ostile, piena di eretici che l'avrebbero detestata per la sua fede, piena di sobillatori pronti a diffondere calunnie, dove il potere era nelle mani del più ferreo, fanatico, spietato di tutti i nuovi fondatori di false chiese!

Drammatico e commovente fu il momento della sua partenza. Ricordo lo sfarzoso galeone bianco che attendeva la regina al porto di Calais, immobile e maestoso mostro pronto a inghiottire la dolcissima grazia della nostra tenera nipote.

«Addio per sempre» mi disse porgendomi una splendida collana di rubini e smeraldi che avrei conservato fra i più dolci ricordi. Mi chiedeva di non dimenticarla, di serbare nel cuore i cari anni della nostra amicizia. Come avrei mai potuto cancellare tanto affetto? Provai a dirle che non sarebbe stato per sempre, che ci saremmo incontrate ancora, che forse sarebbe tornata per qualche spensierato soggiorno in Lorena, ma le parole mi morivano in gola. Temevo, e in fondo sapevo, di mentire. Mi allontanai e lasciai che mio marito e i suoi fratelli le si affiancassero per condurla sulla nave. Afflitta, ma ognora dignitosa e altera, Maria saliva a bordo al fianco dello Sfregiato. La bandiera di Francia sventolava accanto a quella scozzese, e lei non riusciva a distogliere gli occhi gonfi di lagrime dalla terra ospitale che l'aveva accolta bambina e l'aveva vista crescere felice come mai più le sarebbe stato concesso d'essere.

Brantôme, che faceva parte del seguito francese che avrebbe accompagnato la nostra diletta nipote fino in Scozia, narrò poi, con la maestria di chi sa far scivolare le parole dolci e chiare fino a trasformarle in sentimenti vivi, il dolore sommesso di quell'anima pura mentre si distaccava da tutto ciò che amava. Appena la nave si mosse dal porto e si levò una lieve brezza vennero issate le vele, e la nostra giovane regina, la nostra dolcissima nipote, con le braccia appoggiate alla balaustra continuava a fissare la costa che cominciava ad allontanarsi. E le lagrime che fino a quel momento avevano appena inumidito discrete gli occhi fieri, presero a scorrere copiose sul volto cereo, ed ella incominciò a singhiozzare disperata, con la testa appoggiata alle braccia.

«Addio Francia, addio», ripeteva convulsamente.

Quando il buio della notte ebbe celato alla sua vista l'amato lembo di terra, qualcuno l'avvicinò invitandola premuroso a scendere sotto coperta per riposare. Un rifiuto deciso scoraggiò altre simili proposte e ci si dovette risolvere a prepararle un giaciglio sul ponte. Lì la stanchezza prese il sopravvento, ma, prima di cedere al sonno, Maria raccomandò al timoniere di svegliarla, se necessario anche senza aver timore di scuoterla violentemente, non appena le prime luci dell'alba avessero lasciato intravvedere ancora un ultimo spicchio di terra francese. Il vento cessò, e quella notte la nave non poté procedere molto, così al mattino la costa era ancora visibile. Il timoniere svegliò la regina, che ancora s'appoggiò alla balaustra e fissò la terra finché poté, fintanto che i contorni della costa non presero a confondersi nell'azzurro del mare per poi disperdersi in esso.

«Addio, Francia, addio, credo che non ti rivedrò più!».

Martedì 19 agosto, alle nove del mattino, dopo cinque giorni di viaggio, Maria sbarcava nel porto di Leith. Era in Scozia, nella terra selvaggia che le aveva posto una scomoda corona sul capo quando aveva solo pochi giorni di vita.

Con l'allontanamento di nostra nipote, noi Guisa perdemmo la posizione di preminenza che Iddio ci aveva concesso di occupare durante il brevissimo regno del defunto sovrano. Caterina non celava più ormai la propria intenzione di riavvicinare i Borbone. Non voleva tuttavia per questo giungere a uno strappo radicale con la mia famiglia che, pur non godendo più del privilegio d'una stretta parentela con la regina, restava influente e soprattutto popolare come nessun'altra mai.

In pochi giorni tutto lo scenario politico francese era mutato. Antonio di Borbone, fratello di Luigi di Condè e marito di Jeanne d'Albret, come primo principe del sangue aveva assunto la reggenza. Influenzato dalla moglie e dal fratello s'era avvicinato alle idee del calvinismo, ma lo aveva fatto con la leggerezza che gli era consueta, mantenendo sempre l'interesse più orientato verso le donne affascinanti e raffinate che popolavano la corte parigina che non verso le questioni dottrinali. Ben sapendo come poter sfruttare a proprio vantaggio le debolezze d'un uomo abbagliato dai piaceri di Venere, Caterina de' Medici mandò una delle sue damigelle - Louise de la Béraudière, detta la bella Rouhet - al cospetto del principe, con il preciso incarico di corteggiarlo fino a farlo innamorare perdutamente. Una volta che il Borbone fosse stato ebbro d'amore, non sarebbe stato difficile per la bella Rouhet convincerlo a cedere la reggenza. E infatti l'ammaliante signora ottenne immediatamente dal principe incantato e sedotto dalle sue grazie la firma di rinuncia in favore di Caterina. Né volle accontentarsi di questa. Riuscì finanche a convincere l'estasiato amante che il loro reciproco attaccamento sarebbe stato perfetto qualora la sua anima, lacerata dai rimorsi per l'amore concesso a un eretico, avesse potuto essere tacitata da un più sereno affetto per un cattolico. Non aveva ancora la splendida dama terminato di esprimere tal desiderio, che il Borbone aveva deciso d'accontentarla. Tosto abiurò l'eresia e rientrò in seno alla Chiesa di Roma, rimanendovi poi fino alla morte, che lo colse durante l'assedio di Rouen, mentre combatteva contro l'esercito protestante. L'avvenente Louise gli aveva frattanto dato un figlio, Carlo di Borbone, che sarebbe divenuto vescovo di Comminges.

La regina madre aveva promesso di scarcerare Condè, mentre Antonio di Borbone s'era impegnato a rinunciare ai diritti di primo principe del sangue, lasciando a Caterina pienezza di poteri. Veniva, a compenso del potere perduto, nominato luogotenente generale del regno, carica fino a quel momento appartenuta allo Sfregiato. Mio marito era già escluso dalle massime cariche quando, con quattro giorni di ritardo a causa della morte del re, il 14 dicembre 1560, si aprirono gli Stati Generali.

Il cancelliere Michel de L'Hospital arringò i deputati con un fiume di belle parole.

«D'ora in poi bisogna che ci orniamo di virtù e di buoni costumi, e quindi che assaliamo i protestanti con le armi della carità, le preghiere, la persuasione, la parola di Dio... Poco vale il coltello contro lo spirito... Aboliamo questi termini diabolici: luterani, ugonotti, papisti; non cambiamo il nome di cristiani». Una visione idilliaca, certo più facile da descrivere che da realizzare.

Invitando i fedeli a riunirsi sotto il termine di cristiani, l'Hospital dimenticava o fingeva di dimenticare le insanabili divergenze dottrinali che separavano i riformati dai cattolici. Se ci sarà un secolo ateo, esse potranno forse sfuggire all'interesse di uomini senza Dio, ma di certo non potevano non suscitare sconvolgimenti in un'epoca intensamente religiosa.

Lutero e Calvino, ben lungi dal voler proporre una riforma - come scorrettamente fu poi appellata la loro dottrina - di fatto si distaccarono dalla fede cattolica col negarne principi sostanziali, come il libero arbitrio e la presenza di Cristo nell'eucaristia. Il sacerdote non sarebbe più per loro stato un ministro di Dio, bensì un semplice predicatore, giacché i supposti riformati confutavano il valore dei sacramenti, ripudiavano ogni mediazione tra l'uomo e Dio. Giacché essi poi tenevano in spregio l'arte sacra e rigettavano come idolatria il culto della Madonna e dei santi, allorquando i rivoltosi ugonotti attaccavano chiese e villaggi, la loro furia andava ad abbattersi contro tutto ciò che, secondo la loro fede spogliata del sacro, non era appunto che oggetto di superstizione. Era così divenuta ormai triste consuetudine il sorprenderli intenti a schernire, ingiuriare o percuotere preti e monache, ad abbattere le statue della Madonna, a distruggere oggetti di culto, immagini sacre, a profanare le ostie consacrate. A Orleans alcune donne calviniste saccheggiarono la chiesa di Sainte-Euverte. Il loro perverso malanimo le condusse fin a disgustare gli astanti inorriditi orinando nei cibori. Come poter biasimare i cattolici che sgomentati coglievano una presenza diabolica in quello spettacolo di donne invasate che insudiciavano vasi consacrati? Come condannare chi si ribellò all'empio spettacolo di statue della Madonna deturpate, smantellate da gratuita ferocia blasfema? Questi sacrilegi, in un popolo cattolico legato alle tradizioni, fervente nelle pratiche devozionali, erano destinati a scatenare spontanee implacabili reazioni d'orrore, ribellione, odio esasperato.

L'impegno di Caterina de' Medici nel mettere in pratica i buoni consigli del cancelliere Michel de l'Hospital non sarebbe stato invero apprezzato né dai protestanti né dai cattolici. Il rischio del compromesso è sempre quello di scontentare infine entrambe le parti in causa. Proprio ciò che puntualmente accadde a Caterina. Le sue continue offerte di pacificazione sarebbero state ignorate dagli ugonotti, i quali a ogni concessione avrebbero risposto con nuove rivendicazioni, ai trattati di pace con congiure e minacce. Uno stato di persistente agitazione avrebbe finito con l'esasperare i cattolici, facendo scoppiare infine un risentimento ben più tragico e violento di quello che s'era voluto scongiurare. Sgomenta vedevo Caterina adottare sempre nuove misure a favore dei riformati, mentre la sua benevolenza veniva interpretata dagli stessi capi della riforma come un sintomo di debolezza, un incentivo a sfoggiare in modo ognora più ostentato la loro fede. Essi avanzavano prepotenti incessanti richieste, non esitavano a imporsi con la sopraffazione. Venivo quotidianamente informata di come in Guascogna gli ugonotti razziassero ormai abitualmente i domini cattolici. Sessanta chiese distrutte e milleduecento fedeli assassinati furono il tragico bilancio delle loro scorrerie a Montpellier, Montauban, Agen. Nei domini dove il signore si era convertito, i cattolici venivano ammazzati a vista, ma laddove il signore era rimasto fedele alla Chiesa, correva egli stesso il rischio di cadere sotto i colpi dei protestanti, come accadde al barone di Fumel, nell'Agenais.

Finanche nella religiosissima Parigi, gli eretici, sicuri di poter contare sulla protezione di importanti membri della nobiltà, si fecero tronfi e aggressivi. La politica pacifista di Caterina li rendeva intoccabili, oltre a elargire loro generose importanti cariche. Il principe di La Roche-sur-Yon, della Casata dei Borbone, cugino di Antonio di Navarra e di Condè, di fede calvinista, venne nominato governatore di Parigi. Ma la capitale, cattolicissima, non gradì la novità, e anzi la interpretò come una provocazione, un'offesa nei confronti della religione cattolica, che era la religione dei re di Francia e di tutti i francesi. Non mancarono nemmeno le lamentele dall'estero. La corona spagnola, che aveva fatto dell'ortodossia il fondamento della sua politica, non sembrava disposta a tollerare che si assumessero verso gli eretici posizioni ambigue. Filippo II, sempre più scandalizzato, non conteneva il proprio disappunto per la politica francese. Imputava a Caterina il rischio d'inanimire l'eresia e spingere i cattolici alla resistenza armata, e minacciava d'invadere la Navarra e il Béarn, quelle terre di confine che Jeanne d'Albret aveva trasformato in roccaforti calviniste, sicuro rifugio di tutti i riformati d'Europa.

Anche il maresciallo Tavannes, quantunque provasse affetto per Caterina e serbasse fedeltà assoluta alla monarchia, non riusciva a celare la propria contrarietà: «La regina è decisamente favorevole agli ugonotti» si lamentava nelle sue *Memorie*. A compiacersi dell'atteggiamento di Caterina de' Medici era invece naturalmente il nemico: «Le concessioni cui la regina madre è dovuta addivenire saranno foriere di grandi sviluppi, la nostra chiesa riuscirà a radicarsi ovunque» scriveva Calvino.

Il 15 maggio 1561 mio cognato il cardinale di Guisa consacrò re Carlo IX. Aveva egli, così come suo fratello lo Sfregiato, una dolorosa chiara coscienza del predominio che il partito ugonotto stava assumendo a corte e nei favori della regina madre. Nel posare la corona sul capo del piccolo re, non tralasciò di ammonirlo solennemente: «Chiunque consiglierà a Vostra Maestà di mutar fede, in quello stesso momento le strapperà la corona dal capo». Il bimbo impressionato scoppiò in lagrime.

Al *Sacre du roi*, la cerimonia di incoronazione, densa di simboli e solenni rituali, i re di Francia erano tenuti a giurare di difendere sempre l'inviolabilità della fede cattolica. Tutti sapevano che Francesco I ed Enrico II avevano mantenuto il giuramento, Caterina e i suoi figli no. La diffusione delle dottrine della riforma nella versione calvinista stava in pochi anni assumendo in Francia dimensioni allarmanti, non tanto per il numero degli adepti, quanto per la violenza della propaganda. Da Ginevra venivano inviati di continuo ministri a predicare. Il problema del proselitismo protestante non angustiava solo la Francia. Anche il re di Spagna aveva concluso volentieri la Pace di Cateau-Cambrésis per potersi concentrare sul problema dell'eresia. Mentre in Spagna però la questione era stata di fatto risolta dall'intransigenza di Filippo II, tanto che essa non avrebbe mai più avuto problemi di divisione religiosa, in Francia la morte di Enrico II, l'ostinata politica di tolleranza di Caterina, le continue oscillazioni e indecisioni dei suoi deboli figli, avrebbero complicato tutto. Con disagio avevo scoperto che mia madre s'incontrava spesso con la principessa di Condè a Fontainebleau, dove avevano organizzato ritrovi di preghiera e assemblee di calvinisti. Caterina l'aveva saputo prima di me, ma non aveva opposto obiezione alcuna. Permetteva altresì che i calvinisti predicassero nel Castello di Saint-Germain.

Coligny e Condè, ormai al massimo del loro prestigio, incoraggiavano i protestanti a svelare ovunque la loro fede. Davanti ai conventi venivano organizzati cortei che intonavano canzoni oscene su monaci e suore. I cattolici replicavano che le riunioni di Condè e Coligny a Saint-Germain in realtà non erano che orge. Le donne che vi prendevano parte inevitabilmente smarrivano ogni virtù. «Quelle che all'andata erano donne per bene al ritorno erano puttane e dissolute» avrebbe scritto Claude Haton.

A Beauvais il cardinale Odet de Châtillon, vescovo della città, il giorno di Pasqua celebrò la cena secondo il rito calvinista. I fedeli che erano accorsi per assistere all'eucaristia rientrarono nelle loro case, si armarono e cominciarono a dare la caccia agli eretici. La giornata si concluse nel sangue. Ancora nessun editto aveva permesso ai riformati di celebrare pubblicamente il loro culto. Nemmeno Caterina con tutte le sue propensioni agli accomodamenti aveva mai pensato a tanto, ben consapevole dei disordini che una siffatta risoluzione avrebbe provocato. I calvinisti tuttavia, con principi del rango dei Borboni e dei Coligny dalla loro parte, non temevano di tenere in spregio le leggi e praticavano pubblicamente e liberamente i loro culti. Alla cena andavano sempre armati, sempre pronti a rispondere alle eventuali proteste dei cattolici. A Leyrolles, a Serignac, a Brax avevano ucciso i parroci e saccheggiato le chiese.

La regina madre aveva voluto porre la nostra famiglia in una posizione di secondo piano, ma ora i disordini causati dagli ugonotti e la palese disapprovazione dei cattolici la rendevano inquieta. A Lione i calvinisti avevano tagliato le braccia a un prete che portava in processione il Santissimo Sacramento, e quando si cominciò a vociferare che, proprio contro la festa del Santissimo Sacramento, avevano intenzione di manifestare anche a Parigi, disturbando la tradizionale cerimonia solenne, ella non trovò null'altro da fare che chiedere aiuto a mio marito. L'ostia consacrata fu così solennemente scortata in processione dallo Sfregiato, e il popolo grato osannava il suo eroe, il difensore della fede.

Il predicatore di corte, fedelissimo della regina madre, Jean Monluc, vescovo di Valence, era molto sensibile alle idee della riforma. Le funzioni religiose a corte erano ambigue, le omelie lasciavano i cattolici ogni volta più perplessi. Una domenica Montmorency si spazientì e, stanco di dover udire eresie, uscì dalla cappella di corte per andare ad ascoltare la messa che veniva celebrata da un frate francescano negli alloggi della servitù. Mentre prendeva posto fra i domestici per assistere a una vera messa, vide che altri avevano avuto la sua stessa idea. Mio marito e il maresciallo di Saint-Andrè erano fuggiti prima di lui dalla funzione inquinata del cardinale e già si trovavano inginocchiati fra i domestici. Al termine della messa, i tre decisero di stringere un accordo, una sorta di triumvirato che li unisse nell'estremo tentativo di fare quanto possibile per salvare il cattolicesimo a corte, contro la prepotenza dei signori ugonotti e le ambiguità della regina madre e dei suoi consiglieri. Era il 6 aprile. Quella sera stessa lo Sfregiato affrontò Caterina, invitandola a scegliere una volta per tutte fra Ginevra e Roma, e mettendo in chiaro che lui, «se gli fosse stato permesso, avrebbe fatto presto a ristabilire la vera religione, essendo prontissimo per questo a sacrificare tutto, anche la vita».

Caterina era angosciata dal pericolo di un'invasione spagnola. Filippo II non le nascondeva il disprezzo per la sua politica e ora trovava un sostegno in Francia presso i triumviri. Ancora nell'illusione che una lunga discussione e un confronto aperto avrebbero potuto facilitare il raggiungimento di un accordo fra cattolici e ugonotti, ella decise di convocare a Poissy rappresentanti della Chiesa e dottori protestanti. Mio marito lo Sfregiato non aveva gradito l'idea di quell'adunanza, e aveva cercato in ogni modo di far desistere Caterina. L'ambasciatore di Ferrara Alvarotti scriveva a mio fratello, il duca Alfonso II, che Francesco di Guisa era furibondo, ma non poté certo la sua riprovazione modificare i progetti della regina madre.

Il 9 settembre 1561 il refettorio del convento dei domenicani di Poissy fu trasformato in un'aula di convegno. Alla seduta d'apertura erano presenti Carlo IX, accompagnato dalla madre, i fratelli Alessandro Edoardo duca d'Angiò, di dieci anni, e Margherita, di otto anni. C'erano poi i re di Navarra, schierati su fronti opposti, Antonio già ritornato al cattolicesimo e Jeanne calvinista sempre più fanatica. Intorno alla tribuna della famiglia reale sedevano i prelati e i dottori della Chiesa in pompa magna.

Prima che entrassero i delegati calvinisti, il cancelliere Hospital espose le ragioni dell'incontro e invitò i cattolici a disporsi per il meglio al colloquio. Provò ancora una volta a trasporre in facili parole quel florilegio d'opportunismo, decoro ipocrita e sentimentalismo che andava a comporre la sua visione religiosa, approssimativa come quella di Caterina. Per loro, che come unica religione avevano il potere e l'ambizione politica, era inammissibile che ci si potesse accanire su cavilli dottrinali senza riuscire a trovare un accordo. Il cancelliere affermò che gli ugonotti non erano da temere in quanto accettavano la Sacra Scrittura e la loro dottrina non era in fondo differente da quella cattolica: «... tutta la controversia sta in questo: essi vogliono che la chiesa sia riformata secondo quella primitiva». Come già dissi, nulla di più falso. L'Hospital, ingenuamente o volutamente, scambiava quello che era stato un semplice pretesto iniziale con l'eresia che era poi giunta a sovvertire il dogma. I cattolici conoscevano bene questa differenza e non erano disposti a farsi abbindolare dai facili sentimentalismi del cancelliere.

«Ecco questi cani ginevrini». Il cardinale di Tournon, giusto per non lasciare illusioni all'Hospital circa il modo in cui era stato recepito il suo messaggio, salutava così l'ingresso dei pastori protestanti nei loro austeri giustacuori. L'appellativo d'altronde non stupì nessuno. Questi epiteti erano molto usati nelle dispute teologiche e lo stesso Lutero ne aveva già fatto largo uso, definendo abitualmente i cattolici «porci, vipere, serpenti».

Il primo a parlare fu Teodoro Beza. Presentò la dottrina calvinista, mettendo in risalto i punti in cui essa s'accordava con quella cattolica e quelli in cui invece se ne distaccava. Quando arrivò a illustrare la questione del Sacramento e smentì la Presenza Reale, affermando che il corpo di Cristo è lontano dal pane e dal vino dell'eucaristia almeno quanto il cielo più alto è lontano dalla terra, un lungo fremito si levò dall'assemblea.

«Avete udito la bestemmia?» chiese il cardinale di Tournon, volgendosi verso la famiglia reale.

Teodoro Beza terminò il suo discorso fra il mormorio irrequieto degli astanti, poi l'assemblea fu sciolta. Sette giorni dopo, il 16 settembre, si sarebbe nuovamente riunita per ascoltare la risposta del cardinale di Lorena. Questi fondò il suo discorso sui presupposti, rigettati da Teodoro Beza, ma irrinunciabili per i cattolici, dell'autorità della Chiesa e del sacramento dell'eucaristia. Per difendere la tesi della Presenza Reale sottolineò l'accordo di tutte le chiese su questo punto e invitò i calvinisti ad ascoltare eventualmente in merito il parere della chiesa ortodossa, «se tanto vi spiace la Chiesa universale».

Giunse poi mio zio Ippolito d'Este, legato pontificio, accompagnato da padre Lainer della Compagnia di Gesù. Papa Pio IV aveva mandato il suo legato presso Caterina per invitarla ufficialmente ad attendere le conclusioni del Concilio di Trento prima di elargire altre concessioni all'eresia. Dopo avere definito i seguaci di Beza assassini, lupi e serpenti, Lainer si rivolse alla regina madre, invitandola ad allontanare «quella gente che male intendeva la religione cristiana» altrimenti «costoro avrebbero rovinato il regno di Francia». Riferì un testimone che il padre gesuita «parlava con tanta passione che a Caterina vennero le lagrime agli occhi». Aveva tutte le ragioni di piangere, la regina madre. A Poissy dovette suo malgrado assistere al fallimento di un accordo che aveva avuto senso solo nelle sue illusioni. Calvinisti e cattolici, ben lungi dal poter essere accomunati sotto la denominazione di cristiani, come aveva ingenuamente auspicato il suo cancelliere, avevano due fedi opposte e inconciliabili.

Ciò apparve a tutti con cotanta chiarezza, che l'assemblea si sciolse prima che giungesse la delegazione di luterani che era stata convocata. Era inutile ascoltare altri pareri, giacché nessun accordo sembrava poter essere comunque raggiunto. Il fallimento non ebbe tuttavia alcun effetto sulle intenzioni politiche di Caterina, che rimasero di fatto immutate nella ricerca ostinata d'una pacificazione impossibile. Continuò a incontrare Teodoro

Beza, offrendogli le promesse più incoraggianti per gli ugonotti. Accordava sempre nuove agevolazioni per l'esercizio del culto protestante, e il malumore di mio marito e di tutti i Guisa cresceva in proporzione. Raggiunse il culmine durante una rappresentazione teatrale a corte, con il piccolo re Carlo IX che vestiva i panni di un vescovo grottesco e ridicolizzava il clero, suscitando l'ilarità della madre. I Lorena, non trovando lo spettacolo altrettanto divertente, lasciarono la corte. Il nostro timore, sciaguratamente non infondato, era che Coligny e Beza s'impadronissero della persona di Carlo IX e facessero della monarchia capetingia consacrata a Reims una monarchia calvinista con capitale spirituale a Ginevra.

Per controbilanciare un probabile rapimento di Carlo IX da parte del partito dei riformati, i Guisa pensarono di prendere in ostaggio il piccolo duca d'Angiò. Il duca di Nemours, Giacomo di Savoia, si assunse il compito di persuadere il principino a seguirlo in Lorena. Il piccolo Alessandro Edoardo, che tre anni dopo, il 17 marzo 1564 avrebbe con la Confermazione assunto il nome di Enrico, era in quel periodo molto vicino a Coligny e i cattolici temevano che la sua religiosità potesse già esserne stata compromessa. Ma alla domanda del duca di Nemours, che gli chiese di che religione fosse, egli rispose prontamente: «Sono della religione di mia madre». Non era un gran presupposto, tuttavia era pur sempre meno peggio del previsto. In fondo Caterina era ancora ufficialmente cattolica. Nemours avvertì il principe dei complotti che i protestanti stavano tramando contro la corona e contro la famiglia reale, incoraggiandolo a chiedere conferma al suo compagno di giochi e amico fidato, mio figlio Enrico. Una grande amicizia legava l'infanzia di Alessandro Edoardo, futuro Enrico d'Angiò, a quella di Enrico di Guisa, un affetto sincero destinato a trasformarsi negli anni, corroso da invidia, gelosia e intrighi politici, in un odio sanguinoso. Mio figlio chiese all'amico di seguirlo in Lorena, e il principino accettò.

La partenza era fissata per il 31 ottobre 1561. Mentre lo Sfregiato si preparava con i suoi seicento cavalieri, Caterina assisteva al sontuoso commiato della potente famiglia che lei, nonostante i servigi resi alla corona, s'ostinava a considerare nemica. La guardavo e mi chiedevo se sospettasse qualcosa, se la sua mente astuta di regina e il suo affetto di madre le avessero fatto in alcun modo presagire ciò che stava per accadere. Non avevo paura, ma ero pervasa da un sottile insidioso rimorso. I miei sentimenti di madre rischiavano di prendere il sopravvento, e l'amicizia che nonostante tutto mi legava alla regina sembrava volermi rimproverare quello che non poteva non apparire come un vile tradimento. Cercai d'allontanare questi pensieri.

Nessuno di noi intendeva far del male al piccolo, lo amavamo come fosse stato nostro figlio, stava crescendo accanto al nostro Enrico come un fratello. Ogni risoluzione, per quanto amara, era stata dolorosamente meditata e accettata solo in vista di un bene futuro per la monarchia e per lo stesso giovane duca d'Angiò. No, il rimorso non poteva ora impedirmi di augurarmi e pregare Iddio che tutto andasse secondo i nostri piani. Ma così non fu. Vidi il duca di Nemours che si chinava per sussurrare qualcosa al principe, e maledissi fra me quell'azzardo. Mi voltai subito verso la regina madre, pregando silenziosamente che non si fosse accorta di nulla. Ma la vidi fare un cenno al figlio per chiamarlo a sé. Compresi allora che il nostro progetto era fallito e che, non solo non avremmo più potuto condurre Alessandro Edoardo al riparo dalle influenze di Coligny, ma che avremmo pagato un caro prezzo per quel gesto. Un gesto che, per quanto mosso dalle migliori intenzioni, sarebbe stato inevitabilmente interpretato come un meschino inganno.

La udii mentre chiedeva con insistenza al figlio ancora un poco reticente che cosa il duca di Nemours gli avesse segretamente confidato. Non potevo ragionevolmente aspettarmi che quel bambino ancora innocente, non ancora corrotto dalla malizia della corte parigina, sapesse mantenere il segreto. Non lo reputavo capace di mentire alla madre, e forse a quel punto non avrei osato augurarmi che invece lo fosse. Nessuna madre si augurerebbe questo. E infatti egli, superato un primo istante di smarrimento, sgranando verso Caterina i grandi occhi sperduti e afflitti, come se una qualche colpa egli avesse potuto attribuire alla sua anima innocente in quel complotto di grandi che lo aveva veduto solo impotente marionetta, diede inizio a una lunga cristallina confessione che non risparmiò nessuno dei dettagli del nostro ardito progetto. La proposta che egli aveva ricevuto dai Lorena fu così nota alla regina che meglio non avrebbe potuto esserlo se l'avessimo rivolta direttamente a lei, nulla fu sottratto al duro confronto con la verità. Leggere l'odio negli occhi di un'amica è triste, doloroso. Ma nemmeno armandomi di tutto l'ottimismo che Dio può donare a un uomo per affrontare questa misera esistenza, nemmeno concentrando nel mio cuore tutte le speranze che l'umanità può coltivare nell'arco dell'intera sua storia, avrei potuto illudermi che non fosse l'odio più rabbioso e furente che possa germinare nell'animo umano quello che Caterina, madre ferita nell'affetto più caro, nutriva ora per me.

La minaccia che i Guisa avevano osato rivolgere al suo figlio prediletto accrebbe a dismisura il risentimento e la diffidenza ch'ella già provava verso la nostra famiglia, e ciò funse da sicuro appiglio per un suo ulteriore avvicinamento agli ugonotti. Lo stesso duca d'Angiò, esposto all'influsso della madre e di Coligny, entrò in un lungo periodo di fervore calvinista.

Per lunghe notti i miei sonni furono inquieti a causa di quel progetto che, non solo era scivolato nel più sciocco dei fallimenti, ma aveva provocato gran danno coll'ottenere risultati del tutto opposti a quelli che ci eravamo prefissati.

Già dopo il fallimento dell'incontro di Poissy, Caterina, seguendo i consigli di Michel de L'Hospital, aveva promesso a Teodoro Beza di promulgare una legge che consentisse la libera pratica del culto calvinista. Il 17 gennaio 1562 venne emanato quell'Editto di Tolleranza che accordava appunto il permesso di celebrare riti riformati, con l'unica limitazione imposta dalla necessità di evitare che prediche e riunioni si tenessero all'interno delle città, dove si temevano opposizioni popolari violente. Per tacitare i cattolici, Caterina si sarebbe d'altra parte impegnata a educare i figli nella religione di Roma, ma quella sorta d'infelice premio di consolazione non parve ai cattolici che una vile canzonatura. Erano essi ben consapevoli della portata di quella legge, con la quale per la prima volta la religione protestante veniva ufficialmente riconosciuta in Francia. E non erano certo così sciocchi da lasciarsi incantare, accontentandosi di ciò che la regina offriva in cambio. Era implicito che i re di Francia, per la sacralità stessa della loro funzione, educassero i figli nella religione cattolica. Nessuno avrebbe mai potuto pensare che ciò venisse messo in discussione. Caterina in pratica aveva cercato di offrire al popolo, in cambio di qualcosa che gli veniva sottratto, un qualcosa che già possedeva! Il parlamento di Parigi rifiutò categoricamente di registrare l'editto. Da Saint-Germain la regina ogni giorno riceveva notizie dalla capitale. I consiglieri si lamentavano delle azzardate concessioni all'eresia e rifiutavano di rendere effettivo e pubblico l'atto. Caterina andò su tutte le furie e invano inondò i parlamentari di lettere di protesta. Adirata per il procrastinarsi dell'ostinazione si risolse infine a partire, lasciò Saint-Germain per precipitarsi a Parigi, dove avrebbe impiegato un mese a ottenere ciò che riteneva le spettasse di diritto: l'obbedienza incondizionata alle sue decisioni. Investì con una vera e propria sfuriata i magistrati che non avevano ancora firmato il suo editto e questi, smarriti dinanzi alle grida della regina, tentarono di prendere tempo. Ma Caterina li minacciò: li avrebbe fatti arrestare dalle sue guardie personali e li avrebbe segregati in una cella finché non si fossero risolti a obbedire.

Intanto Jeanne d'Albret e Luigi di Condè avevano preparato una sollevazione di ugonotti. I parlamentari, turbati dalla notizia dei subbugli e dalle intimidazioni di Caterina, che non celava il proprio sostegno ai sobillatori, capitolarono. Il 14 febbraio 1562 il parlamento si piegò a vergare la nuova legge. Soddisfatta la regina madre si concesse una vacanza a Fontainebleau. Era ella convinta d'avere compiuto, per mezzo del contestato editto, un ulteriore importante passo verso quel regno che lei sognava, verso una Francia tollerante nella quale tutti i sudditi, sia che andassero alla messa sia che andassero alla predica – fatto che per lei non rivestiva alcuna importanza – si sarebbero inchinati a quella che per Caterina era l'unica fede che contasse: l'autorità regia. Strano che questa donna scaltra che seppe tenere in pugno la politica francese per decenni, non sia stata capace di comprendere che nella nostra Francia fede religiosa e fede politica andavano di pari passo e che l'autorità regale non poteva sussistere se non su un fondamento sacro.

La Dinastia reale era contrassegnata da una durata ininterrotta, dalla successione di sangue per cui il re non moriva mai. Il cerimoniale regio esprimeva questo concetto nella stessa formula adottata per annunciare il decesso di un sovrano: «Il re è morto. Viva il re!». Questa sorta d'eternità veniva conferita dal potere sacrale del re, per cui il sovrano non era tale come individuo, ma come membro d'una stirpe che regnava per diritto divino. La cerimonia della consacrazione, il *Sacre du Roi*, culminava nel momento dell'unzione con l'olio mistico della sacra ampolla, conservata nella cattedrale di Reims, che la tradizione voleva portata lì dagli angeli. Il re dopo l'unzione acquisiva una funzione sacra, agiva sulla terra per conto di Dio, e le sue mani guarivano miracolosamente gli scrofolosi.

Tutti i re di Francia ebbero a cuore questo fondamento sacro dell'istituzione monarchica, e giustamente, giacché conferiva loro un'autorità indiscutibile. Credo che se un giorno i nemici della monarchia saranno tanto potenti da voler provare ad abbatterla, dovranno ideare innanzitutto un modo per ledere tal principio, dovranno cancellare l'idea di Dio e recidere quell'alleanza fra il trono e l'altare che sola può garantire un potere umano contro le avverse fortune e il cangiare della sorte, che sola può conferire a un uomo il diritto e il dovere di farsi obbedire da un altro uomo.

Lo aveva capito molti anni prima Diana di Poitiers, che alle prime avvisaglie d'eresia aveva supplicato il re di fermare quello che si presentava innanzitutto come un pericolo per la sua stessa autorità sovrana.

Lo aveva capito mio cognato il cardinale di Lorena, che nell'incoronare Carlo IX lo aveva ammonito di guardarsi da coloro che, allontanandolo dalla fede cattolica, gli avrebbero inevitabilmente tolto quella stessa corona dal capo. Lo aveva capito il parlamento di Parigi, rifiutando di registrare l'editto.

Lo aveva ben compreso infine anche il popolo, che protestò per quella legge che avrebbe posto la falsa credenza sul medesimo piano della religione autentica, quella che animava di fervore la Parigi del XVI secolo e che fin dai tempi di Clodoveo conferiva il diritto di regnare ai sovrani di Francia.

Il primo fatale risultato di un editto che si proponeva di compiere un importante passo verso la convivenza pacifica fu il massacro di Wassy. La notizia raggiunse Caterina prima ancora che arrivasse a Fontainebleau.

VII

«Il cavaliere di Guisa era un principe amato da tutti, bello, pieno di spirito, di accortezza, e di un valore celebre in tutta Europa»

Madame de La Fayette

Il principe di Condè, immaginando che noi Guisa non avremmo accettato l'Editto di Tolleranza, s'era tutelato garantendosi il sostegno di Elisabetta I. La nuova regina inglese, succeduta nel 1558 alla sorellastra cattolica, oltre a non nascondere le proprie simpatie per la riforma, sembrava particolarmente interessata a intromettersi nelle questioni francesi per indebolire la mia famiglia, che era anche la famiglia della sua rivale, Maria Stuarda, guardata con simpatia dai cattolici inglesi che non avevano accettato la successione di Elisabetta e dubitavano della legittimità di una regina nata da un matrimonio - quello di Enrico VIII e Anna Bolena - mai riconosciuto da Roma.

Per tentare di arginare le conseguenze di un intervento inglese negli affari del regno, lo Sfregiato cercava a sua volta nuovi appoggi e protezioni, e a tal scopo intraprese, nel mese di febbraio, un viaggio in Alsazia. Incontrò il duca del Württemberg e ottenne il suo impegno a intervenire con le armi al fianco delle forze regie cattoliche qualora gli ugonotti, forti dell'appoggio inglese, avessero dato inizio a un conflitto.

Codeste notizie il duca mio marito ebbe la gentilezza di inviarmi tramite un messo, lo stesso che pochi giorni dopo mi raggiungeva ancora per informarmi che lo Sfregiato, mentre percorreva la strada del ritorno da Saverne, aveva deciso di recarsi a Joinville per far visita alla madre. Il mio stato d'avanzata gravidanza non mi aveva permesso di accompagnare Francesco in Alsazia. Mi ero talmente ingrossata che i domestici dovevano trasportarmi in lettiga, spesso mi sentivo debole e un nonnulla bastava a spossarmi. Tutto ciò non impedì che venissi colta, nell'attimo stesso in cui leggevo la missiva del duca, da un desiderio irrefrenabile di raggiungerlo a Joinville. In fondo il viaggio non era lungo, avevo gran desiderio di rivedere mio marito e un soggiorno in campagna non avrebbe potuto che giovare alla mia salute. Ci incontrammo a Wassy, uno dei domini della nostra famiglia. Di lì avremmo proseguito insieme per il Castello di Joinville se un orroroso incidente non avesse rovinato i nostri piani, e non purtroppo solo quelli.

Era domenica, primo giorno di marzo del 1562. Avevo raggiunto in lettiga la piccola chiesa di Wassy e faticosamente avevo preso posto nel primo banco. Mio marito, all'altro lato della navata, era circondato dai suoi uomini. Un sacro silenzio avvolgeva la cappella, un silenzio pregnante di mute preghiere, accompagnate al cielo dalla sola voce discreta del sacerdote. Erano appena sussurrate le nostre orazioni in latino, appena percettibili da un orecchio attento. Facilmente quindi vennero sovrastate da uno strano rumore che, provenendo dall'esterno, varcò la soglia del pesante portone, delle spesse antiche mura, delle vetrate cristalline e ricolmò la chiesa di Wassy.

Non riuscimmo subito a identificare quel suono bizzarro, che non rassomigliava a nulla che avessi fino a quel momento potuto udire. Sembrava una lenta nenia, una filastrocca cantata, ma non da una sola eufonica voce, bensì da un coro, un coro di voci disarmoniche, quasi puerili, senza alcuna musica a ingentilirlo. Un muto cenno si levò rapido dallo sguardo di mio marito e uno dei suoi uomini uscì dalla chiesa per andare a controllare donde provenisse quel disturbo. Dopo pochi minuti rientrò e con l'aria greve delle pessime notizie, andò subito a sussurrare poche parole al duca. Nel fienile adiacente alla chiesa un gruppo di eretici, in tutto circa un migliaio di persone, stava celebrando il rito protestante. Attendeva istruzioni il nostro fido, ma mio marito con un gesto rassegnato lo invitò a riprendere posto fra i banchi. Avremmo pazientato e, una volta rientrati a Parigi, avremmo denunciato il problema alla regina madre. L'Editto di Tolleranza consentiva sì ai riformati di riunirsi, ma non nei centri abitati, non di fianco a una chiesa, non laddove sarebbero potuti insorgere facili contrasti.

La nostra intenzione di sopportare quella scomoda e in fondo illecita presenza fu presto logorata dal crescente salmodiare che empiva ogni angolo della chiesa, impedendo le nostre preghiere. A un altro cenno dello Sfregiato alcuni uomini lasciarono i loro banchi. Entrarono nel fienile e reclamarono un silenzio confacente alla sacra funzione, rimarcando come quei canti grossolani importunassero le nostre orazioni. I nostri uomini rientrarono in chiesa convinti di poter finalmente seguire in pace quel che rimaneva della messa, ma non trascorsero che pochi istanti, e i loro sguardi si alzarono per incrociarsi afflitti con quello ormai furente del duca. Lo stridulo canto non solo non era cessato, ma nemmeno accennava ad attenuarsi. Esasperato, lo Sfregiato uscì dalla chiesa, risoluto a intervenire personalmente al fianco dei suoi uomini, per intimidire i molesti perturbatori. Se si aspettava che allo spalancarsi delle porte del fienile, alla vista del celebre condottiero armato e furibondo, qualcuno mosso da timore accennasse a scusarsi o almeno a correggere la molesta condotta, dovette rimanere deluso. Solo visi caparbi, sfrontati, audaci a fissarlo irriverenti, e voci che senza una parola continuarono a giungergli nella spiacevole veste di salmi sgraziati intonati in francese. Goffi e brutti, oltre che eretici, un'abdicazione al gusto, oltre che al sacro. Appena mio marito alzò la voce per farsi ascoltare, ai salmi cominciarono a mescersi gli insulti. Dalla chiesa udimmo un gran frastuono, grida, imprecazioni.

Spaurita chiesi d'essere condotta al fienile, e insistetti dinanzi alla riluttanza delle mie donne, inquiete per il mio stato, persuase che sarei andata incontro a un gran azzardo. Certo, non avevano torto. Non entrai nel luogo della follia, ma già dalla strada potei vedere ciò che mai avrei voluto. Mio marito e i suoi si ritrovavano sotto una fitta sassaiola, tentavano di schermarsi come meglio potevano con le braccia, ma il loro stato di difficoltà era evidente. Gli avversari erano molto più numerosi, e agguerriti. Mio marito aveva dato ordine di non sparare, e tuttavia non voleva uscire dal fienile, per non dare l'impressione di una fuga. L'incresciosa situazione piombò nel dramma quando una pietra aguzza colpì il duca in pieno volto, riaprendo la vecchia ferita. Mentre il sangue colava copioso sul viso dello Sfregiato, il mio grido allarmato fu soverchiato dal rumore degli spari. Alla vista del loro capo pieno di sangue, i nostri fidi, sopraffatti dalla rabbia e dallo spavento, avevano dimenticato l'ordine ricevuto, e avevano aperto il fuoco. Né in quella siffatta concitazione fu possibile fermarli e d'altra parte, in una stanza affollata, pochi secondi bastano a un massacro.

Quando tornò la calma, giacevano sul pavimento, fra pagliuzze di fieno imporporate di sangue, una cinquantina di morti e un centinaio di feriti. Non ero riuscita a muovermi nel corso di quei pochi minuti che m'erano sembrati secoli, paralizzata dalla pena, terrorizzata alla vista del volto di Francesco coperto di sangue, preoccupata dalla sensazione che qualcosa di terribile stesse per accadere. Ora, tutti quei morti, quel sangue che lordava il giallo paglierino del fienile, il puzzo della polvere da sparo che si mescolava all'aroma zuccherino del fieno, fino a sovrastarlo e farlo svanire. Emblema della nostra cara Francia. Tutto ciò che v'era di dolce, rassicurante, bello, finiva ormai inghiottito, sopraffatto dall'orrore. Giacevo affranta sulla mia lettiga, la mente annebbiata, le membra intorpidite. Mi parve che ogni effluvio vitale s'andasse in quegli istanti a concentrare nella mia mente. Essa, straziata da troppe passioni contrastanti, inseguiva mille pensieri che scalpitanti correvano troppo veloci. Il corpo era esanime, non pareva appartenere più a quella mente vorticosa. Erano come due entità affatto distinte, l'una troppo dinamica, l'altra morta. Poi all'improvviso, come se avesse voluto recuperare, provare a rincorrere l'intelletto agile, il mio corpo prese a muoversi, tanto rapido che non riuscivo a controllarlo. Non c'era muscolo, non c'era tessuto che non si dimenasse spasmodico, violento, quasi pazzo. Non potevo parlare, non potevo dire alle mie donne che circondavano atterrite la lettiga e cercavano di prestare inutili cure al mio corpo gravido sbattuto dalle convulsioni, che in fondo stavo bene.

«Che Iddio ci aiuti, perderà il bambino!» sentivo mormorare, ma era come se non parlassero di me. Non avrei saputo spiegare perché, ma sapevo che la mia creatura non correva alcun pericolo. Ben altro mi turbava, e poco m'importava che le mie membra non rispondessero, che corpo e mente avessero preso due strade divergenti e non volessero riconoscersi. Tutto si sarebbe accomodato, per me, ma non per la Francia, non per la Chiesa, non per tutte quelle anime condannate e quei corpi riversi a terra in un bagno di sangue.

«Vi ho detto che sto bene, lasciatemi stare! Sono loro che non stanno affatto bene!» rispondeva la mia mente impazzita, mentre le labbra serrate e rigide non potevano lasciare uscire alcun suono, né le dita scosse dalle convulsioni potevano alzarsi a indicare i feriti che giacevano sul pavimento freddo di quella stalla fattasi teatro di morte.

«Un medico, chiamate un medico, o morirà». Anche mio marito non voleva capire. Il suo volto deformato dall'angoscia che si chinava apprensivo sul mio, sfigurato dalle convulsioni, fu l'ultima cosa che i miei occhi videro prima di chiudersi su quel tragico scenario di distruzione.

Quando rinvenni, ero nel mio letto, il fuoco acceso intiepidiva l'aria e i pesanti corteggi del baldacchino mi avvolgevano in una riposante semioscurità. Il mio bambino riposava al caldo del mio grembo, e ogni tanto scalciando mi dava rassicurante segno della sua presenza e della sua vitalità. Stavo bene, nessuna conseguenza sul mio corpo era stata lasciata da quella terribile giornata, da quelle convulsioni diaboliche, eppure molte ne erano rimaste nella mia anima, e disgraziatamente ancor più nella situazione politica di un regno ormai in piena guerra civile.

Gli ugonotti fornirono una loro versione della vicenda, secondo la quale sarebbero stati gli uomini del duca di Guisa a disturbare la funzione protestante, a cercare d'interromperla con violenza. Temo che ai posteri non sarà mai consegnata una versione attendibile di quanto accadde in quello sventurato giorno. Manipolata dagli opposti scritti di due parti che si contendono il vero, immagino che la storia non potrà avvalersi, in questo come in altri casi, del reale svolgersi dei fatti. Ma chi vorrà essere onesto, non mancherà di riconoscere la ragionevolezza di alcune semplici valutazioni. Mio marito il duca di Guisa si trovava in casa propria, nei domini appartenenti alla sua famiglia, alla cattolicissima stirpe dei Lorena. I protestanti non avrebbero potuto scegliere un posto meno indicato per celebrare le loro funzioni, che peraltro erano in quel caso vietate anche dalla legge. Riunendosi in piena città, per giunta accanto alla chiesa, essi erano andati deliberatamente contro quell'Editto di Tolleranza che pur voleva favorirli con l'unica clausola di evitare le provocazioni, ossia proprio ciò che avevano fatto. Lecito e opportuno sarà per chiunque riflettere su ciò che ora affermo, giacché, se è pur vero che la moglie dello Sfregiato altro non potrebbe in siffatto caso fare che cercare di difendere le posizioni del consorte, è altrettanto vero che i protestanti non attesero nemmeno che i cadaveri fossero sepolti per iniziare a profittare del massacro. Le loro calunnie erano a tal punto vili e spudorate che subito ne fui confortata. Per qualunque uomo ragionevole, pensai, non sarà arduo cogliere tal faziosità. Ma purtroppo avevo riposto eccessiva fiducia nelle facoltà umane, o quantomeno non avevo pensato quanto sia più facile credere a una bugia accattivante e semplice, che perseguire una verità che richieda riflessione. E se vi sarà un periodo della vicenda umana in cui il pensiero dei nostri nemici s'imporrà, e gli uomini saranno costretti a vivere privi del conforto della religione, so che mio marito sarà diffamato, la sua memoria screditata, l'incidente di Wassy ingigantito. E certo sapranno ben profittarne gli eredi di Condè se vorranno essere sfrontati come lui, che già stava divulgando la mostruosa impostura che la strage fosse stata organizzata e ordinata dal Guisa. In troppi gli credettero, e mio marito venne subito appellato «il boia di Wassy». Quella domenica di marzo del 1562 fu da tutti considerata come l'inizio della guerra civile.

Teodoro Beza chiese che i responsabili del massacro di Wassy venissero pubblicamente puniti. Caterina era preoccupata. Nessuno avrebbe mai potuto avere tanto potere da arrestare il duca di Guisa. Chiunque avesse osato toccare lo Sfregiato avrebbe scatenato un'incontenibile sollevazione popolare. Decise di prendere tempo sostituendo il governatore di Parigi, e nominò il cardinale di Borbone. In tal modo sperava di contentare entrambe le parti: i cattolici perché si trattava di un cardinale fedele a Roma, i protestanti perché si trattava di un Borbone, del fratello di Condè. In attesa che le tensioni s'allentassero, il Borbone stabilì che i due rappresentanti degli opposti partiti, Francesco di Guisa e Luigi di Condè, avrebbero dovuto lasciare Parigi, ma il prevosto dei mercanti supplicò mio marito di non abbandonare la città. Lo Sfregiato allora rimase e Condè fece altrettanto.

Quando eravamo rientrati a Parigi, sconvolti dopo l'incidente di Wassy, avevamo trovato ad attenderci la calda accoglienza del popolo acclamante. Tutta la città sembrava essersi radunata, affascinata, esultante, per osannare il suo salvatore. Lagrime di commossa gratitudine mi salivano agli occhi mentre salutavo quella gente affettuosa che mi ripagava in parte delle recenti sofferenze e delle future vergognose calunnie. Anche mio marito rispondeva con trasporto alle acclamazioni, ma non mi sfuggiva l'ombra che incupiva il suo sguardo. Certo, lo Sfregiato avrebbe fatto volentieri a meno di quello che la folla gli attribuiva come un titolo di gloria. Il massacro di Wassy aveva sconvolto lui non meno di me che per il dolore avevo rischiato di perdere il bambino che portavo in grembo. Eppure i cattolici, che si sentivano traditi dalla politica di compromessi di Caterina, lo consideravano un atto di giustizia, il primo dopo mesi di soprusi. E colui che lo aveva suo malgrado compiuto era ai loro occhi un eroe.

Nell'assistere a codesto enorme manifesto entusiasmo, il principe Luigi di Condè, che sperava di riuscire a condurre il partito ugonotto a prevalere sulla monarchia, per poi poter facilmente detronizzare i Valois e infine cingere la corona di Francia, dovette comprendere che mai sarebbe riuscito a imporre l'eresia a Parigi. Quella capitale profondamente cattolica gli provocava ansia e disgusto. Decise di andarsene. Stava meditando di raggiungere Fontainebleau, per provare a ripetere il colpo di Amboise. Il castello era scarsamente difeso, non sarebbe stato difficile sequestrare il giovane re Carlo IX e Caterina.

Insieme a Coligny organizzò rapidamente un esercito che si preparò ad affrontare le truppe regie. Mio marito comprese subito quale pericolo stesse correndo la famiglia reale, così il 27 marzo i triumviri andarono a Fontainebleau con mille cavalieri, e invitarono Caterina a far immediatamente ritorno a Parigi insieme al re. Caterina rifiutò. La supplicarono. Rifiutò ancora. Non voleva compromettere i rapporti con Condè, credeva ancora che la sua politica diplomatica avrebbe dato buoni frutti, intendeva trattare con lui. Chiese al re di Navarra di aiutarla a restare a Fontainebleau con il figlio, ma lo Sfregiato minacciò di far bastonare chiunque gli avesse impedito di portare in salvo il re per timore della regina.

Caterina a quel punto cedette, ma con quale disprezzo! Sdegnosa, ella volle perfino far notare a mio marito - che le stava salvando vita e reputazione - che si piegava contro la sua stessa volontà a una mera azione di forza. Quando si sarebbe decisa a smettere di detestare e bistrattare questo fedele alleato che mille servigi aveva reso al suo regno? Quali orrori dovevano ancora accadere affinché si convincesse? Mentre percorreva la strada per Parigi, scortata dai mille armigeri che lo Sfregiato le aveva posto intorno per impedire che venisse rapita durante il viaggio, la regina piangeva, ma certo mio marito non se ne preoccupava. «Venga per amore o per forza è sempre un bene». Lo scopo era stato ottenuto, a Fontainebleau non ci sarebbe stato alcun sequestro, il resto aveva poca importanza.

Fallito il tentativo di rapimento, Condè decise di raggiungere con i suoi ottomila uomini Orleans. In breve occupò la città e la trasformò nella capitale del calvinismo francese.

Caterina fu così suo malgrado costretta a comprendere l'entità del pericolo che il principe di Condè rappresentava per il trono. Con quella che lei aveva sdegnosamente definito una mera azione di forza, lo Sfregiato l'aveva salvata. A quel punto, con Condè e Coligny che minacciavano la corona e avevano occupato una delle principali città del regno, non le rimaneva altro da fare che accettare il nostro aiuto. Mi mandò a chiamare. Al di là dei sospetti, dell'apprensione che l'intransigenza e la popolarità dei Guisa le avevano ognora ispirato, al di là della sua personale rivalità con lo Sfregiato che era a Parigi più amato e ossequiato del re, Caterina aveva sempre nutrito nei miei confronti un sincero attaccamento. Anche io le volevo bene, la rispettavo e la nostra amicizia sopravviveva ai contrasti politici e religiosi.

Cattolica fervente, moglie devota del campione della lotta agli ugonotti, forte e ferma nelle mie convinzioni, non trascuravo per questo affetti e amicizie. Chi accusava i Guisa di fanatismo religioso dimenticava, o fingeva di ignorare, troppe cose. Il mio tenero affetto per una madre calvinista, ad esempio. Oppure il fatto che non avessi mai mancato d'ascoltare obbediente la regina, devota alla religione a me sconosciuta della ragion di Stato. Ma soprattutto l'umanità straordinaria dello Sfregiato, che salvava la vita agli ugonotti dopo un assedio e raccoglieva i feriti sul campo nemico. Se per fanatismo s'intende l'adesione completa, convinta e irremovibile alla dottrina cattolica, unita alla volontà di difenderla contro le minacce, allora certamente noi Guisa eravamo fanatici, ma neppure se provassi a ragionare con la mentalità dei posteri riuscirei a comprendere come ciò possa suonare come un'accusa e non come una nota di merito. Se invece per fanatismo s'intende la chiusura ostinata e sdegnosa a ogni forma di confronto, la mancanza di pietà e comprensione verso gli antagonisti, l'intolleranza o l'esortazione alla violenza, allora ogni anima onesta dovrebbe riconoscere che in nessun modo lo fummo mai, e che più facilmente in siffatta accusa sarebbero dovuti cadere i nostri avversari: Jeanne d'Albret, che mentre reclamava la libertà di culto per gli ugonotti nelle sue terre la negava ai cattolici, e osservava compiaciuta i suoi protetti mentre profanavano tombe e luoghi di culto. Oppure la stessa Caterina che travestita da moderata ostentava tolleranza mentre serviva un solo padrone e nutriva una sola fede, con l'unica differenza che non si trattava d'una fede religiosa, ma tutta terrena, quella del potere per sé e per i figli.

Caterina mi aveva convocata in nome della tenera amicizia che ci univa, sapendo che avremmo potuto parlare in tutta sincerità. Mi disse di aver sempre provato tanto affetto per me, ma questo già lo sapevo. Aggiunse di volermi fare una confessione. Attesi in silenzio. Caterina ammise di avere nutrito ingiusti sospetti verso i Guisa. A Fontainebleau, quando aveva trattato con sdegno mio marito Francesco, lo aveva fatto perché aveva temuto lui volesse attentare alla sua autorità. Anche questo lo avevo capito da tempo. Aspettavo il resto. Ora, Caterina ammetteva d'essersi ingannata. Erano ben altri a minacciare la sua autorità, lo Sfregiato l'aveva salvata. A quel punto non potei trattenere un cenno di assenso. Finalmente una piccola rivincita. La regina madre si proclamava pronta a dare piena fiducia ai Guisa e a seguire i nostri consigli, purché noi le garantissimo che non avremmo mai tentato nulla a suo danno. Felice, promisi senz'indugio, e in seguito mio marito confermò, a nome di tutta la famiglia, che, se ella voleva davvero difendere la religione, l'autorità del re e la salvezza del regno, avrebbe ognora trovato tutti i membri della nostra Casa fedeli e obbedienti.

La prima occasione che si presentò a Caterina per mettere alla prova la nostra rinnovata amicizia e prendere finalmente le difese della mia famiglia, fu allorquando Teodoro Beza dichiarò pubblicamente che Condè era un leale suddito del sovrano e che il comportamento da lui tenuto a Fontainebleau era legittimo, mentre il duca di Guisa, suddito ribelle, teneva prigionieri il re e la regina madre. La sua risposta quella volta non ci deluse. Caterina replicò che era al contrario Condè «trattenuto prigioniero dai riformati per dare maggior forza al loro partito», poi aggiunse, in difesa dei Guisa che «i detti principi, dei quali il re mio figlio e io possediamo il cuore e la vita, così fedeli sono al bene della corona che io li vedo pronti a sacrificarsi per il bene di essa». La regina madre si trovava ora convintissima sostenitrice del partito cattolico, poiché si rendeva conto che era quello schierato a difendere il trono dei suoi figli. Benché mi desse molta gioia il sapere che la nostra amicizia poteva ora condividere le medesime aspirazioni politiche, decisi di non farmi troppe illusioni. Non era una promessa eterna, ma un affiatamento temporaneo, precario come tutto ciò che è dettato da ragioni politiche. Finché la convenienza l'avesse trattenuta al fianco dei Guisa vi sarebbe rimasta, poi senza remore si sarebbe allontanata per riprendere a lusingare il nemico.

Intanto la situazione intorno a noi precipitava. Dopo Orleans, gli ugonotti avevano conquistato Angers, Tours, Blois, ed erano entrati a Lione, la seconda città del regno. Ogni chiesa che veniva sventuratamente a trovarsi sullo spietato cammino degli uomini di Condè veniva saccheggiata e profanata, distrutti i crocifissi, lordati gli altari. Le reliquie di San Martino e di San Graziano di Tours vennero gettate al vento. E Condè continuava a dichiarare che i protestanti combattevano con l'unico scopo di ottenere la pace religiosa…

L'esercito dei ribelli mieteva preoccupanti successi sulle città atterrite e stremate che non sapevano come difendersi. Il re non aveva pronte delle forze adeguate da contrapporgli. Occorreva reperire al più presto un'armata capace di tenere testa a quella di Condè e Coligny. Ancora una volta a trarre la famiglia reale fuori dai guai fu mio marito, che reclutò ventottomila fanti e seimila cavalieri.

Caterina tuttavia non era disposta a iniziare una guerra prima d'aver provato tutte le vie possibili per la pace. Iniziò un'improbabile negoziazione e andò perfino a incontrare personalmente il principe di Condè, tentando d'incantarlo con mille promesse. Molte importanti città francesi caddero in mano ai protestanti: La Rochelle, Poitiers, Le Havre, Dieppe, Caen. Il conte di Montgomery, l'assassino innocente di Enrico II, dopo un lungo soggiorno oltremanica s'era fatto protestante e aveva pensato di approfittare della guerra civile per rientrare in Francia e arricchirsi con la solita appropriazione indebita di beni ecclesiastici confiscati. Avanzava dall'Inghilterra a capo d'una truppa che dava man forte all'esercito di Condè. Conquistò Bourges, e le sue soldataglie saccheggiarono la cattedrale, distrussero statue e immagini sacre, sottrassero i paramenti per poi utilizzarli per travestimenti caricaturali. I reliquiari e i calici vennero fusi in lingotti, le campane servirono per fare cannoni. I cattolici, di fronte a siffatti sacrilegi, reagivano con violenza. A Sens gli ugonotti vennero sgozzati senza pietà. A Tours il parlamento li mise fuori legge e autorizzò chiunque a uccidere «i saccheggiatori di chiese, i distruttori di immagini, gente che si riuniva in assemblee illecite». Molti ugonotti vennero gettati nella Loira. Ad Angers vennero impiccati. Qualcuno disse che fu una giusta punizione per i loro delitti, in particolare per il loro atto più disgustoso, quello che nessuno aveva ancora osato compiere: la profanazione delle tombe. A Orleans i protestanti bruciarono il cuore di Francesco II, a Clery fu violata e distrutta la tomba di Luigi XI, a Le Mans fu tolto dal feretro il cadavere di un cardinale del Lussemburgo. Sotto lo sguardo compiacente di Jeanne d'Albret a Vendôme vennero profanate e distrutte tutte le tombe dei re di Navarra. Condè, che fin dall'inizio della guerra aveva chiesto aiuto all'Inghilterra, «invocando la fede comune e l'interesse di Cristo», aveva accettato, agendo arbitrariamente come un capo di Stato, di cedere alla regina Elisabetta le città di Le Havre, Dieppe, Rouen e Calais in cambio di seimila uomini e denaro sufficiente a pagare i mercenari tedeschi.

Il 29 agosto gli inglesi entrarono a Le Havre. La notizia che Condè aveva ceduto terre francesi alla monarchia inglese infastidì finanche gli ugonotti. Il governatore di Rouen, che fino a quel momento aveva appoggiato la causa dei riformati, disilluso passò dalla parte del re e si recò personalmente a Dieppe per cercare d'impedire l'ingresso degli inglesi. Anche il calvinista Sénaport, governatore della Piccardia, rifiutò di seguire Coligny in quella che non poteva non apparire come un'inaudita follia perpetrata contro gli interessi stessi della Francia. Dopo alcuni giorni di combattimento, Coligny propose a Caterina un accordo: l'esercito protestante si sarebbe ritirato se ella avesse ordinato al duca di Guisa, a Montmorency e al maresciallo de Saint-Andrè di rientrare nei loro possedimenti. Caterina, sempre affamata di compromessi, accettò senza remore, e i triumviri dovettero ritirarsi. L'esercito e il partito cattolico si ritrovarono così privi dei loro più validi sostegni e quella notte stessa Coligny ne approfittò per sferrare un attacco a sorpresa contro l'esercito regio. La disfatta fu evitata solo perché i soldati del traditore, a causa delle fitte tenebre, si smarrirono nei boschi, ma al mattino Caterina fu messa al corrente dell'episodio e dovette suo malgrado prendere coscienza della propria sventata ingenuità, del pericolo cui aveva esposto se stessa e la Francia, della vigliaccheria di Coligny. Intanto Montgomery aveva conquistato Rouen, e Caterina stessa guidò l'esercito regio nella riconquista della città, riconquista che i triumviri consigliavano di tentare prima dello sbarco delle forze inglesi.

Mio marito, per risparmiare alla Francia gli orrori della guerra e l'onta dell'occupazione straniera, aveva voluto tentare ogni via, arrivando persino a piegarsi a ciò che maggiormente avversava. Aveva offerto a Condè «una pace favorevole, immediata, vale a dire il libero esercizio del calvinismo, che egli aborriva, se il Condè si fosse unito a lui per espellere quegli antichi nemici della Corona». Condè aveva disdegnato la proposta.

Chi avrebbe avuto ancora il coraggio di negare che noi Guisa fossimo rimasti oramai gli unici veri difensori del regno di Francia? Chi avrebbe potuto ancora calunniare lo Sfregiato, accusandolo di fanatismo, quando era stato il suo nemico a rifiutare sdegnosamente la mano che egli dolorosamente gli aveva teso? Ero entusiasta, orgogliosa del magnanimo gesto di mio marito, un gesto straordinario, che gli era costato caro, ma che gli aveva consentito di dimostrare di anteporre l'onore e l'interesse della Francia a qualsiasi considerazione personale, anche allo stesso risentimento verso il nemico che svendeva Calais, la sua Calais, il suo orgoglio, il suo miracolo di tanti anni prima… Chi avrebbe avuto ancora la sconsideratezza di non capire? Purtroppo molti, e il prezzo sarebbe stato altro sangue innocente.

Sotto le mura di Rouen, prima che i cannoni del re riuscissero ad aprirsi un varco, Antonio di Borbone venne colpito a morte. Agonizzante, riuscì a resistere alcuni giorni, respingendo ostinatamente la morte fino a quando le truppe del re riuscirono a scalare i bastioni, per non farsi privare della gioia e dell'onore di entrare al fianco di Caterina nella città liberata. Si fece trasportare in lettiga e spirò lungo il tragitto. Quando Jeanne d'Albret fu informata della morte del marito rispose che la notizia era per lei del tutto priva d'interesse. Il figlio Enrico invece dovette con rammarico lasciare la corte per raggiungere la madre nel Béarn e cingere la corona del piccolo regno di Navarra. Mio marito supplicò i soldati di risparmiare a Rouen il saccheggio, ma non fu ascoltato. Montgomery riuscì a fuggire in barca lungo la Senna e organizzò i rinforzi per gli ugonotti che si preparavano a marciare su Parigi. Il conestabile di Montmorency li precedette e sbarrò loro la strada a Dreux. Qui, il 10 dicembre 1562 le forze regie incontrarono quelle dei ribelli in una battaglia decisiva. La carica della cavalleria protestante guidata da Coligny fu tremenda. L'esercito regio dovette indietreggiare, mentre i reiterati attacchi di Coligny facevano prevedere un successo finale delle forze calviniste. Ancora una volta la corona dovette la sua salvezza al duca di Guisa, allo Sfregiato, uno stratega di prim'ordine. Tenutosi in disparte con il suo esercito in un bosco, il Guisa attaccò le truppe di Coligny di lato e le sconfisse. L'esercito regio aveva vinto, ma il triumvirato non esisteva più. Montmorency era infatti stato preso prigioniero e Saint-Andrè era stato ferito a morte. A capo del partito cattolico restava ora solo mio marito, lo Sfregiato. Coligny riuscì a fuggire e mio marito si precipitò al suo inseguimento, fermamente deciso a impedirgli a ogni costo di raggiungere Orleans.

La vittoria di Dreux andò ad accrescere il già profondo odio che Coligny nutriva per lo Sfregiato. L'ammiraglio Gaspard de Coligny, alleato del principe di Condè, sembrava ora essere il nostro principale nemico. Era mosso nei nostri confronti da un odio irrefrenabile che mi meravigliava. Da mesi avevo imparato ad accettare tal inimicizia come un fatto irreversibile, eppure era essa in realtà piuttosto recente. Quando arrivai in Francia mio marito e Coligny erano amici, amici veri, sinceri, inseparabili. Lo erano fin dall'infanzia, e lo rimasero durante i regni di Francesco I e di Enrico II. Coetanei, avevano condiviso mille esperienze, avevano esercitato insieme il comando a Boulogne, dove Coligny guidava la fanteria e mio marito la cavalleria.

A turbare l'amicizia erano sorte le prime gelosie quando Coligny s'era accorto di non godere dello stesso prestigio dell'amico. Entrambi erano valorosi sul campo e autorevoli a corte, ma il Guisa era dotato di un fascino tutto particolare, innato, inimitabile. Vestiva con grande eleganza preziosi abiti scarlatti. Il vermiglio fu sempre il suo colore prediletto. Quei modi distinti e accattivanti, quel suo essere amabile e brillante, quel fine umorismo che lo rendeva straordinariamente piacevole e attraente in ogni situazione, come avevano conquistato me fin dai primi istanti, così non avevano mai mancato di conquistare chiunque si trovasse a godere della sua compagnia. Egli sapeva guardare anche alle cose più importanti con aristocratico distacco, come se la sua essenza non appartenesse in fondo a codesto mondo, i suoi interessi appena sfiorati da tutto ciò per cui gli altri ambiziosi cortigiani erano ognora pronti ad accapigliarsi, a discutere, a infangarsi a vicenda, perfino a uccidere. In una corte che pareva composta d'intriganti vipere, dove non s'udivano che maldicenze e lamenti, egli sapeva mostrarsi sereno. Sorrideva con spontaneità, raramente s'inquietava, mai si lamentava. E per questo stupiva, e affascinava.

Coligny ostinato e aggressivo, pignolo e pretenzioso, si lasciava sopraffare dai suoi stessi modi bruschi e scortesi. Le abituali lagnanze, lo sguardo corrucciato non contribuivano a renderlo simpatico. Egli certo se ne rendeva conto, ma tal consapevolezza anziché portarlo a correggersi gli procurava un'amaritudine che incupiva ulteriormente il suo carattere. A corte si sentiva messo in ombra dall'amico, che nel suo immaginario andava via via assumendo i tratti del rivale.

Fu forse ai tempi del comune comando a Boulogne che il loro legame prese a incrinarsi, seppur in modo ancora impercettibile. Fu forse in quei giorni, mentre Francesco di Guisa forte e valoroso si gettava in battaglia senza curarsi della vita, quando nel combattere a volto scoperto era stato sfigurato da quel colpo di lancia all'occhio destro che gli aveva fatto meritare l'appellativo di Sfregiato col quale ormai era in tutta la Francia conosciuto e amato, che prese a germinare quella gelosia sottile capace di nutrirsi di piccoli pretesti fino a farsi mostruoso disprezzo. Il disastro di San Quintino aveva poi umiliato così profondamente Coligny da indurlo a unirsi al nipote ribelle, il principe Luigi di Condè, e ad avvicinarsi segretamente al calvinismo. Insieme a Condè e a tutti i signori e signorotti che avevano abbracciato la causa della riforma, Coligny sperava di concedersi una rivincita sul Guisa, e ben presto ogni indugio fu abbandonato, ogni segretezza accantonata, in vista d'uno scontro aperto. Quando mio marito venne a conoscenza della conversione di Coligny, prese a considerare il vecchio compagno come un imperdonabile traditore. L'antica amicizia, già frantumata dalla gelosia, tralignò lesta in un reciproco odio cruento.

Durante la frettolosa fuga verso Orleans, Coligny meditava solo pensieri di vendetta verso mio marito. Aveva mandato delle spie fra gli uomini dello Sfregiato che lo stavano inseguendo.

Era del tutto divorato da un atroce, unico, immenso desiderio. Vedere il rivale morto, esanime, finalmente incapace di mostrare il proprio valore in battaglia, finalmente incapace di conversare, ballare, primeggiare a corte.

Forse finalmente non più capace di oscurarlo. Forse. In caso di morte dello Sfregiato, sarebbe la sua memoria morta insieme a lui? Sarebbe egli caduto nell'oblio che lesto avvolge il retro del sipario che prima o poi cala su ogni scena di questa sia pur breve o lunga vita? Non poteva fare a meno di dubitarne. Ma valeva comunque la pena di tentare. Fra le sue spie scelse il giovane cugino di La Renaudie, l'esecutore del complotto di Amboise. Il suo nome era Poltrot de Méré. Coligny lo mandò a chiamare e gli ordinò di assassinare Francesco di Guisa.

L'armata regia era accampata a Olivet, sulla riva sinistra del Loiret, e lo Sfregiato, che stava preparando l'assedio a Orleans, aveva stabilito il proprio quartier generale a Vaslins. Io, che avevo voluto raggiungere mio marito al campo per rimanergli vicina, risiedevo allo Châtelet con il giovane Enrico, mio figlio, il principe di Joinville.

VIII

«Avevo vent'anni, mia regina, ed ero cresciuto nel più rigido senso del dovere, imbevuto di cieco odio per il papato, quando un travolgente desiderio mi spinse verso le rive del continente. Lasciai le tetre cappelle dei puritani, lasciai la patria alle mie spalle, e percorsi in fretta la Francia. Ardevo dal desiderio di arrivare nella tanto decantata Italia. Erano i giorni del solenne giubileo; le vie che percorrevo brulicavano di pellegrini, ogni immagine sacra era ornata di fiori; era come se l'intera umanità fosse in pellegrinaggio verso il regno celeste… Anch'io fui afferrato dalla fiumana di fedeli e trascinato fin dentro le mura di Roma… O mia regina! Cosa non provai quando mi venne incontro lo splendore possente delle colonne e degli archi di trionfo, quando il Colosseo mi cinse, attonito straniero, con la sua magnificenza, quando un sublime spirito creatore mi tenne nel suo meraviglioso mondo d'incanti! Mai avevo sentito prima la potenza dell'arte: la chiesa che mi ha educato odia ciò che seduce i sensi e non tollera immagine alcuna, adorando solo la parola senza corpo. Che emozione provai quando entrai nelle chiese, e scesero su di me celesti armonie, mentre dal soffitto e dalle pareti erompeva una profusione di sacre figure, e tutte le cose più sante e sublimi prendevano corpo e si muovevano, presenti ai miei sensi estasiati»

Mortimer in *Maria Stuarda*
Friedrich Schiller

Era giovedì 18 febbraio 1563. Dopo aver passato in rassegna le sue truppe, mio marito s'era intrattenuto per alcuni affari a Portereaux. Il suo maggiordomo Crénay, i suoi fedeli amici Tristan de Rostaing e François Racine lo accompagnavano, e ciò mi consentiva di serbare una certa tranquillità nonostante il suo ritardo. Non era d'altra parte cosa insolita che mio marito s'attardasse. Accadeva spesso che fosse trattenuto al campo da un qualsivoglia imprevisto, o dal prolungarsi degli impegni. Era così scrupoloso che non delegava mai ad altri ciò che poteva condurre a termine lui stesso, per cui raramente avevo il piacere di vederlo rincasare presto. Quella sera comunque qualcuno pensò a me. Mentre mio marito e i suoi accompagnatori si dirigevano verso il traghetto di Saint-Mesme, che attraversava la Loira non lontano dal mulino dei Béchets e dal mulino Saint-Samson, Crénay decise di staccarsi dal gruppo e affrettare il passo. Giacché era di gran lunga passata l'ora del pasto, desiderava tranquillizzarmi, per togliermi, disse, «dalla preoccupazione in cui poteva trovarsi a causa del tardivo ritorno di monsignore suo sposo» e avvertirmi che egli stava appunto rientrando, in modo che potessi «fare approntare la tavola per la cena». Il suo conforto mi giunse oltremodo gradito, anche se in seguito non potei fare a meno di chiedermi se non sarebbe stato meglio se egli fosse rimasto al fianco di mio marito, che mai come allora avrebbe avuto bisogno di lui. Forse no, sarebbe stato indifferente, poiché egli certo non avrebbe potuto far più di ciò che indarno fecero gli altri. La viltà estrema dell'atto stesso che sorprese il duca era studiata appositamente affinché a nulla valessero il gran valore del primo cavaliere di Francia, il coraggio e la dedizione dei suoi uomini…

Quando vidi Crénay entrare in casa, quando lo udii affermare che mio marito lo seguiva di poco, e che presto lo avrei rivisto, felice ordinai che s'iniziassero i preparativi per la tavola. Lo Sfregiato stava attraversando il fiume e quando imboccò la strada in salita che conduceva a Vaslins, sulla sinistra intravvide il sentiero dello Châtelet. Era quasi a casa.

Poltrot s'era acquattato ai lati di quel sentiero, fra i cespugli. Proprio dall'incrocio, fra alti noccioli e una grande roccia, risuonarono gli spari, mentre un sinistro bagliore illuminava «tutto il sottobosco». Lo Sfregiato venne raggiunto da tre colpi alla schiena. Per il prode cavaliere che tanti servigi militari aveva reso alla Francia, trionfando nelle più perigliose battaglie e annientando potenti nemici, quella morte era un oltraggio, uno scherno, un insulto. E chi l'aveva provocata aveva toccato il culmine della villania e della spregevolezza.

«Il mondo è ingannatore» avrebbe detto prima di morire a nostro figlio Enrico «come chiaramente si vede da quanto accade a me, gran capitano ucciso da un piccolo soldato».

Tristan de Rostaing e François Racine scorsero, distante sei o sette passi, un uomo che raccoglieva l'archibugio. Nel vedere gli uomini del Guisa prese a gridare: «Prendete il farabutto!», come a far credere di non essere lui l'assassino, poi si diede alla fuga. Un ottimo stallone inviatogli da Coligny gli permise di guadagnare un certo distacco da Racine che invano spronava disperatamente il cavallo. Quando si rese conto di avere ormai perso le sue tracce, tornò dal duca. Lo Sfregiato era caduto da cavallo e si appoggiava a una roccia.

«Questo è un colpo che mi aspettava da tempo» sussurrò. Sostenuto dai due amici, riuscì a rimontare in sella e a raggiungere lo Châtelet.

«Finalmente» esultai nell'udire il portone che s'apriva. La tavola era pronta, e più tempo di quello che mi aspettavo era trascorso da quando Crénay era giunto per avvisarmi del ritardo. Ogni parola mi morì in gola nel vedere mio marito che entrava sostenuto dai suoi uomini. Non chiesi nemmeno cosa fosse accaduto, potevo immaginarlo. Lo portammo a letto e mandai a chiamare il medico. Avendo saputo che il duca di Guisa era stato ferito a morte, il nostro medico di fiducia era accorso accompagnato da due colleghi, per non assumersi da solo l'intera responsabilità della sua vita. Videro che un proiettile era penetrato sotto l'osso della scapola per poi uscire vicino alla mammella destra. Il fatto che il foro d'ingresso fosse più largo di quello di uscita lasciò perplessi i medici, che avrebbero chiarito il mistero due giorni dopo, interrogando l'assassino. L'archibugio era stato caricato con tre pallettoni di cui «due avevano delle punte, erano ramati e legati tra loro da fili di metallo». Non fu possibile estrarre tutti i frammenti di proiettile. Questo sarebbe stato fatale allo Sfregiato. I medici si congedarono senza lasciarmi molte illusioni. Restai al capezzale di mio marito attonita, distrutta. Non riuscivo nemmeno a piangere, pregavo sommessamente con il mio piccolo Enrico che con gli occhi sgranati e increduli osservava suo padre, l'uomo più forte del mondo, disteso inerme fra le lenzuola candide.

«Vivrà, madre? Ditemi che vivrà...» mi chiedeva di tanto in tanto rompendo un silenzio che era già quasi di morte. Allora gli prendevo la mano e gli sussurravo che avrei dato la mia vita perché così fosse, ma che non era in nostro potere fare più di ciò che stavamo facendo.

«Ma io non voglio che diate la vostra vita, io vi voglio entrambi» diceva, e io gli facevo cenno di tacere per non disturbare il riposo del padre.

«Prega con me, in silenzio». Ci inginocchiammo insieme. Enrico era forte e coraggioso, ma era ancora così piccolo... un singhiozzo mi scosse, e vidi mio marito che cercava di chiamare a sé il figlio. Lui s'avvicinò timido, spaventato. Francesco gli parlava con un filo di voce e per sentire meglio Enrico avvicinava la testa finché i riccioli biondi non coprivano il volto sofferente di suo padre. Mi avvicinai per discostarlo.

«Non desiderare le alte cariche perché sono molto difficili da sostenere», lo sentii dire al piccolo. Ecco, le ultime istruzioni al figlio prima di lasciarlo per sempre, pensai, e l'angoscia mi travolse insieme alla rabbia. Certo, le alte cariche erano difficili da sostenere, e lo sarebbero sempre state con uomini per la sete di potere così assurdamente disposti a tutto, finanche ai più vili delitti, magari sostenuti dalla speranza di restare impuniti... Un terribile dubbio m'assalì. E se il vero responsabile della ferita di mio marito fosse rimasto impunito, così come il vero responsabile della congiura di Amboise? Se gli intrighi di corte e le esigenze della politica, o la ragion di Stato avessero ancora una volta impedito alla giustizia di seguire il suo corso? Mi alzai di scatto. Che Dio mi fosse testimone, non lo avrei permesso!

«È mai possibile che lo sciagurato che ha fatto il colpo e colui che lo ha istigato restino impuniti? Dio! Se sei giusto, come certamente sei, vendica questo delitto; altrimenti...», senza accorgermene avevo quasi preso a gridare.

«Amica mia, guardatevi dall'offendere Dio con le vostre parole» m'interruppe subito Francesco, e poi stancamente continuò: «Se è Lui che mi ha mandato questa punizione per le mie colpe, che la sua volontà sia fatta e sia Egli lodato nella sua opera. Se altri la manda, poiché le vendette sono nelle mani di Dio, Egli ben saprà compierla senza di voi».

Smarrita, in lagrime, assentii. La saggezza e la bontà dello Sfregiato mi avevano dato un'altra lezione. Avrei accettato con rassegnazione la volontà del Signore, ma non avrei permesso che gli uomini dimenticassero, non una simile infamia, non la morte dell'uomo migliore che la Francia avesse avuto. Un uomo la cui perdita rappresentava un dolore immenso per me, e una tragedia per l'intero regno. Chiunque avesse avuto un briciolo di coscienza avrebbe compreso l'immensità della catastrofe, avrebbe condiviso lo sgomento dell'ambasciatore di Ferrara Giulio Alvarotti, che, nel comunicare atterrito al duca Alfonso la terribile disgrazia, s'augurava che il duca di Guisa potesse riprendersi e sopravvivere, giacché «la perdita della persona sua sarebbe la total rovina di questo regno» e «se piacesse a Dio di chiamarlo a sé si potrebbe ben qui dire buona notte a tutto!».

La corte era a Blois ad attendere la notizia della conquista di Orleans, ma purtroppo fu raggiunta da ben altro genere di nuova. La regina madre reagì con profondo orrore. Il Guisa non le era mai piaciuto, ma sincera fu la sua amaritudine, se non altro per il timore che quel delitto provocò: chi aveva osato tanto, colpendo l'uomo più popolare di Francia, avrebbe potuto senza dubbio spingersi fino a cercare di uccidere il re. Caterina offrì una lauta ricompensa a chi avesse contribuito a individuare e arrestare il responsabile dell'incredibile audacia. Lasciò Blois e corse al capezzale di mio marito. Ad attenderla c'era già l'assassino. Lo avevano portato le guardie poche ore prima. Nel vedermelo davanti, vicino al capezzale di mio marito in fin di vita, provai un moto di disgusto e rabbia. Poi lo guardai meglio, ne scrutai il viso pallido, gli occhi spaventati. Non era che un ragazzo. Poteva avere al massimo vent'anni. Era così poco esperto da essersi smarrito fra gli alberi durante la fuga, così che i nostri uomini avevano potuto raggiungerlo e arrestarlo. Non fu nemmeno necessario interrogarlo. Era consapevole dell'enormità del misfatto e confessò subito tutto.

Non era lui che volevo. Non sapevo che farmene di quel ragazzino atterrito che s'era perso nel bosco. Lo dissi alle guardie e lo dissi anche a Caterina. Se mio marito fosse morto, come purtroppo i medici m'inducevano a pensare, io avrei chiesto giustizia. E giustizia non significava arrestare uno sciocco ragazzo che per due monete o poco più aveva accettato di sparare i colpi che qualcuno di ben più grande e vile non aveva osato sparare di persona. O quantomeno non significa accontentarsi di questo.

Dopo avere parlato con il sicario, Caterina scrisse alla sorella di Enrico II, Margherita di Savoia: «Mi ha confessato di sua spontanea volontà e senza farsi pregare che l'ammiraglio gli aveva dato cento scudi perché compisse questo gesto sciagurato e che egli non voleva farlo, ma lo hanno persuaso Beza e un altro predicatore, assicurandogli che in tal modo si conquistava un posto in paradiso. Queste parole lo avevano spinto a eseguire prontamente il piano. Inoltre mi ha detto di sorvegliare strettamente i miei figli e vigilare con gran cura sulla mia persona, perché l'ammiraglio nutre nei miei confronti un odio infinito. Ecco, signora, che razza di uomo perbene è costui, che dice di operare solo per la religione e ci vuole tutti morti. Io credo che, nel corso di questa guerra, giungerà infine a uccidere i miei figli e a sopprimere i miei uomini migliori».

Il vero responsabile era dunque l'ammiraglio, Coligny, come sospettavo. E quell'altro, quel Poltrot de Mère che era stato arrestato, e che per quello che mi riguardava poteva anche andarsene, era solo uno stolto pagato con pochi soldi e grosse bugie. Disse d'aver agito, oltre che per denaro, anche per l'opportunità, promessagli da un pastore protestante, di conquistarsi il paradiso sopprimendo un campione del cattolicesimo, della religione idolatra e papista. Strana promessa, questa, da parte d'un calvinista. Tutti sanno che una delle differenze fondamentali tra la religione cattolica e quella protestante risiede nella dottrina della predestinazione, e che mentre la Chiesa di Roma insiste sul valore del libero arbitrio, sulla possibilità, sempre data all'uomo, di scegliere se operare il bene o il male, la dottrina luterana, ribadita e anzi esasperata da Calvino, nega all'uomo, corrotto dal peccato originale, la possibilità d'operare alcunché per la propria salvezza. Per i riformati solo Dio può salvare l'uomo attraverso la grazia. Ogni essere umano nasce già predestinato, eletto o dannato, e non può far nulla, né nel bene né nel male, per mutare un destino già scritto. La promessa del paradiso da conquistarsi attraverso l'omicidio d'un nemico fu quindi da parte del pastore luterano una palese incongruenza, o una grossolana bugia per ingannare un misero, digiuno della dottrina della stessa religione che aveva deciso di praticare. Ingannatore e bugiardo il pastore, sconsiderato e ignorante il giovane sicario. E meno male che i protestanti s'erano proposti con zelo di eliminare il latino e sostituirlo col volgare affinché tutti potessero comprendere le scritture e nessuno più restasse nell'ignoranza! Ma io non sapevo che farmene di un povero ignorante, io cercavo ora colui che aveva voluto e ordinato la morte di mio marito, ossia l'ammiraglio Gaspard de Coligny! Giurai a Dio che l'avrebbe pagata.

Lo so, mio marito mi aveva invitata al perdono, ma è facile e opportuno perdonare quando già ci si trova sul letto di morte. Le porte del paradiso si sarebbero presto spalancate per il mio buon marito, mentre io sarei rimasta in quest'inferno di paese dilaniato dalla guerra, e ci sarei rimasta sola, con i protestanti in trionfo per la morte del loro più caparbio antagonista e il partito cattolico in grandi ambascie per il medesimo motivo. Un futuro incerto e terribile si profilava al mio orizzonte, un futuro nel quale vedevo un solo, piccolo, spiraglio di luce: la morte di Coligny.

Sarebbe morto. Questa era la mia unica certezza in un momento di certezze assai avaro. Sarebbe morto a qualunque costo, avessi dovuto ucciderlo con le mie stesse mani. Mandai a chiamare mio figlio. Entrò pochi minuti dopo, il piccolo Enrico, muto, sfiancato dal dolore d'una perdita troppo grande per lui. Lo abbracciai e senza parlare lo condussi allo scrittoio, dove, accanto al mio libro di preghiere e a una grossa croce d'argento era posata la spada dello Sfregiato. Non mi chiese nulla. Stava in piedi con la piccola mano sulla spada. Dietro di lui, avevo posato la mia mano sulla sua.

«Giuro davanti a Dio che la pagheranno. I responsabili della morte di mio padre la pagheranno» mormorò fra le lagrime. Parole troppo grandi per un bambino, un peso immenso da portare da solo. Allora ripetei insieme a lui: «Giuro davanti a Dio che la pagheranno. I responsabili della morte del duca di Guisa la pagheranno».

Tentate inutilmente tutte le cure possibili, mio marito Francesco, lo Sfregiato, chiuse gli occhi per sempre il 24 febbraio. Nella sua ultima agonia, mentre sentivo il suo respiro farsi sempre più debole, mi riaffiorò alla mente quella bizzarra vecchia profezia, quella che tanti anni prima aveva veduto il duca di Guisa perire colpito alle spalle, quella che aveva suscitato sdegno e beffe a corte, e che ora mostruosamente, inaspettata, si avverava. Quegli stupidi maghi di cui si circondava Caterina, ahimé, per una volta avevano visto giusto! E quei mostri dei nostri nemici questa volta avevano vinto.

Sentii di odiarli, ma mio marito ancora mi scosse dalla rabbia che mi annichiliva. Le sue ultime flebili parole furono di perdono per il suo assassino e di speranza per il futuro della Francia. Continuava a parlare del massacro di Wassy, a ripetere che non era stata colpa sua, che tutto era avvenuto contro la sua volontà. Mi si spezzava il cuore nel vedere quel gran animo innocente aspreggiato dai rimorsi fino al suo ultimo istante.

«Lo so che non è stata colpa vostra, lo so e farò tutto quanto sarà in mio potere coll'aiuto di Dio affinché anche il resto del mondo lo sappia, ve lo prometto», cercavo di rassicurarlo. Ma egli pareva non potermi udire, i suoi pensieri erano tutti per la Francia. Alla regina Caterina in lagrime pietosamente chinata sul suo volto cereo fece promettere di adoperarsi per riportare la pace, di chiamare a raccolta tutti i francesi contro gli eserciti stranieri che erano entrati nel regno. Ella sembrava aver dimenticato l'antica ostilità, sembrava vedere solo l'orrore di quella morte ingiusta. La vidi abbandonarsi a momenti di sincera disperazione. Parlò di mio marito come di un uomo «che si ergeva al di sopra di tutti gli altri», «il più grande capitano di questo regno, uno dei più grandi e dei più capaci ministri che mai abbiano servito il re», e definì il suo assassinio un «atto perverso, uno dei più sciagurati mai commessi in Francia».

Coligny negò tenacemente di avere partecipato al delitto, tuttavia ebbe la sfrontatezza di rendere pubbliche grazie a Dio per la morte dello Sfregiato, organizzando sontuosi festeggiamenti.

«Questa morte è il bene più grande che potesse toccare a questo regno e alla Chiesa di Dio e a me in particolare e a tutto il mio Casato», affermò insolente, sollevando un'ondata di risentimento nel partito cattolico e nel popolo di Parigi.

Riconobbe egli d'essersi servito di Poltrot de Méré come spia e disse che il giovane lo aveva informato della sua intenzione di assassinare il Guisa. Negò quindi di essere stato lui a ordinarglielo, ma ammise di non aver fatto nulla per dissuaderlo. Non mi lasciai incantare. Sapevo bene che non s'era limitato a non impedire ciò che aveva fortemente voluto. Alla domanda sul perché gli avesse dato cento scudi, rispose che si trattava del suo compenso come informatore. Se qualcuno ci aveva creduto, io non avrei commesso la medesima leggerezza. Era una somma esorbitante, del tutto inadeguata come compenso d'una semplice spia.

L'assassinio del duca di Guisa aveva suscitato grande commozione tra i sudditi francesi. A Parigi, in quell'esordio di primavera del 1563 l'atmosfera era carica di tensione, i cattolici attoniti, smarriti, la capitale sconvolta dal dolore. I funerali furono celebrati nella cattedrale di Notre Dame, un seguito degno d'un re accompagnava il defunto. I Guisa si erano ordinatamente disposti, com'era nel nostro stile, intorno alla salma, e davanti a tutti stava il nuovo duca di Guisa, mio figlio Enrico, che aveva appena tredici anni. Quel giorno tutta Parigi si riversò nelle strade, in un commovente abbraccio che mi lasciò senza fiato. Calunniassero pure, i nostri nemici... i francesi avevano capito, soffrivano insieme a me, si dibattevano attoniti per il medesimo tormento, mescolavano alle mie le loro lagrime. Pur di poter gettare un ultimo affranto sguardo sul corpo esanime del loro eroe, uomini, donne e bambini si stipavano intorno alla cattedrale, salivano sui tetti, s'affacciavano a ogni finestra. Era una folla turbata, avvilita, gravida di furore contro i protestanti, i responsabili dell'atroce misfatto.

Il giovane duca, che assomigliava moltissimo al padre, procedeva impassibile. Il suo viso di rara bellezza era contratto dal dolore, da un'altera sofferenza che induriva i lineamenti perfetti.

Non una lagrima sgorgò dagli occhi cristallini, impietriti in un'espressione di adulta, fiera dignità. Solo pochi giorni prima a Blois aveva dato sfogo a tutte le sue giovani lagrime fra le mie braccia, e ancora aveva giurato di vendicare la morte del padre: «Che io sia dannato se lascerò in vita Coligny!» gridava come un piccolo adulto orgoglioso.

Osservavo pallida e muta la regina madre intenta nel tradizionale gesto di cospargere d'acqua benedetta la bara. Il volto cereo tradiva un dolore autentico, mi sembrava che il suo corpo energico, quasi vigoroso, vacillasse. Per un istante mi parve addirittura fosse sul punto di svenire. Era come se quella Parigi sconvolta dal lutto, quella folla distrutta dal dolore, d'improvviso le avesse aperto gli occhi sulla tragica situazione del regno. Quando la fredda terra di Francia ebbe coperto per sempre il corpo esanime di mio marito, il sicario che lo aveva colpito si preparò a seguire la sua vittima.

Poltrot de Méré fu giustiziato in Place de Grève, davanti a una folla inferocita che bramava il suo sangue. Il governatore di Parigi, cugino di Coligny, aveva fatto credere a quel giovane così sciocco che gli amici ugonotti lo avrebbero tratto in salvo se in carcere avesse ritrattato le precedenti confessioni, se avesse scagionato l'ammiraglio. E lui credulo aveva ritrattato, poi aveva trascorso ogni minuto nell'attesa d'esser reso libero, ma il tempo che fuggiva rapido lo avvicinava alla morte e si portava via quell'estrema illusione, la stupida speranza che ci si potesse aspettare lealtà dai traditori. Lo comprese, infine, d'essere stato ingannato, e allora volle gridare al mondo la verità. Fin sul patibolo, finché un filo d'aria poté essere spinto fuori da quei polmoni condannati, finché quella gola arsa dal terrore della morte fu capace di emettere un suono, Poltrot de Méré urlò, urlò e urlò, sempre lo stesso nome, sempre la medesima accusa. Coligny era il mandante del delitto. Caterina lo ascoltava atterrita. Era impietrita dal terrore e non sapeva come comportarsi. Le pareva che qualsiasi decisione avesse preso avrebbe potuto rappresentare un pericolo per la monarchia. Chi aveva osato tanto avrebbe potuto di certo osare ancora. La Francia chiedeva vendetta, Parigi aveva bisogno di veder affogare il proprio dolore nel sangue del colpevole, il popolo chiedeva una punizione esemplare. Ma in pasto alla folla infuriata, a placare la sete di giustizia non era stato mandato il vero responsabile del crimine. Solo l'esecutore materiale, un ragazzo che s'era fatto stoltamente abbindolare venne giustiziato, mentre chi aveva ideato e voluto il reato che aveva messo in ginocchio la Parigi cattolica restava libero e pronto a colpire ancora. Il corpo del giovane capro espiatorio venne dilaniato da tenaglie roventi, mentre quattro cavalli ne squartavano le membra, e una giovane dama di corte, madame de Montmorency, cadeva a terra priva di vita, il cuore puro incapace di sopportare la vista d'un simile supplizio, e forse di una simile ingiustizia. Un'altra vittima innocente.

Aveva ragione Caterina ad avere paura, ma lei stessa ne era cagione. Per evitare altri disordini era disposta a passare sopra al misfatto, a fingere d'aver fatto giustizia condannando a morte un insulso ragazzetto. Nelle sue lettere alla cognata Margherita, ella non provava nemmeno a celare il timore e l'angoscia per le voci sulle confessioni di Poltrot de Méré che correvano come impazzite per tutta la città, quelle voci che non riguardavano solo l'assassinio del duca di Guisa, ma anche la stessa famiglia reale. Sotto tortura il giovane aveva ammesso che l'ammiraglio aveva pronti altri assassini per far uccidere anche Montmorency e poi la regina stessa. Eppure ancora una volta vinse la sua sete di pace, di una pace fittizia, che finiva sempre con il favorire gli ugonotti e che presto avrebbe suscitato nel popolo francese cattolico un indomabile, travolgente astio contro tutti i Valois.

La mia famiglia chiese ufficialmente che Coligny comparisse al cospetto del parlamento. Caterina non poteva ignorare il nostro appello, così fece arrestare l'ammiraglio, poi ci comunicò che alla questione si sarebbe dato seguito dopo la riconquista della città di Le Havre, invasa dagli inglesi. Un problema urgente, da affrontare subito, e che assai presto fu risolto. In pochi giorni la città fu ripresa, la regina si trasferì a Rouen per attendere la capitolazione degli inglesi, poi entrò trionfalmente a Le Havre col figlio Carlo. Per festeggiare la vittoria decise di fare proclamare dal parlamento di Rouen, il 17 agosto 1563, la maggiore età di Carlo IX. Il parlamento di Parigi protestò, sia perché riteneva gli fosse stata sottratta una prerogativa sia perché il giovane Carlo, appena tredicenne, non poteva ancora essere dichiarato maggiorenne. Caterina affermò che era lecito avvalersi d'una deroga «quando ciò era reso necessario dalla situazione del regno», e il giovane re venne investito della piena sovranità, affiancato dal cardinale Odet de Châtillon, per compiacere i protestanti, e da mio cognato il cardinale di Guisa per accontentare i cattolici. Carlo IX nel suo primo discorso ufficiale proclamò il proprio potere personale, per poi subito rassegnarlo integralmente nelle mani della madre.

Essendo a quel punto Carlo IX ufficialmente signore assoluto e giudice supremo dei sudditi francesi, essendo tra gli imprescindibili doveri d'un re quello di proteggere «vedove e fanciulle oltraggiate», a lui ci rivolgemmo per reclamare che Coligny venisse sottoposto a giudizio. Avevamo già avanzato numerose volte, invano, questa legittima richiesta. Insieme a mia suocera Antonietta di Borbone, guidai una drammatica processione alla chiesa di Meulan, dove Carlo IX stava assistendo ai vespri. La nostra iniziativa commosse l'intera Francia, e tutte le cronache riportarono il penoso appello di due donne sconvolte dal dolore, che «vestite di sontuosi abiti con lungo strascico avanzavano sostenute da donne velate di nero e riempivano l'aria con i loro gemiti». Quando il giovane re uscì dalla chiesa, Antonietta ed io, con tutti i componenti della nostra famiglia in abiti da lutto, c'inginocchiammo ai suoi piedi. I miei occhi supplichevoli, languidi, intrisi di lagrime silenti imploravano giustizia.

Dopo la famiglia reale, quello dei Guisa era il Casato più in vista di Francia per ricchezze, proprietà, stile di vita. I Borbone, principi del sangue, erano di rango più elevato, ma non potevano reggere il confronto col nostro prestigio e la nostra popolarità. Era una grande famiglia, la nostra, compatta, forte, ordinata. Un esempio che aveva pochi eguali in tutto il regno. Fu uno spettacolo inconsueto e toccante il vederci tutti così umilmente genuflessi a supplicare il giovanissimo sovrano affinché fosse fatta giustizia della morte del nostro congiunto, uno spettacolo che fece scoppiare in lagrime Carlo IX e gli strappò la promessa della convocazione immediata di un tribunale straordinario. Sarebbe esso stato composto per metà da membri del parlamento, secondo le nostre richieste, e per metà da membri del consiglio del re, per appagare gli Châtillon-Coligny.

Gaspard de Coligny, il vile assassino di mio marito che aveva contato sulla benevolenza della regina madre per sfuggire alla giustizia, di fronte all'appello del re semplicemente rifiutò di comparire in giudizio. Un fastidioso problema, per il sovrano e soprattutto per la regina madre. Obbligarlo significava suscitare lo sdegno del partito ugonotto e Caterina non intendeva certo rischiare di far naufragare la sua politica di equilibrio; assecondarlo equivaleva a ignorare la nostra richiesta solenne e rinunciare palesemente all'imparzialità. Carlo IX si concesse tre anni di riflessione prima di pronunciare la sentenza. Si limitò a confermare a mio figlio alcune delle cariche ricoperte dal duca assassinato. Credeva forse d'appagare così l'ambizione del giovane duca e magari indurlo a rinunciare a ulteriori richieste di giustizia. Un povero illuso, il nostro sovrano, se pensava d'aver placato la sete di giustizia di mio figlio. I Guisa avevano già dimostrato di non essere in vendita. Avremmo aspettato, certo, tre anni, o anche più se fosse stato necessario, ma non saremmo rimasti in silenzio e il momento della verità prima o poi sarebbe arrivato. Lo avremmo preteso, non ci saremmo fatti complici di un delitto impunito e non avremmo permesso né al re né alla regina madre d'ignorare il nostro appello. Tre anni potevano sembrare un'eternità. Dovevamo lasciarli trascorrere nel silenzio e fingere che Coligny non fosse il responsabile della tragedia che aveva colpito la nostra Casa. Un abominio. Solo Caterina, maestra nell'arte del temporeggiare, esultò. La risoluzione sarebbe stata utile a conservare la pace non offrendo ai calvinisti alcun pretesto per riprendere le armi. Ma con noi Guisa, i cattolici e l'intero popolo parigino si sentirono raggirati e umiliati. Mi recai personalmente dall'ambasciatore veneziano Barbaro, per implorare l'appoggio della Serenissima, e con l'aiuto degli ambasciatori di Venezia e di Spagna continuai risoluta a reclamare il processo.

Dopo la morte di mio marito il ruolo di capo della famiglia era stato assunto da sua madre Antonietta di Borbone, e tutti i membri della Casata si piegavano docili alla sua volontà. Così fu finché questa donna caparbia e forte, magnanima e potentissima sulla quale ognuno di noi faceva continuo affidamento, non ci venne strappata dalla morte, che grazie e Dio non volle raggiungerla che nel 1583, quand'ella era più che novantenne.

Mio figlio era compagno di giochi di Alessandro Edoardo d'Angiò, il futuro Enrico III, della sorella Margherita e di Enrico di Navarra. Lo guardavo crescere con infinito orgoglio, spiccava fra gli altri principini per la straordinaria bellezza, il fascino gentile ereditato dal padre, la spontanea autorità. Quasi senz'avvedersene metteva in ombra tutti gli altri e inavvertitamente, alla stregua di suo padre, accendeva invidie e gelosie. Vedevo che soprattutto il duca d'Angiò cominciava a detestarlo e temerlo. Troppo spesso i loro giochi venivano interrotti dalla sua rabbia violenta, quando in lagrime s'allontanava e andava a lamentarsi dalla madre. Sua sorella Margot correva a consolarlo e allora anche lei si riempiva di rabbia verso l'amico, quel ragazzetto troppo affascinante, troppo scaltro, troppo amabile e bellissimo del quale pochi anni dopo si sarebbe perdutamente innamorata.

Sperando di mitigare i disordini che sconvolgevano la Francia, Caterina de' Medici nel marzo di quel 1563 emanò l'editto di Amboise, con il quale ufficializzava le ultime concessioni fatte ai protestanti in materia di libertà di coscienza e libertà di culto fuori dalle città. I cattolici, già sconvolti per la morte del loro eroe, s'infuriarono. Il parlamento di Digione in tono minaccioso ricordò alla regina madre che la Borgogna aveva accettato di sottomettersi al re cristianissimo, ma che avrebbe ritirato la propria fedeltà qualora il sovrano avesse cessato d'esser tale.

L'assassinio del duca di Guisa, per desideri di rivalsa o per emulazione, scatenò una vera e propria ondata di attentati. Nel mese di giugno la stessa Caterina venne aggredita e si salvò per miracolo, ma al suo posto perse la vita il suo fido servitore Chaury. Fra gli aggressori qualcuno individuò una delle guardie personali di Coligny e il suo amico Mouvans, capo d'un gruppo di ugonotti. La principessa di Condè alle porte di Parigi venne aggredita nella sua carrozza da un gruppo di cattolici, che uccisero la sua guardia del corpo, un ugonotto di nome Couppè. Condè furioso accusò la mia famiglia d'aver commissionato l'attentato a sua moglie. Caterina si rivestì in fretta dei suoi ormai consueti panni di paciera. Convocò i Guisa e i Condè, poi cominciò a spiegare la necessità di un'immediata riconciliazione. Il cardinale di Lorena, sdegnato per le false accuse di Condè, minacciò di andarsene da Parigi, ma Caterina lo pregò di rimanere. Poi costrinse il cardinale mio cognato, il principe di Condè e il duca di Nemours ad abbracciarsi. Si illudeva di trovare così la via della pacificazione. Scrisse alla sua amica e confidente Margherita di Savoia di essere riuscita ad «addolcire questi grandi», concludendo con facile ottimismo che, essendosi i principi riconciliati, «gli altri si sarebbero mantenuti in pace».

La delegazione francese al Concilio di Trento era guidata dal cardinale di Guisa mio cognato che, non appena poté, fornì alla regina un completo resoconto delle decisioni prese dai padri conciliari. Caterina riunì il consiglio regale. Il resoconto del cardinale fu accolto con freddezza. L'antica diffidenza della chiesa gallicana, che tradizionalmente vantava una certa autonomia da Roma, si ridestò. Il clero francese si schierò su posizioni intransigenti, approvò i canoni riguardanti l'inviolabilità del dogma cattolico, ma rigettò i decreti sulla nuova organizzazione del clero. Caterina fece subito suo questo atteggiamento e giunse al punto di negare al papa il diritto di giudicare i vescovi francesi sospettati di eresia, come Monluc, vescovo di Valence, suo consigliere. Il cardinale di Guisa propose di far annoverare tra le leggi fondamentali del regno le conclusioni del Concilio di Trento, ma la regina madre rifiutò, ed egli dovette affrontare il cancelliere Michel de L'Hospital.

Noi consideravamo il cancelliere un misero traditore. Fino a poco tempo prima era stato uno dei più zelanti sostenitori della nostra famiglia, poi aveva cominciato ad appoggiare gli ugonotti. Sarebbe deceduto poco dopo la strage di San Bartolomeo e sul letto di morte avrebbe scritto una lettera al re, supplicandolo di fare il possibile per riportare la Francia alla pace. Morì confortato dai sacramenti della Chiesa cattolica, anche se fino all'ultimo era rimasto schierato dalla parte dei protestanti, ed era da molti sospettato d'eresia. Un giorno, senza informare né il consiglio né la regina, aveva preso l'iniziativa, contraria alle decisioni ufficializzate ad Amboise, di concedere l'autorizzazione alle prediche e alle riunioni protestanti sotto l'autorità dei pastori. Il parlamento s'era opposto a questo provvedimento illegale e Caterina aveva affidato la presidenza del consiglio al figlio prediletto, il duca d'Angiò, che aveva solo tredici anni. Una situazione difficile. Caterina lo sapeva, e sapeva anche quanto la popolarità della famiglia reale si fosse ridotta negli ultimi mesi.

Per provare a rinvigorire la lealtà dei sudditi, ella decise d'intraprendere, insieme al figlio Carlo IX, un viaggio attraverso il regno, un lungo viaggio che andasse a toccare ogni lembo della terra di Francia permettendo al re di farsi ovunque ammirare e osannare, appagando in ogni suddito la curiosità e la gioia di vedere e ospitare i sovrani. La corte iniziò così un peregrinare per la Francia che sarebbe durato più di due anni. Si sarebbero dovute toccare il maggior numero possibile di località e il re avrebbe soggiornato in ogni tappa almeno una settimana per farsi conoscere e amare da tutti i francesi. Naturalmente, l'attività governativa non si fermò durante questo periodo itinerante. A ogni sosta venivano anzi compiuti importanti atti politici: in questo periodo fu ad esempio decisa la vendita massiccia di benefici ecclesiastici per sanare il debito pubblico e, di fronte al parlamento recalcitrante Michel de l'Hospital sbrigativo invitò gli astanti a riflettere se secondo loro fosse preferibile perdere un regno piuttosto che appropriarsi del denaro della Chiesa.

Il 27 maggio 1564 morì Calvino. La regina di Navarra, Jeanne d'Albret, partecipò alle esequie a Ginevra e rientrando poi nel Béarn, fece sosta a Macon, dov'era di passaggio la famiglia reale. Con l'insolente sfacciataggine tipica del suo temperamento arrogante, ebbe l'ardire di entrare in questa città cattolica accompagnata da dodici pastori. Caterina le fece garbatamente notare che, in tal modo, violava l'editto di pacificazione. Credo abbia profittato dell'occasione per rimproverarle anche il fatto che negli Stati del Béarn i cattolici non potessero godere di alcuna libertà di culto e per cercare di strapparle l'impegno a riservare loro invece un trattamento non diverso da quello riservato in Francia ai calvinisti. Ciò nondimeno la scorta della regina di Navarra non mancò di insultare volgarmente, senza che lei facesse alcunché per trattenerla, la processione cattolica del 3 giugno aperta dal cardinale di Borbone.

A Calvino subentrò Beza che, convinto di dover «cambiare l'uomo» per garantire il definitivo successo della riforma, s'adoperò per inasprire la già rigida morale calvinista e imporre una drastica austerità di costumi. Vietò categoricamente quelle che definiva «le dissolutezze mondane», mettendo al bando balli, musica e teatro. Una triste rinuncia all'arte, un generale impoverimento culturale fu lo scotto che i paesi calvinisti si ritrovarono a dover pagare. Già l'iconoclastia protestante uccideva l'arte sacra, ora l'ossessiva fobia del moralismo calvinista verso qualsiasi forma di gioia seppur lecita, andava a soffocare ogni espressione artistica. Sembrava che l'uomo dovesse privarsi per sempre della bellezza. Mentre da un lato s'innalzavano le grandi cattedrali cattoliche, piene d'ogni meraviglia, dall'altro sorgevano i disadorni luoghi di culto protestante, edifici spogli, desolati, grigi, squallidi. Il mondo cattolico incoraggiava l'arte, vescovi e sovrani si facevano mecenati per consentire a musicisti, pittori, poeti e teatranti d'allietare la vita delle corti e tramandare i frutti del loro sapere. Il mondo protestante, triste prigioniero di un moralismo che si faceva più severo nel momento in cui veniva costretto a staccarsi da Dio per ripiegarsi morbosamente sulle cose di questo mondo, scoraggiava ogni forma di vitalità, schiacciava ogni espressione artistica e culturale. Uggiosi, pedanti, induriti nella loro ossessione dell'irrimediabile corruzione della natura umana dopo il peccato originale, quasi dimentichi che Cristo giunse fra noi proprio per redimerci dalle tristi conseguenze di quella colpa, i riformati negavano all'uomo qualsiasi espressione positiva, privandolo di quel poco di diletto che attraverso la bellezza, è concesso di godere in questo mondo.

Nel giugno del 1564 a Lione Caterina incontrò mio fratello, il duca di Ferrara Alfonso II. La regina stava pensando alla possibilità che io mi sposassi nuovamente, e cercava di combinare per me un'unione che avrebbe aiutato la sua politica di pacificazione. A tal fine sperava di potermi convincere a sposare il principe di Condè, ritenendo che avrei potuto esercitare sul ribelle una benefica influenza, e magari ricondurlo verso la fedeltà alla Chiesa e alla corona. Misi subito in chiaro che mai, per nessuna ragione avrei accettato di sposare quell'uomo disgustoso, peraltro amico e fido alleato di Coligny. Mi sembrava un'idea perversa, mostruosa, sulla quale nemmeno fermarsi un istante a riflettere o discutere. Caterina comprese, ed ebbe il buon gusto di non provare a insistere. Coligny avrebbe poi convinto Condè a sposare mademoiselle di Longueville, quella stessa che rischiò di essere uccisa alle porte di Parigi.

Nel frattempo si sposò anche mio fratello Alfonso, rimasto vedovo di Lucrezia de' Medici, fugace apparizione entrata solennemente nella capitale estense il 17 febbraio 1560 e spirata il 21 aprile dell'anno seguente, dopo che una penosa malattia l'aveva costretta a condurre una vita solitaria e ritirata. Lucrezia non era stata felice a Ferrara. Dopo le nozze s'era fatta più bella, da acerba ragazzina era diventata una donna affascinante, ma non aveva addolcito il carattere taciturno e melanconico, incupito anzi dalla sofferta lunga attesa del ritorno di Alfonso. Timida e adusa alla vita ritirata, s'era sentita a disagio nella spensierata, giocosa corte estense e non era riuscita a conquistarsi la simpatia delle esuberanti dame ferraresi. A Firenze non aveva ricevuto un'istruzione accurata, così non era mai riuscita a prendere parte a quel dotto filosofare che solitamente intratteneva dame e cavalieri nelle pause tra tornei e balli, inoltre faticava a conversare con le mie coltissime sorelle, sue cognate. Nemmeno nella tanto desiderata vicinanza del marito aveva potuto infine trovare conforto. Aveva capito che le grandiose feste che l'avevano accolta non erano scaturite dall'amore per lei, ma solo dalle consuetudini di Casa d'Este e dall'innata passione di Alfonso per il lusso. In pubblico il contegno del duca era sempre stato pieno di riguardi, ma in privato ella aveva percepito la freddezza appena dissimulata dalla galanteria.

In autunno aveva cominciato a lamentare febbre, tosse secca e dolore al petto, prime avvisaglie del morbo che stava minando la sua vita. All'inizio dell'inverno le febbri s'erano fatte frequenti, la tosse ostinata, i dolori al polmone insopportabili. Mio fratello e le mie sorelle l'avevano amorevolmente assistita, talvolta per notti intere, mentre il carnevale aveva animato la città con meno sfarzo del solito. Poi un evento troppo lieto per non essere festeggiato aveva rallegrato la capitale nonostante la malattia della duchessa: il 26 febbraio 1561 Pio IV de' Medici aveva nominato Luigi d'Este cardinale. Tornei e banchetti s'erano susseguiti quasi incuranti dell'agonia di Lucrezia, che s'era aggravata ed era stata visitata anche da un medico mandato dal padre. Era a letto dal 21 febbraio, la febbre non l'aveva più lasciata, poteva nutrirsi solo di cibi liquidi. Nei dispacci a Cosimo, il medico fiorentino non aveva potuto nascondere la catastrofe imminente: «Questo è, signor mio, un angiolo che al Cielo andrà volando» aveva annunciato il 17 aprile. E infatti quattro giorni dopo l'angelo era volato in cielo: Lucrezia era spirata serenamente nel pomeriggio del 21 aprile. Aveva diciassette anni. Era stata sepolta nella chiesa del *Corpus Domini*. Il segretario ducale Giambattista Pigna, letterato e filosofo, aveva composto l'orazione funebre. Alfonso aveva inviato una lettera a Cosimo affermando la sua afflizione essere tanto più grande «quanto più degne si mostravano le molte virtudi di così onorata principessa». Parole che non erano forse apparse del tutto sincere se, distrutto dal dolore e convinto che Alfonso non avesse mai degnamente ricambiato l'immenso amore di Lucrezia, Cosimo de' Medici dopo una risposta formale interruppe i rapporti con gli Este, lasciando che tra le due corti s'aprisse un periodo di reciproca freddezza.

Alfonso si unì a Barbara d'Austria, figlia dell'imperatore Ferdinando I. Io, che mai ero riuscita ad apprezzare la prima moglie di mio fratello, potei questa volta proclamarmi ben soddisfatta, e all'istante scrissi alla mia futura cognata: «Subito intesa la venuta di Vostra Altezza in Italia io per non mancar del debito mio le ho spacciato il signor Giovanni Trotti, mio gentiluomo, che viene per baciar umilissimamente le mani di Vostra Altezza a nome mio, et per presentarle questa lettera che io le scrivo per rallegrarmi quanto più posso con voi dell'onor che il signor duca mio fratello ha ricevuto di averla per sposa, et ch'ella sia venuta ad onorar la Casa sua con quell'onoratissimo matrimonio, di che io ringrazio Iddio, et ne sento infinita allegrezza», garantendole che «Vostra Altezza non avrà mai sorella né serva che più desideri di servirla et ubbidirla di quel che farò io sempre» e concludevo firmandomi «di Vostra Altezza umilissima et obbedientissima serva et sorella, Anna d'Este».

Barbara era giunta al Belvedere il primo giorno di dicembre del 1565. Era sabato. Il giorno successivo un bucintoro ornato degli stemmi estense e austriaco l'aveva accompagnata a Ferrara. Sulle rive del Po l'artiglieria aveva salutato il suo passaggio, mentre dalle mura della città esplodevano i fuochi artificiali. Era scesa davanti alla chiesa di San Giorgio. Le strade erano piene di arazzi con le aquile bianche estensi in campo azzurro e l'aquila nera bicipite dell'impero. Mi narrarono di come Barbara sfilò su una lettiga ornata di broccato d'oro, con una corona tempestata di pietre preziose dalla quale scintillava una croce di diamanti. Era notte inoltrata quando raggiunse le sue stanze, quelle che prospettavano il giardino delle duchesse, le stesse un tempo abitate da mia madre. Rimesso a nuovo e tappezzato di arazzi, l'appartamento di Renea fu presto pieno dei doni nuziali e dei ricordi austriaci di Barbara, come lo stipo prezioso a forma di tempietto con le effigi in avorio dello zio, del padre e del fratello imperatori: Carlo V, Ferdinando I e Massimiliano II d'Asburgo.

Le nozze vennero celebrate mercoledì 5 dicembre 1565. Tutta la nobiltà del ducato si riunì per la cerimonia, poi negli appartamenti della duchessa si tenne un concerto e alle otto fu imbandito il banchetto. In preziosi bacili vennero serviti i tradizionali confetti di mandorle e pistacchi, infine s'aprirono le danze che proseguirono fino all'alba. Domenica 9 giunsero a Ferrara i duchi di Mantova, Guglielmo Gonzaga ed Eleonora d'Austria, sorella di Barbara e madre di una piccola bambina di pochi mesi di nome Margherita che sarebbe diventata, quattordici anni dopo, la terza moglie di mio fratello Alfonso II d'Este. Le feste culminarono l'11 dicembre nel magnifico torneo *Tempio d'Amore*. Gli Estensi avevano sempre incoraggiato gli esercizi cavallereschi e in ogni pubblica occasione allestivano tornei o quintane. Ma con il *Tempio dell'Amore* mio fratello aveva voluto creare un evento nuovo, ineguagliabile. La rappresentazione iniziò alle sei del pomeriggio e terminò alle due di notte. Nel giardino delle duchesse trasformato in arena, mille torce illuminavano l'anfiteatro gremito di gentiluomini e dame che per otto ore assistettero a uno spettacolo che mi fu descritto come assolutamente grandioso. Ideato da Giambattista Pigna, il *Tempio dell'Amore* entusiasmò tutti. Persino l'ambasciatore Canigiani, sempre duro e critico verso la corte estense, in questo caso non poté che esprimere lodi.

Immenso fu il giubilo a Ferrara per l'arrivo di una duchessa di così alto lignaggio, né l'iniziale entusiasmo sarebbe col tempo scemato, rafforzato anzi dal grande affetto che i sudditi estensi ognora nutrirono per la principessa asburgica, non bellissima forse, ma certo dolce e caritatevole, profondamente amata da Alfonso. Barbara era religiosissima. Ogni giorno, narrava l'ambasciatore Contarini, voleva assistere a tre messe, «una per l'anima dell'imperatore suo padre, l'altra per l'anima dell'imperatrice sua madre, la terza per sé medesima». Il rigore della vita religiosa non rese mai spigoloso il suo carattere, anzi: in lei sembravano trovare compimento perfetto la nota affabilità di suo padre Ferdinando I e la dolcezza di sua madre Anna Iagellona. Seppe conquistarsi subito l'amore di cortigiani e sudditi con quella familiarità che riservava a tutti pur nel rispetto della più rigorosa etichetta. In Barbara la maestà imperiale s'affiancava a una spontanea cortesia, mentre l'innata bontà traspariva da ogni suo sguardo. Da lei emanavano, scrisse il Tasso, «i raggi della bellezza interiore», che illuminandola rendevano ineguagliabile il suo fascino. Se i ferraresi ancora ricordavano i dissidi del duca Ercole mio padre con l'altezzosa e un poco tracotante Renea, Barbara li avrebbe fatti presto dimenticare con la sua dolce umiltà disponibile e compiacente. Studiò con impegno l'italiano, adottò subito le usanze ferraresi e fece in modo che la sua corte personale ben s'amalgamasse con quella estense, esattamente ciò che mai mia madre e la sua corte francese avevano voluto fare. Alle mie sorelle Leonora e Lucrezia, Barbara si sentì sempre legata da sincera amicizia, e intrattenne frequenti rapporti epistolari anche con la suocera Renea, verso la quale Alfonso mostrava distacco e indifferenza. Il suo animo naturalmente portato alla concordia le suggerì di supplire alla freddezza che Alfonso palesava verso la madre. Una freddezza che lo portava a non volerla nemmeno incontrare. Quando, nel 1564, mio fratello a Lione venne sorpreso da un'epidemia di peste e nostra madre gli offrì rifugio a Montargis, lui le mandò a dire che avrebbe preferito «morire tra gli appestati che vivere tra gli eretici». Barbara cercò d'essere affettuosa con Renea e, pur non incontrandola mai di persona, intrattenne con lei una fitta corrispondenza attraverso la quale la informava di ciò che accadeva a corte, si firmava «obbedientissima figliola» e chiedeva un suo ritratto «non potendo vedere et godere Vostra Altezza d'altra maniera».

La politica di equilibrio che in Francia Caterina de' Medici conduceva nell'utopica speranza di giungere a una pacifica convivenza tra cattolici e protestanti, suscitava evidenti preoccupazioni e perplessità nei paesi fedeli a Roma, in particolare in Spagna, l'eterna nemica della Francia che il matrimonio di Elisabetta di Valois con Filippo II aveva reso alleata solo sulla carta.

Durante il suo viaggio lungo le terre francesi, Caterina aveva sperato di incontrare il genero e la figlia a Bayonne, ma aveva atteso invano. L'ambasciatore spagnolo l'aveva informata che il suo signore era troppo scontento della sua politica per volerla incontrare. Infine però Filippo aveva accettato che almeno Elisabetta andasse dalla madre. A Vitoria la regina di Spagna attendeva dal marito l'autorizzazione a mettersi in viaggio per Bayonne e appena l'ebbe ottenuta andò incontro a Caterina. Ci furono lacrime, abbracci, feste e banchetti, ma Caterina da quell'incontro così desiderato rimase profondamente delusa. La regina madre aveva sempre sperato di poter contare sull'appoggio della figlia per tenere sotto controllo Filippo II. In realtà Elisabetta era devota al marito. Filippo l'amava, era tenero e premuroso come mai era stato con le due precedenti mogli, e lei lo ricambiava d'un affetto sincero, era felice. Mai avrebbe pensato di tradire gli interessi della Spagna e del marito per servire quelli della Francia e della madre. Caterina, che già aveva percepito un allontanamento della figlia, nell'incontro di Bayonne realizzò pienamente come Elisabetta fosse ormai spagnola.

Senza poter contare sulla figlia, diveniva ancor più arduo per Caterina placare le ire del re di Spagna. Filippo II le scriveva continue lettere di disapprovazione. L'accusava di essere compiacente verso gli eretici, di perseguitare i difensori della fede e soprattutto d'avere inflitto «alla Casa di Lorena affronti gravissimi». Scrisse anche al cardinale di Lorena mio cognato rimproverandogli di sottomettersi senza protestare alla volontà della regina madre che umiliava il suo Casato. Il primo effetto dei richiami di Filippo II, fu il furore di Caterina verso i Guisa. Ella sospettava avessimo presentato lagnanze al re di Spagna, mettendo nelle mani di quello che lei considerava un pericoloso avversario affari politici che avrebbero dovuto riguardare solo il regno di Francia. In realtà noi non avevamo violato alcun segreto di Stato, e ancora non ci eravamo rivolti al re di Spagna per cercare aiuto nel sostenere la causa cattolica, al contrario di ciò che facevano gli ugonotti sempre in contatto con Elisabetta I. Comunque Caterina convocò il cardinale. Egli si difese, sostenendo la propria buona fede e mostrando - a riprova del fatto che mai aveva informato Filippo II delle questioni francesi - la lettera che il re di Spagna gli aveva inviato per rimproverargli l'eccessiva adesione alle volontà della famiglia reale. Il cardinale confermò energicamente la propria immutata fedeltà al sovrano che egli stesso aveva incoronato e consacrato, «al quale, pena la morte, mai avrebbe voluto disobbedire». Nello scagionarsi, mio cognato fece comunque in modo di porre la propria obbedienza di suddito fedele entro i margini del proprio attaccamento alla fede cattolica, che doveva rimanere prevalente. In realtà la fedeltà al re di Francia e la fedeltà alla religione cattolica erano, o avrebbero dovuto essere, inscindibili. Il re che veniva incoronato a Reims regnava per diritto divino e non poteva discostarsi dalla fede, pena la perdita del significato stesso della sua sovranità. Egli era quindi perfettamente coerente nel rimarcare di voler obbedire al proprio re a condizione che questi «s'impegnasse a sostenere la religione cattolica e ad abolire la nuova».

«Altrimenti griderò così forte che tutti i re dell'universo ne parleranno», concluse.

IX

«Il duca di Nemours […] era un capolavoro della natura; e la cosa in lui che meno destava l'ammirazione si era d'esser l'uomo più bello e meglio fatto del mondo. Ciò che lo poneva al disopra di tutti era il suo valore, ed una piacevolezza nel suo spirito, nel suo volto, in ogni suo atto, quali nessun altro che lui ha mai avuto. Non vi era dama in tutta la corte, per la quale non sarebbe stato motivo di orgoglio l'averlo devoto; ben poche di quelle che gli eran piaciute potevano vantarsi di avergli resistito, e perfino molte alle quali egli non aveva mai dimostrato nessun amore, avevano avuto delle passioni per lui. Tanta era la sua dolcezza e la sua inclinazione alla galanteria, che non sapeva negar attenzione a quelle che cercavano di piacergli: così egli aveva più di una amante; ma difficile sarebbe stato indovinare quale egli amasse veramente…»

Madame de La Fayette

A Rouen Carlo IX aveva chiesto tre anni di tempo per riflettere prima di pronunciare la sentenza su Coligny, mandante dell'assassinio di mio marito il duca di Guisa. Ora i tre anni erano trascorsi. Ci aspettavamo che il sovrano finalmente si degnasse d'esprimersi. Il consiglio reale si riunì il 29 gennaio 1566.

«Reclamo giustizia; non ho odio né desiderio di vendetta contro l'ammiraglio; anzi, desidero che la sua innocenza sia riconosciuta», esordì mio cognato il cardinale di Guisa, che fu il primo a prendere la parola. Se fosse stata dimostrata l'estraneità di Coligny al delitto, mio cognato l'avrebbe accettata, ma per fare ciò aveva bisogno di una prova convincente che potesse almeno restituire ai signori cattolici una qualche fiducia nell'aristocratico ribelle. Detto questo si ritirò e lasciò che il consiglio deliberasse.

Il re non poteva portare nuovi elementi in favore di Coligny, ma era deciso a scagionarlo. Forse già a Rouen aveva decretato la sentenza, ma non aveva avuto il coraggio di enunciarla subito.

Gaspard de Coligny venne dichiarato innocente, la richiesta di mio cognato il cardinale di Guisa semplicemente, spudoratamente ignorata. Gli eserciti che Coligny, insieme al suo alleato Condè, era in grado di mobilitare apparivano troppo potenti perché il re potesse permettersi di correre il rischio di doverli affrontare. Meglio sacrificare i Guisa, sempre fedeli alla corona!

La sentenza piacque molto a Caterina. Ancora una volta suo figlio aveva seguito le sue indicazioni. Ancora una volta poteva illudersi d'aver contribuito alla pace.

Per celebrare questa forzata pacificazione tra le due potenti avverse Casate, non trovò nulla di meglio da fare che offrire un sontuoso ricevimento, discutibile e falso come ciò che voleva festeggiare, durante il quale il cardinale e l'ammiraglio vennero costretti ad abbracciarsi platealmente davanti a lei. Mio figlio Enrico rifiutò di partecipare all'ipocrita cerimonia. Si tenne ben in disparte, ascoltando il proprio cuore che avrebbe preferito fare a pezzi Coligny davanti a tutti nel bel mezzo di quella sciocca festa piuttosto che abbracciarlo! Io, nel rispetto dell'amicizia che mi legava a Caterina, in obbedienza alle decisioni del consiglio del re, spronata da mia madre Renea, scelsi invece di accettare una rappacificazione formale con l'ammiraglio, ma il disprezzo che sinceramente nutrivo per quel vile assassino impunito e per l'eretico che fomentava disordini non scemò mai. Ora forse credeva che gli fossi amica, ma io volevo che mi temesse. Sperava d'averla fatta franca, ma io volevo che avesse paura, ogni giorno, che non potesse mai dimenticare ciò che aveva fatto a mio marito, e che il timore della vendetta lo perseguitasse così come il dolore per la morte dello Sfregiato perseguitava me e i miei figli. Ne parlai a un uomo di fiducia, il devoto Giambattista da Ferrara, ed egli accettò di seguire come un'ombra il capo degli ugonotti, ogni giorno, ogni ora, fino al momento in cui avrebbe pagato per il suo delitto.

Il 29 aprile 1566 nel Castello di Monceaux, alla presenza di tutta la famiglia reale, dei cardinali di Lorena, di Borbone e di Guisa, venne firmato il contratto nuziale che mi legava a Giacomo duca di Nemours. Fiorentino, cugino di Caterina de' Medici, apparteneva a un ramo dei Savoia stabilitosi in Francia ed era un fedele amico e collaboratore dei Guisa. Il suo fascino era ovunque noto e il mio cuore già da tempo non restava insensibile al suo cospetto, ciò nondimeno il mio desiderio sincero era quello di rimanere fedele alla memoria dello Sfregiato. Eppure il duca era davvero irresistibile, e anche Brantôme con un poco di malizia, testimoniava che «egli era così compito in ogni cosa e tanto destro nelle armi e altre virtù che le dame gareggiavano per ottenere i suoi favori, siccome ho veduto le più vereconde e caste rompere per lui il digiuno di castità». Quando poi al fascino ammaliante del corteggiatore s'aggiunsero le insistenze del re e di Caterina, che da tempo caldeggiavano l'eventualità di un mio secondo matrimonio, non vidi più ragioni bastanti per continuare a rifiutare.

Giacomo di Savoia era nato il 12 ottobre 1531 a Vauluisant, da Filippo di Savoia e Carlotta di Longueville. Per la sua brillante cultura e i suoi interessi letterari era stato in gioventù molto caro al re Francesco I, appassionato umanista. Godeva di un'ottima posizione a corte, era un valoroso condottiero. Nel 1548 aveva represso le sommosse di Lione, aveva combattuto in Italia e nelle Fiandre, aveva condotto l'assedio di Thionville a fianco dello Sfregiato. Per ricompensarlo il re lo aveva nominato governatore della Provenza, e in occasione delle nostre nozze il duca di Savoia gli conferì il titolo di duca di Genevese. Se il mio defunto marito avesse potuto benedire una mia seconda unione, lo avrebbe certamente fatto per il duca di Nemours, suo devoto amico e convinto sostenitore della causa cattolica.

Il 5 maggio il cardinale di Lorena celebrò il matrimonio nella chiesa di Saint-Maur-les-Fossés. Avevo chiesto di poter attendere il ritorno di mio figlio Enrico, impegnato in una campagna contro i turchi in Ungheria, ma Caterina non aveva voluto esaudirmi. Sembrava avesse davvero molta premura di vedermi nuovamente maritata. E se tal sollecitudine fosse stata semplicemente dovuta all'amicizia, all'affetto, quindi all'auspicio di vedermi nuovamente felice, non avrei potuto che piegarmi commossa a tal desiderio. Ma se, come mi permisi mio malgrado di sospettare, essa celava invece l'illusione che l'avere al fianco un altro uomo avrebbe attenuato il ricordo dello Sfregiato e di conseguenza il mio disprezzo per Coligny e la mia sete di giustizia, allora avrei certo fatto tutto ciò che era in mio potere per allontanarla quanto prima da un assurdo miraggio.

La cerimonia fu solenne, fastosa. Commossa al fianco del duca attendevo il momento in cui avrei pronunciato le mie promesse, e di tanto in tanto il mio sguardo si posava su mia madre Renea. Sorrideva, sembrava felice infine, benché avesse cercato in ogni modo di scoraggiare queste mie seconde nozze. Non aveva mai amato il mio primo marito, dalla religiosità così distante dalla sua, e ora il vedermi nuovamente legata a un paladino della causa cattolica doveva dispiacerle moltissimo. Ma ero certa che l'avrei assai presto convinta con la mia stessa felicità, una felicità che già pregustavo con tutto il cuore... Ebbi un sussulto quando il portone della chiesa si spalancò violentemente. Il raggio di luce che infranse l'oscurità del tempio era squarciato da un profilo che sul momento non potei identificare. Solo quando ebbe percorso parte della navata, uscendo dal raggio luminoso che ne abbagliava il sembiante, potei riconoscere un ufficiale giudiziario. Camminava lento, il volto accigliato, quasi volendo avvertire gli astanti di non essere portatore di buone novelle, se mai si fosse potuto immaginare che la presenza d'un ufficiale di giustizia a una cerimonia di nozze potesse invece esserlo. Al centro della chiesa, in modo da poter essere udito da tutti, interruppe i suoi lenti passi e prese a leggere a voce alta il foglio che teneva fra le mani, un documento, mi parve, del quale in verità non riuscivo a comprendere appieno il significato. Non aveva ancora tuttavia terminato la lettura che si trovò accerchiato dalle guardie del duca, che lo costrinsero a uscire. Opponeva resistenza, non voleva abbandonare la chiesa e continuava a leggere, ma le guardie ebbero infine la meglio. Appena lo sgradito sconosciuto fu fuori dalla chiesa e il portone fu ben richiuso alle sue spalle, la cerimonia continuò. Tutti cercavano di comportarsi come se nulla fosse accaduto, ma il mio cuore fino a pochi istanti prima pieno di dolce attesa era ora in tempesta. Mille sentimenti di differente natura mi pungolavano, allontanando cuore e mente dalla sacra funzione e distogliendomi dalla preghiera. Alla curiosità di conoscere l'identità dell'ufficiale e lo scopo dell'incresciosa visita si mesceva il timore che un qualche incidente avrebbe potuto infrangere i miei sogni. Ma quando udii fra i presenti un nome sussurrato, tutto mi fu improvvisamente chiaro. Francesca di Rohan. Ancora lei. Già al primo annuncio delle nozze del duca di Nemours, la nobile e potentissima signora di Garnache, Francesca de Rohan, calvinista, cugina di Jeanne d'Albret e fanatica come lei, aveva chiamato a raccolta intorno a sé tutti gli ugonotti della corte. Accusava il duca di Nemours d'averla sedotta con promesse di matrimonio per poi abbandonarla. Addirittura affermava d'aspettare un figlio. Sulla porta della chiesa dove Giacomo ed io ci saremmo uniti per sempre, aveva fatto affiggere dal notaio la dichiarazione del tradimento. Si era rivolta perfino al papa, ma Giacomo aveva ottenuto la dispensa che lo scioglieva da ogni eventuale impegno preso, in quanto la signora in questione era protestante. Quando uscii dalla chiesa ero ufficialmente la duchessa di Nemours. Pensai che la mia rivale non avrebbe più avuto nulla da rivendicare, ma purtroppo mi sbagliavo. Avrei mio malgrado avuto a che fare con lei per molti anni. Tramite il suo procuratore, Francesca osò avanzare la pretesa che il duca venisse addirittura giustiziato, con l'accusa di aver abusato di lei nella camera della regina. Tutti, compresa Caterina, erano certi che non vi fosse stata alcuna violenza, e le lagnanze della donna suscitarono solo ilarità, o al più qualche preoccupazione per le conseguenze di un risentimento che proveniva pur sempre dai vertici della gerarchia nobiliare francese. Eppure Francesca non pareva avere intenzione di arrendersi. Che potevo fare, io? Cercai di accantonare la gelosia che non avrebbe fatto che aggravare la situazione e feci di tutto per mantenere cordiali rapporti con la famiglia Rohan in attesa che il parlamento di Parigi si pronunciasse.

Purtroppo a corte in molti avevano cercato di contrastare il mio matrimonio con il duca di Nemours, e il problema che dovetti affrontare con Francesca di Rohan fu in fondo ben poca cosa se paragonato a certi libelli infamanti che vennero pubblicati in quei mesi. Lo stesso Brantôme avrebbe testimoniato che «vi furono taluni, i quali io ben conosco, che, osteggiando tale matrimonio, e a fine di stornare il principe da un simile proposito» scrissero contro di me una satira calunniosa, «certo la più scandalosa che io abbia mai letto, nella quale ella, vedova bella e assai onesta, era assimilata a cinque o sei tra le maggiori meretrici dell'antichità, le più famose, le più lubriche, aggiungendo ch'essa le sorpassava tutte». Quando Giacomo ebbe la sventura di vedere quel libello andò su tutte le furie, «fornì mille smentite e profferì infinite ingiurie contro coloro i quali lo avevano scritto».

Intanto la causa con i Rohan proseguiva, e si sarebbe prolungata fino al 1580. Quando il parlamento si sarebbe finalmente pronunciato contro Francesca, re Enrico III per consolarla l'avrebbe nominata duchessa di Loudun.

Subito dopo la celebrazione delle nozze trascorremmo un periodo in Savoia, nella terra che il mio sposo amava profondamente, ad Annecy. Avevo chiesto a mio marito che per l'occasione del nostro arrivo venisse esposta alla pubblica venerazione dei fedeli il tesoro di famiglia più prezioso che avessimo: la sacra Sindone. Numerosi pellegrini accorsero da ogni dove, qualcuno forse per conoscere la nuova signora di quelle terre, la maggioranza certamente per venerare la preziosa reliquia. Giunsero anche i signori di Boisy, della famiglia di Sales. Grande, immensa grazia sarebbe venuta a noi da quella visita. Françoise de Sionnaz, giovanissima signora di Boisy, era in attesa del suo primo figliolo. Prostrata innanzi alla sacra tela che narrava della Passione del Figlio di Dio, si commosse al pensiero del bimbo che portava in grembo, e fece una solenne promessa: quel bambino sarebbe appartenuto a Gesù. Il voto fu mantenuto. Françoise educò il figliolo alla fede più pura e il risultato sarebbe stato un grande uomo e un grande santo: Francesco di Sales, colui che più d'ogni altro si sarebbe adoperato a sanare quei contrasti religiosi che stavano dilaniando la Francia e l'Europa intera. Il mio legame spirituale con quell'uomo mandato da Dio fu uno dei più forti e fecondi dell'intera mia esistenza. A vent'anni Francesco, già indirizzato alla vita religiosa, subiva fortemente, come tutti noi, o forse, per l'indescrivibile profondità del suo animo assai più di noi, i travagli spirituali legati alla diffusione delle idee calviniste. Vedeva egli come il cristianesimo fosse esaltazione dell'amore, eppure non poteva non scontrarsi con la terrificante idea calvinista, ormai così diffusa e spesso insegnata finanche nelle università, secondo la quale Dio decreta insondabilmente per alcuni uomini la salvezza e per altri la dannazione. Cuore e intelletto si dibattevano confusi tra l'idea filosofica indiscutibile che Dio possa fare ciò che vuole e la contemplazione pratica del volto di Dio traboccante misericordia infinita. Ai piedi della Vergine, così disprezzata dai calvinisti e da lui tanto amata, Francesco trovò la soluzione. Davanti a un altare dedicato alla Madre di Dio, un giorno raccolse un foglio, lo lesse. Era il *Memorare*. Nel recitare quell'antica preghiera dolce come una poesia nella quale San Bernardo chiedeva alla Madonna di ricordare sempre che «non si è inteso mai dire che un uomo dopo essere ricorso alla sua protezione sia stato deluso», Francesco trovò le forze e la chiarezza necessaria a dedicarsi con profitto alla sua missione: annunciare la tenerezza cattolica al rigido mondo calvinista.

Di grande conforto mi sarebbe stato Francesco di Sales nei miei ultimi anni, quando, vescovo, avrebbe esercitato il suo apostolato stabilmente nella nostra Savoia. Il suo potere di conversione era strabiliante, e molte furono le anime che salvò. Sarebbe finanche riuscito a toccare il cuore indurito di Teodoro Beza.

In un lungo incontro, che incredibilmente Beza avrebbe accettato di buon cuore, Francesco di Sales con le sue coinvolgenti argomentazioni riuscì a far ammettere al più attivo nemico della Chiesa le principali verità della Chiesa stessa. Solo su una questione, nonostante vivaci discussioni, il ginevrino rifiutava di cedere.

«Voi cattolici invischiate le anime in troppe cerimonie e difficoltà: dite che le buone opere sono necessarie per la salvezza, mentre non sono altro che buona creanza». Era ancora il problema della predestinazione, il più difficile da risolvere. Pazientemente, a lungo Francesco parlò con Teodoro, gli ricordò la scena evangelica dell'ultimo giudizio, dove Gesù parlò appunto delle opere di misericordia. Chiese all'eretico ginevrino perché mai, se si fosse trattato solamente di buona creanza, gli uomini sarebbero stati puniti così duramente per non averle compiute. Teodoro Beza rimase muto, e non sapendo come rispondere, si abbandonò a una rabbia furibonda. Il santo rimase invece impassibile, osservandolo pietosamente nel suo parossismo iracondo, finché, sfiancato dalla tranquillità del suo interlocutore, Beza presentò le sue scuse. Faticai a credere a colui che mi narrò che si lasciarono in amicizia, e che Beza chiese al signore di Sales di poterlo incontrare più spesso. Davvero inconcepibile suonava al mio orecchio e al mio cuore la possibilità che il nostro più accanito avversario, dopo tante violenze potesse davvero ricredersi. Eppure nulla è impossibile a Dio. Pare addirittura che taluno abbia udito Teodoro sospirare all'orecchio del santo: «Se non sono sulla giusta via, prego Dio tutti i giorni che nella sua misericordia voglia riportarmici». E certo Dio non risparmia la misericordia a chi devotamente e sinceramente la chiede! Così Francesco di Sales sentì crescere la speranza di un'imminente conversione del patriarca di Ginevra, e ne parlò finanche al papa. Molte furono le offerte che giunsero da parte della Santa Sede per garantire a Beza una dignitosa sistemazione dopo l'abiura. Ma l'abiura non sarebbe purtroppo arrivata, o almeno non esplicitamente. Teodoro, forse preoccupato dalle conseguenze politiche ed economiche del suo gesto, si limitò a risolvere che «non disperava di potersi salvare anche restando nella sua chiesa». Prima di morire avrebbe scritto una lettera a Francesco di Sales, augurandosi «di tenergli compagnia in cielo». Molti dei suoi seguaci in quei mesi lo videro cambiato. A coloro che lo interrogavano su questioni di fede, Beza rispondeva che non valeva la pena di separarsi dalla Chiesa romana, mentre i calvinisti lo accusavano di avere perduta la ragione.

Il mio nuovo matrimonio, da cui sarebbero presto nati tre figli, Carlo Emanuele, Margherita ed Enrico, non indebolì la mia posizione nella famiglia dei Guisa, benché la mia presenza a corte fosse in quegli anni discontinua. Seguivo spesso mio marito nel Castello di Annecy o nei suoi frequenti viaggi a Lione, tuttavia continuai a esercitare un'importante influenza nei rapporti fra

Parigi e Roma attraverso i cardinali d'Este e di Guisa.

I Guisa erano ormai in aperto contrasto con il cancelliere Michel de l'Hospital, che sembrava parteggiare sempre più apertamente per Coligny e il partito ugonotto. I membri del consiglio del re erano stati ridotti al rango di semplici testimoni delle decisioni dell'onnipotente cancelliere, sotto la cui autorità il consiglio era ridotto al silenzio. In realtà tutti sapevano come egli dettasse legge sotto gli ordini di Caterina, e i Guisa per protesta decisero di abbandonare la corte. Non eravamo disposti a sopportare ulteriori accondiscendenze verso i nostri nemici, soprattutto dopo esserci piegati a un'umiliante riconciliazione, che Coligny si ostinava a calpestare continuando a fomentare i ribelli.

Il cardinale Odet de Châtillon, fratello di Gaspard de Coligny, era calvinista. La sua posizione di principe della Chiesa non gli aveva impedito di professare la nuova religione, né di sposare Isabella d'Hauteville, mentre peraltro continuava a percepire cospicui benefici ecclesiastici. Non era d'altra parte il solo. Numerosi erano purtroppo i vescovi eretici che continuavano indisturbati a gestire i propri vescovadi e a godere dei benefici. Dichiarati decaduti dalla curia romana, erano protetti da Caterina, la quale rifiutava di eseguire le sentenze pronunciate da Roma. Il clero gallicano, sempre fiero della propria autonomia, secondo il concordato era nominato dal re, che lo tutelava dall'autorità pontificia. La protezione accordata da Caterina ad alcuni prelati in sospetto d'eresia, oltre a indispettire il papa, suscitava le rimostranze del re di Spagna, e nondimeno numerosi erano i cattolici francesi che mostravano un crescente malcontento. Nel placare la sete di ribellione di Coligny con onori e appoggi, Caterina era convinta di lavorare per la pace, mentre in realtà infiammava l'ostilità e il risentimento della popolazione cattolica. Sembrava tra l'altro non vedere come la rivolta protestante andasse sempre più configurandosi come rivolta contro il principio monarchico.

Non ho mai capito come una mente politica acuta come la sua non abbia saputo individuare il seme della ribellione nascere e germogliare nella rivoluzionaria dottrina protestante. Ma so con certezza che, se avesse intuito che la riforma non stava minacciando solo la religione cattolica, ma anche la sua religione personale, Caterina l'avrebbe combattuta con tutte le sue forze. Eppure già con Teodoro Beza era nata l'idea che la sovranità dovesse appartenere al popolo, mentre era tipico di molte sette protestanti il rifiuto di qualsiasi tipo di autorità terrena.

Nel mese di settembre del 1567 la corte soggiornava nel Castello di Monceaux, nella Brie, quando fu raggiunta dalla notizia che una soldatesca armata si stava assembrando a Châtillon-sur-Loing, un possedimento di Coligny nei pressi appunto di Monceaux. Caterina trascurò l'avvertimento. Tutto l'impegno che aveva profuso nel dimostrare amicizia a Coligny la rendeva certa che l'ammiraglio dovesse ormai essere a lei legato da vincoli di riconoscenza se non d'amicizia. Contava che mai più avrebbe cercato d'attentare alla sua vita o a quella del re. Invece Coligny, facendosi scudo proprio della cieca fiducia della regina, aveva avuto tutto il tempo di preparare un diligente piano che in quel momento stava per divenire a tutti gli effetti operativo. Il progetto prevedeva il rapimento del cardinale di Lorena e della famiglia reale. Ciò avrebbe messo in difficoltà il partito cattolico creando al contempo un vuoto di potere che Condè e Coligny, dopo avere conquistato Tolosa, Lione e Troyes, pensavano di riempire facendo incoronare lo stesso principe di Condè.

Le forze protestanti dovevano concentrarsi a Rosay-en-Brie, vicino a Monceaux, pronte a sferrare l'attacco. Nonostante diverse segnalazioni, Caterina rifiutava di credere al pericolo. Solo per puro scrupolo accettò d'inviare a Châtillon qualche spia. Era assolutamente convinta che si sarebbe in tal modo del tutto tranquillizzata. E così fu. L'astuto Coligny, prevedendo di poter essere controllato, non s'era fatto cogliere impreparato: le spie della regina poterono solo riferirle d'aver sorpreso l'ammiraglio in tenuta da contadino, impegnato a preparare la vendemmia. La regina madre ne fu completamente appagata, benché fossero in molti ormai a parlare di complotto, e il cancelliere Michel de l'Hospital le diede man forte, biasimando pubblicamente i maliziosi ideatori di simili calunnie contro l'irreprensibile Coligny.

L'ostinata fiducia di Caterina dovette suo malgrado crollare quando un corriere del duca d'Alba portò prove inconfutabili e meticolosi dettagli del complotto. Le verifiche dell'inganno e la certezza della minaccia sconvolsero la regina, che parlò di «infame impresa». Troppo tardi. Da quel momento le notizie, sempre più inquietanti, cominciarono a susseguirsi a ritmo vorticoso. I ribelli avevano conquistato le città di Montereau, Lagny, Péronne, Melun rendendosi peraltro colpevoli di inaudite violenze e orribili stragi. La città di Nîmes il giorno successivo alla festa di San Michele vide i propri preti e i notabili cattolici venire massacrati in una vera e propria carneficina che sarebbe stata ricordata con il nome di «Michelade».

Il Castello di Monceaux era privo di difese, così la corte preferì trasferirsi nella fortificata Meaux. Montmorency e Hospital ritenevano che il re sarebbe dovuto rimanere a Meaux, mentre i Guisa e mio marito il duca di Nemours ritenevano più conveniente ch'egli raggiungesse subito Parigi. Caterina convocò i seimila uomini delle truppe svizzere, che si prepararono a tenere testa alla cavalleria ugonotta. Ricordavo bene come qualche tempo prima il perfido Coligny le avesse consigliato di rimandare in patria queste stesse truppe che ora si rivelavano determinanti per la salvezza del regno!

Alle prime luci dell'alba del 23 settembre 1567, la corte si mise in viaggio per Parigi. L'esercito protestante era accampato a Saint-Denis, deciso a prendere la capitale per fame. Appena si sentì al sicuro, Caterina rientrò nella sua naturale disposizione d'animo, e si dichiarò pronta a negoziare. Mandò Michel de L'Hospital a Saint-Denis per indagare sulle condizioni che avrebbe posto Condè, e concesse ai ribelli un'amnistia incondizionata. Condè chiese completa libertà di culto in tutto il regno, la convocazione immediata degli Stati Generali e la concessione delle città di Metz, Le Havre e Calais. Tutti potevano riconoscere l'enormità di quelle pretese, che nemmeno la disperata sete di pace di Caterina avrebbe potuto accettare. La minaccia rappresentata da Condè era così grande che la regina si risolse infine a fare ciò che mai avrebbe voluto fare. Chiese aiuto a Filippo II. Dalla Spagna giunsero duemila cavalieri in appoggio a Carlo IX che stava raccogliendo intorno a sé l'esercito e la nobiltà rimasta fedele alla corona. I rinforzi arrivavano ogni giorno numerosi e l'esercito reale fu ben presto più consistente di quello protestante, ma Condè attendeva fiducioso dalla Germania un contingente che lo avrebbe reso imbattibile. Furono ancora una volta i Guisa a salvare la corona. Vidi con orgoglio mio figlio Enrico fermare nella Champagne la truppa tedesca prima che potesse unirsi alle forze di Condè, le quali così, senza i rinforzi sperati, avrebbero dovuto scontrarsi con l'esercito regio alle porte di Parigi. Il 12 novembre 1567, nel tentativo di rompere l'assedio, cadde il conestabile Montmorency, che guidava l'esercito reale. Una perdita irreparabile, che Caterina credette di poter sanare ponendo al comando delle truppe regie il suo figliolo prediletto, Enrico d'Angiò. All'inesperienza e alla giovane età del duca non poté supplire nemmeno il consiglio che gli venne affiancato, composto da mio marito il duca di Nemours, dal duca di Montpensier e dall'intendente alle finanze Arturo Cossé.

La guerra sembrava non dover avere mai fine. I calvinisti avevano evacuato Saint-Denis, ma s'erano in breve riorganizzati e avevano chiesto rinforzi. L'elettore palatino Federico III mandò denaro e uomini guidati da suo figlio Giovanni Casimiro, che nel dicembre 1567 si mise in marcia attraverso la Lorena. Condè e Coligny gli andarono incontro. Il duca di Nemours mio marito avrebbe voluto affrettare l'inseguimento per annientarli prima che si congiungessero con i rinforzi, ma Cossé, con atteggiamento invero piuttosto ambiguo, indugiò, cosicché il principe e l'ammiraglio riuscirono ad allontanarsi in tempo.

Forte ormai di trentamila uomini, l'esercito protestante poté riorganizzare l'assedio a Parigi. Caterina volle provare a ripercorrere la strada della diplomazia, ma gli ugonotti avevano nel frattempo accresciuto le loro già gravose rivendicazioni. Il duca d'Alba e il papa le consigliarono di far giustiziare Condè e Coligny per mettere fine alla ribellione presente e assai probabilmente anche a quelle future. Filippo II le suggerì di porre alla testa dell'esercito regale, al fianco di Enrico d'Angiò, il generale Tavannes che, oltre ad essere un vecchio e fedele amico, era un comandante militare di prim'ordine. Ma Caterina stava già negoziando la pace con i nemici.

Io avevo seguito mio marito nelle campagne contro i ribelli

ma poi, a causa di una nuova gravidanza, ero stata costretta a ritirarmi a Nanteuil, dove diedi alla luce un figlio maschio, Carlo Emanuele, subito insignito dal duca di Savoia del collare dell'Annunziata. Nel 1568 il duca di Nemours ottenne il governatorato di Lione. La nostra vita fu in quegli anni, lontana dai tumulti parigini, finalmente serena, anche se mia madre non mancò di procurarmi nuove cagioni d'angustia. Pur non prendendo parte attiva alla vita politica francese, Renea si ostinava a voler proteggere gli ugonotti. Carlo IX, furente per il tradimento di Meaux, in quei mesi era spietato con chiunque sostenesse i ribelli, e più volte minacciò di far invadere Montargis dalle truppe regie e di far rinchiudere mia madre in monastero. Fui costretta ad abbandonare il mio dolce rifugio a Lione per correre a Parigi, a supplicare il re di avere pietà, cosa che grazie a Dio volle concedermi. Ma non potei al mio ritorno ritrovare la serena pace che avevo lasciato. Quei mesi di soave tranquillità erano terminati, ora s'apriva il periodo degli affanni. Dopo una banale lite con mio figlio Carlo, duca di Mayenne, mio marito aveva deciso di trasferirsi in Savoia, così fissammo la nostra residenza nella deliziosa Annecy. Sembrava per sua stessa natura ricolma di pace, estranea a tutto ciò che è dolore e distruzione, quella gaia cittadina che sdraiata ai piedi delle Alpi ridente s'affaccia sulle sponde del lago. In quel luogo di quiete, mi pareva quasi non fosse lecito pensare alla guerra. Eppure essa proseguiva.

In gennaio Caterina s'era recata a Chalon, ufficialmente per affidare l'alto comando a Tavannes secondo i consigli del re di Spagna, in realtà per incontrare il cardinale scomunicato Odet de Châtillon, fratello di Coligny. Si intrattenne con lui in un lungo colloquio amichevole che sfociò in una clamorosa apparente riconciliazione, dopo di che Caterina ebbe l'audacia di rientrare a Parigi al suo fianco. Evidentemente aveva già dimenticato «l'infame impresa». Ma i parigini no.

Alla notizia che il cardinale eretico, il ribelle, il fomentatore di guerre stava entrando in città insieme alla regina, il popolo si sollevò in un moto di rabbia violenta. La corona aveva chiesto ai francesi duri sacrifici, aveva imposto un incremento degli oneri fiscali per fronteggiare la ribellione e cacciare i protestanti. I parigini s'erano adeguati alla situazione d'emergenza e avevano affrontato ogni disagio pur di poter dare il loro contributo al ripristino dell'ordine e della religione. E ora vedevano la regina madre che osava rientrare tranquilla nella capitale al fianco del nemico, e gli tributava onori ben maggiori di quelli riservati ai Guisa. Al suo ingresso in rue Saint-Denis, Caterina trovò a darle il benvenuto una folla rabbiosa che la coprì di insulti, prese d'assalto la sua lettiga e cercò di rovesciarla. La sua scorta personale dovette intervenire per sottrarla al furore del popolo. Ma se riuscirono le guardie a disperdere i parigini a bastonate, nulla poterono fare per restituire alla famiglia reale amore e stima dei sudditi.

I parigini a questo punto volevano proseguire la guerra. Avevano sopportato fame e miseria per combattere i ribelli, e ora nessuno desiderava tirarsi indietro senza aver nulla ottenuto. La nascita di sempre nuove confraternite militanti testimoniò in quei mesi l'opposizione alla pace dei cattolici francesi, il cui astio non s'indirizzava ormai più solo agli ugonotti, ma anche ai fautori dell'intesa, che furono sprezzantemente appellati «politici» perché appunto svelavano di subordinare le convinzioni religiose all'opportunismo politico. Queste nuove confraternite professavano specialmente il culto del *Corpus Domini*, una pratica devozionale che, incentrandosi sull'adorazione dell'ostia consacrata, si contrapponeva in specifico all'eresia dei riformati.

Parigi offrì un'ingente somma di denaro per bloccare le trattative di pace. Altrettanto fece Filippo II di Spagna. Nessuno, a parte Caterina, aveva intenzione d'accettare le condizioni imposte dal cardinale infedele Châtillon, che erano peraltro vergognose. Ma la pace fu stipulata. Nonostante la popolarità ormai perduta, il potere di Caterina era ancora immenso.

A Longjumeau, il 22 marzo 1568, fu firmato un trattato che si sarebbe presto rivelato un'autentica catastrofe per l'immagine e l'autorità regia. I protestanti conservarono tutte le precedenti concessioni e tutte le loro piazzeforti. La Rochelle sarebbe divenuta la loro cittadella. La ribellione di fatto restava impunita. Non solo. Il re, in una sorta di paradossale beffa, s'impegnava a pagare i contingenti tedeschi assoldati da Condè per combattere contro di lui!

Il 27 marzo la pacificazione fu registrata dal parlamento di Parigi alla presenza di Carlo IX. Quando il parlamento di Rouen proclamò la pace, la popolazione si riversò al Palazzo di Giustizia, entrò abbattendo i portoni e cacciò i consiglieri, poi invase le abitazioni dei calvinisti, e quelli che venivano trovati in casa finivano massacrati.

Condè e Coligny avevano certamente vinto, ma il tradimento, l'attentato di Meaux, li aveva finalmente smascherati, se non agli occhi della regina madre, certamente almeno a quelli dell'opinione pubblica. I risultati della pace non furono che atroci eccidi. Nei terribili mesi che seguirono i cattolici, furibondi per essere stati ingannati, reagirono massacrando quanti più ugonotti poterono. Per contro, i protestanti sterminarono i cattolici nella valle della Loira con una crudeltà inaudita. A Orleans ridussero a brandelli la pelle di un canonico, la cosparsero di sale e di aceto e lasciarono agonizzare il poveretto per otto giorni. L'ambasciatore veneto Correr il 4 aprile comunicava che «dal giorno della firma del trattato di pace, i protestanti hanno distrutto un gran numero di chiese e ucciso molti preti. A Blois, il giorno dell'ingresso del principe delfino, la chiesa è stata invasa dagli ugonotti al momento della celebrazione della messa, l'altare è stato profanato. Si è venuti alle mani. I cattolici sono stati sopraffatti».

X

«Mi cadde sotto gli occhi un ritratto femminile di un fascino meraviglioso e sconvolgente: esso mi colpì con tal forza nel più profondo dell'animo, che restai lì immobile e incapace di dominarmi. Mi disse allora il vescovo: È giusto che ti soffermi commosso davanti a questo ritratto. La più bella di tutte le donne viventi è anche la più infelice: ella soffre per la nostra fede e il luogo delle sue sofferenze è la tua patria»

Mortimer in *Maria Stuarda*
Friedrich Schiller

Anche gli avvenimenti internazionali, dopo il disastro di Longjumeau, erano andati a consolidare la posizione degli ugonotti. Furono terrore e dolore a travolgermi quando seppi che la nostra diletta nipote Maria Stuarda era caduta in disgrazia. Proprio in quell'anno a causa di contrasti con la riottosa nobiltà scozzese, era fuggita in Inghilterra, cadendo tuttavia prigioniera della cugina Elisabetta. Sapevo che non c'erano speranze per lei, non se si trovava in balia di quella donna, spietata alleata dei nostri nemici. Ora i protestanti potevano vantare la supremazia su entrambi i regni di Gran Bretagna. Coligny aveva accolto la notizia con gran giubilo. Era certo che la regina Elisabetta lo avrebbe aiutato a raggiungere il medesimo successo in Francia. Forte di questa speranza, decise di non accontentarsi delle già notevoli agevolazioni del trattato, e avanzò ulteriori richieste. Carlo IX era furente.

Le ultime umilianti concessioni, ben lungi dall'essere servite a sedare la sommossa e appagare i protestanti, avevano anzi rinforzato i ribelli, che continuavano a fomentare disordini e avanzavano nuove rivendicazioni.

Filippo II era sempre più ostile alla politica francese, e ora, a tutelare la pace non c'era più nemmeno la principessa francese moglie del re spagnolo. Il 3 ottobre 1568, Elisabetta di Valois se n'era andata dopo aver lasciato a Filippo due figlie, Isabella Clara e Caterina Micaela. Il re non avrebbe mai smesso di piangere l'unica donna che aveva amato davvero, ma la necessità d'un erede, visto che perlatro in quello stesso anno anche Carlo era morto, lo costrinse a cercare subito un'altra moglie. Filippo II sposò Anna d'Austria, dalla quale avrebbe avuto finalmente figli maschi atti al governo. E nell'opporsi ai Valois non ebbe più remore.

Disincantato e furibondo, Carlo IX ebbe un tardivo scatto d'orgoglio e revocò ogni privilegio concesso agli ugonotti. Emanò un editto che ordinava la restituzione di tutte le piazzeforti, a cominciare da La Rochelle, imponeva che entro quindici giorni tutti i ministri riformati s'allontanassero dalla Francia e vietava ogni culto che non fosse quello cattolico, pena la confisca dei beni e l'arresto immediato. Il re si impegnava a perdonare gli ugonotti che avessero deposto le armi entro sette giorni, ma il clero eretico avrebbe dovuto rinunciare ai benefici ecclesiastici, che sarebbero stati incamerati dallo Stato. Michel de l'Hospital, scandalizzato dal fatto che i vescovi calvinisti venissero privati dei beni della chiesa cattolica, diede le dimissioni.

Abbandonando La Rochelle, gli ugonotti fecero intendere alla Francia che s'apriva l'epoca della guerra a oltranza. S'impadronirono di Angoulême massacrando sacerdoti, donne e bambini. La città di Pons, terrorizzata dall'esempio di Angoulême, s'arrese ponendo come unica condizione che i quattrocento uomini della guarnigione potessero aver salva la vita. La promessa di risparmiarli fu all'istante accordata, poi furono tutti sgozzati.

I villaggi intorno a Bourges vennero distrutti e gli abitanti massacrati. I corsari di La Rochelle, che procuravano il sostentamento alle forze calviniste depredando le navi spagnole, attaccarono sette navigli portoghesi, annegando i sessantanove missionari che si trovavano a bordo diretti in Brasile. Coligny si occupava di ripulire le abbazie assassinando i monaci che le abitavano, per poi lasciare libere le sue truppe di incendiare e saccheggiare.

Con orrore appresi di come a est le soldatesche di Guglielmo d'Orange stessero toccando il vertice dell'abominio con eccessi epici: mozzavano le orecchie ai cattolici e confezionavano collane, mentre con le ossa dei religiosi squartati realizzavano bacchette da tamburo. Il 19 gennaio 1569 Caterina si stabilì a Chalon, dove seppi che aveva convocato il principe d'Orange per intavolare con lui un negoziato segreto. Riuscì a convincerlo a condurre le sue truppe fuori dalla Francia impegnandosi a pagare tutte le spese di viaggio. Il 12 marzo l'esercito regio si scontrò a Jarnac con i drappelli ugonotti. Fu questa la battaglia che costò la vita al principe di Condè, ucciso da Montesquiou, un nobile al seguito di Enrico d'Angiò, con un colpo di pistola all'occhio. Il suo cadavere venne oltraggiato, issato sul dorso di un asino, esposto per due giorni al pubblico scherno. Qualcuno non a torto giudicò vile e contrario all'onor militare siffatto trattamento, d'altra parte umanamente comprensibile a fronte del disprezzo che Condè suscitava quale principale causa di tutte le recenti atroci violenze.

L'esercito regio infine vinse, ma disgraziatamente Coligny riuscì a ritirarsi con le truppe ancora pressoché integre, pronto a sferrare nuovi attacchi. Non ebbe difficoltà a ottenere rinforzi dall'estero e a proclamarsi pronto a riprendere la guerra, insieme a Enrico di Navarra e al figlio di Condè.

Caterina, delusa dai tradimenti palesi dell'ammiraglio al quale tante volte aveva voluto accordare fiducia, cercò in ogni modo di vendicarsi. Fece confiscare tutti i suoi beni, intentò contro di lui un processo per lesa maestà e finalmente lo condannò a morte. Coligny doveva essere impiccato sulla piazza de Gréve. L'idea che il mio nemico trovasse la fine, pubblicamente giustiziato nello medesimo luogo in cui tanti anni prima era morto il sicario da lui assoldato per uccidere mio marito non poteva che riempirmi di gioia. Eppure sapevo di non poter nutrire facili illusioni. Per impiccare Coligny occorreva catturarlo e, benché sulla sua testa fosse stata posta una taglia di cinquantamila scudi, ancora nessuno era riuscito a fermare la marcia del ribelle, che nel frattempo aveva conquistato Châtellerault e ora progettava di assediare Poitiers, città chiave in aiuto della quale dal campo di Tours l'esercito del re si preparava ad accorrere. Al comando delle truppe reali nella difesa di Poitiers sarebbe apparso per la prima volta mio figlio, il giovane duca di Guisa.

Il figlio dello Sfregiato era pronto a raccogliere l'eredità paterna.

Aveva giurato di vendicare il padre e uccidere Coligny. A Moulins tanti anni prima, poco più che fanciullo, aveva rifiutato con orgoglio di adulto l'odioso abbraccio di riconciliazione. Ora era pronto ad affrontare il suo avversario. Il popolo era dalla sua parte. La figura maestosa, il viso dolcissimo dai lineamenti perfetti, il fascino irresistibile ereditato del padre, avevano conquistato subito tutti: «Questi giovani Lorena hanno un così bell'aspetto da far sembrare gente da poco tutti gli altri principi», commentava la marescialla di Retz.

Enrico entrò in città fra acclamazioni osannanti. Il popolo sembrava sentirsi protetto, rinvigorito, rianimato dalla sua sola presenza. Tutto lasciava pensare che avrebbe avuto successo. Enrico era coraggioso, abile guerriero. Aveva compiuto il suo apprendistato nell'esercito austriaco a sedici anni combattendo contro i turchi di Solimano. Ora aveva vent'anni, era un eccellente uomo d'armi che amava guerreggiare e che contro l'esecrato ammiraglio era mosso anche da personale risentimento. Parigi sperava che grazie a lui la Francia sarebbe stata finalmente liberata da eretici e ribelli.

Le truppe di Coligny erano riuscite ad aprire una breccia nelle mura di Poitiers e avevano gettato un ponte di barche sul fiume che scorreva sotto le mura. Una volta entrate nella città, le soldataglie ugonotte si sarebbero come al solito dedicate a spietati saccheggi, poi avrebbero sterminato il contingente del duca di Guisa. L'inerme Poitiers sarebbe diventata una nuova roccaforte protestante. Questo era il piano di Coligny, che grazie a Dio, mio figlio riuscì a far fallire. Nottetempo distrusse il ponte di barche, ne fece una sorta di sbarramento sul fiume e inondò il campo ugonotto, poi fece recapitare all'avversario un beffardo messaggio: l'ammiraglio, ufficiale della marina, non poteva esercitare alcun potere su un'isola circondata da acqua dolce! E Poitiers era diventata appunto un'isola, dopo che egli aveva fatto straripare il fiume Clain.

Una piccola vittoria e una grande gratificazione per il giovane condottiero che tuttavia era ben consapevole delle difficoltà che ancora lo attendevano. Il suo esercito non era abbastanza equipaggiato per resistere a lungo contro le forze preponderanti di Coligny. Informò Enrico d'Angiò, chiedendogli di tentare una diversione per attrarre altrove l'ammiraglio. Il fratello del re attaccò allora prontamente Châtellerault, e Coligny cadde nella trappola comportandosi esattamente come mio figlio aveva sperato si comportasse. Corse immediatamente in soccorso di Châtellerault, lasciando libera Poitiers.

Caterina de' Medici aveva nel frattempo inviato un esercito a occupare la Navarra. Jeanne d'Albret, che si era trasferita a La Rochelle e da lì esercitava il comando delle forze contro il re, a-veva incaricato Montgomery di cacciare i realisti dal suo regno. Coligny si dirigeva verso sud per ricongiungersi all'esercito di Montgomery, che rientrava appunto vittorioso dalla Navarra, ma sulla strada, il 18 agosto 1569, trovò il modo di affrontare e sconfiggere un contingente del re, e occupò Orthez.

A Orthez, onde evitare spargimenti di sangue, il conte de Terrède accettò di arrendersi a condizione che Montgomery risparmiasse la vita dei suoi uomini. Montgomery accettò e la guarnigione di Terrède fu fatta prigioniera, senza che ad alcuno venisse fatto del male, ma quattro giorni dopo, quando entrò vincitore a Pau, per festeggiare il successo fece trasferire i prigionieri di Orthez e li fece massacrare tutti. Era il 24 agosto 1569, giorno di San Bartolomeo. La notizia si diffuse rapidamente per tutta la Francia e il massacro di Pau divenne noto come il massacro di San Bartolomeo. In seguito con questo termine la storia avrebbe ricordato solo la carneficina di protestanti perpetrata tre anni dopo dal popolo parigino esasperato, dimenticando che la prima strage di San Bartolomeo fu un atto di violenza gratuita, vigliacca, bugiarda, inflitto dai ribelli ugonotti contro prigionieri cattolici inermi e già sconfitti.

Il duca d'Angiò, su suggerimento di Gaspard de Tavannes, non diede a Coligny il tempo di ricongiungersi alle truppe di Montgomery. Il 24 settembre 1569, mentre l'esercito protestante stava riposando vicino a Moncontour, l'esercito regio si radunò a nord della città, e Tavannes sollecitò Enrico d'Angiò a sferrare l'attacco. L'esercito di Coligny venne sconfitto e l'ammiraglio si mise in marcia verso sud alla ricerca di nuove forze.

Ben vedevo come la regina madre fosse ormai esasperata, sfiancata dalla ribellione di coloro che indarno aveva cercato con ogni mezzo d'amicarsi. La coscienza del fallimento la rese spietata, e il 30 novembre Caterina mandò a Montauban un suo messaggero, Maurevert, con l'ordine di assassinare Coligny. Purtroppo Maurevert sbagliò il bersaglio e uccise Mouy, uno dei capitani dell'ammiraglio.

A indebolire la fazione realista intervennero anche le gelosie fra i figli di Caterina. Carlo IX, invidioso dei successi militari del fratello, decise d'assumere personalmente il comando dell'esercito per riconquistare le città protestanti dell'Angoumois, ma non riuscì a conseguire significativi successi, la qual cosa diede a Caterina il pretesto per riprendere a negoziare. Nel febbraio del 1570, quando le forze reali si trovavano indubbiamente ancora su posizioni di superiorità, offrì a Coligny di trattare la pace, avanzando nuove concessioni, ma per tutta risposta il ribelle riprese l'offensiva in Linguadoca e cominciò a risalire la valle del Rodano. Le sconfitte e l'attentato subito lo avevano reso ancora più feroce e determinato. Compì orrendi massacri sulle popolazioni delle città conquistate, e dopo essersi lasciato alle spalle un'orrida scia di rovine e cadaveri, fece la sua ardita offerta alla regina. Pretendeva piena libertà di culto in tutto il regno e la restituzione dei beni confiscati oltre a Calais e Bordeaux.

Carlo IX fu colto da uno dei suoi consueti attacchi di collera violenta. Caterina invece si propose di riprendere il dialogo e offrì La Rochelle, Montauban e Santerre.

Coligny rifiutò, e preferì continuare a incendiare villaggi, a bruciare chiese piene di fedeli, a torturare contadini, preti e monache. Saccheggiò l'abbazia di Cluny e diede alle fiamme quella della Ferté-sur-Grosne, poi riuscì a raggiungere La Charité-sur-Loire e da lì minacciò Parigi.

Il maresciallo de Tavannes e i Guisa erano contrari alla conciliazione. Cercavano di convincere la regina madre a continuare la guerra per distruggere definitivamente l'esercito di Coligny, senza più tergiversare, ma Caterina non ascoltava le loro proposte, voleva ormai a tutti i costi firmare la pace, una pace di compromesso simile alle precedenti, simile a tutte quelle che fino a quel momento non avevano portato che nuove guerre.

Nel Poitou i protestanti stavano ormai riconquistando tutte le piazzeforti. La vittoria di Moncontour, che avrebbe potuto e dovuto rappresentare occasione irrinunciabile per sferrare finalmente l'attacco decisivo, sembrava essere stata inutile. Perfino il papa intervenne per cercare di convincere la regina madre a non piegarsi a ulteriori compromessi: «Se noi si pensasse che dall'accordo fra il re cristianissimo e gli abominevoli eretici potessero venire un bene per la religione cattolica e una più sicura pace per codesto regno, non si avrebbe tanto orrore per la parola pace». Non ci fu nulla da fare. Caterina de' Medici concluse con il nemico una conciliazione maldestra e frettolosa.

L'8 agosto 1570 fu firmato il trattato di Saint-Germain col quale gli ugonotti ottennero tutto ciò che chiedevano. Fu loro concessa la libertà di culto e l'apertura delle università ai riformati, il possesso delle piazzeforti di La Rochelle, Montauban, La Charité e Cognac, l'amnistia generale per tutti i crimini di guerra commessi, oltre che per il reato di ribellione. Tutti i beni confiscati sarebbero stati loro restituiti, i cardinali e i vescovi che erano passati al calvinismo avrebbero riottenuto i benefici ecclesiastici.

I cattolici giudicarono molto severamente le concessioni fatte ai riformati. Il maresciallo Jean de Monluc nei suoi *Commentaires* scriveva: «Li abbiamo sconfitti, arcisconfitti, ma avevano tanto credito nel consiglio del re che gli editti erano sempre a loro beneficio. Noi vinciamo con le armi, loro ci vincono con quei diavoli di scritture», mentre papa Pio V ammoniva, con parole quasi profetiche, Carlo IX: «Questa pace che si dice conclusa tra voi e gli eretici diverrà fonte di più gravi mali per la Francia».

In quel 1570 la mia città natale fu sconvolta da una terribile catastrofe. Nella notte del 16 novembre 1570, intorno alle tre, Ferrara fu svegliata di soprassalto da una violenta scossa di terremoto, alla quale ne seguirono molte altre per tutta la giornata di venerdì 17, quando parte della città rovinò al suolo. Crollarono campanili e torri, precipitarono volte, si spaccarono i muri delle case, con molte vittime, numerosi feriti, strade ingombre di rovine. Ricevevo continuamente allarmanti dispacci, ero molto preoccupata per le mie sorelle. Seppi che Lucrezia aveva fatto appena in tempo a mettersi in salvo mentre i soffitti del suo appartamento precipitavano travolgendo paggi e servitori. In veste da camera e cuffia da notte, al braccio del fratello Luigi, era andata a rifugiarsi nel giardino del Palazzo dei Diamanti, seguita da Leonora che, ammalata e incapace di reggersi in piedi, fu frettolosamente caricata «sopra un cavallaccio». La duchessa Barbara venne trasportata in barca lungo il canale fino ai giardini della Castellina dove passò molte notti in una carrozza. Nelle piazze, nei cortili e perfino nei cimiteri la popolazione s'era accampata in tende. Pioggia e freddo accrescevano i disagi. Le scosse non parevano voler cessare e per oltre due mesi principi e cortigiani come i sudditi vissero accampati «come zingani in campagna». Mio fratello Alfonso II non abbandonò mai la città, condivise col popolo ogni disagio, passò notti di veglia in mezzo alla gente, e con lui rimasero tutti i principi estensi. Mio fratello il cardinale Luigi rimandò la partenza per la Francia e mia sorella Lucrezia, che doveva tornare a Pesaro, decise che in quei giorni difficili sarebbe rimasta nella sua Ferrara. Barbara d'Austria in quelle notti di paura forse compromise per sempre la sua già cagionevole salute. Mi narrarono di come eroica facesse tutto il possibile per alleviare sofferenze. Molte famiglie erano rimaste senza casa, e, vedendo povere fanciulle aggirarsi sperdute mendicando, ordinò che venissero alloggiate presso l'ospedale di Santa Giustina, dove le nutrì e le vestì. Acquistò poi alcune case in corso Giovecca e vi fece trasferire le ragazze, facendo edificare anche un piccolo oratorio: era nato così il Conservatorio delle orfane di Santa Barbara. Anche io avrei voluto poter essere d'aiuto alla mia città, insieme alla mia famiglia. Avrei voluto essere con loro in quelle notti di freddo e paura, ma non potevo abbandonare la mia nuova patria, sconvolta anch'essa da orribili sciagure, non naturali e certo non meno devastanti.

Stipulata la pace catastrofica che garantiva una piccola tregua sul campo di battaglia, Caterina aveva pensato di consolidare la rinnovata amicizia coi protestanti attraverso la diplomazia.

Sapevano bene tutti i sovrani che spesso ciò che non poteva essere conquistato con le armi poteva essere facilmente ottenuto con le nozze. Caterina poi nell'arte di utilizzare passioni amorose a scopi politici era abilissima. Cominciò a vagheggiare che uno dei suoi figli sposasse la regina Elisabetta, onde amicarsi la grande potenza inglese, stringere nuovi rapporti con il mondo dei riformati e vedere un suo rampollo sedere su un grande trono...

Propose il gustoso affare al giovane Enrico, fingendo di dimenticare l'ostinato esclusivo amore del principe per Maria di Clèves, moglie del principe di Condè. Enrico sognava di poter sposare un giorno l'amata, magari facendo annullare le sue precedenti nozze, Caterina invece già vedeva il figliolo prediletto cingere la prestigiosa corona inglese. E assai poco le importava che Elisabetta avesse diciassette anni più di lui, e che Enrico non la potesse soffrire. Il cardinale Châtillon, nell'interesse del partito protestante, si dava un gran daffare per attuare i progetti della regina madre e convincere Enrico a sposare la regina d'Inghilterra. Ma il giovane duca d'Angiò non era disposto a piegarsi ai suoi disegni e più volte senza remore ribadì che mai avrebbe accettato di disonorarsi sposando una «vecchia puttana».

Caterina pensò allora di rimediare offrendo all'ormai quarantenne Elisabetta il suo ultimo figliolo, Alençon, detto il nano. Temendo che la regina lo avrebbe rifiutato a causa della bassa statura, si premurò di sottolineare che il ragazzo aveva solo sedici anni e quindi avrebbe potuto crescere ancora! L'atteggiamento della regina d'Inghilterra verso Alençon fu piuttosto ambiguo. Ella non lo rifiutò, tergiversò a lungo. I suoi consiglieri Walshingam e Sussex inorridivano all'idea di quella mostruosa unione, ma lei dichiarava che nessun uomo le era mai piaciuto quanto il piccolo francese e che non avrebbe sposato altri che lui.

Nel 1579 Alençon sarebbe andato a trovare la fidanzata a Greenwich e sarebbe stato riempito di onori e illusioni. Elisabetta nell'occasione gli fece dono di un anello, intrattenendosi a lungo con lui. Lo chiamava il suo «piccolo ranocchio». Caterina esultante, avrebbe veduto il sogno di porre uno dei suoi figli sul trono inglese avvicinarsi fino a sfiorare la realtà, ma anche quella volta sarebbe rimasta delusa. Le trattative si sarebbero rivelate interminabili, tanto che il nano sarebbe morto prima di avere potuto concretamente accarezzare l'idea delle nozze.

Coligny intanto s'era ritirato a La Rochelle dove con gli altri capi ugonotti diede, in quel novembre del 1570, un altro esempio concreto della tolleranza che nondimeno rivendicava rifiutando di prendere parte, a Mézières, alle nozze del re con una principessa cattolica, Elisabetta d'Austria, figlia di Massimiliano II.

Il 1572 si portò via a Ferrara Barbara d'Austria. La sua salute cagionevole non s'era mai adattata al clima umido e malsano della pianura padana. Ferrara era insalubre. Sorgeva in una landa paludosa attraversata da fiumi e canali, nebbiosa e fredda d'inverno, afosa d'estate, infestata dalle zanzare. Se il suo clima non sembrava nuocere chi v'era assuefatto fin dalla nascita, poteva invece risultare dannoso a chi non v'era domesticato, come Barbara, cresciuta nell'aria tersa delle Alpi. L'ambasciatore mediceo Canigiani, costretto a vivere a Ferrara per quindici anni, affermava di odiare quella città «fangosa, tediosa, polverosa, fastidiosa, tremenda et rincrescevole», mentre il poeta Marot, espulso dalla Francia per eresia e accolto da mia madre Renea, definiva Ferrara senza troppi complimenti «un pantano pieno di zanzare». Barbara però era troppo felice per lamentarsi del clima. Amava mio fratello e le mie sorelle sue cognate, era entusiasta della nuova vita da duchessa e faceva di tutto per partecipare il più possibile alla vita di corte. Febbri e affezioni polmonari perseguitavano tuttavia la mite adorata duchessa, che il 19 settembre chiuse per sempre gli occhi su una città sgomenta che in lagrime pregava per la sua salvezza.

«Il dolor di questa perdita del signor duca, di tutti gli stati e maxime della povertà non si potrebbe mai scrivere», riferiva l'ambasciatore Canigiani, mentre Torquato Tasso scriveva nell'*Orazione in morte di Barbara*: «Tutte le chiese si frequentavano, tanti sospiri di matrone e baroni, tante pietose lagrime de' fanciulli, tante preghiere di tutta la città si sparsero».

Anche mia madre Renea da Montargis mandò sincere condoglianze per la morte di quella che definiva «donna tanto amabile» che «per me è stata come una figlia amatissima».

Ferrara era annichilita dal dolore, tutte le botteghe chiuse in segno di lutto. Martedì 23 settembre si celebrarono i funerali e Giambattista Pigna recitò un'orazione in lode della defunta. Il corteo funebre passò per le strade coperte di drappi neri, la bara, portata a spalla da dodici gentiluomini in gramaglie, era seguita da una folla infinita: si fermò dinanzi alla chiesa del Gesù, ancora in costruzione. Era stata iniziata due anni prima per volontà della duchessa, e mio fratello il cardinale Luigi aveva posto la prima pietra. Legatissima all'ordine del Gesuiti, Barbara aveva chiesto d'essere sepolta lì. La sua salma fu deposta nel pavimento, poi nel 1592 mio fratello Alfonso le fece innalzare un mausoleo nel coro, opera elegante e fastosa in granito con decorazioni di marmo bianco e due putti con una targa di marmo nero ove a caratteri dorati si legge semplicemente: *Barbara Archiducissa Austriae, Ducissa Ferrariae.* Religiosissima, generosa, zelante nella preghiera come nei doveri di Stato e nella carità, solo una cosa Barbara non aveva potuto dare al duca e alla capitale estense: l'agognato erede al trono.

Mio fratello Alfonso aveva un disperato bisogno di un erede. Egli governava Ferrara come vicario pontificio, ma nel 1567 papa Pio V aveva emanato una bolla che proibiva l'infeudazione di città della Chiesa a eredi che fossero di nascita illegittima, ponendo di fatto le basi per l'incameramento di Ferrara nello Stato pontificio. Mio fratello non voleva nemmeno sentire parlare di siffatta ipotesi: Ferrara era da sempre l'adorata capitale, che gli Estensi avevano praticamente costruito su misura. Ospitava una delle corti più raffinate del Rinascimento, culla di letterati e musici, teatro di splendida vita mondana. Certo, sarebbero rimaste alla nostra Casata le città di Modena e Reggio, feudi imperiali sui quali non vigevano leggi vincolanti per la successione, ma non erano che trascurate città di provincia, in nulla paragonabili alla superba capitale dalle larghe strade e dai bianchi palazzi. L'astrologo Nostradamus, che tante previsioni fece sulla discendenza di Caterina de' Medici e sul trono di Francia, non trascurò di pronunciarsi anche in merito al problema della successione ferrarese: Alfonso avrebbe avuto l'agognato figlio maschio, ma solo in età avanzata e dalla terza moglie. Così, ancora attonito per la prematura scomparsa della dolcissima consorte, mio fratello cominciò subito a intavolare trattative con le altre corti per trovare un'altra sposa.

La ragion di Stato aveva nel frattempo imposto un matrimonio anche a mia sorella Lucrezia. Bellissima, colta e raffinata per anni Lucrezia aveva avuto un ruolo di primo piano alla corte estense. Nostra sorella Leonora, la dolce amica del Tasso, di salute cagionevole e di temperamento mite e riservato, lasciava volentieri e lei onori e oneri della vita mondana. Quando nostra madre Renea aveva lasciato Ferrara, era stata Lucrezia a prendere il suo posto, regnando per lungo tempo cantata dai poeti e corteggiata dai principi. Non poterono e non vollero certo offuscare il suo successo le duchesse sue cognate, né Lucrezia de' Medici con la sua fugace presenza minata dalla malattia, né l'assai poco mondana Barbara d'Austria. Sembrava un destino magico, e non era che il proemio illusorio di un'angosciante tragedia. Costretta ad accettare il matrimonio con l'erede al trono di Urbino, peraltro di tredici anni più giovane di lei, Lucrezia abbandonò l'amata corte per trasferirsi a Pesaro. Se per un attimo volle lasciarsi cullare dall'illusione di poter replicare come duchessa d'Urbino i fasti ferraresi, dovette ben presto disingannarsi e lasciar annegare nelle lagrime ogni ambizione, ogni desiderio di felicità. Francesco Maria della Rovere era innamorato di una damigella incontrata alla corte di Madrid e non voleva saperne di sposare Lucrezia. Cedette per obbedienza al padre e alla ragion di Stato, ma non cessò mai di odiare e umiliare la principessa estense. Solo il duca Guidobaldo aveva accolto Lucrezia con affetto e onore, l'aveva circondata di premure e amicizia, ma la sua morte aveva lasciato troppo presto a Francesco Maria il titolo di duca, e a mia sorella, nuova duchessa di Urbino, la disperazione. Aveva perso l'unica persona capace di proteggerla. Con la forza che gli derivò dal potere non più soggetto all'autorità paterna, Francesco Maria perse ogni ritegno. Si rivolgeva a lei chiamandola «madre» per sottolineare la differenza d'età, la tradiva continuamente e pubblicamente, portava a Palazzo sempre nuove amanti, e ogni donna, anche raccolta per strada, acquisiva l'immediato diritto di condividere la sua dimora.

Appena poteva, Lucrezia tornava a Ferrara e vi trascorreva periodi sempre più lunghi.

A Parigi nel frattempo la figlia di Caterina de' Medici, Margherita, si era innamorata di mio figlio Enrico di Guisa. Quell'amicizia che aveva accompagnato ogni giorno della loro infanzia, che troppo spesso era sfociata in liti, in piccole o grandi gelosie, si era gradualmente trasformata in un sentimento profondo e intenso. Non si trattava affatto di uno dei numerosi capricci amorosi della vivace Margot, ma di un'autentica travolgente passione, ricambiata e alimentata da fugaci incontri clandestini. Fu proprio durante uno di questi convivi amorosi che Louis de Béranger, signore di Guast, favorito di Enrico d'Angiò, sorprese un giorno i due giovani in una camera appartata, in un lontano corridoio del Louvre. Zelante corse ad avvertire il duca d'Angiò che, al contrario di Margot, aveva serbato integro l'odio invidioso che fin da ragazzo nutriva per mio figlio, del quale ora peraltro temeva e detestava l'immensa popolarità.

Guast svegliò Enrico d'Angiò alle cinque del mattino, lo informò del misfatto e questi corse ad avvisare madre e fratello. Furibondi per questa relazione che rischiava di mandare a monte tutti i progetti matrimoniali su Margherita, Caterina e il re mandarono immediatamente a chiamare l'incriminata, che nel frattempo era riuscita a far fuggire l'amante dalla finestra. Ella si presentò al cospetto della madre con aria innocente e cercò di discolparsi, mentre Carlo IX la gettava a terra e la picchiava violentemente.

Mio figlio, ignaro dei terribili momenti che l'amata stava vivendo, e ben consapevole di trovarsi in un enorme guaio, dopo essersi calato dalla finestra s'era precipitato a Reims, dallo zio cardinale. Era questi abbastanza esperto da poter immaginare come la famiglia reale avrebbe reagito all'incidente amoroso. Nella relazione di Enrico e Margot, Caterina e i suoi figli non avrebbero certo saputo o voluto scorgere un'irresistibile passione né un'innocente scappatella. Di certo vi avrebbero visto nientemeno che un complotto. Un complotto ordito dal partito dei Lorena per entrare a far parte della famiglia reale attraverso un conveniente matrimonio! Avrebbero di sicuro pensato che Enrico di Guisa aspirasse a prendere il posto del re. Non si trattava in fondo di un'idea così bizzarra. Caterina aveva sempre temuto i Guisa per l'abilità politica e la popolarità. E li paventava proprio per il timore che potessero un giorno regnare al posto dei Valois, tanto più ora che la fama della famiglia reale era compromessa. Nessun principe francese poteva contare sul favore popolare di cui godeva mio figlio Enrico, ma la consapevolezza di ciò poteva rendere i Valois spietati.

Mio cognato il cardinale di Lorena era consapevole di tutto ciò, e sapeva anche che codesta divagazione amorosa non sarebbe potuta capitare in un momento peggiore. Proprio in quel periodo infatti la nostra famiglia era guardata con particolare sospetto a causa della tenace opposizione alla pace di Saint-Germain. Perfino il fatto che mio cognato il cardinale avesse poco tempo prima manifestato la propria contrarietà al progetto di Caterina di dare la principessa Margherita in sposa a un principe protestante, in questa circostanza andava ad aggravare la situazione. Caterina avrebbe certo pensato l'avesse fatto unicamente nella speranza di farle invece sposare Enrico suo nipote...

«Vostro figlio è qui, preda di un profondo turbamento che ci coinvolge tutti», mi scriveva il cardinale mio cognato. Il rischio per la nostra Casata era quello di una rottura con la corte. Rottura che sarebbe poi facilmente degenerata in una nuova guerra. Di tutto poteva aver bisogno la nostra Francia in quel diabolico periodo, fuorché di questo.

Dopo ore e ore di penoso colloquio, il cardinale riuscì a convincere mio figlio della necessità di sacrificare i propri personali sentimenti in vista di un bene più grande, la futura pace nel regno cristianissimo. Se il suo amore per Margot aveva ingenerato nel re pericolosi, seppur ingiusti, sospetti, essi dovevano assolutamente esser tosto fugati. E se i sovrani paventavano ch'egli volesse sposare la principessa Margherita, come rasserenarli se non sposando subito un'altra principessa? Per porre fine a tutti gli equivoci, Enrico doveva rinunciare per sempre a quella sconveniente passione giovanile e promettere fedeltà a un'altra donna.

Affranto, mio figlio assentiva. Non saprei dire quanto gli sia costato rinunciare a Margot. Non parlava mai dei suoi affetti, né lasciava che questi trapelassero, ed era stato educato a dare comunque sempre la precedenza ai doveri di Stato. Seppi piuttosto quanto costò a Margot rinunciare a lui, giacché mai ella poté perdonare chi l'aveva costretta a tanto. Enrico rassegnato invitò lo zio a scegliere una dama che gli paresse adatta, impegnandosi a sposarla subito. Caterina de Clèves, vedova di Antoine de Croy, principe di Porcien, sarebbe stata la sposa di mio figlio. E mentre Enrico si lasciava consolare dallo zio, Carlo IX si abbandonava ai suoi consueti scatti di collera, che in quel 25 giugno furono più furiosi e durevoli del solito. Appena il sole volle alzarsi in cielo a porre fine a una notte burrascosa, egli fece chiamare nelle sue stanze il fratellastro, conte di Auvergne, figlio illegittimo di Enrico II. Aveva un delicato incarico da affidargli.

«Di queste due spade che vedi, una è per ucciderti se domani, quando andremo alla caccia, non ammazzerai il duca di Guisa!» esclamò nell'allungare delle armi al fratellastro, che lo osservava perplesso. Sapeva che non era il caso di contraddire il re, soprattutto quando era così palesemente furioso, tuttavia... quel compito proprio non lo aggradava.

Carlo IX insisteva, ben deciso a convincerlo. Agendo durante la consueta caccia con i cani, tutti avrebbero pensato a un incidente e lui si sarebbe finalmente liberato dello scomodo rivale, più amato del re... ora anche da sua sorella! Desiderava ardentemente questo crimine, e l'attonito conte non sapeva come uscire dall'incomoda situazione che al termine di quella giornata avrebbe veduto morire o lui o il duca di Guisa. Fu Margherita a toglierlo dall'impaccio. Venuta a conoscenza dell'ordine del sovrano suo fratello, s'affrettò a mettere in guardia l'amante che prudentemente decise di allontanarsi dalla corte per qualche tempo. Grande fu il sollievo del conte di Auvergne quando s'avvide che la designata vittima non era presente alla partita di caccia, ma grande fu anche la preoccupazione di mio figlio, il quale temeva che il re avrebbe presto profittato di un'altra occasione per liberarsi di lui. Lasciò passare alcuni giorni, poi, sperando che l'ira si fosse placata, si presentò al suo cospetto.

«Cosa siete venuto a fare qui?» lo apostrofò brutalmente Carlo IX, già portando la mano alla spada.

«Vengo per il servizio a Vostra Maestà»

«Non ho bisogno dei vostri servizi!» sbuffò Carlo voltandogli le spalle.

Enrico con un inchino si ritirò. Era deluso, e preoccupato. Non seppi consigliargli altro che affrettare le nozze con la principessa di Clèves per calmare il furore del sovrano, e subito iniziammo i preparativi. Per benedire il matrimonio di Enrico giunse a Parigi mio fratello, il cardinale Luigi d'Este, accompagnato da numerosi gentiluomini e da Torquato Tasso, in quei mesi all'apice della fama. Arrivavano da Ferrara e si fermarono ad Annecy, dove li attendevo per unirmi al loro viaggio fino a Parigi. Passammo da Montargis, affinché si unisse a noi anche nostra madre Renea, che avrebbe poi preso alloggio con me per qualche tempo al Louvre. Le nozze furono celebrate il 3 ottobre 1570 all'*Hotel de Guise*, la più importante delle nostre residenze. La suggestiva cappella decorata da Niccolò dell'Abate su disegni del Primaticcio, che rappresentava la nostra famiglia come patrona delle arti, mi sembrò la cornice ideale per la cerimonia, al termine della quale salimmo l'imponente scalone dominato dalla Croce dei Lorena per aprire i vasti appartamenti alle feste. Il cardinale di Guisa per l'occasione volle esporre la sua preziosa collezione di vasi. Anche Enrico d'Angiò partecipò soddisfatto alla festa, e andò perfino a presentare le sue felicitazioni allo sposo. Lo vidi accostarsi a mio figlio con cortesia, lo sentii congratularsi. Sembrava stranamente amabile. Solo per un istante depose il garbo richiesto dalla situazione per lasciare libero corso ai sentimenti: «Se dovesse capitarvi anche solo di lanciare uno sguardo su mia sorella, vi pianto un coltello nelle costole» sussurrò all'orecchio di Enrico. Era comunque felice di questo matrimonio che almeno riapriva le possibilità di intavolare convenienti trattative sul futuro nuziale della sorella. Ma la più soddisfatta era certo Caterina, che ora, a degno compimento della pacificazione di Saint-Germain e dell'eterna sua politica dell'equilibrio, pensava di offrire la povera Margot in sposa a Enrico di Borbone.

L'ipotesi di un'unione tra la principessa Margherita e il re di Navarra costituiva motivo d'esultanza per gli ugonotti. Uno dei loro capi sarebbe entrato a far parte della famiglia reale, acquisendo posizioni di privilegio all'interno del governo. Per il partito dei riformati si prospettavano sicuri vantaggi. Filippo II e Pio V erano preoccupati, e accusavano Caterina di parzialità. Né si sarebbe potuto dare loro torto, giacché ben si vedeva come il piatto della bilancia della sua politica di equilibrio finisse sempre col pendere dalla parte dei calvinisti.

Nel corso del 1571 avevamo peraltro con orrore veduto moltiplicarsi gli episodi di violenza. Una tragedia avvenuta nei vicini Paesi Bassi aveva poi sconvolto l'opinione pubblica francese. I protestanti avevano cercato d'impadronirsi del Castello di Orange, ma erano stati fermati dai cattolici che li avevano poi inseguiti fin dentro le loro case per massacrarli. I pochi superstiti presentarono risentite lagnanze al re, il quale ordinò per i cattolici una punizione esemplare, un'impiccagione di massa. Diversi frati degli ordini dei mendicanti nella piazza di Orange penzolarono dalle forche avvolti nel loro saio, offrendo un agghiacciante spettacolo a un popolo già nauseato che mai avrebbe potuto dimenticare e perdonare. A Rouen un gruppo di ugonotti che assunse un contegno irriverente al passaggio di una processione che portava il viatico a un moribondo, venne massacrato dalla folla indignata. Vedevo come ormai i disordini fossero quotidiani, come la terra di Francia venisse continuamente, ovunque macchiata dal sangue di una popolazione furente e stremata.

Era il 12 settembre 1571 quando, tra lo sconcerto dei cattolici e il giubilo degli ugonotti, assistemmo alla grande ricomparsa a corte di Coligny. Raggiunse Caterina, che lo aveva convocato al Castello di Blois. La condanna che pendeva sulla sua testa era, come avevo potuto immaginare, una questione già dimenticata. Riprendere il dialogo col traditore faceva parte del progetto che sarebbe culminato nelle nozze di Margot con Enrico di

Navarra.

Coligny aveva cinquant'anni, era al culmine della potenza e della gloria. Disponeva di un esercito formato da calvinisti convinti, fedeli e disposti a tutto. Col suo carattere altero e supponente, l'ammiraglio era certamente più temuto che amato, ma forse lui preferiva così. I suoi seguaci obbedivano come cani addestrati. Sapeva che c'erano uomini pronti a morire per lui, così come ce n'erano pronti a ucciderlo non appena si fosse presentata l'occasione. D'altra parte, egli sapeva, forse addirittura compiacendosi, di non poter suscitare blandi sentimenti o contegni neutri. Il suo temperamento intransigente, rigoroso, mai disposto al compromesso, le sue concezioni politiche e religiose non lo ammettevano. Gaspard de Coligny era peraltro immensamente ricco. I predoni di La Rochelle gli facevano regolarmente recapitare l'oro rubato ai galeoni di Filippo II, mentre i saccheggi delle città cattoliche ricolmavano le tasche delle sue soldataglie. Il suo potere politico era inoltre sostenuto dalla stampa.

Libelli e opuscoli satirici circolavano in gran numero su tutto il territorio francese diffamando la famiglia reale e il clero, diffondendo le idee della riforma. Erano scritti in modo semplice, graffiante, gustoso, e tutti si dilettavano a leggerli. Con rammarico dovevo ammettere che i tomi cattolici in latino erano una risposta sicuramente ineccepibile sul piano dottrinale e culturale, ma certo perdente su quello della propaganda. Custodendo la verità, pensavamo in fondo di non averne bisogno, della propaganda, di quello sciocco cicalare dei libelli protestanti, di quelle facili dottrine propinate agli stolti, finte perle in pasto ai porci. Solo gli sprovveduti potevano farsi incantare da spudorate sciocchezze ostentatamente diffuse a scopi politici da una stampa d'infimo livello, ma non avevo pensato che gli sprovveduti potessero essere tanti, e così ostinati.

Coligny accettò l'invito di Caterina a Blois soprattutto per mettere a frutto le informazioni ricevute dal principe d'Orange. Questi lo aveva convinto ad accostarsi al malleabile re Carlo IX, a entrare nelle sue grazie, per poi convincerlo a intraprendere una guerra contro Filippo II con l'appoggio dei protestanti, una guerra che a quel punto si sarebbe configurata come una vera e propria crociata protestante contro il cattolicesimo.

Ignara dei piani dell'ammiraglio, Caterina lo accolse ricolmandolo d'onori e ricchezze. Oltre a un'ingente somma per arredare il suo castello, gli offrì subito un posto nel consiglio del re. Di fronte poi al dono di un'abbazia che assicurava una cospicua rendita annuale, l'eretico che aveva messo a ferro e fuoco tutte le badie che aveva incontrato sul suo cammino, dimostrò pure di gradire, e questa si guardò bene dal distruggerla! Per conquistarsi la piena fiducia dell'ammiraglio e convincerlo delle sue «buone» intenzioni, Caterina fece eseguire immediatamente la condanna a morte dei cattolici di Rouen che si erano abbandonati ad atti di violenza verso i protestanti. Tutti potevano avvedersi di come Coligny e il suo partito andassero acquisendo a corte un credito assai maggiore di quello dei Guisa e del partito cattolico. Quando Coligny fu presentato alla giovane moglie del re, Elisabetta d'Austria, che Brantôme definiva «savissima, buonissima e virtuosissima», la regina, affatto estranea agli intrighi e alle commedie della suocera, spontaneamente s'irrigidì dinanzi al capo degli eretici che di tanti orrori s'era macchiato contro la Chiesa e il popolo cattolico. Inginocchiato, Coligny voleva baciarle la mano, ma lei d'istinto si ritrasse, chiedendosi come una corte che pretendeva d'essere cattolica potesse accogliere con tanti onori un siffatto personaggio.

La politica di Caterina suscitava malcontento in tutto il mondo cattolico, ma era soprattutto l'ostilità della Spagna a preoccupare i francesi, tanto più che la monarchia di Filippo II dominava ormai sull'intera cristianità. L'egemonia spagnola sembrò sul punto d'affermarsi definitivamente il 7 ottobre di quel 1571, quando la flotta ottomana venne sconfitta a Lepanto dalla Santa Lega, costituita da duecento navi spagnole, veneziane e pontificie guidate da don Giovanni d'Austria. Un moto d'entusiasmo e sollievo aveva pervaso il mondo cattolico, Caterina invece aveva avuto paura. Filippo era innanzitutto il suo avversario, e lei detestava doverlo vedere trionfante agli occhi del mondo intero.

Margherita continuava intanto ad amare appassionatamente mio figlio Enrico di Guisa. Non si preoccupava di celare il proprio rabbioso disprezzo verso tutti coloro che avevano voluto separarla da lui, che l'avevano convinto a sposare un'altra, e che ora volevano obbligare pure lei a convolare a nozze con un altro uomo. Un estraneo che mai avrebbe conquistato un cuore già impegnato, già ricolmo di un amore impossibile e irrinunciabile.

Margot non perdeva occasione per palesare il proprio risentimento verso la madre, verso il re e verso Enrico d'Angiò, mentre si era avvicinata al fratello minore, il grottesco nano, come lei umiliato e sopraffatto dal resto della famiglia. Su codesto fratello sfortunato Margherita riversò tutte le sue attenzioni, e lui, che forse per la prima volta in vita sua si sentì amato, le restituì l'affetto centuplicandolo, asservendosi totalmente a lei. Il loro reciproco attaccamento era così palese, esagerato che la corte malignamente cominciò a parlare d'incesto, sospetto che invero quella bizzarra principessa aveva in passato già suscitato anche riguardo agli altri fratelli. In breve tempo tuttavia l'alleanza fra il nano e la bella Margot avrebbe avuto importanti risvolti politici.

Nell'organizzare il matrimonio della figlia con Enrico di Navarra, Caterina aveva avuto tutti contro. Margherita vedeva quel marito un poco rozzo che la famiglia voleva imporle come un vero e proprio martirio e sperava che la madre si sarebbe lasciata infine toccare, se non dai sui sentimenti, almeno dalla ferma contrarietà del papa e di Filippo II. Peraltro dal pontefice Caterina attendeva la dispensa, necessaria per celebrare il matrimonio tra due persone di diverso credo oltretutto legate da stretti vincoli di parentela. Non sembrava favorevole alle nozze neppure la madre dello sposo, Jeanne d'Albret. Data la dipendenza del protestantesimo francese dall'autorità di Elisabetta I, si era più volte consultata con l'ambasciatore d'Inghilterra. Inizialmente contrario, lo stesso ambasciatore venne poi piegato dalla ferrea volontà di Caterina, e il 12 aprile 1572 Jeanne d'Albret a malincuore firmò il contratto matrimoniale. Ella temeva che il figlio si sarebbe lasciato incantare dall'attrattiva perversa, dalla grandigia, dalle sfarzose feste della corte papista, così diversa dalle grigie, austere e compassate adunanze di pastori protestanti. Fu lei invece a subire il fascino della bella e astuta Margot, e ben presto si ritrovò bendisposta verso quello sposalizio dapprima avversato. Si stabilì a Parigi, nel Palazzo del nipote Condè, in rue Grenelle-Saint-Honoré per assistere ai sontuosi preparativi.

«La regina di Navarra è qui, non sembra tanto in buona salute; indossa più perle del solito», scrivevo a un'amica, per canzonare un poco quella donna così sgradevole. Mi dispiacque tuttavia quando mi accorsi che davvero in quel mese di maggio Jeanne stava male. Si lamentava spesso di fastidiosi dolori al petto e aveva sempre la febbre. Non fece in tempo a partecipare alla celebrazione del matrimonio del figlio. All'inizio di giugno morì, mettendo in allarme gli ugonotti che gridarono al veneficio. E lo gridarono a tutto il mondo attraverso i loro osceni libelli. Molti storici e romanzieri avrebbero poi sposato la tesi dei guanti avvelenati che il profumiere di Caterina avrebbe preparato apposta per la regina di Navarra. Non si preoccuparono di spiegare perché l'avrebbe fatto, proprio nel momento in cui, attraverso il matrimonio della figlia, contava di stringere quell'alleanza alla quale tanto teneva, né si preoccuparono d'essere smentiti dalla realtà, certo meno affascinante, ma assai più plausibile. Il corpo senza vita della regina di Navarra venne squartato e minuziosamente analizzato dai chirurghi, i quali rivelarono che i polmoni di Jeanne erano stati distrutti non dal veleno di Caterina, bensì dalla vera inarrestabile assassina dei nostri tempi: la tubercolosi.

Di fronte all'indegno scandaloso favore di cui palesemente godevano Coligny e il suo seguito, la mia famiglia delusa e infastidita ancora una volta aveva preferito allontanarsi dalla corte. Il re era scioccamente caduto nella trappola di Coligny, s'era lasciato sedurre dalle sue false promesse e ormai apparteneva al partito protestante, con gran disappunto di Caterina che ancora sognava di poter riunire intorno al figlio tutti i sudditi, senza distinzione di partito o credo religioso. Vagheggiava che un matrimonio potesse sancire la riappacificazione, la definitiva unione dei Guisa e dei Coligny, ma si trattava solamente d'una ridicola ipocrita utopia. Al momento Coligny, che aveva plagiato il debole Carlo IX, deteneva tutto il potere. Aveva assunto il rango di principe del sangue, aveva libero accesso agli appartamenti reali, esercitava un'influenza totale sul re. I cattolici più vicini al sovrano erano stati allontanati, ed egli esercitava le proprie prerogative in un regime di monopolio, superbo, sfrontato, sempre più pretenzioso. E in silenzio preparava la guerra contro la Spagna.

Mi fu riferito che nella chiesa di Saint-Paul a Parigi, una domenica mattina, durante l'omelia s'udì il curato ribadire come la Francia non potesse vantarsi d'avere un buon re, dal momento che, chi si trovava in quel momento a cingere la corona, non si preoccupava di contrastare con vigore «la sciagurata setta diabolica», alla quale aderivano veri e propri «lebbrosi spirituali» che poi rischiavano d'andare a infettare tutte le anime. Come si poteva dar torto a quell'audace? Noi tutti avevamo paura della sconsiderata politica reale, dell'epidemia di violenza che minacciava le nostre terre, della lebbra che stava orrendamente sfigurando un regno che fu splendido. Perfino Caterina cominciò ad avere paura. Nel vedere il figlio ormai plagiato, la regina madre, che solo pochi giorni prima aveva accolto l'ammiraglio con tutti i possibili onori, cominciò a nutrire dubbi. Provò in ogni modo, con le lusinghe e con le minacce, con le promesse, con i rimproveri, a sottrarre il figlio all'infausto ascendente. Gli rammentò l'aggressione di Meaux, quando Coligny aveva attentato alla vita del re. Forse avrebbe dovuto ricordarla innanzitutto lei stessa, e assai prima. Nulla ormai poteva intaccare l'ostinazione di Carlo IX. Debole e passionale, furente nei suoi scatti d'ira, devoto, asservito a chi in un qualche modo riusciva a entrare nelle sue grazie, esagerato in qualsiasi tipo di sentimento, il re era in quel momento completamente succube del ribelle, sordo a ogni parola contro di lui, prigioniero di una fiducia cieca e immotivata che rischiava di mandare in rovina la Francia spingendola a una guerra devastante contro la Spagna.

Il popolo ormai odiava i Valois, attribuendo agli errori del re e della regina madre, traditori della fede cattolica e della sacra missione ereditata dai capetingi, tutti gli orrori della guerra. I francesi non volevano per nessun motivo rischiare una guerra contro la Spagna, una guerra che avrebbe sfiancato il popolo e che avrebbe inevitabilmente favorito il partito protestante. Il popolo cattolico, ancora furente per l'editto di Saint-Germain, avrebbe forse addirittura preferito consegnare il paese alla Spagna, all'eterna rivale, pur di non lasciarlo in mano agli ugonotti.

Nella riunione del consiglio, Coligny si trovò isolato. Tutti erano contrari alla guerra. Il maresciallo Tavannes difendeva risolutamente la pace, riscuotendo grandi consensi. L'ammiraglio poteva influire solo su Carlo IX, ma sapeva che in questo caso sarebbe stato inutile. La volontà del sovrano non poteva imporsi su quella del consiglio quand'era unanime. Innervosito dall'inatteso impedimento, Coligny andò a minacciare la regina madre: «Madame, il re rinuncia a entrare in guerra; pregate Dio che non si trovi a doverne affrontare un'altra, da cui non potrebbe trarsi indietro», poi ribadì: «Io non posso oppormi alla volontà della Vostra Maestà, ma sono certo che lei avrà modo di pentirsene». Potevo facilmente intuire come quell'uomo fosse pronto a tutto. Immaginavo avrebbe mosso guerra alla corona, radunando eserciti protestanti da tutta l'Europa. E certo anche Caterina si figurava questo scenario di guerra che avrebbe distrutto tutti i suoi sogni di pace. Decise che a ogni costo l'avrebbe impedito, che la Francia non avrebbe più dovuto esser costretta a correre questo rischio. Decise, proprio mentre l'ammiraglio vomitava insulti e minacce, che lo avrebbe ucciso.

Era il 20 luglio del 1572. Enrico di Navarra, accolto dai Borbone e dai Guisa, entrava a Parigi alla testa di ottocento cavalieri abbigliati in nero, come segno di lutto per la morte della loro regina, Jeanne. La città assisteva inquieta, impotente, a quella che appariva come un'incontrollabile invasione di calvinisti! Strade, piazze, chiese, osterie divennero teatro della loro irriverente insolenza, delle loro grida, dei loro tafferugli.

Fu preparato al Louvre, per il re di Navarra che s'accingeva a sposare Margherita, l'appartamento un tempo occupato dalla regina Eleonora, la seconda moglie di Francesco I. Enrico di Borbone era pacifico, sempre garbato, ma i suoi uomini, e soprattutto Coligny, non perdevano occasione per umiliare Parigi, ai loro occhi sciocca città papista da mortificare e conquistare.

Non erano trascorse che poche ore dal loro arrivo, e già i parigini parevano spossati, i loro animi esacerbati, l'ostilità sempre più manifesta sia nei confronti degli ugonotti sia nei confronti della famiglia reale, per tutti colpevole d'aver abbandonato la capitale in balia degli eretici. In un crescente generale risentimento, il popolo di Parigi serbava un'unica speranza. Dopo il fallimento della politica di equilibrio dei Valois, ora che la situazione sembrava irrimediabile, con gli ugonotti tracotanti e i cattolici esasperati, la gente sognava l'avvento d'un salvatore, un inviato di Dio capace di ripristinare finalmente l'ordine laddove stava regnando il caos. Codesto inviato di Dio era, agli occhi di tutta Parigi, mio figlio, il duca Enrico di Guisa.

Vedevo il popolo idoleggiare il mio giovane figliolo, e non potevo impedire a un dolce moto d'orgoglio di pervadermi il cuore. Un cuore di madre, certo, e un cuore ormai francese, che insieme al popolo di Francia soffriva e sperava. In quel tempo oscuro di devastazione Enrico era l'unica luce, era l'essenza stessa di quel barlume fioco di speranza che non manca in genere di sussistere anche nella notte più buia. Incarnava la speranza che, ultima dea, sopravvive esile, s'aggira smunta e ostinata come fantasma d'anima in pena che appare e scompare, come ombra che cerca la vita fra le macerie d'un paese sommerso dalla morte.

La folla sembrava in delirio quando il mio Enrico si mostrava per le vie di Parigi, superbo nella sua bellezza eppur garbato, affabile, dal sorriso gentile. Davvero sembrava un angelo, non solo ai miei occhi di madre. Davvero sembrava che, se per la Francia Dio avesse riservato ancora un po' di gioia, essa sarebbe stata portata dalle sue mani bianche e forti, vigilata dai suoi occhi profondi e rassicuranti, custodita dalla sua agile spada sempre al servizio del regno e del popolo cristianissimo. La fama del duca di Guisa si diffondeva ovunque, il re la temeva e Caterina sperava di sopirla pacificando le parti avverse. Non pensava che ad affrettare quelle nozze che, nei suoi piani, avrebbero dovuto riconciliare ugonotti e famiglia reale, pur sapendo che la cerimonia, prevista per il 18 agosto nella chiesa di Notre Dame, sarebbe stata celebrata in un clima quanto mai avvelenato.

I cronisti non trascurarono di sottolineare, nei loro resoconti delle atroci giornate che ci attendevano, la tanta parte giocata da quella tensione che s'era accumulata, quasi bagaglio fattosi troppo greve, da quell'esasperazione lampante e trascurata che s'avvicinava pericolosamente alla follia fino a mescersi in essa. In sciocco errore sarebbe caduto chi, nell'illustrare quelle orride giornate di sangue, avesse tralasciato di ritrarne il vero protagonista, il vivace, folle, incontrollabile motore della carneficina! Non era un uomo in carne ed ossa, eppure era ovunque visibile, palpabile, come e più di un assassino. Più veloce, più determinato, inarrestabile, incurante d'ogni cosa che non fosse la vendetta, la violenza inferta e subita quasi per sfogo, per macabro riscatto di un odio più devastante della morte. Non era un uomo in carne ed ossa, era molto peggio. Era il furore d'un popolo sfinito, gravido di follia, immerso nella violenza fin quasi a divenirne avvezzo, fin quasi a bramarla se capace di farsi morte, di aprire una porta verso la quiete. E chiunque con animo onesto vorrà provare a spiegare cosa realmente accadde a Parigi nella tragica domenica del 24 agosto, non potrà eludere dall'analizzare questo mostro dalle mille teste impazzite, un mostro creato dalle troppe omissioni, dall'indifferenza colpevole di chi, per non far lo sforzo di rispondere a un grido di dolore, a una richiesta d'aiuto, lasciò che il frastuono d'una folla impazzita s'accrescesse assordante e travolgente fino a sovrastare, ammutolire ogni logica. Gli intrighi dei grandi di Francia avevano certo contribuito a creare quell'atmosfera rigonfia di tensione che esasperò il popolo. Nondimeno fu solo il popolo, un popolo furioso e incontrollabile a determinare le imprevedibili enormi proporzioni del massacro.

I parigini non erano chiaramente disposti a sopportare oltre le vessazioni dei protestanti. I lunghi anni di guerra civile avevano stremato la gente. Gli ugonotti erano guardati con sospetto e inimicizia quali principali responsabili dello stato sfiancante di continua guerra. Non erano in molti, e tuttavia continuavano a inoltrare pretese, a provocare conflitti, razzie, violenze. Si susseguivano gli atti sacrileghi contro le immagini della Madonna, dei santi e contro l'ostia consacrata. Quale effetto avrebbero dovuto avere simili atti sul religiosissimo popolo francese? Qualcuno avrà forse il coraggio d'ostentare meraviglia, o facile scandalo, se ovunque il rancore spumeggiava verso i protestanti e verso la famiglia reale che non era riuscita a reprimere le loro violenze, a punire, ridurre i loro misfatti? Non c'era dimora misera o ricca che fosse, non c'era strada di campagna o di città, non bottega o mercato dove non s'udisse gente mormorare la propria rabbia, dove non s'avvertisse una tensione rovente, un minaccioso ribollire preludio di fatale esplosione. E quando infine l'esplosione sorprese Parigi, quando il rogo della follia divampò nella capitale per poi fiammeggiare nelle piccole città e diffondersi rapido alle campagne, fu la catastrofe.

XI

«Ma perché più v'indugio? Itene, o miei fidi consorti, o mia potenza e forze: ite veloci, ed opprimete i rei prima che 'l lor più si rinforze...»

Torquato Tasso

In una Parigi ostile, sprezzante, la chiesa di Notre Dame il 18 agosto 1572 ospitò la cerimonia che avrebbe unito Margherita di Valois a Enrico di Navarra. Una delle cerimonie più eleganti e solenni che avessi mai veduto, eppure tanto mesta da muovere a compassione. Margherita, bella e bizzarra principessa, superba, vivace, fucina di scandali e chiacchiere curiose, anima della mondanità parigina, non era certo la persona adatta a suscitar commiserazione, eppure quel giorno nessuno più di lei poteva strappare lacrime a occhi pietosi. A ogni costo Caterina aveva voluto codeste nozze. Le aveva volute benché la figlia avesse minacciato di odiarla per sempre, benché i due sposi fossero di religione diversa e legati da strettissimi vincoli di parentela. Francesco I era nonno della sposa e sua sorella Margherita nonna dello sposo, il quale per di più era calvinista: il matrimonio non sarebbe stato regolare senza un permesso speciale della Chiesa di Roma, e il papa, che non celava la propria avversione, tardava a inviare le dispense. Ma la regina Caterina non sembrava disposta a rimandare quelle nozze che nei suoi progetti rappresentavano un'irrinunciabile finezza politica per riportare la pace in Francia. L'opinione del papa non aveva mai invero inciso molto sulle decisioni della regina madre, ed ella decretò che nemmeno quella volta avrebbe lasciato la Chiesa romana interferire nei suoi piani. Le nozze da lei così ambite sarebbero state celebrate, con o senza il consenso del pontefice! Ordinò che il messaggero di Roma venisse fermato a Lione. Nel caso avesse avuto le dispense avrebbe potuto proseguire per Parigi, ma se avesse portato invece il rifiuto del papa avrebbe dovuto essere trattenuto a Lione fino a celebrazione avvenuta!

In quello sciagurato 18 agosto quindi tutto procedette come era stato programmato.

Nella cattedrale entrarono la sposa e la sua famiglia. Coligny, lo sposo e il loro seguito a motivo del diverso credo religioso si fermarono sul sagrato. Avvolta in un abito di velluto viola, col lungo manto che s'appoggiava a terra e docile la seguiva, un diadema che brillava quasi sfrontato sulle folte chiome che incorniciavano il volto più malinconico di Francia, vidi Margherita.

Pallida, gli occhi rigonfi, un rossore capillare di pupille violentate da troppe lagrime, il petto ancora a tratti scosso dai sussulti dello strazio di quell'ultima notte che lenta si portava via l'estremo residuo di speranza. La speranza che un qualsiasi evento sarebbe intervenuto a impedire il sacrificio, a calare il sipario su quella tragedia che la vedeva protagonista suo malgrado. Nulla accadde, e la donna sconvolta recitò la parte della sposa. Non felice, certo, non lo si pretendeva e nemmeno in fondo importava. Ma sposa, quello sì, doveva esserlo. Percorse tremante la navata di Notre Dame per raggiungere l'altare dove aveva sognato che ad attenderla ci fosse mio figlio. E dove invece stava inginocchiato, in un abito giallo splendente di diamanti, suo fratello Enrico d'Angiò, che faceva le veci dello sposo. La cerea figura di Margot aveva una mestizia tutta nuova, in stridente contrasto con la consueta vivacità, con la gioia esuberante che chiunque l'avesse veduta fino a pochi giorni prima avrebbe ravvisato in lei. Ora, palesemente a disagio nel sontuoso abito nuziale, assente, assorta in funerei pensieri, non sembrava ascoltare le parole del celebrante. Quando il cardinale di Borbone le chiese se accettava di prendere in sposo Enrico di Navarra, rimase muta. Il viso afflitto si volse impercettibilmente, e uno sguardo affranto, traboccante passione disperata si posò sul mai dimenticato Enrico di Guisa. Il re suo fratello, con un impulso insofferente, le scagliò sulla nuca un pugno violento che le fece abbassare di scatto la testa. Il gesto fu interpretato come un assenso e si diede inizio alla messa solenne, con i Valois ancora complici e spettatori dentro alla chiesa, e l'altro protagonista della farsa, lo sposo, insieme ai suoi amici e parenti calvinisti, ad attendere nel chiostro. Sul sagrato di Notre Dame i protestanti raccoglievano la rabbia dei parigini sdegnati.

«Vi costringeremo ad entrarvi!» gridò qualcuno.

Coligny fremeva in silenzio, limitandosi a pregustare il momento della vendetta. Con l'appoggio del re avrebbe mosso finalmente guerra alla Spagna raccogliendo un grande esercito protestante che avrebbe fatto della Francia un paese riformato. E i suoi uomini avrebbero schiacciato quella canaglia papista che ora osava insultarlo! Terminata la cerimonia il novello sposo, Coligny e il seguito di calvinisti irriverenti come sempre e senza nemmeno accennare a scoprirsi il capo entrarono nella cattedrale. Il dramma intimo di Margot s'era compiuto portando seco il trionfo politico di Coligny. La pace di Saint-Germain era stata rinsaldata. Ora, con la regina madre appagata e orientata alla conciliazione, l'ammiraglio poteva dedicarsi con maggiore libertà ai propri progetti, a quell'alleanza che sognava di stringere col principe d'Orange per condurre insieme a lui la guerra che avrebbe sottratto i Paesi Bassi alla Spagna. Nelle sue illusioni Coligny aveva sbagliato alcuni calcoli. Era indubbiamente vero che le nozze con le quali Margot era stata immolata sull'altare d'una pace fittizia favorivano i suoi disegni, ma Caterina non era questa volta completamente accecata sulla via della riconciliazione. Ella anzi ben vedeva come il conflitto agognato dall'ammiraglio avrebbe danneggiato la monarchia francese, e con il duca d'Angiò aveva già segretamente studiato possibili stratagemmi per sottrarre il re alla sua influenza. Nulla ancora era stato possibile ottenere in tal senso. Carlo IX si ostinava a chiamarlo «padre spirituale», a seguire tutti i suoi consigli, a conferirgli ogni potere. E Coligny, che faceva peraltro di tutto per screditare agli occhi del re il resto della famiglia in modo da poter esercitare su di lui un'influenza esclusiva, era sempre più vicino alla guerra che tanto bramava e che la Francia intera osteggiava.

La decisione di eliminare Coligny una volta per tutte s'era affacciata alla mente di Caterina quando questi l'aveva minacciata durante la seduta del consiglio. All'inizio era appunto solo un'idea, una sorta di tentazione sospinta dalla rabbia. Poi, col trascorrere dei giorni, divenne un pensiero ridondante, un pensiero che chiedeva di prendere forma, che voleva sfaccettarsi in minimi dettagli, che voleva farsi concreto in ogni particolare. Caterina decise di rivolgersi alla mia famiglia, ben sapendo che nessuno di noi aveva mai abbandonato il desiderio di vendicare, prima o poi, la morte del duca Francesco, mio marito. La regina conosceva il nostro disprezzo sempre vivo per l'assassino Coligny e poteva confidare di trovare in noi dei complici fidatissimi in un complotto che ne prevedesse la morte. In realtà già da molto tempo l'ammiraglio sarebbe caduto per mano nostra, se Caterina stessa non avesse fatto di tutto per scongiurare la vendetta. Ora sembrava giunto il momento in cui ella avrebbe quantomeno tolto il divieto.

Con poche parole e uno sguardo complice mi fece intendere che Coligny veniva consegnato a noi perché ne facessimo finalmente ciò che volevamo. Attendevo questo segnale da anni, dal giorno della morte dello Sfregiato, e lo sapeva anche il figlio di Caterina, Enrico d'Angiò, che nel suo diario annotava: «Avemmo la certezza che l'ammiraglio aveva espresso su di noi pessime opinioni al re mio fratello e decidemmo seduta stante di sbarazzarci di lui e di parlarne a Madame de Nemours, l'unica persona su cui potessimo contare per questo progetto, perché lo odia». Già, lo odiavo. Lo odiavo nonostante quell'apparente ipocrita riconciliazione che la regina ci aveva imposto. Lo odiavo di un odio costante, che era ancora identico a quello che avevo provato il giorno dell'assassinio dello Sfregiato, e che sarebbe morto solo insieme a lui. Per nulla al mondo avrei rinunciato alla possibilità di vendicare il compianto duca Francesco.

Se qualcuno mi chiederà se il rimorso non si sia affacciato in quei giorni sul mio cuore risoluto al fine di impedirmi di compiere quel delitto risponderò semplicemente di no. Troppo sangue innocente avevo veduto scorrere per lasciarmi impietosire da quello d'un reo. Un reo la cui morte avrebbe certamente evitato alla Francia nuovi orrori, avrebbe risparmiato altro sangue e molte lagrime. Il regno avrebbe tratto grande giovamento dalla morte di Coligny. D'altra parte sapevo che, se così non fosse stato, di certo la regina non avrebbe dato il suo consenso. Prima d'approdare a una soluzione estrema che la sua natura moderata avversava, aveva ella oculatamente vagliato ogni altra possibilità. Ma davvero credo non esistesse una valida alternativa all'assassinio dell'ammiraglio. Se ci fosse stata, Caterina l'avrebbe senz'altro perseguita, fino in fondo e a qualunque costo, come aveva sempre fatto. La verità, che gridava di voler essere riconosciuta, era una soltanto: costui aveva accettato favori, onori, danaro dalla famiglia reale persistendo nel suo atteggiamento di pericoloso ribelle, e per questo andava punito, occorreva impedirgli di uccidere ancora, di provocare altre guerre, di organizzare nuovi complotti. Non era purtroppo pensabile l'ipotesi di un processo, che peraltro era già stato tentato senza risultato: il re non avrebbe mai accettato che il suo idolo del momento venisse sottoposto a giudizio.

Si decise dunque di tosto eliminare l'agitatore e di condurre l'operazione in gran segretezza. Eravamo a conoscenza del progetto solamente io, Caterina e suo figlio Enrico d'Angiò. Per l'esecuzione materiale del delitto venni incaricata io stessa, e solo a quel punto ne parlai con mio figlio Enrico. L'unica condizione che Caterina aveva posto era che il suo nome e quello del figlio non venissero mai pronunciati. Condizione per noi accettabilissima: ben lieti saremmo stati di rivendicare fino all'ultima goccia il sangue di Coligny!

Discutemmo a lungo, io e mio figlio Enrico, per decidere quale mano avrebbe scagliato il colpo mortale contro l'ammiraglio. Enrico avrebbe preferito uccidere Coligny personalmente nel corso d'un regolare duello. Non intendeva screditare il proprio onore assassinando quel volgare brigante. Riteneva che io avrei potuto invece senz'altro colpire l'assassino di mio marito serbando dignità e decoro. Ci riflettei a lungo. Desideravo farlo. Bramavo il sangue di quell'orribile farabutto, mi struggevo dalla voglia di vederlo morire davanti ai miei occhi. Non avevo nulla da temere, ero un'abile tiratrice, tuttavia mille scrupoli sembravano volermi trattenere. Se avessi sbagliato il colpo, se qualcosa fosse andato storto, se mi fossi lasciata trasportare dalle emozioni, dall'euforia o dal panico, non me lo sarei mai perdonata. Forse la scelta migliore sarebbe stata quella di affidarsi a un sicario, a un professionista, a qualcuno che avesse potuto agire col necessario distacco, con lucida freddezza. Certo, non potevo immaginare quanto mi sbagliassi! Raccomandai caldamente il signore di Maurevert, Charles de Louviers, cavaliere dell'ordine di Saint-Michel, paggio della Casa di Lorena. Era lo stesso che già aveva tentato di uccidere Coligny, ma aveva sbagliato mira e aveva ucciso Mouy. Non saprei spiegare il perché, ma mi sentivo intimamente sicura che questa volta non avrebbe fallito. Non volli che il suo precedente insuccesso pregiudicasse la mia scelta. Era un uomo fidato, un ottimo tiratore, se era stato sfortunato la prima volta perché avrebbe dovuto esserlo nuovamente? Anche il duca d'Angiò, dopo un istante di perplessità e un rapido tentativo di convincermi a sbrigare io stessa la questione, aveva infine approvato la scelta «di uno strumento adatto e già sperimentato all'assassinio».

Il 21 agosto Maurevert fu ospitato sotto il falso nome di Bondot, arciere a cavallo del re, in casa di un vecchio precettore del duca di Guisa, il canonico Pierre de Piles de Villemur, presso il chiostro di Saint-Germain-l'Auxerrois. Io stessa avevo per un certo periodo abitato quella dimora che senz'altro avrebbe dato adito a sospetti contro i Guisa, ma che era d'altra parte particolarmente adatta allo scopo, essendo dotata di varie uscite - il che avrebbe facilitato la fuga di Maurevert - e di una finestra protetta da inferriate che dava proprio sulla strada che l'ammiraglio percorreva almeno due volte al giorno, per recarsi al Louvre e per rientrare a casa propria, in rue de Bethisy.

Nella mattina di venerdì 22 agosto si riunì il consiglio del re, al termine del quale, intorno alle dieci, l'ammiraglio s'incamminò verso casa. Alla sua destra camminava il signore di Guerchy, alla sua sinistra il signore di Pruneaux, circondati da un gruppo di ugonotti. Dalla finestra del chiostro, alla quale era stata appesa della biancheria per occultare la canna dell'arma, Maurevert era pronto a colpire. Fissava Gaspard de Coligny e con l'archibugio prendeva attentamente la mira. Quando fu certo di averlo sotto tiro sparò. Ma proprio in quell'istante l'ammiraglio si chinava per allacciarsi una scarpa. La pallottola lo colpì al braccio e gli staccò un dito della mano sinistra.

«Guardate come sono trattate in Francia le persone di qualità» esclamò contemplandosi indispettito la mano sanguinante. Non solo non era morto, ma non era nemmeno ferito in modo grave. Continuò a camminare fino a casa, mentre la notizia dell'attentato già correva per tutta Parigi. Il Palazzo in rue de Bethisy venne immediatamente circondato da protestanti armati pronti a difendere il loro capo. Per allontanare da sé i sospetti, il duca d'Angiò mandò immediatamente, in difesa della dimora dell'ammiraglio, cinquanta archibugieri ai quali poi s'aggiunsero cinque svizzeri della guardia personale di Enrico di Navarra.

Appena sparato l'inutile colpo, Maurevert era fuggito. All'uscita secondaria che dava sul chiostro era ad attenderlo un cavallo, un veloce ginnetto spagnolo che gli consentì d'allontanarsi senza che nessuno riuscisse ad arrestarlo. Nella stanza da cui era partito il colpo giaceva sul letto l'archibugio ancora fumante. Fu rintracciato il proprietario, una guardia del duca d'Angiò. Un contrattempo nei progetti di Caterina, che aveva posto come condizione che né lei né il figlio apparissero nell'intrigo. Ma in realtà il nome del proprietario dell'arma del delitto non interessava a nessuno. Tutti all'unanimità additavano mio figlio Enrico di Guisa come vero e unico responsabile dell'attentato: i protestanti sdegnati, chiedendo giustizia e vendetta, i cattolici estasiati, inneggiando al loro idolo che aveva provato a liberare la Francia dall'odioso ribelle fomentatore di inimicizie. Anche Coligny dal suo letto accusava i Guisa come i primi responsabili del suo stato, ma lasciava abilmente cadere pure un'ombra di sospetto sulla regina madre e il duca d'Angiò.

Il pericolo per la Francia e per la corona era ora rappresentato dalle conseguenze politiche di questa morte sfiorata ed elusa. Carlo IX furente preannunciava atroci ritorsioni. Il re stimava l'attentato all'ammiraglio come un vero e proprio affronto alla sua persona e all'autorità regale. Quando gli giunse la notizia, stava giocando alla pallacorda con mio figlio Enrico e Teligny, il genero dell'ammiraglio. In un scatto d'ira aveva gettato a terra la racchetta e rabbioso aveva preso a inveire e imprecare. Colpito nel suo sconfinato affetto per l'ammiraglio, era tanto furibondo da poter uccidere il colpevole con le sue stesse mani. Mandò immediatamente al capezzale del ferito il celebre chirurgo Ambrogio Paré, che senza difficoltà estrasse la pallottola ed amputò il dito che era rimasto attaccato alla mano solo per pochi lembi di pelle. Al pomeriggio volle recarsi di persona a casa dell'ammiraglio per portargli conforto, ribadirgli la propria fiducia e promettergli che giustizia sarebbe stata fatta, a prescindere dall'identità e dal peso politico del responsabile.

«Padre mio, voi siete ferito e io ne soffro. A costo della mia vita, vi vendicherò e il ricordo della mia vendetta non si cancellerà più», esclamò abbracciando l'ammiraglio, il quale subito volle informare il sovrano che per siffatta vendetta aveva già pronto il nome del responsabile da colpire: Enrico di Guisa. Carlo IX un poco perplesso fece notare che al momento dell'attentato il giovane duca era con lui a giocare alla pallacorda. Ma questo naturalmente non significava nulla. Come Coligny ben sapeva, assai di rado il vero assassino è colui che impugna l'arma.

Sentendosi in quel momento influente più che mai sul sovrano, Coligny ne approfittò per perorare la sua causa: «La guerra nelle Fiandre è cominciata. Non sconfessatela, Sire, non costringeteci a mancare alla parola data al principe d'Orange». Carlo IX lo rassicurò e Coligny fu soddisfatto. Caterina, che aveva voluto accompagnare il figlio, a quel punto pose fine all'incontro. Ambrogio Paré mostrò alla regina madre la pallottola che aveva estratto dal braccio del ferito.

«Sono davvero lieta che la pallottola non sia rimasta nel vostro corpo, perché ricordo che, quando Monsieur de Guisa fu assassinato a Orleans, i medici mi dissero che se si fosse potuta estrarre la pallottola, seppure avvelenata, si sarebbe scongiurato ogni pericolo di morte» mormorò Caterina fissando con sguardo eloquente l'ammiraglio che nella sua sfrontatezza senza pari restava, almeno all'apparenza, scevro d'ogni imbarazzo.

Carlo IX rimase per tutto il corso di quella lunghissima giornata nel suo stato di febbrile collera, il volto paonazzo, la mente contorta dall'ira, capace solo di gridare. Mio figlio si recò da lui e sfidò il suo rancore per chiedergli ufficialmente il permesso di lasciare Parigi.

«Andate dove volete, anche al diavolo se vi pare. Se avessi bisogno di voi saprei dove rintracciarvi» si udì rispondere con poco garbo.

In pieno giorno, Enrico di Guisa lasciò la capitale, ma vi fece ritorno quella notte stessa e in gran segreto prese alloggio al palazzo dei Lorena. Mio figlio ben conosceva la fortuna di cui godeva a Parigi, il favore del popolo, le speranze che la gente riponeva in lui. Non gli sarebbe certo convenuto, in un momento di difficoltà, lasciare la capitale. Non esisteva in tutto il mondo luogo per lui più sicuro. A Parigi il duca di Guisa quasi poteva fare a meno delle sue guardie, perché il popolo intero era la sua scorta, chiunque era pronto ad armarsi in sua difesa, tutti a intervenire al suo fianco. Chi avesse avuto lo sventato ardire di colpire Enrico di Guisa a Parigi, si sarebbe immediatamente trovato come antico schiavo in pasto alle belve nell'arena, circondato di parigini infuriati pronti a linciarlo. Tutti sapevano questo, e ciò di certo bastava a scoraggiare eventuali sicari.

Con l'attentato fallito a Coligny s'era peraltro ulteriormente accresciuta quella tensione che già da molti giorni inquietava la città. Artigiani e commercianti si barricavano astiosi, guardinghi nelle loro botteghe, le strade erano pericolose anche in pieno giorno, infelice teatro di continui tafferugli, grida, assembramenti. Ovunque i protestanti andavano a gettare ingiurie e provocazioni, perfino al Louvre gli uomini di Enrico di Navarra sfidavano apertamente le guardie reali. Lo scontro si profilava ormai inevitabile. L'ugonotto guascone Pardaillan disse alla regina che i riformati si sarebbero presto fatti giustizia da soli se il re non avesse provveduto in fretta a punire il responsabile dell'attentato all'ammiraglio. Davanti al Palazzo dei Guisa gli ugonotti sfilavano in massa schiamazzando e brandendo le spade. Gli insulti erano rivolti prevalentemente alla nostra famiglia, ma non risparmiavano la regina madre e il duca d'Angiò.

Nel pomeriggio del 23 agosto, passeggiando lungo i viali del giardino delle Tuileries, Caterina esaminava la situazione con i suoi consiglieri Nevers, Birago e Gondi. Erano stati segretamente convocati anche Tavannes, mio figlio Enrico e il duca d'Angiò. Due spie protestanti, Bouchavannes e Gramont, erano state assoldate dalla regina per studiare attentamente ogni mossa dell'ammiraglio. Ed essi, nella camera di Coligny, avevano potuto assistere a un vero e proprio consiglio di guerra, entrando in possesso delle prove inconfutabili di un nuovo complotto. Coligny e i suoi seguaci stavano tramando contro la corona. Gruppi di soldati dell'esercito protestante s'aggiravano per la capitale, pronti a entrare in azione. Il piano prevedeva l'assassinio dell'intera famiglia reale e di Enrico di Navarra, primo principe del sangue. Non si sarebbero fatti scrupoli gli ugonotti a sacrificare il Borbone, sempre guardato con sospetto, accusato d'esser sceso a patti con la famiglia reale e d'aver mostrato scarso zelo per la causa protestante.

Caterina e i suoi consiglieri pensarono che l'unico modo per sottrarsi all'eccidio fosse anticiparlo. In quella tremenda decisione, che sarebbe sfociata nell'orribile ondata di violenza a tutti nota come massacro di San Bartolomeo, ben vidi come ancora nessun ruolo ebbe la religione. Si trattò di un fatto meramente politico. Le motivazioni religiose sarebbero sì sopraggiunte, ma solo in un secondo tempo, quando atterriti dovemmo assistere all'esplosione del furore popolare, quando i francesi esasperati, sfuggendo al nostro stesso controllo, presero a sfogare tutto il loro rancore verso i detestati calvinisti. Ma chiunque conoscesse Caterina avrebbe potuto facilmente comprendere che nella decisione iniziale, nel dare il via alla carneficina, ella valutò, com'era sua consuetudine, unicamente fattori politici. La regina madre, che già temeva Coligny e la sua ostinazione nel perseguire una guerra suicida contro la Spagna, ora sospettava che l'ammiraglio stesse architettando un'orribile congiura. Agì come al solito in nome della sua personale religione, la salvaguardia della regalità. Mai Caterina, per la quale, ben sapevo, nessuna differenza intercorreva tra una predica e una messa, avrebbe ordinato non una strage, ma nemmeno un solo assassinio per motivi di fede.

Se il giorno successivo all'eccidio, nelle notifiche alle nazioni cattoliche, Caterina affermò d'avere agito a tutela della vera fede e della gloria della Chiesa, fu solamente per giustificarsi. So bene che invece i suoi sentimenti autentici affiorarono piuttosto nella missiva ch'ella inviò alla regina d'Inghilterra. A Elisabetta, Caterina scrisse d'avere agito unicamente per proteggere la propria corona. Si augurava che ella comprendesse, allo stesso modo in cui lei stessa non avrebbe certo mancato di comprendere se Elisabetta, a difesa del proprio potere, fosse stata costretta a prendere una decisione affine, a commettere un simile massacro, «fossero pure stati tutti i cattolici d'Inghilterra».

Nessuno zelo religioso ebbe parte in un provvedimento che fu invece tutto politico e che fu preso esclusivamente da uomini politici. Al momento della fatale risoluzione erano presenti i più fidati consiglieri della regina, ma nessun uomo di Chiesa, nessun prelato. Solo quando tutto era ormai stabilito venne mandato a chiamare il vescovo Morvillers, che in assenza del re presiedeva il consiglio. E mi venne riferito di come egli s'oppose alla decisione ultima e di come, quando si rese conto di non essere ascoltato, pianse.

Tutti sapevano che, per poter agire entro i confini della legalità, era necessario ottenere il beneplacito del re. Al fiorentino Alberto Gondi, signore di Retz, che era stato precettore del giovane Carlo IX e che ancora riusciva a esercitare una certa influenza su di lui, Caterina pensò d'affidare il delicato incarico di provare a dischiudere gli occhi al sovrano in merito alle reali intenzioni di Coligny. Gondi si fece ricevere al Louvre, e in un lungo pacato discorso provò a illustrare al re come cattolici fossero risolutamente contrari a un intervento armato nei Paesi Bassi, ingerenza che tutti sapevano avrebbe finito col provocare un sanguinoso conflitto con la Spagna. Gli dimostrò poi con inoppugnabili dissertazioni che Coligny stava già segretamente preparando una nuova guerra civile. A quel punto, entrarono nella stanza anche gli altri, la regina madre e il duca d'Angiò in testa, che cominciarono a discutere dei pericoli che stavano minacciando la monarchia e la stessa persona del sovrano.

Carlo IX li ascoltava confuso e sbigottito. Il germe del dubbio sembrava volersi insinuare nel suo cuore devoto all'ammiraglio. Caterina lo osservava, quasi speranzosa. All'improvviso, col gesto nervoso di chi cerca d'allontanare un tedioso insetto, il re si alzò e interruppe la disputa. Il sospetto, proprio come una mosca importuna e invadente lo tormentava, scacciato s'allontanava solo per pochi istanti e poi ricompariva insistente, assillante.

Carlo XI gridò iroso contro quel sospetto e contro chi se ne faceva portavoce. Gridò di non aver creduto a una sola parola di quanto aveva dovuto suo malgrado udire contro l'amato «padre spirituale». I consiglieri si guardarono sgomenti. Quando il sovrano si lasciava trasportare dall'ira, nulla si poteva fare di ragionevole se non allontanarsi subito da lui. Mesti abbandonarono la stanza regale. Caterina però non intendeva rinunciare. Obbligò gli uomini più fidati a rientrare nell'appartamento del re. Il consigliere Petrucci aveva preparato una lunga serie di dati, ricavati dalle carte di Coligny, capaci d'illustrare la reale consistenza dell'esercito protestante.

«Tutte menzogne! L'ammiraglio mi ama come un figlio. Non mi farebbe mai del male!». Il re era scosso, tormentato dal dubbio, ma deciso a resistere. Voleva fidarsi dell'ammiraglio, voleva difenderlo. A Caterina, madre attenta, non era sfuggito ciò che Carlo sarebbe riuscito a celare a chiunque altro. Un lieve turbamento, un'ombra impercettibile aveva attraversato rapida lo sguardo adirato. Forse non tutto era perduto. Forse le tante parole pronunciate in quelle ore d'angoscia non erano scivolate via vane. Nel tentativo di profittare della labile traccia di smarrimento, Caterina richiamò ancora alla memoria del figlio l'agguato di Meaux, «l'infame impresa» del suo amato Coligny.

Carlo IX si faceva sempre più furioso, non voleva rammentare quei tristi episodi, invitò più volte la madre e i consiglieri a uscire dalle sue stanze. Ma Caterina e Tavannes sapevano che non era quello il momento d'arrendersi. Ignorando le proteste del re continuavano a ragionare di delitti e congiure, rincarando la dose, paragonando Coligny a un cinghiale pronto a scagliarsi contro il re.

«Ho giurato di salvarlo. Non voglio che sia toccato. Assolutamente! Voglio che giustizia sia fatta. Le mie truppe controllano la città, e le indagini si concluderanno solo con l'arresto dell'attentatore». Carlo IX gridava, e sentiva la paura riempirgli il cuore, salire fino a stringere la gola, impregnare ogni muscolo. Tremava visibilmente. Caterina capì che quello era il momento adatto a sferrare il colpo decisivo. Altra occasione non si sarebbe forse mai più presentata. Ostentando una pacatezza ben lontana dal cuore inquieto, con voce ferma e risoluta, domandò al figlio se avesse una pur vaga idea di chi fosse il mandante del fallito attentato all'ammiraglio.

«Il signore di Guisa, ovviamente» borbottò Carlo IX con noncuranza. Poi il suo sguardo si levò inquisitorio verso la madre. Non aveva compreso affatto il significato di quella domanda, e non poté soffocare un terrifico sussulto di stupore quando la udì affermare: «No, dietro al signore di Guisa ci sono io».

Sotto quel colpo inatteso e sconvolgente il re crollò. Si rivolse ai consiglieri e in un tono rabbioso che nondimeno lasciava trasparire una possibile arrendevolezza, domandò cosa avrebbe dovuto fare. Prontamente Gondi cominciò a illustrare con diligenza l'imprescindibile necessità di battere gli ugonotti sul tempo. E di tempo non ne avrebbero avuto molto. Nei due giorni successivi i protestanti si sarebbero impadroniti di Parigi e avrebbero scatenato il massacro, cominciando proprio dal Louvre.

«E allora uccideteli tutti!».

Il grido proruppe dalla gola riarsa del re con la stessa incosciente violenza di una gittata di lava incandescente che erompe dalla bocca di un vulcano. Necessaria, liberatoria, devastatrice.

Caterina e i consiglieri si scambiarono uno sguardo compiaciuto, e appagati poterono ritirarsi senza aggiunger verbo. Uscirono dall'appartamento lesti e silenziosi, quasi temendo che un minimo indugiare, una qualsiasi altra parola che si fosse andata a sovrapporre superflua al mirabile risultato, potesse rovinare tutto. Ora potevano predisporre nei dettagli il loro piano, e dovevano agire con la massima rapidità.

«Se i sovrani, dopo che l'ammiraglio fu ferito, avessero lasciato trascorrere anche solo due giorni, sarebbero rimasti essi stessi vittime di un attentato», scriveva l'ambasciatore italiano Cunega.

Era domenica 24 agosto 1572, festa di San Bartolomeo. Dopo essersi lasciato strappare l'assenso, Carlo IX si era chiuso nei suoi appartamenti, furioso, smarrito, sgomento, mentre Caterina con la sua consueta diplomatica freddezza presiedeva il consiglio di guerra al fianco del generale Tavannes. Il primo nome ad essere vergato sulla lista dei condannati era quello dell'ammiraglio Gaspard de Coligny. Facevano seguito quelli di Teligny, La Rochefoucauld, Montgomery… in tutto una ventina. Venti nomi di vittime e venti nomi di esecutori. Mio figlio Enrico di Guisa avrebbe naturalmente avuto il compito di uccidere Coligny.
Enrico di Navarra ed Enrico di Condè sarebbero stati risparmiati in nome del sangue di Francia che scorreva nelle loro vene e della loro giovane età, la quale lasciava ben sperare che, eliminati i sobillatori, potessero presto rientrare in seno alla Chiesa e alla fedeltà alla corona. Tavannes nelle sue *Memorie* scrisse che Caterina stessa perorò la loro causa: «Dei giovani principi innocenti non devono avere a soffrire per i colpevoli. Vi è speranza che venendo istruiti, assistiti da servitori scelti dalle loro maestà, potranno essere ricondotti alla religione cattolica e all'obbedienza che essi devono al re e ai lor parenti».
Il consiglio di guerra ordinò che venissero chiuse le porte di Parigi e che tutte le barche della Senna venissero legate, cosicché nessuno dei condannati potesse trovare via di fuga. Quella notte, dopo aver a fatica riconquistato un poco di calma, ricomparve il re. Era ora fermamente deciso ad assumere il comando dell'operazione. Convocò i responsabili dell'ordine, Charron e Marcel, i quali assicurarono che la città era perfettamente tranquilla. Non lo stesso poteva dirsi del Louvre. Negli appartamenti reali tutti erano in fermento, ad eccezione di Margherita e Alençon, ormai gli unici della famiglia a non essere stati messi al corrente del piano. Quando Margot espresse il desiderio di ritirarsi nelle sue stanze per la notte e fece per accomiatarsi, fu trattenuta dalla sorella Claudia, mia cognata la duchessa di Lorena, in lagrime, che non voleva lasciarla andare via. Temeva che, qualora gli ugonotti avessero scoperto o sospettato ciò che stava per accadere loro, si sarebbero vendicati su di lei. Ma Caterina intervenne pronta ad asciugare le lacrime di mia cognata, la ammutolì con

uno sguardo di fuoco prima che potesse lasciarsi sfuggire il segreto, e invitò Margherita a ritirarsi. Se pur condivideva i timori di Claudia, Caterina non lo diede a vedere. Aveva ella ragione di temere che Margherita potesse mettere in guardia il marito, giacché se è pur vero che ella non amava quello sposo impostole dalla ragion di Stato, è nondimeno certo che il suo animo generoso non avrebbe lasciato che egli o i suoi amici cadessero nella trappola ordita dai sovrani. Pur di scongiurare il rischio di veder rovinati i suoi piani Caterina non parve avere timore, proprio lei che era sempre una madre così apprensiva, di mettere in pericolo la figlia. Quando entrò nella camera nuziale dov'era ad attenderla suo marito Enrico, Margot rimase sorpresa nel trovarvi riuniti una trentina di ugonotti.
«Per tutta la notte parlarono dell'incidente occorso all'ammiraglio e decisero che all'alba sarebbero corsi dal sovrano a pretendere giustizia dal signore di Guisa e che, se non l'avessero ottenuta, si sarebbero fatti giustizia con le proprie mani», avrebbe poi narrato nelle sue *Memorie*.

Alla luce delle fiaccole, le truppe reali si stavano radunando nel cortile del Louvre. Per riconoscersi anche nel buio della notte, secondo le istruzioni di Marcel, indossavano un cappello con una croce e una sciarpa bianca. Poco prima dell'alba, il segnale che avrebbe dato inizio all'eccidio sarebbe giunto dalla campana di Saint-Germain-l'Auxerrois. E infatti quando *Marie* prese a mescolare i suoi rintocchi alla brezza ancora fresca di una notte estiva che giungeva al termine per aprire un'aurora di sangue, iniziò la carneficina.

Mentre il sangue scorreva per le vie di Parigi, il sole si levava alto nel cielo a illuminare una strage, l'aria si faceva afosa e il lezzo della morte s'accompagnava alle grida dei feriti, *Marie* continuava a suonare. Ma non sembrava produrre le consuete note rassicuranti che quando giungono da un campanile per diffondersi nelle strade e nelle case riempiono il cuore di quella gioia calda che sembra provenire dal cielo, bensì un suono lugubre, monotono, spento e ombrato come la morte. Fu forse proprio il rintocco di *Marie,* innocente foriera di sciagura, inerme annunciatrice di morte, l'ultimo suono che poterono udire gli ugonotti che in quella disgraziata notte alloggiavano al Louvre. Molti di loro furono uccisi nei loro letti, quelli che cercarono di fuggire morirono nei corridoi o nel cortile.

Quando la campana di Saint-Germain aveva cominciato a oscillare emettendo i primi ritmi metallici, mio figlio Enrico si era incamminato con i suoi uomini verso rue de Bethisy. La casa dell'ammiraglio era ancora difesa dalle guardie del duca d'Angiò, le quali ovviamente lo lasciarono passare. Le guardie svizzere protestanti inviate da Enrico di Navarra tentarono invece un'improbabile resistenza, ergendo una barricata di mobili e bauli lungo le scale, ma furono rapidamente disperse. Gli uomini di mio figlio salirono nella stanza dell'ammiraglio. Davanti a tutti procedeva il sicario boemo Besme, fedele servitore della nostra famiglia. La prima luce del giorno non era ancora riuscita a filtrare attraverso i pesanti tendaggi di velluto. L'oscurità avvolgeva il sonno dell'ammiraglio, tanto che il sicario non riusciva a distinguere con chiarezza il profilo della sua vittima. Ma non poteva permettersi di sbagliare. Già due volte Coligny era fortunosamente scampato alla morte. L'incidente non si sarebbe ripetuto. Lo svegliò.

«Siete voi l'ammiraglio Gaspard de Coligny?»

«Sì sono io, ma lasciate che io muoia per mano di un gentiluomo e non di una canaglia della vostra specie». Anche sul letto di morte Coligny osava rivendicare quei trattamenti di riguardo che aveva negato alle sue vittime. Osava chiedere una morte da gentiluomo dopo avere vigliaccamente colpito mio marito lo Sfregiato alle spalle! L'unica risposta che ricevette fu una lunga serie di pugnalate.

«Besme, hai finito?» gridarono i miei figli che attendevano nel cortile.

«È fatta!» rispose il sicario prima di lanciare dalla finestra il cadavere.

Il corpo dell'ammiraglio precipitò ai piedi di mio figlio Enrico. Il volto, laceratosi nella caduta, riverso nella terra, era coperto di sangue e polvere. Enrico scese da cavallo e fece ripulire il viso della vittima. Per alcuni secondi rimase a osservarlo, un lieve tremito gli scuoteva le membra forti, ma nessuno avrebbe potuto dire se fosse ribrezzo o soddisfazione. I suoi lineamenti alteri non lasciavano trasparire emozione alcuna.

«È proprio lui» si limitò a confermare, poi si allontanò. Il cadavere rimase sulla strada, in pasto alla folla che di lì a poco lo avrebbe massacrato.

Proprio mentre Enrico muoveva i primi passi per andarsene, giungeva in rue de Bethisy un messaggero di Enrico d'Angiò. Colti dal terrore delle conseguenze del loro stesso progetto, Caterina e il figlio avevano avuto un tardivo ripensamento, e avevano dato ordine di fermare il duca di Guisa prima che compisse il suo assassinio, al quale sarebbero seguiti tutti gli altri.

«Troppo tardi» non poté che rispondere Enrico. Poi risalì a cavallo e se ne andò. Suo padre era finalmente vendicato. I suoi uomini rimasero in casa dell'ammiraglio e la saccheggiarono. I documenti che vennero ritrovati misero in luce tutta la gravità della congiura che Coligny stava tessendo. Intendeva egli porre fine alla monarchia sopprimendo tutti i Valois ed Enrico di Borbone, per fare della Francia una sorta di repubblica di riformati a capo della quale si sarebbe posto lui stesso.

Non potendo più fermare l'eccidio, Carlo IX al Louvre mandò subito a chiamare Enrico di Navarra ed Enrico di Condè. Informò i due principi che la loro vita sarebbe stata risparmiata a condizione che si convertissero al cattolicesimo. Quel giorno stesso sarebbero dovuti andare ad assistere alla messa. Enrico di Navarra, cresciuto fra le due religioni, con la madre fervida calvinista, della quale tuttavia non aveva ereditato il fanatismo, e il padre tornato al cattolicesimo per amore di una donna, non ebbe difficoltà ad accettare subito di buon grado. Abiurò l'eresia e si recò prontamente alla messa. Enrico di Condè, arrogante e altezzoso come il padre, cercò di protestare, orgogliosamente volle affermare che la paura della morte non lo avrebbe mai spinto a cambiare fede, poi si recò prudentemente e saggiamente a messa col cugino.

François de La Rochefoucauld fu assassinato nel suo appartamento da Chicot, il fratello del buffone del re. Carlo IX, a lui legato da antica amicizia, aveva provato a salvarlo.

«Non andate, Foucauld, chiacchieriamo per tutta la notte»

aveva detto quando il signore, trascorsa la serata negli appartamenti reali, aveva manifestato l'intenzione di congedarsi. Ma François aveva insistito per andarsene, giacché doveva incontrare la sua amante, la ricca vedova Condè, certo non immaginando che sarebbe stato quello il loro ultimo convegno amoroso.

Teligny, il genero di Coligny, fu raggiunto da un colpo d'archibugio mentre cercava di fuggire sui tetti. Gabriel de Montgomery riuscì invece a darsi alla fuga alla testa di un manipolo di protestanti. Imboccò la strada di Pontchartrain, subito inseguito da mio figlio Enrico e dai suoi uomini. Montgomery cavalcava uno straordinario destriero spagnolo capace di correre senza né bere né mangiare per lunghissimo tempo, e quando arrivò a Montfort-l'Amaury Enrico dovette abbandonare l'inseguimento.

XII

«Ora che i passi liberi e spediti, ora che la stagione abbiam seconda, chè non corriamo a la città ch'è meta d'ogni nostra vittoria? E che più 'l vieta?»

Torquato Tasso

I capi ugonotti erano stati eliminati. Si trattava di una ventina di persone, giustiziate in modo conforme alla legalità, con il permesso del re, al solo scopo di scongiurare un complotto, e quindi una guerra, che di vittime ne avrebbe mietute assai più. Ora la pace sembrava più vicina. Questa era l'idea di Caterina. Un'idea capace di tacitare la coscienza, di giustificare quelle morti. Un'idea che Parigi non condivise.

La città stanca, spossata dalla guerra civile, da anni minacciata dai soprusi dei riformati, conferì al segnale dato quella notte un significato tutto diverso, inatteso e incontrollabile.

Il popolo parigino, che ormai da troppo tempo covava un crescente odio per i protestanti, che vedeva gli ugonotti come la causa di tutti i recenti mali, della guerra, della fame, dei disordini, si lasciò abbagliare, sedurre, affascinare dalla violenza. Una violenza incontrollata e incontrollabile, quasi catartica, folle, che vibrò in ogni fibra di una città stravolta e accecata. Nessuno fu risparmiato da quel primordiale bisogno di brutalità e ferocia. Ogni persona, ogni parigino, in quella notte di orrori, sentì l'irrefrenabile bisogno di dare libero sfogo a una rabbia troppo a lungo repressa, e il furore scoppiò con tutto il vigore devastante che anni di soprusi avevano lasciato accumulare. La folla - ed è risaputo che quando gli uomini agiscono in folla danno inevitabilmente il peggio di sé - si mosse all'unisono, furente e rabbiosa, mostruosa e spaventevole.

Il primo oggetto della furia selvaggia fu il cadavere del principale nemico dei cattolici. Il corpo di Coligny venne mutilato, decapitato, gettato nella Senna, ripescato, portato in giro per la città legato a una corda, esposto agli oltraggi della folla e infine appeso alla forca di Montfaucon. Poi altre vittime subirono lo stesso oltraggio. E si cominciò a uccidere liberamente. Per le vie di Parigi, in quella soffocante giornata d'agosto, non si udivano che grida e colpi di archibugio.

Sembrava quasi che gli abitanti della capitale avessero udito il grido del re: «Uccideteli tutti!».

Ma il re intendeva tutti i capi del partito protestante, non tutti i protestanti!

Agivano, i parigini, con una siffatta armonia d'intenti che sembravano effettivamente rispondere a un ordine superiore, a un disegno, ma non era così. Erano semplicemente mossi dai medesimi sentimenti di odio e rancore, di disinganno e sconforto, sentimenti giunti a un punto tale da non poter più essere controllati. Sembravano anzi alimentarsi, irrobustirsi alla vista del sangue che lordava le strade della città, così che assai presto fu proprio la sete di sangue a farsi movente primo della strage. Ogni residuo di logica andò completamente perduto, si cominciò ad ammazzare per il gusto di ammazzare, tanto che non solo gli ugonotti vennero assassinati a Parigi, ma persero la vita anche molti innocenti. Tutti si fecero prendere dall'ebbrezza dell'omicidio gratuito e del saccheggio, e smisero perfino di guardare in faccia le vittime prima di colpirle. La folla in preda il delirio arrivò a uccidere a caso...

Infelice il governante che permette al risentimento popolare di giungere a quei livelli, che consente all'odio di lievitare fino a farsi follia! Nel trovarmi mio malgrado immersa in questa enorme sciagura non posso che augurarmi che almeno essa possa farsi funesto ammonimento, che in ogni epoca possa essere ricordato il triste esempio dei Valois. Travestiti d'ipocrisia, per inseguire a tutti i costi una pace apparente, effimera, volendo evitare qualsiasi metodo coercitivo a furia di menzogneri compromessi essi provocarono una violenza ben più grande. Quando il popolo non vede rispettata la giustizia, inevitabilmente finisce per farsela da sé, con conseguenze rovinose.

Troppo tardi Carlo IX tentò di fermare la carneficina. Gli ordini concitati che disperato impartì al prevosto e ai magistrati municipali restarono tragicamente inascoltati. Le guardie del duca d'Angiò, che avevano l'ordine di arrestare i partecipanti alla sommossa, si unirono invece ad essi.

Al Louvre il re era in preda al panico. Sempre insolente e temerario, ora, davanti al popolo rabbioso e sfrenato, rabbrividiva. Tracciando il bilancio di quell'orrida esplosione di follia, qualcuno avrebbe dipinto un Carlo IX sanguinario, intento a sparare personalmente sulla folla. Idea assurda! Era egli sì facile preda dell'ira e dei suoi altalenanti umori, ma in quel 24 agosto lo vedemmo davvero spiazzato dall'inaudita violenza, e fece l'impossibile per fermarla, oltre che dall'orrore mosso anche dal sacro interdetto per cui un re per nessun motivo può uccidere personalmente i sudditi. Carlo IX conosceva bene l'etichetta reale e mai l'avrebbe disattesa. Ma non sapeva cosa fare. Burattino impacciato s'affannava solo per vedere ogni ordine impartito, ogni parola pronunciata, cadere miseramente nel vuoto. E così fu per tre giorni e tre notti, tre lunghissimi giorni e tre spaventose notti in cui i parigini continuarono indisturbati a trucidarsi.

Lunedì 25 agosto una singolare notizia accompagnava il risveglio dei cortigiani al Louvre. Al Cimitero degli Innocenti, un arbusto di biancospino che cresceva ai piedi della statua della Vergine, un vecchio arbusto riarso che da anni agonizzava rinsecchito, appariva quella mattina sfavillante di bianchi fiori e inattesi ramoscelli verdi. Candidi boccioli portavano il loro profumo a ingentilire il placido luogo dell'eterno riposo, la loro delicata bellezza a infrangere con grazia l'orrore di quelle giornate di morte. Un miracolo, si gridò all'unisono. Un miracolo dolcissimo e commovente voluto dalla Beata Vergine. Quella fioritura inattesa fu da tutti giudicata espressione della volontà divina. E quando la notizia si diffuse in città, per un istante si cessò d'uccidere, e i parigini si fermarono pieni di meraviglia a contemplare quel prodigio. Ma chi, innanzi alla sorprendente fioritura, provò a dichiarare trattarsi forse d'un segno divino per far cessare il massacro, venne deriso o ignorato. Il popolo all'opposto credette di rinvenire nel miracolo un indizio d'approvazione celeste per lo sterminio degli eretici, un messaggio che auspicasse e volesse farsi emblema di una nuova fioritura del cattolicesimo in Francia, non più osteggiato dall'eresia. Mentre il massacro ricominciava quindi rinvigorito, lunghe processioni si dipanavano verso il timido arbusto che si faceva suo malgrado acclamato protagonista. Tale fu l'afflusso di fedeli, curiosi e pellegrini che fu necessario far presidiare il cimitero. Anche la famiglia reale si recò ad ammirare il biancospino, e in loro presenza fu concesso ad alcuni ammalati d'accostarsi all'alberello fiorito. Qualcuno guarì.

Si uccise fino a martedì 26 agosto. Poi Parigi stremata si placò e incominciò a guardare agli esiti di quelle giornate di follia. I corpi degli ugonotti vennero gettati nella Senna a carrettate. Dove il fiume si ricurva, davanti alla collina di Chaillot, i cadaveri giacevano ammucchiati. La notizia del massacro raggiunse tutte le province. La febbre che aveva sconvolto la capitale, che l'aveva appena lasciata, sfiancata e lacera, ancora ebbra ma sfinita, minacciava ora di propagarsi, ugualmente omicida, irrefrenabile, travolgente alle campagne. Prevedendo e temendo proprio un fatale dilagare dell'orrore criminale, il re aveva inviato per tempo precise disposizioni a tutti i governatori.

«Nessuno prenda le armi; ognuno resti tranquillo in casa propria» ordinò. Chiese ai funzionari di fare tutto il possibile per evitare che si manifestasse una qualsiasi violenza, «che lo avrebbe molto addolorato». Ancora una volta tuttavia le sue parole erano destinate a rimanere tragicamente inascoltate, inutili ammonimenti, vuoti rimproveri mossi da chi non sapeva più darne a chi non era più disposto ad accettarne.

Carlo IX non godeva certo dell'autorità di Francesco I e d'altra parte il prestigio dei Valois era ormai in fatale declino. I disordini si ebbero soprattutto laddove l'autorità era debole o invisa al popolo. A Meaux, Troyes, Orleans, Bourges, Lione, Tolosa e Bordeaux l'ecatombe fu terribile. La strage di San Bartolomeo si propagò rapida, come agile abilissima assassina che tutti conoscono, ma che nessuno può arrestare, da alcuni temuta, da altri bramata, scaltra, affascinante, irresistibile. Nelle sue grinfie caddero le più importanti città del regno, alcune vicine, alcune distanti da Parigi, dal fulcro originario della follia liberatoria. Un dato accomunava queste terre spesso lontane e diverse fra loro che s'abbandonavano alla medesima violenza sfrenata. La popolazione cattolica aveva subito soprusi e violenze da parte degli ugonotti e stimava il massacro un'irrinunciabile occasione per regolare finalmente i conti con chi aveva saccheggiato e razziato le loro terre. Più tranquilla rimase la situazione laddove l'autorità dei governatori locali era forte e rispettata. Lo Champagne e la Borgogna, saldamente in mano alle truppe dei Guisa, obbedirono al re ed evitarono i massacri. Allo stesso modo non conobbero gravi disordini il Delfinato, la Provenza e l'Auvergne, ben governate. Ma a parte codeste felici eccezioni, in tutto il regno di Francia si vide scorrere sangue per lunghi e lunghi giorni. Quando ci si stancò di uccidere, si cercò di fare un bilancio. Si calcolò a Parigi un massacro di circa duemila persone, nel resto della Francia di circa diecimila.

Per i Valois la strage di San Bartolomeo fu un enorme disastro politico. Prestigio e popolarità della famiglia reale, già in declino, uscivano da questa catastrofe ulteriormente mortificati. L'ascendente dei Guisa sul popolo era invece sempre più grande. Caterina de' Medici vedeva, ora più che mai, in mio figlio Enrico un imminente pericolo per il potere dei suoi figli. Era sempre stata più gelosa dell'autorità monarchica che attenta ai bisogni della Francia, aveva bistrattato per invidia e paura preziosi alleati, fedeli alla corona e alla causa cattolica. Ora in mio figlio ella scorgeva addirittura un usurpatore, un intruso da allontanare. L'immane sollevazione popolare aveva posto sotto gli occhi dell'Europa intera la debolezza dell'autorità monarchica francese. Il prestigio dei Valois era crollato. Mentre Carlo IX viveva in solitudine al Louvre, dimenticato ove non disprezzato, Enrico di

Guisa era acclamato e osannato da tutta Parigi.

In realtà quando mio figlio era rientrato in città dopo avere invano inseguito Montgomery era rimasto profondamente turbato dallo spettacolo di morte che s'era offerto ai suoi occhi. La folla lo celebrava, il suo prestigio in quel momento era immenso, se avesse voluto avrebbe potuto impadronirsi di ogni potere, ma non aveva fatto assolutamente nulla. Cavaliere di stampo quasi feudale, mai avrebbe desiderato una popolarità sgorgata insieme al sangue. La morte di Coligny aveva appagato la sua sete di vendetta e aveva scongiurato il pericolo di una guerra con la Spagna. Questo per lui era tutto. Questo solo contava. Tutto il resto ai suoi occhi non era che un orroroso gratuito massacro, un massacro che aveva cercato in ogni modo di fermare. Ma la folla imbestialita, che pur lo idolatrava, in quel momento, sorda a qualsiasi voce umana, anche alla più amata, pareva udire solo il richiamo del sangue.

Ora il popolo osannava il duca di Guisa come un re. I francesi erano stanchi dei Valois, non avvertivano più l'autorità del debole rabbioso Carlo IX, non riconoscevano più alcun valore alla macchinosa politica di Caterina. Desideravano un uomo forte, dalle virtù antiche, capace di trasmettere sicurezza e di riportare una vera solida pace. Volevano che mio figlio Enrico fosse il nuovo re di Francia. E certo Enrico avrebbe gradito il trono, ma non a qualsiasi costo. Il rispetto della legge salica era imprescindibile. Il potere legittimo proviene da Dio, non dal popolo, e lui voleva un'autorità riconosciuta al Louvre, non rubata nelle piazze parigine. I nostri nemici non persero l'occasione di diffamare mio figlio col dichiarare d'averlo veduto, per il desiderio di conquistare il trono, prendere parte alla folle carneficina che insanguinò Parigi. Ma non sarà arduo per chiunque abbia amore per la verità e pazienza bastante a indagarla, svelare la natura mendace di siffatti asserti. Enrico di Guisa era lontano da Parigi, impegnato nel tentativo di catturare Montgomery, quando il massacro ebbe inizio. E non appena rientrò nella capitale, fece tutto il possibile per placare il popolo furibondo. Quando s'avvide di non poter far nulla di concreto in tal senso, aprì le porte del suo Palazzo per offrire un riparo ai perseguitati. Un centinaio di ugonotti trovarono la salvezza fra le mura di Palazzo Guisa, nella dimora del capo del partito cattolico. Enrico aveva aderito al progetto di eliminare i capi riformati per porre fine alle contese che da anni vessavano la Francia e far finalmente trionfare il partito cattolico, ma mai aveva potuto immaginare uno sterminio di protestanti.

In quelle giornate atroci tutti i miei pensieri correvano a mia madre Renea. Sgomenta per il pericolo che ben sapevo minacciarla, rimasi sempre accanto a lei, la accompagnai fuori dalle porte della città, e non trovai pace finché non mi pervenne l'annuncio che ella aveva raggiunto sana e salva il suo Castello di Montargis. Pochi giorni dopo anche io lasciai la corte e mi trasferii con i miei figli a Chesey. Lì, nel mese di dicembre ebbi notizia della morte di mio zio, il cardinale Ippolito d'Este, che fu sepolto nella chiesa di Santa Maria Maggiore a Tivoli.

Dopo la strage di San Bartolomeo i protestanti di tutta Europa s'infiammarono di un odio incontenibile contro la Francia, il papa e l'intero mondo cattolico. Diedero pronto inizio a un proselitismo denigratorio senza precedenti. La stampa si scatenò, e i libelli ingiuriosi che già avevano fatto la fortuna di Coligny e dei suoi seguaci vennero ovunque divulgati. Accomunava codeste pubblicazioni approssimative la pochezza dei dati e la tendenziosità delle scarse idee che esprimevano, ciononostante la loro fruibilità le rendeva efficacissime. Potevo immaginare come la campagna d'istigazione all'odio avviatasi in quella calda estate francese avrebbe tracciato nella storia solchi penetranti, duri da scalfire, tracce profonde capaci di perpetuarsi nei secoli.

Carlo IX dopo quel mostruoso agosto cominciò a stare male. Parlava pochissimo, s'accendeva di collera sempre più spesso e per motivi sempre più futili. Le sue notti erano popolate da orrendi incubi e soffriva di allucinazioni. Otto giorni dopo l'ecatombe, il re si era coricato da due ore appena, quando balzò in piedi all'improvviso e mandò a chiamare i suoi gentiluomini da camera. Li invitò a tendere l'orecchio, ad ascoltare ciò che lui udiva con chiarezza. Urla disperate, singhiozzi, orribili minacce, bestemmie e imprecazioni, proprio come nella notte del 24 agosto! Forse stavano attaccando la famiglia dei Montmorency... I gentiluomini cortesemente fecero presente al re che non udivano assolutamente nulla, ma lui insistette per mandare le guardie in città a placare le agitazioni. Le guardie andarono, e poco dopo rientrarono assicurando che a Parigi tutto era perfettamente tranquillo. Per una settimana, sempre alla stessa ora, il re udì le medesime terrifiche grida.

La fortezza ugonotta di La Rochelle aveva intanto chiesto aiuto alla regina Elisabetta, che dal 24 agosto indossava platealmente il lutto. I pastori protestanti lanciarono pronti la loro sfida all'autorità regale. Posta la città sotto la protezione inglese, ne decretarono il distacco ufficiale dal regno di Francia.

Tutto era stato progettato da Montgomery che, dopo essere riuscito a fuggire da Parigi, aveva trovato sicuro rifugio a Londra e da lì aveva ripreso senz'indugio la sua battaglia contro la corona di Francia. Seguendo l'esempio di La Rochelle, altre città protestanti come Montauban, Nîmes, Aubenas e Sancerre, forti delle libertà concesse da Caterina, cominciavano a misconoscere l'autorità del sovrano, si conferivano nuove amministrazioni e si armavano per resistere a eventuali reazioni delle forze regie.

Carlo IX, individuando nella città di La Rochelle il fulcro della dissidenza, decise di porla in stato d'assedio. Caterina, che come sempre aborriva la guerra, provò ad avanzare proposte di conciliazione ai pastori protestanti, ma incontrò un netto rifiuto. Enrico d'Angiò si pose alla guida dell'esercito che andò a cingere le mura della città. Ai suoi ordini aveva il fratello minore, il duca d'Alençon, quel basso morettino dal muso grasso talmente sprovvisto di qualsivoglia qualità da non poter fare a meno di sentirsi continuamente roso dalla gelosia nei confronti dei fratelli. Il nano fece di tutto per determinare la sconfitta del suo stesso esercito, e lo fece solo per invidia, per il gusto perverso di vedere i fratelli in difficoltà. La sua ambigua presenza andò ad aggravare la situazione di un'armata già comunque eterogenea e mal organizzata, intrisa di potenziali traditori, troppo vicini al partito ugonotto per combattere valorosamente contro La Rochelle. Montmorency, che era da poco passato al partito dei politici, era più incline a trattare con i protestanti che non a combatterli;

Enrico di Navarra ed Enrico di Condè, forzatamente convertiti nella notte di San Bartolomeo, non avevano di sicuro dimenticato i loro amici di partito e di religione, e certo non dovevano aver voglia di combatterli con zelo; Alençon aveva già suscitato l'interesse degli ugonotti, i quali intendevano sfruttare la sua nota rivalità con i fratelli per fare di lui il capo del partito protestante. Codesto piccolo essere men che mediocre non poteva in realtà essere in grado di porsi a capo di alcunché, ma i suoi natali ne facevano immancabilmente una preda ambita, un desiderabile vessillo, anche perché comunque, quando quel burattino si muoveva, c'era sempre qualcuno a manovrarne i fili, e in questo caso la mente del tradimento era Margot, che utilizzava ormai il fratello a proprio piacimento.

Nonostante la debolezza intrinseca e i traditori ognora in agguato, le forze regie che assediavano La Rochelle per terra e per mare stavano per avere la meglio su una città stremata. Gli assediati non avevano nulla da mangiare, giacché la flotta regia era riuscita a intercettare tutti i battelli inglesi che portavano i rifornimenti. Spossati, gli abitanti implorarono la grazia e si dichiararono pronti ad arrendersi, ma intervennero i pastori protestanti, che tenevano in pugno la città, e non solo rifiutarono la resa, ma fecero uccidere coloro che avevano osato chiederla! Eloquente risposta alle speranze di Caterina, che ancora sperava in un accordo.

L'assedio si protrasse per otto mesi. La Rochelle era sfinita, ma continuava e resistere. Le sue fortificazioni subivano i colpi dei cannoni regi senza cedere. Sotto le sue mura avevano trovato la morte il maresciallo Tavannes e mio cognato Claudio, duca d'Aumale: due gravissime perdite per il partito cattolico e per l'intero regno di Francia! Enrico d'Angiò era snervato. In questo assedio aveva messo in gioco la reputazione, quel poco che rimaneva di essa o la possibilità di riguadagnarne agli occhi dei francesi, lo sapeva ma non riusciva a trovare una possibile via d'uscita. La città non si arrendeva e l'esercito regio non poteva resistere ancora a lungo. Giunse come un angelo salvatore il messaggero che, il 3 giugno 1573, sotto i bastioni di una città sfiancata, tra le file di un esercito anch'esso spossato, portava l'annuncio che

Enrico d'Angiò era stato eletto re di Polonia. Da anni la regina madre intesseva trame diplomatiche per ottenere un trono per il figlio prediletto. A Cracovia le sue manovre avevano finalmente sortito effetto.

Il 26 giugno 1573 Enrico lasciava i bastioni di La Rochelle. Tre giorni prima Caterina aveva concluso in tutta fretta, per consentire all'amato figliolo di andarsene dignitosamente verso un nuovo avvenire, uno di quei tanti trattati ambigui che non accontentavano mai nessuno. L'editto di Boulogne concedeva alle roccaforti protestanti la solita libertà di coscienza e di culto, che esse peraltro di fatto già avevano. Le trattative erano state accettate da entrambe le parti unicamente per sfinimento, ma non avevano portato ad alcuna effettiva risoluzione. Si trattava semplicemente di una tregua, della quale peraltro i protestanti seppero ben profittare.

I pastori si sentivano i veri vincitori di quello scontro malriuscito. Dopo avere firmato la pace, avanzarono nuove richieste. Reclamarono che i massacratori del 24 agosto venissero subitaneamente trascinati in tribunale, che le vittime fossero riabilitate, che ai protestanti fossero restituiti tutti i beni perduti o rubati. Vollero inoltre che lo Stato finanziasse le necessità dei pastori e del culto calvinista e che le milizie ugonotte di presidio alle roccaforti venissero stipendiate dalla corona. La regina madre secondo il suo stile temporeggiò. Le richieste erano eccessive, ma non si sentiva in grado di riprendere la guerra. Gli ugonotti invece non persero tempo. Nel dicembre del 1573 e nel giugno 1574 riunirono due importanti assemblee di pastori che misero a punto nuove rivendicazioni. Avrebbero reclamato anche l'autonomia municipale per le loro città. La Rochelle e Montauban si sarebbero rese indipendenti dal regno, configurandosi come due piccole repubbliche confederate con le altre comunità protestanti. Era stata inoltre istituita una lega protestante che, perseguendo un vero e proprio separatismo, rischiava di creare una sorta di Stato dentro lo Stato minacciando l'unità del regno capetingio.

Sgomenti dinanzi a codeste nuove inaudite pretese, delusi dalla passività e dall'impotenza del potere regio, i cattolici decisero di reagire in modo autonomo. In molte città, in risposta alle leghe protestanti, si formarono delle leghe cattoliche. Gruppi che nascevano spontaneamente. Non erano il prodotto di un piano prestabilito, non erano ben organizzati né avevano un capo; erano semplicemente l'esito del malcontento, del desiderio di autodifesa dei cattolici minacciati dalla crescente prepotenza dei protestanti che, ben lungi dall'essere stati annientati dalla strage di San Bartolomeo, apparivano anzi rinvigoriti.

Una guida capace di unificare tutte le leghe che disordinatamente, spontaneamente proliferavano in ogni parte della Francia, era ciò che mancava. I cattolici cercavano un punto di riferimento, un capo, un eroe disposto a rischiare tutto, compresa la vita, per difendere la fede. Non dovette trascorrere molto tempo prima che codesto eroe venisse individuato nella persona di mio figlio Enrico di Guisa. Mentre Caterina temporeggiava, i cattolici riuniti nella Lega si erano assunti il compito di dare una risposta ai pastori, tanto più che ben presto contro il re venne ordito un nuovo complotto. Protagonista era questa volta Margot, che manovrava il fratello Alençon con l'appoggio del suo amante La Molle e con la complicità di Montmorency, il figlio del conestabile. Il maresciallo Montmorency, il capofamiglia, era invece stato lasciato all'oscuro di tutto l'intrigo, giacché, pur non ostile ai protestanti, era egli assolutamente fedele al re.

Carlo IX, abbattuto sotto il peso d'una salute cagionevole che declinava di giorno in giorno, sembrava ormai in punto di morte. Enrico d'Angiò era a Cracovia. A Margherita parve non poter esistere momento migliore per preparare l'ascesa al trono del fratello minore, il nano incapace che poi avrebbe senz'indugio lasciato a lei ogni potere, mentre la regina madre sarebbe stata chiusa per sempre in convento.

Il piano scattò il 23 febbraio 1574, martedì grasso, ragion per cui sarebbe stato ricordato come il «complotto di carnevale». Il riformato Chaumont-Vitry era stato posto al comando delle truppe che avrebbero dovuto attaccare il Castello di Saint-Germain e sequestrare il re, la regina madre e gli esponenti del partito cattolico. I ribelli s'erano appostati nella fitta boscaglia che circondava il Castello e attendevano il momento opportuno per sferrare l'attacco che avrebbe visto il duca d'Alençon, alla testa dell'esercito protestante, rinfocolare la guerra civile.

Il progetto fallì per un banale equivoco sui tempi. Chaumont-Vitry si presentò al Castello con largo anticipo e si trovò solo, facile bersaglio della guardia regia. Alençon, il burattino senza spessore mosso dagli altrui appetiti, si fece prendere dal panico, andò a gettarsi in lagrime ai piedi della madre, spifferò tutto e accusò i suoi complici. Caterina non mostrò la minima sorpresa. Già conosceva tutti i dettagli del complotto. Margot s'era fatta prendere da una crisi di coscienza prima del fratello e aveva già rivelato tutto alla madre. I figli ribelli vennero perdonati, La Molle e Coconas, amanti della regina Margot e della duchessa di Nevers, furono invece arrestati e giustiziati. Il pericolo era stato ancora una volta scampato, ma certo non per sempre scongiurato. Prima che la sua testa rotolasse a terra sotto i colpi della scure, prima che le sue labbra venissero per sempre serrate dalla morte, La Molle aveva fatto in tempo a svelare curiose particolarità dell'intrigo. I congiurati avevano stabilito di dare alle fiamme Parigi per trasformare poi la capitale della Francia in una città protestante libera dal giogo monarchico. Erano stati scoraggiati solamente dall'eroica determinazione dei parigini nel difendere la loro città e la loro fede. I capi della rivolta erano ancora in libera circolazione. Condè era fuggito in Germania, dove, dopo avere riabbracciato la fede protestante, stava preparando la rivincita contro il re di Francia e il cattolicesimo; Montgomery sobillava le città della Normandia, devastava e saccheggiava le campagne; i pastori protestanti erano in fermento, ovunque si respirava aria di rivolta.

La corte decise di rifugiarsi a Vincennes, una fortezza ben difendibile, dove Carlo IX fu trasportato in lettiga, in fin di vita. Sarebbe spirato il 30 maggio 1574, domenica di Pentecoste, a ventiquattro anni. Lo assisteva devota la sua dolcissima moglie Elisabetta d'Austria che instancabile pregava per l'anima del re suo marito, inginocchiata sul suo letto di morte. E seguitava a pregare anche quando usciva dalla camera dell'infermo, trasformando le sue giornate in un unico incessante inno al marito, giacché, come narrava Brantôme, «lo amava e lo onorava estremamente». Serena, devota, amabile aveva ella sopportato con muta dignità le amanti dello sposo. Mai si era mostrata al suo fianco scontenta o delusa, risentita o contrariata, né mai s'era lasciata sfuggire un'amara parola.

«Ella era assai adatta e degna di lui: poiché erano l'acqua e il fuoco messi insieme, essendo lui impetuoso, mobile e ribollente, mentre lei era fredda e molto temperata», aveva commentato Brantôme.

«Sono felice di non lasciare un figlio per portare la corona» sussurrò Carlo IX moribondo, e tal sollievo dovette provare anche la sua tenera consorte, che a una delle sue dame confidava di essere felice d'avere avuto solo una figlia femmina, giacché un maschio non avrebbe fatto che provocare «più divisioni, torbidi e sedizioni». Dopo la perdita del marito la giovane regina decise di far ritorno alle terre natie, dalle quali ancor giovane l'avrebbe strappata presto la morte.

La scomparsa di Carlo IX consegnava il trono di Francia a Enrico d'Angiò che, nemmeno un mese dopo, nella notte tra il 18 e il 19 giugno 1574, ne approfittava per fuggire da Cracovia. Non era mai riuscito ad amare il trono polacco, non era mai riuscito a placare la pungente, dolorosissima, perpetua nostalgia della Francia che fin dal primo giorno in Polonia aveva strappato solo lagrime amare ai suoi giovani occhi incapaci di apprezzare la terra che lo aveva scelto come sovrano.

Ora desiderava solamente diventare Enrico III di Francia. Nel suo viaggio di ritorno fece una tappa a Venezia, dove fu accolto con feste grandiose. Ricevette la visita di mio fratello Alfonso, che si offrì di fare da guida personale a Enrico nella città lagunare, poi lo condusse a visitare la nostra Ferrara, presentandogli le chiavi della città in un bacile d'oro.

Durante l'assenza del figlio prediletto, Caterina aveva sognato d'offrirgli al suo ritorno un regno pacificato, finalmente fedele al re. Ora doveva fare i conti con la consapevolezza del proprio fallimento. Margot continuava a sognare d'insediare il nano sul trono, i pastori di La Rochelle seguitavano a sobillare i protestanti alla rivolta, i Montmorency, pur professandosi cattolici, si coalizzavano con i calvinisti, Condè stava preparando a Sedan una nuova invasione dello Champagne e della Borgogna.

La regina madre mandò Margot e Alençon ad accogliere Enrico. Preferì rimanere ad attendere a Lione, insieme a mio marito il duca di Nemours, per meglio disporre i festeggiamenti adatti a solennizzare l'arrivo del nuovo re di Francia.

Il 6 settembre 1574 Enrico III fece il suo ingresso a Lione. Benché l'accoglienza fosse stata preparata dalla regina madre fin nei minimi dettagli, essa si rivelò un completo, imbarazzante fallimento. Enrico e Caterina in pompa magna si esibivano al popolo su un carro drappeggiato di velluto nero e broccati d'oro. Ogni finestra era stata ornata di tappeti e ghirlande, lungo le strade si ergevano archi di trionfo in cartapesta.

Uno spettacolo magnifico, che ben pochi vollero ammirare! Non la folla acclamante che Caterina aveva immaginato accoglieva il re, plaudiva il suo adorato figliolo che s'apprestava a cingere la corona di Francia, ma solo poche persone mute assistevano glaciali al suo passaggio. Non si udivano ovazioni, e quando qualcuno si proponeva d'infrangere quel rumoroso silenzio era solo per lanciare all'indirizzo del carro regale un qualche insulto. Tutto, in quegli apparati minuziosamente studiati dalla regina madre, diveniva facile oggetto di critica, e nessun dubbio poté più sussistere sull'effettiva popolarità di Enrico III.

Il popolo dava ormai ascolto solo ai Guisa, ritenendo che la corona non avesse saputo proteggere la religione dal diffondersi dell'eresia e che anzi con le sue ritrattazioni e la sua politica ambigua avesse arrecato un grave danno alla Chiesa e alla Francia. La nostra Casata si presentava ormai come la sola vera avvocata del cattolicesimo e si dichiarava decisa a sostenere e proteggere il papa ad ogni costo, eventualmente anche contro la volontà della famiglia reale.

XIII

«La mia prigione si spalancò e ad un tratto lo spirito si sentì libero e salutò la bella luce della vita. Giurai di odiare la Bibbia cupa e angusta dei puritani e di adornarmi le tempie di fresche ghirlande, per unirmi lietamente a chi sa esser lieto. Molti nobili scozzesi mi si strinsero intorno, insieme ad un gruppo di allegri francesi. Essi mi condussero dal tuo nobile zio, il cardinale di Guisa… Che uomo! Sicuro, pieno di chiarezza e di forza virile, nato certo per governare le anime! Un modello di sacerdote e di sovrano, un principe della chiesa come non ne ho visto un altro»

Mortimer in *Maria Stuarda*
Friedrich Schiller

Il 30 ottobre 1574 Enrico III ricevette una notizia che lo gettò nella prostrazione più cupa. La sua eterna favorita, Maria de Clèves, l'unica donna che avesse mai amato, la donna che avrebbe voluto sposare, che aveva sognato ogni notte durante la lontananza imposta dal soggiorno forzato in Polonia, si era spenta dopo un parto difficile.

Tutti a corte sapevano che Maria de Clèves era divenuta alcuni anni prima l'amante di Enrico di Valois, ma poi si era allontanata dall'innamorato per riconciliarsi col marito. Enrico non si era mai rassegnato a quello che definiva «il tradimento» e continuava ad attendere con cieca fiducia di poterla sposare. Le sue reazioni dinanzi alla missiva che, annunciando la sciagura, faceva definitivamente crollare i suoi sogni d'amore, furono davvero poco regali. Il re cadde a terra tramortito e si riprese solo dopo un quarto d'ora di cure, poi rimase a languire frastornato per tre giorni. Quando finalmente uscì dal torpore, fu solo per dare sfogo al suo dolore senza alcun ritegno. Il re strillava come un pescivendolo, si agitava, protestava, inveiva, sbatteva la testa contro il muro. Noi cortigiani restavamo a osservarlo, muti, più sconcertati che impietositi. La sceneggiata ricordava gli scatti di furore di Carlo IX. Se poi ripensavo all'untuosa meschinità del nano, comprendevo come una guisa di sorda miserabile follia non avesse risparmiato alcuno dei figli maschi di Caterina.

All'intera corte Enrico III ordinò un lutto strettissimo. Senza posa si susseguivano messe in suffragio della defunta, mentre lo stesso Enrico ne disponeva gli allestimenti, spendendo il suo tempo fra i sarti di corte a studiare nuovi modelli di vestiario funebre.

Ad Avignone, la notte di Natale, toccando l'apice della sua dissennata devozione per Maria de Clèves, il re ordinò una macabra processione, in realtà più simile a una sfilata carnevalesca di pessimo gusto che a una pratica religiosa. Stavamo sfiorando il sacrilegio, ma non potevamo dire nulla. Il re era caparbiamente ostinato in questa sua sofferenza sfacciata e grottesca. Egli diede disposizioni affinché la processione raccogliesse tutti i monaci e tutte le confraternite, che dovevano cantare l'officio solenne dei morti alla luce delle torce, flagellandosi pubblicamente.

Riparato solamente da un saio e da un lugubre copricapo, che lasciava scoperti appena gli occhi, con un cero in mano, il sovrano apriva il corteo. La corte, costretta ad abbigliarsi allo stesso modo, docile lo seguiva. Gentiluomini e dame, seminudi sotto la neve, camminavano mesti, intonavano inni funebri e si flagellavano. Il cardinale di Lorena non aveva mancato di palesare il proprio disappunto dinanzi a quella grottesca farsa e aveva comunicato al re che non avrebbe accettato di fustigarsi pubblicamente. Aveva tuttavia suo malgrado dovuto prendere parte alla sinistra cerimonia, in seguito alla quale si sarebbe gravemente ammalato. Il freddo di quella lunga notte di autentica follia gli provocò una grave polmonite, ed egli spirò il 26 dicembre, durante un temporale tanto impetuoso che ad Avignone la gente diceva di non averne mai veduto uno simile. I calvinisti gioirono, diffondendo dei libelli calunniosi che deridevano il cardinale e la sua fede ostentata che lo aveva condotto a una ridicola morte. In realtà il cardinale aveva preso parte alla processione solo perché vincolato dal suo ruolo e la sua fede, sincera e pura, era sempre stata ben lontana dalle ostentazioni. Enrico III, che per tutta la vita oscillò tra la religione cattolica e l'eresia come un fanatico d'entrambe, poteva essere accusato di esibizionismo, non certo il cardinale di Lorena, che non ne aveva bisogno. Il suo cattolicesimo leale e battagliero era un punto di riferimento per tutti i fedeli. E se i calvinisti risero della sua morte, certo l'intera Francia cattolica pianse.

Non appena il periodo di lutto carnevalesco ebbe termine, Enrico decise di sposarsi. La regina madre cominciò subito a tessere le sue abituali tele diplomatiche per trovare al re una degna sposa che potesse magari favorire la sua politica del momento, come aveva fatto con gli altri figli, ma Enrico apparve subito tutt'altro che disposto ad assecondarla. Il figlio che lei prediligeva era anche quello più restio a piegarsi alla sua volontà. Enrico voleva scegliersi una moglie che gli fosse gradita, a prescindere dai giudizi e dalle aspirazioni di Caterina. Rifiutò quindi le candidate proposte dalla madre e annunciò a sorpresa che avrebbe sposato Luisa di Vaudémont, la pronipote dei Guisa. L'aveva incontrata a Nancy quando era in procinto di partire per la Polonia, era rimasto colpito dalla sua straordinaria somiglianza con l'adorata Maria de Clèves, e ora si sentiva attratto e affascinato dalla sua remissiva dolcezza.

Luisa apparteneva al ramo cadetto dei duchi di Lorena, e secondo Caterina il suo rango non era adatto alla corona di Francia. Provò in ogni modo a osteggiare quelle nozze, ma Enrico fu irremovibile. A ogni costo avrebbe sposato, come desiderava, questa «principessa del mio paese, bella, gentile, che io saprò amare e nella quale avrò piena fiducia».

Dopo alcune riflessioni, Caterina decise che sarebbe stato opportuno capitolare e concedere la propria benedizione all'unione del figlio con una pupilla della Casa di Lorena. Ella naturalmente temeva che siffatte nozze avrebbero rafforzato le ambizioni dei Guisa, ma si sentiva meglio disposta di un tempo nei nostri confronti. La posizione a corte della nostra famiglia rischiava di indebolirsi per la morte del cardinale, ma già dai tempi della strage di San Bartolomeo avevamo cominciato a tenerci in disparte, e forse Caterina s'era suo malgrado accorta di sentire la nostra mancanza. Senza l'appoggio di quelli che erano pur sempre stati fidatissimi consiglieri, si trovava a dover contrastare da sola gli astuti membri del partito dei politici e i sovversivi protestanti. Alla fine insomma accettò di buon grado le nozze, e avrebbe anche instaurato un ottimo rapporto con la nuora Luisa, una dolce fanciulla adorante che avrebbe trascorso il resto della vita a esprimere la propria infinita riconoscenza per l'interessamento immeritato del re e per aver ricevuto così inaspettatamente la corona di Francia.

Giacomo ed io ci trasferimmo a Parigi per assistere alle nozze. Il re invitò mio marito a prendere nuovamente servizio alla corte di Francia. Egli accettò, e i mesi successivi lo videro impegnato in continui combattimenti contro i ribelli ugonotti.

Un episodio singolare aveva favorito il riavvicinamento di Caterina ai Guisa e l'abbandono di ogni riserva nell'accogliere Luisa di Lorena come moglie del re. Quando il cardinale Carlo di Lorena morì ad Avignone nella notte del 26 dicembre 1574, Caterina era a tavola con alcuni commensali. Sapeva che il cardinale s'era ammalato durante la processione, ma non sapeva ancora che, proprio mentre lei cenava con gli amici, egli stava chiudendo gli occhi per sempre. All'improvviso, in un angolo mal illuminato della sala, avvolto da un'inspiegabile aura di luce piena, quasi sovrannaturale, lo aveva veduto. Sconcertata e confusa, convinta d'esser preda di un'allucinazione, aveva chiesto del vino per riprendersi, ma la mano le tremava al punto che il bicchiere le era caduto a terra, mentre il cardinale era rimasto lì a guardarla, sempre più nitido, sempre più reale.

«Il cardinale è lì, mi guarda, è morto. Mi è passato dinanzi raggiungendo, spero, il Paradiso» aveva annunciato ai commensali. Quell'evento così strano, quasi miracoloso, fu interpretato da Caterina come un divino ammonimento, un celeste invito ad affidarsi ai Lorena e a imparare a contare su di loro. Il riavvicinamento ai Guisa era comunque per la regina madre inevitabile, giacché anch'ella doveva sapere che la corona di Francia non avrebbe ormai più potuto contare su altro sostegno.

Il 13 febbraio 1575, a Reims, Enrico era stato consacrato re. Aveva officiato la solenne cerimonia mio figlio Luigi, cardinale di Guisa. Ma finanche l'incoronazione di codesto re che ormai subiva tutte le conseguenze dell'irriducibile declino della sua Dinastia non si era svolta sotto buoni auspici. La pesante corona di Francia vacillò sul capo dell'esile Enrico e per poco non cadde. Un brutto presagio. Per di più fra il popolo si sparse la voce che per la prima volta il tocco del re appena incoronato non aveva guarito gli scrofolosi. Davvero un pessimo inizio. Due giorni dopo fu comunque celebrato dal cardinale di Borbone il matrimonio con Luisa di Vaudémont, eterea fanciulla che seppe subito conquistare la stima della regina madre e che Enrico avrebbe amato come un'icona, pur ricercando la frequente compagnia di cortigiane più seducenti e vivaci.

Intanto la regina Margot, che con il marito impostole aveva stabilito un profondo rapporto di amicizia, ma che per l'amore non esitava a rivolgersi altrove, intratteneva una relazione con Charles de Balzac d'Entraigues. E un giorno, proprio mentre il bell'Entraigues si trovava indisposto, costretto a letto in una dimora adiacente all'abbazia di Saint-Pierre, Enrico III passò da quelle parti in carrozza, insieme al re di Navarra e ad alcuni suoi favoriti. Il cocchio di Margot era appostato davanti all'abbazia, e se qualcuno preferì fingere di non vederlo, il barone di Quélus volle invece profittare dell'occasione per provocare Enrico di Navarra, col fargli osservare come sicuramente sua moglie si trovasse in quel momento in casa di un amante. La provocazione colpì tuttavia il bersaglio sbagliato. Il Borbone, ormai aduso alle leggerezze della consorte, non era disposto a lasciarsi turbare. Fu inaspettatamente il re a montare su tutte le furie. Si precipitò a informare la madre, della quale ben conosceva l'inflessibilità nel punire codesto genere di trasgressioni. Le disse che Margherita aveva un amante, col quale s'era intrattenuta per l'intero pomeriggio, e chiese per la sorella una punizione esemplare. Caterina convocò la figlia. Io mi trovavo lì, nell'appartamento della regina madre, e avevo appena assistito a una vera e propria sfuriata, quando vidi entrare Margot, trafelata e afflitta.

«Madame, la regina vostra madre è così irata contro di voi, che non è il caso che vi presentiate al suo cospetto» la avvisai. Margherita mi guardò angosciata. Lo sapeva, e aveva paura. Non aveva dimenticato come era stata picchiata tanti anni prima, quando era stata scoperta in compagnia di mio figlio. Un lampo di rabbia orgogliosa attraversò gli occhi turbati. Sarebbe entrata comunque. Alzò la testa in un estremo tentativo di recuperare una dignità perduta, e si preparò a recitare la parte che aveva studiato. Aveva già accuratamente preparato la propria difesa, senza trascurare alcun particolare, procurandosi perfino un alibi. Sperava solamente che la madre fosse disposta a darle ascolto prima di lasciarsi travolgere dall'ira.

Ebbi così quel giorno il privilegio d'assistere a una dilettevole commedia familiare, in cui i protagonisti si scambiavano i ruoli disattendendo ogni aspettativa con un'abilità che avrebbe fatto invidia al più talentuoso dei teatranti di corte. Margot affermò con spontanea naturalezza d'essere andata a visitare l'abbazia delle Dames de Saint-Pierre, insieme a mademoiselle di Montigny e a madame di Liancourt. Con la scaltrezza che le era consueta, ella seppe passare rapida dal ruolo di imputata a quello di accusatrice. Si finse risentita verso chi aveva osato dubitare della sua virtù e diffondere siffatte malignità sul suo conto, pretese dalla madre che convincesse il re suo fratello a scusarsi ufficialmente per averla ingiustamente incriminata. Caterina, che non era certo meno camaleontica dell'astuta figliola, non si lasciò sfuggire l'opportunità di riconciliare i due litigiosi figli, ed evitare futuri intrighi e raggiri. Abbandonò all'istante i panni dell'accusatrice per indossare quelli che più le erano consoni. La scena della riconciliazione fu tosto allestita, Enrico si scusò e Margherita finse un commosso perdono.

Nel clima di rappacificazione che Caterina aveva saputo creare, il re arrivò perfino a chiedere alla sorella, che dopo tanti malintesi sembrava tornare ad essergli amica, ciò che non aveva mai osato pretendere. Le chiese di ricevere il suo favorito Guast. Margherita notoriamente disprezzava Guast. Era stato lui a scoprire, anni prima, la sua relazione con mio figlio Enrico di Guisa. Margot non lo aveva mai perdonato, e i rapporti fra la sorella del re e il colonnello della guardia reale erano sempre stati pessimi. Lui la chiamava «la regina delle puttane» e lei lo aveva soprannominato *Potiron*, zucca, alludendo alle sue rotondità. Ora però Guast desiderava riconciliarsi con la regina di Navarra, e anche Caterina auspicava questo accomodamento. Enrico supplicò la sorella di fare pace con il suo favorito, così come avevano appena fatto loro due. Lei lo guardava con i grandi occhi luminosi che sembravano pieni di rinnovato affetto, ma non proferiva parola. Scambiando tal silenzio per un sotteso assenso, Enrico comunicò al colonnello che avrebbe potuto incontrare la regina di Navarra. Ma quando Guast si presentò al cospetto di Margot, convinto di poter entrare finalmente nelle sue grazie, lei sentì rinascere tutto l'odio di quella notte, quando per colpa sua era stata allontanata dall'amato, era stata umiliata e picchiata. Lo cacciò via, dichiarando che sarebbe stata la «sua più crudele nemica fino alla morte». Per ordine del re, Guast riprese allora a spiarla. La mancata riconciliazione rese il suo contegno nei riguardi di Margherita ostentatamente ingiurioso. Le passava accanto senza salutarla, mentre lei fremeva di rabbia e pensava a come vendicarsi.

Un giorno venne a sapere che, nascosto nel convento dei Grands-Augustins, viveva il barone di Viteaux, ricercato per avere ucciso durante una lite Alègre, uno dei favoriti del re. Quando, raccolte alcune informazioni sul suo conto, apprese che i suoi amici avevano cercato di ottenere per lui la grazia presso il sovrano, ma che avevano fallito a causa della ferma opposizione di Guast, capì d'aver trovato la persona che faceva al caso suo, e decise di profittarne senz'indugio. La bella Margot diede appuntamento al barone nella notte del 29 ottobre 1575 nella cappella dei Grands-Augustins. Arrivò con il volto coperto da una maschera, promise al barone una cospicua somma di denaro e, in aggiunta, offrì se stessa sugli scomodi marmi della scalinata dei Grands-Augustins. Due giorni dopo Guast cadeva trafitto da quattro fendenti d'ignota spada.

È noto come Caterina, per garantire il proprio potere e custodire il trono dei figli, amasse avvalersi dei più svariati mezzi, che le risultavano oltremodo graditi soprattutto se consentivano di raggiungere lo scopo per vie pacifiche e diplomatiche. Aveva così assoldato i più efficaci ambasciatori che potessero esistere: una squadra di splendide damigelle che all'occorrenza sapevano sfoggiare tutte le virtù muliebri per ammaliare, circuire, irretire i grandi della corte. Attraverso i loro servigi la regina madre si procurava informazioni, impegni, alleanze. Proprio tramite una di codeste damigelle aveva ottenuto anni prima la rinuncia alla reggenza e poi la conversione di Antonio di Borbone.

Ora al suo servizio c'era la splendida Charlotte de Sauves. Era ella sì bella e ricercata come tutte le damigelle di Caterina, ma i cortigiani le riconoscevano un fascino tutto particolare che la rendeva superiore a ogni altra. Raggiante, elegantissima, aveva incredibili occhi viola che si diceva fossero capaci di stregare. Enrico di Navarra era perdutamente innamorato di lei. Caterina naturalmente benedisse subito questa relazione amorosa che le avrebbe consentito di tenere costantemente il genero sotto stretta sorveglianza. Qualcosa cambiò quando a cadere nelle reti dell'affascinate, ma in questo caso involontaria, ammaliatrice, fu il figlio minore di Caterina, Alençon. Fra le braccia del nano certo Charlotte dovette rimpiangere il Borbone, e augurarsi che i piani della regina madre la riportassero presto in quella direzione. Si diceva anche che l'abitudine a sedurre non avesse preservato la bella Charlotte dal cadere lei stessa nelle reti della passione. Follemente innamorata di mio figlio Enrico, credo ne sia divenuta l'amante, per una volta in obbedienza non ai disegni politici di Caterina, ma ai dettami del suo cuore.

L'editto di Boulogne, stipulato nel luglio del 1573, dopo che era stato tolto l'assedio a La Rochelle, aveva inaugurato un periodo di tregua, ma non aveva appagato nessuno. A corte s'era creato un nuovo partito, guidato da Alençon come vessillo e da Margot come testa pensante: una nuova forza politica che non agiva per motivazioni religiose, ma unicamente per procacciarsi il potere, con una mentalità assai simile a quella della regina madre, della quale tuttavia era decisa avversaria.

Il principale pericolo di sovversioni veniva comunque ancora dal partito ugonotto. L'11 aprile 1575 una delegazione di protestanti era andata a incontrare Condè e s'era posta ufficialmente ai suoi ordini al dichiarato scopo di chiedere e ottenere l'immediata convocazione degli Stati Generali. Rancori, ambizioni, odi e gelosie personali erano i veri protagonisti della vita di corte all'inizio del regno di Enrico III. Era come trovarsi in un nido di serpi, in un covo di briganti, sempre a braccetto con la morte, in costante balia dei nemici senza poterli con certezza individuare, giacché anche il più fidato fra i congiunti poteva all'improvviso passare all'opposta fazione.

«Siamo quasi sempre sul punto di tagliarci la gola l'un l'altro» scriveva Enrico di Borbone a un amico.

Alençon con la sua tormentosa ambizione, il carattere fragile, facile a essere plagiato, l'assillante invidia verso i fratelli, rappresentava una non trascurabile minaccia. Il temperamento disordinato, infido, l'ambizione frustrata, potevano farne un pericoloso strumento nelle mani di chiunque avesse voluto profittarne. E Condè non era certo tipo da lasciarsi sfuggire ghiotte occasioni. Poco importava in questo caso che Monsieur fosse una vera nullità, che non potesse essere di alcun aiuto ai ribelli. La sua sola presenza di erede al trono e fratello del re bastava a conferire legittimità alla ribellione.

Condè era pronto a invadere Champagne e Borgogna. Caterina aveva paura. Decise di raggiungere il figlio Alençon, che si trovava a Chambord, e concedergli tutto ciò che chiedeva per il partito dei politici e per gli ugonotti. Si sentiva pronta a tutto pur di evitare che Condè scatenasse una nuova guerra. Ma Condè non aveva in realtà atteso l'esito delle sue trattative, e l'avanguardia del suo esercito era già entrata in Francia sostenuta dai raitri tedeschi.

Fu mio figlio Enrico a bloccare l'esercito invasore a Dormans, il 10 ottobre 1575. Ancora una volta Caterina doveva a noi, ai Guisa, la salvezza della corona.

Quando la notizia che il paladino del cattolicesimo aveva salvato la Francia raggiunse Parigi, per il popolo fu un delirio di gioia, tanto più che nel corso della battaglia Enrico aveva riportato una ferita al volto simile a quella di suo padre. Come il mio defunto marito, Enrico venne soprannominato lo Sfregiato, e ciò nell'immaginario popolare accrebbe ulteriormente il suo già immenso carisma. I cattolici non avevano mai dimenticato il duca Francesco, l'eroe che aveva saputo difendere il regno di Francia da eretici e stranieri, lo veneravano come un martire. Ora lo vedevano tornare, lo vedevano riprendere il suo posto nella Francia devastata dalla guerra, in un regno annichilito che non aveva mai cessato di rimpiangerlo, che aveva bisogno della sua forza per ritrovare ordine e pace. I protestanti avevano ucciso lo Sfregiato, ma lo Sfregiato non era morto! La sua virtù, le sue doti avevano infine trionfato e si perpetuavano nel figlio. I cattolici avevano ancora il loro paladino, lo Sfregiato era ancora tra loro, pronto a difenderli! La folla appariva trasfigurata dall'entusiasmo e non cessava di gridare, cantare, applaudire, piangere commosse lagrime di gioia, mentre il suo eroe rientrava a Parigi dopo la grande vittoria. Una scena gloriosa, emozionante, una scena destinata a suscitare passioni travolgenti, a riempire di dolce orgoglio il mio cuore di madre, a sconvolgere d'invidia squilibrata l'animo risentito di Enrico III, che da anni paventava mio figlio e l'immenso ascendente che offuscava ancor più la sua ormai spenta autorità regale.

Il 15 giugno 1575 a Montargis moriva mia madre Renea. Non ero accanto a lei, nei suoi ultimi istanti, e per questo mai cesserò di compiangermi. Le mie visite a Montargis in realtà erano piuttosto frequenti, soprattutto negli ultimi tempi, da quando la sua salute aveva preso a declinare. Ma proprio in quel fatale giorno mi trovavo a Verneuil, ignara dell'improvviso aggravarsi delle sue condizioni. Né in Francia né a Ferrara furono indette per la mia povera madre esequie solenni. La figlia di Luigi XII veniva inumata nel silenzio, la sua fede eretica, che neppur in punto di morte aveva voluto abiurare, la costringeva a misera sepoltura.

Renea m'aveva nominata erede di tutti i suoi beni in Francia, mentre i miei fratelli avrebbero preso possesso delle sue proprietà in Italia. Mio fratello Luigi, cardinale d'Este, non rimase soddisfatto dell'eredità italiana di nostra madre e intentò contro Alfonso una causa che si protrasse per cinque anni. Luigi aveva un temperamento burrascoso, spesso era in lite con nostro fratello al medesimo modo in cui lo era stato anni prima con nostro padre e con nostro zio Ippolito, soprattutto per questioni economiche. Era molto ricco, ma pareva che i soldi non dovessero bastargli mai. Uno stile di vita sfarzoso, principesco e munifico lo portava a contrarre continui debiti. La sua corte era oltremodo numerosa, egli amava proteggere sempre nuovi artisti e letterati, viaggiava, era prodigo con i bisognosi. La sua tendenza alla collera, che si sfogava in eccessi violenti soprattutto quando discuteva coi congiunti per questioni di danaro, era uno dei tanti aspetti d'una personalità certo nel complesso non priva d'un singolare fascino. Quantunque vistose manchevolezze, come appunto la facile tendenza all'ira e l'eccessivo attaccamento al danaro, adombrassero talvolta la sua figura di principe della Chiesa, Luigi era persona piacevole, generosa e interessante, dalla conversazione erudita, brillante, i modi distinti, l'animo pio. In ogni ambiente che frequentava egli sapeva con naturalezza conquistarsi benevolenze e apprezzamenti sinceri, fintantoché la sua propensione alla collera non rovinava le amicizie facilmente acquisite, ma poi egli non tardava a crearsene di nuove.

Quello stesso 1575 che strappò nostra madre a una vita difficile, vide la mia adorata città natale farsi teatro d'un orrendo delitto, di un cruento misfatto che gravi ripercussioni avrebbe avuto sul destino della Dinastia estense. Mia sorella Lucrezia, infelice duchessa di Urbino, si era ormai definitivamente trasferita a Ferrara, dove in una corte amica cercava di dimenticare le umiliazioni subite dal marito. Nella sua diletta capitale aveva inaspettatamente trovato l'amore, dando principio a un'appassionata, incauta relazione con il conte Ercole de' Contrari. La loro illecita passione, fonte di grande consolazione per la sfortunata principessa, doveva rimanere segreta, giacché Lucrezia era ancora ufficialmente sposata con il duca di Urbino. I segreti a corte non esistono, soprattutto intorno alle questioni amorose. E quei pochi che nascono sono destinati a soccombere in brevissimo tempo annientati dalle chiacchiere, dalle insinuazioni, dai pettegolezzi che sono il passatempo preferito di molte dame. Un passatempo per lo più innocente, ma capace di divenir letale quando, come nel caso della mia sventurata sorella, alle questioni del cuore s'affiancano quelle assai più spietate della politica. Colui che ebbe la ventura d'udire le futili chiacchiere delle dame intorno all'amore di mia sorella per il conte, non riuscì a vedere come loro l'aspetto romantico della situazione, bensì unicamente un pericolo, una minaccia per il prestigio della Casata estense. E decise d'informare il duca in persona. Grande fu l'ira di mio fratello Alfonso dinanzi a quello che minacciava di divenire un oltraggioso scandalo, e immediata fu la tragica risoluzione.

Il 2 agosto 1575, mentre Lucrezia si trovava a Pesaro, il duca convocò Ercole Contrari al Castello. Con un pretesto lo fece attendere in anticamera, dove l'ignaro amante fu raggiunto alle spalle dal famigerato Barrino, boia del duca. Un sottile nastro di seta fu con raffinata maestria delicatamente avvinto al collo del conte, e rapidamente stretto con un colpo rapido e indolore che gli togliesse per sempre il fiato senza lasciare traccia alcuna. Una pratica già sperimentata, che simulando un decesso naturale esonerava gli assassini da responsabilità ed eventuali conseguenze del crimine. Lucrezia, annichilita e attonita alla notizia della morte dell'amato, non credette affatto all'ufficiale versione dell'arresto cardiaco, e giurò eterno odio alla spia sciagurata che aveva rivelato al fratello il suo segreto. Era costui Alfonso, marchese di Montecchio, figlio del duca Alfonso I e di Laura Dianti. Per lunghi anni, Laura Dianti era stata la favorita di nostro nonno, vedovo di Lucrezia Borgia, ma la loro relazione non era stata ufficializzata dalle nozze. Il loro figliolo aveva potuto comunque godere di un'eccellente posizione a corte, pieno d'onori e privilegi, era cresciuto insieme ai figli legittimi del duca, che lo chiamavano allegramente «il nostro illustrissimo bastardo». Ora, se Alfonso II non riusciva a generare il figlio necessario a garantire la successione, proprio i marchesi di Montecchio potevano trovarsi eredi al trono estense, ma la nascita illegittima di Alfonso poteva far perdere loro Ferrara. Lucrezia, che ben conosceva questo problema, nel giurare eterno odio all'uomo che aveva causato la morte dell'amante, si riprometteva di vendicarsi, prima o poi, o su di lui, o sulla sua famiglia. Proprio per la questione dell'eredità e per le minacce della Chiesa di togliere i domini ferraresi agli Estensi, l'occasione, a distanza di molti anni, non le sarebbe mancata.

Il 1575 fu anche l'anno in cui vide la luce il capolavoro di Torquato Tasso, già da quattro anni al servizio del duca mio fratello. Il grande poema cristiano al quale l'artista aveva cominciato a lavorare già all'età di quindici anni, la *Gerusalemme Liberata*, venne ultimato con il titolo provvisorio di *Goffredo*. Spossato e indebolito dalla febbre, il Tasso non poté godersi il meritato successo, e anzi cominciò a dare i primi segni di quello squilibrio psichico che avrebbe di lì a poco crudelmente mutato il corso della sua esistenza. Irresistibilmente attratto dall'aspirazione al magnifico e tragicamente consapevole della propria fragilità, il poeta dovette soccombere sotto il peso di questa contraddizione e l'oscuro dramma d'una coscienza inquieta segnò ogni pagina del capolavoro, con il perenne binomio d'amore e morte che ognora affiancò, talvolta offuscandolo, il tema dominante della guerra santa. Ben lungi dal potersi dichiarare soddisfatto della sua neonata creatura, Torquato ne apparve anzi intimorito, ossessionato, e diede inizio a un duro, infinito lavoro di revisione, a un'improbabile corsa verso una perfezione irraggiungibile. Un lavoro estenuante in cui avvilimento e sconforto si alternavano a euforici momenti di allucinanti fantasie.

Avevo saputo che il successo di pubblico della sua opera era stato brillante, ma che i critici avevano preferito pronunciarsi con cautela. Ciò accrebbe nella fragile mente del poeta l'idea d'esser vittima dell'invidia di chi, all'interno della stessa corte estense, si sentiva geloso della sua grandezza. Il duca Alfonso e le mie sorelle gli dimostravano comprensione e simpatia, ma ciò non valse a rasserenarlo. I tormenti del Tasso erano forse quelli d'un uomo che malinconicamente viveva la fine di un'età troppo ricca di facili entusiasmi, e cominciava ad assaporare il gusto amaro della disillusione. I contrasti religiosi nascenti, non fecero poi che aggravare quell'animo inquieto di nuove paure. Egli cominciò a sentirsi tormentato dall'infondato pensiero di non aver nella sua opera abbracciato con sufficiente coerenza quella religione cattolica che voleva difendere dalle nuove minacce dell'eresia. Si rivolse perfino al Tribunale dell'Inquisizione, chiedendo ripetutamente d'essere interrogato, esaminato, per fugare i dubbi di non essere un buon cattolico. Purtroppo nemmeno la convinta assoluzione dell'Inquisitore poté placare le sue angosce. In compenso le sue inquietudini religiose infastidirono il duca mio fratello, che con il problema dell'eresia a corte aveva già dovuto combattere a causa di nostra madre Renea. Giunse poi il momento in cui le ossessioni del poeta sfociarono nella violenza e ciò segnò l'inizio del suo calvario. Conversando con le mie sorelle Lucrezia e Leonora in un giorno non apparentemente dissimile dagli altri, venne egli colto dal repentino sospetto che un servo lo stesse spiando e si gettò sul malcapitato colpendolo con un coltello. Venne immediatamente rinchiuso in una stanza del palazzo e liberato solamente per essere trasferito nella Delizia di Belriguardo, dove il duca sperava avrebbe potuto riposare e ritrovare la salute e la pace. Purtroppo non fu così e anzi a Belriguardo Tasso ebbe modo di spaventare i cortigiani con nuove manifestazioni di pazzia, finché Alfonso non si vide costretto a ordinare il suo trasferimento nel monastero di San Francesco a Ferrara. Da qui il poeta riuscì a fuggire e, in preda a una smania febbrile, abbandonò l'adorata Ferrara per cominciare a peregrinare di città in città, di corte in corte, nell'impossibile ricerca di una pace negata alla sua natura geniale e indomita.

XIV

«Vediamo ancor oggi la signora di Nemours, che nella sua primavera era la più grande bellezza del mondo, affrontare gagliardamente il tempo, sebbene questo sia solito recare offesa a ogni cosa. Io posso dire che nei suoi verdi anni ella fu la più bella donna della cristianità. La vidi un giorno ballare con la regina di Scozia, da sole e senza dame di compagnia, così per capriccio, e tutti quelli che le vedevano danzare non sapevano giudicare chi delle due fosse la più bella! E, come qualcuno notò, si sarebbe potuto dire ch'esse erano i due soli riuniti che Plinio dice essere apparsi altre volte per sbalordire il mondo. La signora di Nemours, che allora si chiamava la signora di Guisa, era di statura più alta; e, se mi è lecito dirlo senza offendere la regina di Scozia, aveva una maestà più grave e manifesta, sebbene non fosse regina come l'altra; ma era però nipote di quel gran re padre del popolo, al quale somigliava per molti tratti [...] Due sono dunque le grandi qualità che hanno eletto sede in questa dama, la bontà e la bellezza, e tutte e due ella ha saputo conservare benissimo finora, e in virtù di queste ella ha avuto due mariti onesti, di cui ben difficilmente si sarebbero potuti trovare di eguali; e qualora se ne potesse trovare un altro simile a quelli e degno di lei, ella potrebbe risposarsi una terza volta, talmente bella è ancora»

Brantôme

In Francia il 1576 riservava nuove sorprese. Il 9 febbraio fummo costretti ad assistere allo spettacolo di Condè che entrava nel paese a fianco dell'elettore Giovanni Casimiro alla testa d'un potente esercito. Aveva promesso all'alleato, per garantirsene l'appoggio, il governatorato dei tre vescovadi di Toul, Metz e Verdun! Era curioso vedere come i capi ugonotti sapessero mostrarsi splendidi nel cedere agli stranieri vasti lembi del regno di Francia! Ma la situazione minacciava di farsi davvero tragica, giacché si sapeva che l'esercito del re non era in quel momento affatto in grado di opporsi all'invasione.

Caterina si prodigò con rinnovato zelo in quella che era sempre stata la sua specialità: alla fine di marzo incontrò i ribelli nel Castello di Châtenay per intavolare trattative di pace. Lo aveva già fatto così tante volte, anche quando le forze reali mietevano successi, che certo non si sarebbe tirata indietro ora che versavano in gravi difficoltà. E se quando le forze reali erano preponderanti aveva fatto generose concessioni, ora che davvero abbisognava della pace, che poteva fare?

Non riuscii nemmeno a meravigliarmi nell'apprendere che, il 6 maggio 1576, nell'abbazia di Beaulieu, era stato firmato l'editto di pacificazione di Beaulieu-lès-Loches, composto di sessantadue articoli, tutti, dal primo all'ultimo, favorevoli ai riformati. Ma se io, ormai adusa a questa ridicola politica ipocrita, non ne uscii più scossa del solito, lo stesso non si poté dire del popolo francese. I sudditi non parevano volersi abituare all'incomprensibile condotta della famiglia reale e non si rassegnavano al dilagare dell'eresia. Il primo tangibile effetto che la stipula del trattato di pace poté salutare fu un furente scatenarsi di rabbiose proteste. Enrico III usciva dall'accordo vergognosamente umiliato dai ribelli e da quel fratello incapace che avrebbe dovuto suscitare più pietà e disgusto che non timori. Furono molti, in quei giorni di sventura, coloro che cominciarono sinceramente ad augurarsi che Enrico III morisse, lasciando il trono libero a più degni successori... e non erano gli ugonotti, ma i cattolici esasperati, i realisti fedeli, a non vedere più nei Valois la possibilità di un proseguimento dignitoso della monarchia francese.

Questo trattato infamante era di un'importanza sconvolgente per le imbarazzanti concessioni che conteneva. Il culto riformato veniva ammesso liberamente in ogni parte del regno, ad eccezione della sola Parigi e dei luoghi in cui avrebbe soggiornato la corte. Gli ugonotti potevano avere cimiteri propri, costruire chiese, accedere liberamente a università e collegi. Venivano addirittura riconosciuti validi i matrimonio dei preti e delle suore e legittimi eventuali figli nati da siffatte unioni. La famiglia reale andava esplicitamente, spudoratamente contro l'autorità del papa e sconfessava i dettami del Concilio di Trento. I capi ugonotti venivano prosciolti da ogni responsabilità per le ribellioni contro la corona e incassavano beni e proprietà.

Fremetti di sdegno insieme all'orgoglio calpestato della Francia e dei francesi nell'apprendere che il re era finanche giunto ad ammettere le proprie colpe nei loro confronti! Non solo condannava le violenze della notte di San Bartolomeo, ma arrivava a revocare tutte le misure prese dalla giustizia contro i ribelli protestanti retroattivamente dalla morte di Enrico II! L'ammiraglio di Coligny veniva ufficialmente riabilitato e ai suoi eredi venivano resi tutti i beni, mentre il sovrano affermava solennemente di nutrire un perfetto sentimento di amicizia per Condè e i suoi seguaci, ai quali garantiva il riconoscimento ufficiale della piena proprietà dei beni da loro sottratti al Tesoro, delle opere d'arte rubate nelle chiese, delle tasse imposte con la forza nelle città arbitrariamente sottomesse! Si impegnò infine a convocare gli Stati Generali a Blois entro sei mesi, clausola alla quale i ribelli tenevano particolarmente dacché confidavano nelle elezioni che avrebbero visto il re pesantemente sconfitto.

Mio figlio, Enrico di Guisa, provò in ogni modo, fino all'ultimo istante a convincere il sovrano a non firmare. Qualsiasi sconfitta sul campo sarebbe stata preferibile a quella rovinosa umiliazione capace d'infiammare il risentimento popolare e affossare la dignità del re. Nulla da fare. La regina madre lo aveva già convinto: «Accettate, figlio mio, accettate. Questi articoli che io vi chiedo di firmare si annulleranno da soli: la Francia si solleverà contro le pretese di questi eretici. La guerra ricomincerà, ma questa volta vostro fratello non sarà al loro fianco e noi detteremo una pace autentica».

Il trattato di Beaulieu prese il sarcastico appellativo di «Pace di Monsieur» perché a guadagnarci fu soprattutto Monsieur Alençon. Il nano riceveva l'Angiò, la Touraine e il Berry, tre ricche regioni contigue al centro della Francia, un autentico regno nel regno di Enrico III. Anche gli altri cospiratori ebbero la loro parte: Enrico di Navarra avrebbe governato anche la Guyenne; Condè ricevette la città fortificata di Péronne e Mézières. L'intera Francia meridionale passava così sotto l'autorità dei ribelli. Tutti i signori francesi, eccetto i Guisa che non parteciparono alla spartizione del bottino, ebbero qualcosa da guadagnare da codesto vergognoso trattato che spogliava il re di ogni residuo d'autorevolezza. Un trattato che il 17 maggio 1576 Enrico III aveva firmato piangendo. Non era ancora del tutto cieco, evidentemente sapeva di firmare contro se stesso una vera condanna a morte, se non della persona quantomeno del sovrano e della sua dignità. Proibì che venisse intonato il *Te Deum* che tradizionalmente accompagnava tutte le stipulazioni di pace, mentre a Parigi già i canonici di Notre Dame avevano annunciato che si sarebbero rifiutati di cantarlo, appoggiati dalla popolazione che furibonda era scesa per le strade della capitale. Per i parigini, la «Pace di Monsieur» era «odiosa e abominevole».

Le sorprese non erano ancora tuttavia terminate, e nemmeno i guai. A guerra finita, Giovanni Casimiro si disse insoddisfatto della somma guadagnata, e rapì il signor de Bellièvre, segretario alle Finanze del re, pretendendo un'ingente cifra in cambio della sua libertà. Condusse con sé in Germania lo sventurato che fu oltretutto costretto ad assistere a Heidelberg all'ingresso trionfale di Casimiro, seguito da una lunga fila di carri pieni d'oro e di gioielli provenienti dalla Francia.

Il regno di Francia versava ora in uno stato di terribile miseria. La famiglia reale non sapeva dove poter reperire il danaro necessario alla liberazione dell'ostaggio. Come sempre, determinante si rivelò il generoso interessamento della Casa di Lorena. Il conte di Vaudémont prestò gran parte del proprio patrimonio e il duca di Lorena offrì un milione di lire, somma esorbitante superata solo dal prestito del cardinale di Guisa. Anche mio figlio, lo Sfregiato, che pure aveva in ogni modo cercato d'impedire la firma del trattato e quell'esito rovinoso, mise a disposizione del danaro insieme al suo ricco vasellame d'argento.

La pace comunque non tardò a rivelarsi per ciò che era: una catastrofica resa che, ben lungi dal garantire una tregua, non avrebbe fatto che esacerbare ulteriormente gli animi. Il signor Humières, governatore di Péronne, si rifiutò categoricamente di consegnare la città a Condè, accogliendo la supplica della popolazione che non voleva essere governata da un miscredente. Rivolse un appello solenne e accorato a tutti i principi, signori e prelati del regno «essendo venuta l'ora di osteggiare e sventare le astuzie, le cospirazioni degli eretici con una santa, cristiana unione e concordia di tutti i fedeli e buoni sudditi del re; che è oggi il solo vero mezzo lasciato da Dio nelle nostre mani per restaurare il suo santo servizio e l'obbedienza a sua maestà». Ben vedevo come la popolazione apparisse compatta e risoluta nella determinazione a non permettere in alcun modo che il principe eretico potesse entrare in città, e anche Condè dovette prenderne atto. Caterina gli offrì in cambio la città calvinista di Saint-Jean-d'Angély e lui si vide costretto ad accettare. So che non dimenticò mai quello che gli apparve come un affronto, tanto più che la resistenza di Humières a Péronne non rappresentava certo un caso isolato. Era piuttosto il segnale di un crescente fenomeno politico, un fenomeno che lui temeva come l'unico capace di sfuggire al suo controllo, alla sua abilità nel manipolare Caterina e i suoi figli. Una nuova massiccia reazione cattolica si levava dal popolo, oltre e a prescindere dall'autorità regale ormai compromessa. Non potevo nonostante tutto non provare dolore nel constatare come ormai i cattolici fossero animati contro il re da un risentimento assai più profondo e feroce di quello degli ugonotti. Come tutti gli odi che nascono da un grande amore tradito, il disprezzo dei cattolici francesi era passionale e furioso. Si trattava di sudditi fedeli che si sentivano ingannati, delusi dal loro sovrano. Da quel profondo amore sincero che i francesi avevano sempre nutrito per il re, non poteva che sgorgare spontaneo l'odio nei confronti di Enrico III, traditore dell'idea stessa di re. In realtà questa reazione ribolliva ormai da lunghi anni, pur mai pianificata né da alcuno guidata. Era una reazione goffa, mal strutturata, impreparata, proprio perché popolare e spontanea. Le fu dato il nome di Lega della Santissima Trinità, ma essa sarebbe poi stata a tutti nota come Lega Santa. Mi piacque, quel nome, mi pareva adatto a esprimere la volontà di tutti i cattolici, pronti a unirsi per fronteggiare l'eresia, per difendere l'unica religione del regno, contro la politica dei Valois che sembrava invece voler consegnare le città francesi agli ugonotti.

Ora, dopo molti anni da quegli avvenimenti, comprendo come e perché in tanti avrebbero cercato d'attribuire a noi Guisa l'ideazione della Lega. Un grossolano errore. Lo avevo veduto personalmente il contegno di mio figlio Enrico di fronte alle prime leghe locali, quando egli palesava di volersi tenere in disparte, quando egli disse di voler aspettare, di voler prima osservare gli sviluppi di quelle diffuse reazioni prima di raccoglierle sotto la propria egida. E quando finalmente si decise a farlo, già dieci anni erano trascorsi dalla nascita di quelle associazioni. Sapevo che mio figlio, lo Sfregiato, non s'era mai imposto come condottiero delle leghe cattoliche. Anzi, vidi come egli venne persuaso, potrei dire quasi obbligato, dalla volontà del popolo ad accettare quel ruolo che tutti desideravano assumesse, che già tutti gli avevano naturalmente attribuito. E nondimeno lo fece con grande cautela, giacché sapevo, peraltro ben conoscendo la sua indole benevola eppur sempre altera, quanto egli temesse che l'adunanza delle leghe potesse apparire come eccessivamente popolare per un gentiluomo del suo rango. Solo quando comprese che la reazione cattolica era ormai necessaria e che la Lega al suo comando si sarebbe imposta come una forza politica e militare capace d'innalzare le sorti della Francia cattolica, accantonò ogni perplessità. Pur strenui difensori della religione e della monarchia, i leghisti vennero considerati dal sovrano una minaccia. Ma le paure e l'animosità di Enrico III verso la Lega erano alimentate soprattutto dall'invidia cocente e dal personale risentimento verso Enrico di Guisa. A causa di mio figlio, o grazie a lui, al re si sarebbe infatti contrapposta una forza irresistibile, travolgente perché mossa dalle passioni della Francia, una forza che avrebbe turbato i suoi regali sonni e generato nuove invidie nel suo temperamento già disturbato. Una forza che avrebbe portato alla gloria e alla morte il mio adorato figliolo, che tutti ormai acclamavano re.

Sapevo che i Lorena, pur discendendo da Carlo Magno, non potevano legittimamente aspirare al trono. E anche il re era ben conscio del fatto che, se fosse morto senza figli, avrebbe lasciato la corona a Enrico di Navarra, primo principe del sangue. La legge salica, che pure noi Guisa non mancammo mai di difendere, imponeva Enrico di Borbone come unico successore al trono. Ciò non avrebbe impedito alla mia adorata figliola Caterina, duchessa di Montpensier, la cui gloria il nostro caro Brantôme avrebbe contribuito a perpetuare col dire di lei che «fu una grande donna di Stato e contribuì moltissimo tanto col lavoro fisico quanto coi consigli del suo ingegno inventivo a costituire la Lega» di perorare con zelo l'ipotesi di un'ascesa al trono del fratello. Dovetti udirla assai spesso, non senza una punta d'apprensione, affermare pubblicamente che i Guisa erano i veri eredi di Carlo Magno. Il suo ardore s'accresceva poi col vedere come queste sue proclamazioni non mancassero mai d'incontrare l'appoggio entusiastico di tutta Parigi. Ella portava abitualmente alla cintura un paio di forbici d'oro, e quelle forbici di tanto in tanto amava estrarre dicendo che assai presto le avrebbe adoperate per tagliare con le sue stesse mani i capelli di Enrico III, per poi rinchiuderlo monaco in un convento. I parigini, divertiti da codeste affermazioni di mia figlia, ne avevano tratto ispirazione per creare un nuovo soprannome per il re, che ora per tutti era «frate Enrico». Fantasticavano di assistere alla tonsura, che mordaci dicevano sarebbe stata «la sua terza corona». Ovunque in quei giorni vidi, con una sorta di timore accompagnato da un sottile compiacimento, diffondersi sferzanti libelli, finalmente di parte cattolica, che irridevano «la razza capetingia» ormai in declino e magnificavano «i rampolli di Carlo Magno, rigogliosi perché amanti della virtù».

Enrico III, infangato e screditato dai mille scritti che spietati andavano enfatizzando i suoi vizi, gettavano sempre nuovi quesiti sui suoi veri o presunti costumi sodomitici e sull'effettiva natura delle sue relazioni con gli odiosi *mignons* che lo circondavano, aveva ormai del tutto disgustato i parigini. La Francia era stanca di lui. Ogni suo comportamento veniva fatto oggetto di pubblico biasimo, le sue pratiche religiose eccessive, le sue fustigazioni erano esplicitamente disapprovate dai pulpiti e dileggiate dal popolo.

Fino a quel momento i cattolici non avevano avuto a disposizione una forza disciplinata e coesa contro le truppe protestanti, le quali invece erano ben regolate, condotte da signori ugonotti pronti a tutto, sostenute economicamente sia dalla regina d'Inghilterra sia dai principi protestanti tedeschi. Ora i cattolici esasperati avrebbero seguito l'esempio degli avversari. Avrebbero fatto appello allo straniero, accettando l'aiuto di Filippo II che Caterina aveva sempre rifiutato. Il loro esercito sarebbe cresciuto fino a configurarsi come una forza militare ben più potente di quella del re.

Vidi la Lega crescere rapida e forte grazie all'entusiastico appoggio di tutti i popoli di Francia. In agosto seppi che Piccardia e Normandia s'erano accordate per rifiutare il vergognoso editto di pacificazione, poi vidi come molte città della Champagne e della Borgogna coraggiosamente ne avevano seguito l'esempio.

Fra i timori crescenti per quella forza cattolica che minacciava di travolgere il barcollante trono dei Valois, in un clima teso che rendeva ognora più instabile la corona, Enrico III e Caterina presero a considerare risoluzioni che sarebbero state assai dannose per l'immagine dei miei figli. Un giorno spinsero la loro audacia fino al punto di chiedere a tutti i principi cattolici di firmare un giuramento. Avrebbero dovuto promettere solennemente di non prendere mai parte a riunioni avverse alla corona. I miei figli, Enrico duca di Guisa e Carlo duca di Mayenne naturalmente rifiutarono. Il loro appoggio alla corona era sempre stato leale e incondizionato, la nostra Casata aveva reso immensi servigi al re, il quale invece non sempre aveva ricambiato con la giusta gratitudine. Ora quella richiesta, che spudoratamente palesava un'iniqua immeritata sfiducia, risuonava nientemeno che come un vero e proprio insulto. Anche io ne ero indignata, e mi sentivo profondamente offesa, oltraggiata dopo anni di amicizia sincera. Caterina e il re insistettero a lungo per ottenere quella firma che l'aristocratico orgoglio dei Lorena non poteva vergare, e andarono su tutte le furie dinanzi a un caparbio diniego che si faceva sempre più tenace. Enrico III in una delle sue consuete sceneggiate prese a urlare che si trattava di un ordine e che, se non avessero immediatamente sottoscritto quel documento, sarebbero stati accusati di ribellione al re. Solo a quel punto i miei figlioli decisero di obbedire, dichiarando tuttavia pubblicamente di avere firmato non di spontanea volontà, ma solo in quanto forzati dal re. Mio marito il duca di Nemours, invitato come gli altri a firmare un documento ritenuto vergognoso, sdegnato preferì lasciare la corte, così ci ritirammo nella sua Savoia, dove Giacomo fece costruire Villa Mirafiori. Lì, con mio marito e i nostri figli, consumai dolcemente quelli che forse furono gli anni più tranquilli e sereni concessi alla mia turbolenta esistenza.

Il trascorrere del tempo, implacabile nemico della femminea avvenenza, pareva non avesse ancora voluto del tutto privarmi della bellezza, o almeno così sosteneva galantemente Brantôme. Ricordava, il caro poeta, il giorno in cui mi vide ballare con la regina di Scozia. Ballavamo per svago, Maria Stuarda e io, per capriccio, e Brantôme disse che tutti quelli che ci videro danzare vollero provare a stabilire per gioco chi di noi due fosse la più bella! E il cantore ci fece l'onore di creare per noi quel celebre paragone con i due soli riuniti di Plinio, che appaiono al solo scopo di sbalordire il mondo.

Brantôme era così generoso da rinvenire in me le doti di mio nonno, il grande Luigi XII, e da scrivere che grazie a quelle io potei avere «due mariti onesti, di cui ben difficilmente si sarebbero potuti trovare di eguali». Davvero Iddio mi aveva fatto dono di due sposi meravigliosi, e la medesima devozione che avevo avuto per lo Sfregiato mi univa ora al duca di Nemours, al fianco del quale mi sentivo pronta a fronteggiare i nuovi disordini che minacciavano la Francia.

S'approssimava ormai la fine di quello sciagurato 1576, e i tre Enrichi, che di lì a poco si sarebbero visti contrapposti nella fase finale delle guerre di religione, stavano trascorrendo una fredda serata d'inverno al Castello di Blois giocando a dadi. Avevano appena terminato la partita quando sul tavolo videro delle gocce di sangue, rosse e rotonde, come se qualcuno si fosse all'improvviso gravemente ferito. Si scambiarono sguardi perplessi, ciascuno mostrò agli altri le proprie mani intatte, pulite. Solo il loro tavolo da gioco sanguinava, null'altro... in alcun modo poterono giustificare la presenza di quel sangue, ed essi si ritirarono, stupefatti, turbati da quel macabro triste prodigio che si sarebbe fatalmente spiegato negli anni successivi, con lo scorrere del sangue di tutti loro, condannati a morte violenta, in rapido avvicendamento pugnalati da mano assassina.

Il 6 dicembre 1576 a Blois si riunirono gli Stati Generali. Il lavoro della Lega aveva già dato i suoi primi frutti, e i rappresentanti dell'assemblea erano quasi tutti cattolici, benché la riunione fosse stata voluta dai protestanti, che contavano invece d'ottenere una cospicua rappresentanza. Enrico III, com'era tipico della sua indole camaleontica, dinanzi a quell'assemblea inaspettatamente cattolica, pensò di provare con un clamoroso voltafaccia a conquistarsi il favore della stessa Lega, che pur aveva fino a quel momento osteggiato. Sapeva che i cattolici avrebbero scelto come loro capo indiscusso Enrico di Guisa, provocando a lui un insopportabile smacco. Mio figlio era già anche troppo popolare, e l'amor proprio del sovrano sarebbe uscito inguaribilmente ferito dal conferimento di questo nuovo incarico al suo eterno rivale. Per ovviare a tal probabile inconveniente, Enrico III decise di provare a rivendicare per sé il comando supremo della novella forza cattolica. Non gli mancò la sfacciataggine necessaria a dichiararsi dinanzi all'intera assemblea come il più convinto dei leghisti, con grande disappunto della regina madre che ancora credeva che il re dovesse mantenersi al di sopra delle parti. Che la grandissima maggioranza del paese fosse tuttavia cattolica, disgustata dalla tracotanza dei protestanti, era sotto gli occhi di tutti, per cui Enrico, con l'ardita scelta di schierarsi al fianco della Lega, ottenne un indubbio successo personale. Si arrivò finanche alla rottura della vergognosa «Pace di Monsieur». A grande maggioranza, gli Stati Generali votarono per la soppressione della religione riformata, la messa al bando dei pastori e l'abolizione della libertà di culto.

Il 1 gennaio 1577 – troppo tardi – la Francia proclamava solennemente che esisteva nel regno una sola religione: il cattolicesimo romano. I protestanti, ormai fortificati da lustri di politica compiacente, non erano certo disposti a farsi da parte. Si rinfocolò esuberante, energica, la guerra civile. Alençon, impudicamente ricoperto di benefici, non poteva ormai che dare sostegno alla politica del re suo fratello, dichiarandosi deciso nemico dei calvinisti. Ansioso più che mai di far tosto dimenticare alla severa madre i tradimenti passati, si gettò anzi con mai conosciuto zelo nel nuovo ruolo, addirittura conquistando alla causa monarchica la piazzaforte protestante di La Charité. Trasformista come il fratello, ma aggravato da un'incredibile miseria morale, il nano si predispose a massacrare senza pietà alcuna quegli stessi protestanti dei quali fino a poco prima s'era posto a capo! A salvare i riformati della città conquistata dall'eccidio fu mio figlio, il duca di Guisa! Una splendida immortale lezione di superiorità, questa che il signore cattolico seppe dare al miserevole principe! Lezione che purtroppo rimase inascoltata: la grandezza dello Sfregiato non valse a scalfire l'animo inaridito del più grottesco degli ultimi Valois. Nel successivo mese di giugno Monsieur conquistò Issoire, ma Enrico di Guisa non era questa volta purtroppo presente e nessuno poté difendere gli eretici dalle perverse brame del funambolesco amico che si era fatto nemico. Centinaia di persone vennero trucidate all'istante. Con questo massacro Alençon si alienò definitivamente le simpatie degli ugonotti.

I cattolici risultavano ovunque vittoriosi, gli eserciti regi mietevano continui successi. Nessuno capì perché, proprio all'apice del trionfo, Caterina decise di sospendere le ostilità. Ne fu assai felice Enrico di Navarra che vedeva l'esercito protestante, ormai avviato a lunghi passi verso la catastrofe, graziato da salvezza inaspettata. Noi Guisa, con la Lega Santa, il papa e Filippo II, non riuscivamo a spiegarci la ragione per cui la regina madre volesse assolutamente concludere la pace in un momento così favorevole, prima di avere conseguito la vittoria definitiva.

Dovuta in gran parte alle trattative personali di Caterina con il genero Enrico di Borbone, la Pace di Bergerac venne stipulata il 17 settembre 1577, con un trattato assurdo, vergognoso, inspiegabile. Tanto più sconvolgente in quanto, nonostante i trionfi dei cattolici, riprendeva molte delle clausole dell'indecorosa pace di Monsieur. Una vera sciagura per il partito cattolico, uno scandalo che ammutolì e indispettì tutto il popolo francese. Le concessioni fatte ai calvinisti erano eccessive e sorprendenti, soprattutto a fronte dei successi del partito cattolico, tuttavia erano meno eclatanti rispetto a quelle della precedente riconciliazione, così che anche il partito ugonotto ebbe il coraggio di lamentarsene. Ancora una volta Caterina era riuscita a scontentare tutti. Solo Enrico III gradì codesto trattato che, per prendersi una rivincita sul fratello, volle chiamare «Pace del re».

L'editto di Poitiers proclamò solennemente una riconciliazione che cercava di tacitare i cattolici offrendo un grottesco premio di consolazione. Il culto riformato sarebbe stato limitato alle piazzeforti protestanti, mentre per volontà di Caterina tutte le leghe, sia cattoliche sia protestanti, dovevano essere soppresse. La regina madre cercava ancora di favorire l'uguaglianza e la pacifica convivenza. Ci credeva davvero, che sarebbe stato possibile, ma io nutrivo in merito molti dubbi. Mi sembrava un risultato assai arduo da conseguire in quella nostra Francia così fortemente religiosa, così affamata e gelosa della verità. E ancor più mi sembrava impossibile raggiungere la tolleranza bramata da Caterina se ripensavo a come i protestanti si fossero sempre palesati avversi a riconoscere ai cattolici quei diritti che nondimeno rivendicavano. E infatti i pastori si lagnarono di quella clausola del trattato che prevedeva il ripristino del culto cattolico nelle città protestanti ov'era stato soppresso!

Cresceva intanto l'odio di Enrico III per mio figlio Enrico, sempre più popolare. Il re continuamente incalzava i suoi favoriti, i quali poi s'adoperavano in ogni modo per scatenare dispute, provocare e perseguitare gli uomini dello Sfregiato. Si arrivò presto al duello. Entragues, Ribérac e Schomberg, uomini di mio figlio, sfidarono Quélus, Maugiron e Livarot, favoriti del re, il 27 aprile 1578. Alcuni mesi dopo, un altro favorito del re, Paul d'Estuer de Caussade, conte di Saint-Maigrin, fu ucciso per strada mentre usciva dal Louvre. Il conte da tempo rivolgeva alla duchessa di Guisa attenzioni così insistenti e arroganti da risultare ingiuriose per la famiglia lorenese. C'era anche chi vociferava che ne fosse l'amante, ma mio figlio non dovette credere alla maldicenza, giacché non reagì in alcun modo. Fu suo fratello Carlo, duca di Mayenne, a insorgere al posto suo e Saint-Mégrin morì assassinato il 21 luglio 1578. Brantôme avrebbe accreditato l'ipotesi che davvero egli fosse l'amante della duchessa di Guisa e che per di più non fosse l'unico, ma che lo Sfregiato «buono e misericordioso uomo, quantunque fosse una delle migliori spade del mondo» avesse perdonato la moglie. La duchessa era incinta. Fintanto che la sua condizione - «ch'ella avrebbe voluto poter ritardare d'un secolo» - l'avesse protetta, sarebbe stata al sicuro, ma temeva che dopo le sarebbe toccata una tremenda punizione. Grande fu il sollievo nel constatare che non ci sarebbero state altre conseguenze del misfatto se non «lo spavento preso da altri parecchi amanti della mentovata dama», spavento peraltro immotivato giacché «il morto aveva pagato per tutti». Il timore ebbe tuttavia i suoi risvolti positivi, se Brantôme stesso volle poi testimoniare che «riconoscente della bontà di siffatto marito» la duchessa non gli diede più motivi di sospetto «e fu reputata una delle più oneste e virtuose donne del suo tempo». La fedeltà ch'ella negò allo Sfregiato in vita volle poi accordargliela in morte. Caterina di Clèves dopo che mio figlio venne assassinato, visse ostinatamente fedele alla sua memoria fino alla morte, che la raggiunse molti anni dopo, nel 1633. Molti lustri ella consacrò a onorare «molto degnamente l'eterna assenza del signore suo marito», un marito che «non aveva il suo eguale in tutto il mondo: questo ella diceva di lui in talune sue lettere scritte ai suoi familiari, dopo la sventura toccatale, manifestando con tali parole di quale rimpianto e di quanto dolore era piena la sua anima».

Enrico III amava sentirsi riverito, riconoscersi capo indiscusso di un piccolo gruppo di fedelissimi. Per questo si era circondato di signori a lui quasi consacrati, che accedevano alla sua intimità e che tutto gli dovevano. Aveva fatto licenziare i consiglieri scelti da sua madre, sostituendoli con uomini selezionati appositamente al di fuori delle famiglie aristocratiche, nella piccola nobiltà. Giovani che mai si sarebbero aspettati di poter avere l'onore di servire il sovrano, e che per questo si mostravano colmi di gratitudine. Enrico seppe ricolmarli di ricchezze e onori, ben prevedendo che codesti fidi tratti fuori dal nulla gli sarebbero stati riconoscenti e devoti alla stregua di mansueti cagnolini. I *mignons* del re formavano una piccola variopinta corte: erano temuti per l'infinita influenza che potevano esercitare sul sovrano, invidiati per gli enormi favori di cui godevano, odiati per l'atteggiamento prepotente e sfrontato, la condotta scandalosa, la violenza dei duelli e lo sperpero chiassoso in uno stile di vita troppo principesco. La posizione privilegiata che i favoriti del re avevano rapidamente assunto a corte aveva suscitato inevitabili gelosie, inoltre l'elegante raffinatezza e la grandigia che ostentavano portò molti ad attribuire ai *mignons*, e di conseguenza anche al re, costumi sodomitici. Pierre de l'Estoile, giurista al servizio di Enrico di Borbone, li avrebbe descritti «azzimati, leccati, con i capelli arricciati, il ciuffo ritto, il volto imbellettato, pieni di ostentazione, dorati, variopinti, incipriati di cipria alla viola, profumati tanto da lasciare dietro a sé una scia odorosa. In più terribili spadaccini, schernitori oltracotanti, violenti quanto poteva consentire il sentirsi alle spalle la forza protettrice del re... non facevano altro, in tutto il giorno, che giocare, bestemmiare, ballare, inchinarsi, combattere, correre dietro alle donne, seguendo sempre il re, temendo e amando lui più di Dio».

XV

«Tu, magnanimo Alfonso, il qual ritogli al furor di fortuna e guidi in porto me peregrino errante, e fra gli scogli e fra l'onde agitato e quasi absorto, queste mie carte in lieta fronte accogli, che quasi in voto a te sacrate 'i porto. Forse un dì fia che la presaga penna Osi scriver di te quel ch'or n'accenna»

Torquato Tasso

Nel 1579 mio fratello Alfonso, quarantaseienne precocemente invecchiato, concluse le trattative matrimoniali per le sue terze nozze. La prescelta era Margherita Gonzaga che, non avendo ancora compiuto quindici anni, aveva davanti a sé molto tempo per adempiere a quello che sarebbe senz'altro stato il suo compito principale, quello stesso in fondo per cui il duca aveva deciso di contrarre un nuovo matrimonio a così breve distanza dalla morte della sua seconda moglie. La Dinastia estense aveva urgente assoluto bisogno di un figlio di Alfonso, di un erede legittimo che solo avrebbe potuto salvare Ferrara.

Ragazzina vivace, spiritosa e affascinante, Margherita fece subito innamorare mio fratello, che al suo fianco si sentì improvvisamente ringiovanito e scoprì, quando mai se lo sarebbe aspettato, un sentimento tempestoso fatto d'ardenti passioni e assillanti gelosie. Se il primo matrimonio con Lucrezia de' Medici era stato un mero affare politico, se le auliche nozze con Barbara d'Austria avevano certamente lusingato l'orgoglio estense mentre la dolcezza della sposa risvegliava teneri sentimenti di affetto, ora, al terzo connubio, Alfonso scopriva l'amore. Annotava il cronista ferrarese Rodi di come il duca si compiacesse più della sua Margherita «che del dominio di molte città che possedeva». Non restava mai a lungo lontano da lei, e se doveva lasciare Ferrara, se si recava a Comacchio o a Belriguardo, o la conduceva subito con sé o la mandava assai presto a chiamare. La giovane Gonzaga ricambiava la tenerezza del consorte, mostrandosi a lui sinceramente devota.

Mi dissero che a Ferrara tutti si erano affezionati alla piccola duchessa, «bella et graziosa giovane» come la definiva l'ambasciatore Canigiani, che poi aggiungeva: «apparisce molto timida et di poche parole». Margherita aveva briosi occhi celesti e lunghi capelli di un bel «rosso non molto focoso».

«Riesce assai bella e molto gentile e di buoni costumi» scriveva mia sorella Leonora a nostro fratello il cardinale Luigi. Se negli incontri ufficiali alla nuova corte Margherita poteva sembrare «timida et di poche parole», mi narrarono che nella vita privata non lo fu mai: allegra, esuberante, giocava con l'entusiasmo di una bambina, correva nei giardini, spronava i cavalli a estenuanti galoppi, si esercitava nella caccia, nella pesca e nel tiro al bersaglio. Nei primi mesi a Ferrara, attratta da mille novità e desiderosa di sperimentarle tutte, si stancò talmente tanto che a giugno fu costretta a letto dalla febbre. Guarì in pochi giorni, ma, incautamente tornata subito alle ludiche occupazioni, ebbe una grave ricaduta. A nulla valevano le raccomandazioni delle governanti: Margherita, che temeva d'essere scambiata per una bambina o d'esser trattata come tale, non ascoltava mai i consigli. E se una governante, presa da eccesso di zelo, si permetteva d'insistere, veniva licenziata: fu ciò che accadde a Ginevra Medici, prontamente sostituita da Laura Boiardo Thiene. Né poteva farla ragionare mio fratello Alfonso che anzi, invaghito perdutamente della sposa, l'assecondava in ogni capriccio. Presto accantonata ogni timidezza, Margherita cominciò a imporre la propria volontà, mostrando, come riferiva l'ambasciatore Urbani, un «cervello alquanto terribiletto».

Il primo anno di matrimonio trascorse rapido per Alfonso e Margherita, rapido come tutte le cose liete. A rendere completa la gioia di mio fratello mancava solo quella prole che i primi matrimoni non gli avevano dato, e che egli s'aspettava da queste nozze. S'illudeva ripensando alle parole dell'astrologo Nostradamus, che lo aveva tranquillizzato già anni prima coll'assicurargli che avrebbe avuto il desiderato erede solo in età avanzata e dalla terza moglie. Eppure il ventre di Margherita non dava segno d'ingrossarsi, né la giovane duchessa sembrava preoccuparsene, assorta com'era nei quotidiani passatempi in compagnia delle sue dame. La prediletta era Laura Peperara, che aveva il compito di pettinare Margherita. Si diceva fosse abile nelle acconciature almeno quanto lo era nell'arte del canto. E le sue perizie di pettinatrice finirono immortalate in un arcadico sonetto lezioso e adulatorio del Tasso. Molto cara alla duchessa era anche Livia d'Arco, che venne ricordata in ben cinque componimenti del poeta. Mi dissero poi che mia cognata s'era circondata anche di cani: Violina, Grechino, Furbo e Furbina, Gonzaghino e Rossina. La Violina ebbe l'onore di venir celebrata in due madrigali del Tasso. Anche Grechino, il cagnolino bianco che occupava un posto di rilievo nelle attenzioni di Margherita, strappò al poeta un verso, o meglio un lamento. Tutto preso dalla sua melanconia persecutoria e mestamente convinto d'esser ovunque sgradito, il geniale cantore della conquista di Gerusalemme invidiava l'amico a quattro zampe: «O felice Grechino... quanto più grati sono delle mie rime i tuoi latrati!».

Con Alfonso e Margherita la corte di Ferrara toccò forse l'apice del suo gaio splendore. Fu al tempo di Margherita Gonzaga che venne ideato e realizzato quel Concerto delle Dame che rese la corte estense celebre in tutta Europa. Giovani incantevoli gentildonne dalla voce suadente, esperte nel canto, dotte di musica e arte, si esibivano in esecuzioni mirabili sulle musiche dell'illustre compositore Luzzasco Luzzaschi. Mio fratello Alfonso II aveva sempre voluto che la sua corte fosse popolata di bellissime dame capaci di trasmettere nobiltà e splendore, ma ora all'avvenenza doveva aggiungersi la dolcezza del canto. Ferrara era in quegli anni un vero centro artistico musicale. Il culto della musica s'era propagato ovunque, aveva oltrepassato le spesse mura del Castello, era uscito dai saloni affrescati e dai giardini fioriti delle Delizie per entrare nelle più modeste dimore borghesi, nelle botteghe dei commercianti, nelle umili case popolari e finanche nei conventi. Il duca mio fratello incentivava tutto questo, la musica era da alcuni anni la sua più grande passione. A tramutare in Alfonso quello che inizialmente era un generico interesse proveniente forse dalla buona educazione che nostro padre ci aveva garantito in ogni ambito artistico, nella passione travolgente che l'avrebbe accompagnato fino alla morte, fu un'occasione particolare: la visita a Modena del 1568. L'occasione in cui vide Tarquinia Molza, «musica perfettissima» e magnifico soprano.

Tarquinia aveva intrapreso gli studi musicali solo dopo le nozze, nel 1560, ma aveva fatto progressi rapidissimi, potendo peraltro contare su valenti insegnanti, come Alfonso della Viola, che fu maestro anche del Luzzaschi. Tarquinia stupì Alfonso II e Barbara d'Austria con un'audace improvvisazione di complicate composizioni madrigalesche. Si esibiva con i primi cantori della cappella ducale, ma la sua superiorità risplendeva evidentissima. Mio fratello rimase folgorato e decise che da quel momento avrebbe fatto il possibile per valorizzare il canto femminile alla sua corte. Dal 1571 cominciarono a esibirsi Lucrezia e Isabella Bendidio accompagnate dal clavicembalo del Luzzaschi, che in quello stesso anno pubblicò un libro di madrigali. Per anni le Bendidio allietarono la corte estense ma non riuscirono a eguagliare il modello offerto da Tarquinia Molza. Il loro successo, pur notevole, era ancora assai lontano dai vertici che la musica ferrarese avrebbe raggiunto con il Concerto delle Dame a partire dal 1579, quando la Molza si trasferì a Ferrara e mio fratello Alfonso sposò Margherita Gonzaga. Oltre a essere la prima sostenitrice del concerto, Margherita aveva condotto a Ferrara da Mantova la cantante e arpista Laura Peperara, teneramente amata dal giovane Torquato Tasso. Alla Peperara si sarebbero affiancate Anna Guarini, figlia di Giambattista, artefice della parte poetica della musica estense, e Livia d'Arco. In questa somma di tre solismi d'altissimo livello, capaci di sostenersi ognuno con un proprio strumento musicale, trovava finalmente espressione il modello ideale proposto da Tarquinia.

Al concerto partecipavano talvolta anche due cantori della cappella ducale e un basso, il cavaliere napoletano Giulio Cesare

Brancaccio. Stimando se stesso un genio dell'arte della guerra, il Brancaccio s'era presentato alla corte di Ferrara dopo aver composto un trattato di strategia militare. Era convinto di poter essere immediatamente posto a capo delle truppe estensi. Il suo desiderio di entrare a far parte del magico mondo atestino s'era realizzato, ed egli aveva prudentemente deciso di mascherare il proprio disappunto quando s'era visto ingaggiato non per le abilità belliche, bensì per il dono, che forse neppure mai s'era accorto di avere, del bel canto! Ma per mio fratello non poteva esistere nulla di più gradito.

Luzzasco Luzzaschi componeva madrigali appositamente studiati per le dame con elementi di alta virtuosità. Al contrario dei madrigali a cinque voci, sui quali il Luzzaschi aveva pubblicato libri, queste nuove composizioni erano tenute rigorosamente segrete, affidate a rari volumi le cui pagine venivano aperte solo per il ristretto pubblico dei concerti. Le mirabili esibizioni erano il sogno di tutti, italiani e stranieri: un sogno che solo pochi invidiatissimi privilegiati riuscivano a realizzare. La volontà di precludere i concerti a un vasto pubblico nasceva, oltre che dal desiderio di preservarne l'alto prestigio, anche dalla necessità di mantenere tra cantatrici e ascoltatori una distanza ravvicinata che garantisse la possibilità di ammirare gli strumenti musicali cesellati che il duca faceva appositamente realizzare per i suoi «tre angeli». La segretezza comunque fu propizia, contribuendo a creare intorno al Concerto quell'alone di mistero e curiosità capace di renderlo famoso e ambito in tutta Europa, pregevole rarità che in molti cercarono, più o meno avvicinandosi a un modello tuttavia ineguagliabile, d'imitare, cosicché sull'esempio delle raffinatissime esibizioni ferraresi si sarebbe presto diffusa in tutte le corti europee la moda dei concerti di voci femminili.

Fu proprio durante i festeggiamenti per il matrimonio di Alfonso e Margherita che fece ritorno nell'amata capitale estense Torquato Tasso. Dopo essere fuggito dal monastero di San Francesco, aveva vagato da una città all'altra della penisola, per trovare infine generosa ospitalità presso il marchese Filippo d'Este a Torino. Ma non aveva mai potuto dimenticare Ferrara, quella città teneramente amata nella cui raffinata corte aveva trovato l'ambiente ideale per i suoi sogni di vita splendida e nobile. Come ogni oggetto di grande amore, la capitale estense non aveva mai abbandonato l'animo ricco e sensibile del poeta, vi aveva anzi posto stabilmente dimora, facendosi perpetua fonte di contrastanti sentimenti che andavano dalla struggente nostalgia alla rabbia stizzosa pregna d'orgoglio ferito. I ricordi s'accavallavano, si rincorrevano come agili chimere. E allora gli sembrava di rivedere i capelli biondissimi di Lucrezia Bendidio. Capelli così luminosi da rischiarare le acque del Brenta. La rivedeva a Padova, mentre accompagnava la principessa Leonora ai bagni di Abano, e lui timidamente s'avvicinava per udire la sua voce, candida come quella di un angelo. Per lei aveva scritto il suo primo canzoniere amoroso, per lei aveva versato le prime cocenti lagrime, quando l'aveva veduta andare in sposa al conte Macchiavelli. Ma Leonora l'aveva consolato con la sua tenera amicizia, una perfetta intesa puramente intellettuale, un dolce sentimento di complicità che nacque forse già alle terme di Abano per poi proseguire a Ferrara, in quegli anni felicissimi che segnarono il suo debutto di poeta e gentiluomo. Anni lieti, spensierati, anni pieni di successo, gli anni del *Rinaldo* dedicato al cardinale Luigi, delle cinquanta *Conclusioni amorose* scritte per il matrimonio di Lucrezia, dell'*Aminta* subito rappresentata al Palazzo del Belvedere, anni di prestigiosi incarichi e ricchi compensi, anni troppo brevi. Ora tutto ciò sembrava così vicino al suo cuore, così connaturato alla sua stessa persona, che forte sentì nascere il desiderio di ricominciare e l'illusione che davvero sarebbe stato possibile. Cominciò a porgere suppliche al marchese Filippo affinché provasse a intercedere per lui presso il duca. Forse Alfonso avrebbe potuto perdonare le sue follie passate, la fuga, l'ingratitudine. Forse tutto sarebbe tornato come prima.

Non impiegò molto tempo mio fratello a comunicare la propria disponibilità ad accogliere nuovamente il poeta, ma il marchese Filippo, pur sapendo che il suo geniale amico non sarebbe rimasto ancora a lungo a Torino, cercò di convincerlo a rimandare la partenza di qualche settimana, in modo da non giungere in città in concomitanza con il matrimonio del duca. Egli temeva, invero non a torto, che la confusione dei festeggiamenti avrebbe potuto turbare il fragile equilibrio psichico appena riconquistato. Ma Torquato proprio non resisteva più, e all'improvviso partì, di nascosto, nottetempo, per il timore che l'amico cercasse di trattenerlo.

Il 21 febbraio 1579 Torquato Tasso entrava nella sua adorata Ferrara, in piena festa per il matrimonio di Alfonso II e Margherita Gonzaga, gremita di persone, allegra, rumorosa, spensierata, impazzita di divertimenti, involontariamente incurante di un povero poeta che faceva ritorno dopo lungo distacco e s'aspettava d'essere accolto con riverenza. Gli invitati più illustri avevano già occupato tutte le stanze del Castello, il duca non poteva riceverlo, nessuno sembrava volersi occupare di lui. Cominciò a passeggiare da solo, lungo le vie in festa, l'amarezza del cuore esacerbata dalle grida liete che udiva tutt'intorno. Forse si era illuso, forse Ferrara non meritava il suo genio. Raggiunse Palazzo Bentivoglio dove sconcertò le dame presenti con una scenata piena di ingiurie rivolte al duca, alla corte intera e a tutti gli ingrati che non sapevano accogliere degnamente un grande artista. Venne condotto nel carcere di Sant'Anna, dove le mani che avevano composto la *Gerusalemme Liberata* vennero legate da pesanti catene. La prigionia del poeta sarebbe durata sette lunghissimi anni. All'angusta cella per pazzi che lo tenne rinchiuso nei primi giorni si sostituì assai presto un comodo appartamento arredato, con libri, arazzi e un ritratto di suo padre, ma soprattutto le sue mani tornarono libere di scrivere. E moltissimo egli scrisse durante la prigionia, infinite lettere, righe accorate e supplichevoli a personaggi influenti che potessero ottenergli dal duca il perdono e la libertà, lettere poi raccolte e pubblicate in un commovente drammatico *Epistolario*. E quando non ad altri si rivolgeva l'affranto poeta, ma a se stesso, ecco sorgere dalla felice penna i toccanti *Dialoghi*, pregnanti della grandezza intatta del filosofo e dello scrittore. La follia che aveva rovinato l'esistenza dell'uomo aveva voluto, quasi misericordiosa, risparmiare il genio.

Il 31 dicembre 1579 mio figlio Enrico di Guisa ricevette l'investitura di cavaliere. In quell'anno Margherita di Valois aveva lasciato la corte per seguire il marito Enrico, re di Navarra, nel Béarn. Formalmente la bella Margot non si era mai allontanata dalla religione cattolica, e al Castello di Pau, nelle terre un tempo governate dalla fanatica calvinista Jeanne, si rammaricava di dover assistere alla messa «in una piccola cappella non più lunga di tre o quattro passi». Il culto tradizionale era infatti severamente vietato a Pau, e solo per la regina Margot veniva celebrata una messa nella cappella interna al palazzo. I cattolici della città protestante e intollerante pensarono di profittare della celebrazione concessa alla regina. C'era sempre tanta gente nell'angusta cappella, tanti cattolici che accorrevano nella speranza di poter assistere al rito loro interdetto. Le autorità non tardarono a intervenire. Solo alla regina era concessa la messa cattolica. E i portoni della fortezza vennero chiusi. Il giorno di Pentecoste tuttavia alcuni cattolici particolarmente zelanti riuscirono a intrufolarsi nella cappella dove Margot presenziava alle funzioni. Lei non ebbe naturalmente il coraggio di allontanarli, ma il segretario reale Jacques Lallier, signore di Pin, li fece arrestare. Scriveva Margherita nelle sue *Memorie*: «In mia presenza li buttano fuori, li picchiano e li mettono in prigione». Sconvolta e contrariata, Margot andò a porgere lamentele al marito, il quale le assicurò che avrebbe subito affrontato la questione coi consiglieri del parlamento di Pau. Questi a loro volta promisero di fare tutto «quanto potranno per accontentare la regina», ma nulla era ancora stato fatto quando arrivò per Margot il momento di andarsene, cosa che invero fece con gran sollievo «giurando e protestando che non avrebbe mai più messo piede in quel paese, poiché voleva essere libera nell'esercizio della sua religione», e sdegnata dichiarò che non sarebbe più tornata nel Béarn «finché la religione cattolica non vi sarà ammessa».

Nel frattempo la guerra si riaccendeva e i ribelli guidati da Condè mietevano nuovi successi. Il re non disponeva in quel momento di un esercito capace di fronteggiare le forze ugonotte, come sempre finanziate e sostenute da potenze straniere. Caterina andò quindi a incontrare il rivoltoso per tentare di convincerlo a rispettare le clausole della pace di Bergerac. Lo supplicò di spostarsi a Saint-Jean-d'Angély, roccaforte che gli apparteneva e che gli era stata concessa dal re, ma Condè non voleva Saint-Jean-d'Angély, voleva una piazzaforte più vicina alla frontiera tedesca, da dove avrebbe potuto più agevolmente ricevere i rinforzi dalla Germania. Caterina lo minacciò di far intervenire l'esercito, ma egli conosceva il misero stato delle forze regie, e semplicemente rispose che una siffatta eventualità non lo preoccupava per nulla. Si mise poi in viaggio per raggiungere Giovanni Casimiro, il quale auspicava che una nuova guerra civile in Francia richiedesse l'intervento, ben remunerato, dei suoi raitri.

La regina madre si mise mestamente sulla via del ritorno e dovette prendere atto del completo fallimento dei suoi trattati di pace. Eravamo tutti costretti a vedere come la guerra civile si rinfocolasse ovunque nel sud della Francia, come gli ugonotti continuamente si impadronissero di nuove piazzeforti. La guerra che lei detestava e che in ogni modo aveva sempre cercato di evitare sembrava dover conoscere rinnovato vigore, e la responsabilità ricadeva sui pastori e sui principi protestanti, che lei indarno aveva cercato di compiacere con inutili concessioni.

Gli ugonotti guasconi non impiegarono troppo tempo a convincere Enrico di Borbone a disconoscere il trattato di pace che pure aveva accolto con plauso e a riprendere le armi. Il pretesto, futile e sciocco, venne fornito dai pettegolezzi che i favoriti di Enrico III si dilettavano a diffondere sull'infelice matrimonio dei signori di Navarra. L'avvenente Margot sfacciata collezionava amanti sotto gli occhi di tutti. Enrico non si era mai preoccupato delle scappatelle della moglie. Dalla loro unione tutta politica era nata un'insperata amicizia. L'iniziale odio di Margot s'era trasformato in un cordiale affetto, in una simpatia che nulla aveva a che vedere con l'amore ma che era senz'altro preferibile al precedente astio. Ora, perché chiedere di più? Per le questioni galanti, Enrico senza indugio si rivolgeva alle tante dame ricche di fascino che ingentilivano la corte francese. La gelosia non aveva mai rischiato di compromettere questi taciti accordi, fino a quando i gentiluomini guasconi non riuscirono con mille espedienti a istigare nel re di Navarra un sentimento del tutto nuovo:

l'amor proprio del marito tradito. Persuaso della necessità di combattere per difendere l'onore calpestato, il Borbone diede il proprio beneplacito alla ripresa delle armi contro la corona, dando inizio al conflitto che per questo sarebbe passato alla storia come «guerra degli amanti».

La regina madre, scandalizzata da questa nuova guerra che, oltre a ignorare i suoi mille tentativi di pace, gettava anche nel ridicolo la Casa reale, prese immediatamente carta e penna e dal Castello di Chenonceaux scrisse, il 21 aprile 1580, una lettera infuocata al genero che aveva umiliato se stesso e i suoi onorevoli natali accettando di porsi alla testa di un manipolo di «briganti, ladri e nemici del regno». Com'era nello stile della regina madre, al rimprovero fece subito seguito l'offerta della pace, ma Enrico rifiutò di ascoltarla. Prese la città di Cahors dopo soli quattro giorni d'assedio, suscitando i terrori di Caterina, la quale non trovò di meglio da fare che incaricare Monsieur di condurre a ogni costo i negoziati di pace. Il nano si recò in Guyenne e firmò la conciliazione a Fleix, il 26 dicembre 1580. In quel momento vidi Caterina davvero entusiasta. S'illuse d'avere finalmente riportato il figlio sedizioso sulla retta via. Cominciò così a trattarlo da erede al trono, a inondarlo di consigli, senza sapere che nel frattempo il mostriciattolo traditore firmava a Plessis-lès-Tour un trattato con gli insorti dei Paesi Bassi, impegnando la Francia, già sfiancata dai conflitti interni, in una guerra contro la Spagna. Il sogno di Coligny si realizzava postumo. Per me non poteva esserci nulla di peggio, e per la debole Francia di quegli anni affrontare il potente esercito di Filippo II era un'insensata pazzia. Caterina aveva messo in guardia il figlio da quella perenne tentazione di contrapporsi a un nemico imbattibile. Le forze armate francesi erano del tutto impreparate, né questa volta avrebbero potuto contare sull'aiuto dei Guisa che in tante occasioni avevano tolto d'impaccio la corona nelle situazioni più avverse, ma che ora decisamente simpatizzavano per il re cattolico. Il potere regio era in difficoltà, mentre quello della Lega e dei Lorena era immenso. Ciò dava adito ai sospetti del re sulle ambizioni di mio figlio, mentre era solo una logica conseguenza della sua politica assurda, debole con i nemici, incoerente con gli amici.

Enrico ci disprezzava, ci osteggiava senza tenere in minimo conto gli interessi della Francia e i desideri del popolo. Vedendosi costantemente sospettati, trattenuti e umiliati, spesso a vantaggio dei nemici ugonotti, e nonostante innumerevoli servigi resi alla corona, i Lorena, sfiduciati e amareggiati, avevano cercato e trovato sostegno presso Filippo II. Il re di Spagna, che stimava i battaglieri e compatti Guisa assai più dei deboli e ambigui Valois, aveva saputo riconoscere e apprezzare il nostro valore, la nostra fedeltà alla monarchia e alla chiesa, come mai avevano saputo fare i nostri sovrani.

Nell'aprile del 1581 Monsieur raggiunse i Paesi Bassi e s'insediò a Cambrai per cominciare a liberare dalla dominazione spagnola quello che sperava sarebbe stato il suo futuro regno. La regina madre lo raggiunse per cercare di farlo desistere, ma egli non volle ascoltarla, la respinse con rabbia. Atterrita, Caterina si precipitò allora ad avvisare il re del pericolo imminente. Enrico III infuriato proclamò che avrebbe schiacciato il fratello e le sue truppe prima che potessero entrare nei Paesi Bassi. L'esercito regio si sarebbe schierato contro quello del nano entro i confini del regno. Caterina sgomenta assisteva al definitivo crollo di tutti i suoi sogni di pace. La guerra civile che da anni dilaniava la Francia entrava ora nella sua stessa casa, e vedeva contrapporsi i suoi adorati figli. Mai il trono dei Valois era stato così vacillante. Ma mentre la madre apprensiva tremava, i figli per quella volta scongiurarono il pericolo e, forti della melliflua ipocrisia che li caratterizzava entrambi, riuscirono a riconciliarsi in un improbabile accordo. Enrico III sfoggiò con il re di Spagna nuove dissimulatrici profferte d'amicizia, proclamò con slancio la propria estraneità all'iniziativa del fratello, con zelante foga lo sconfessò e lo deplorò. Al fratello invece, in cambio dell'impegno a non produrre subbugli in Francia, concesse l'autorizzazione ad attaccare le Fiandre, dove anzi segretamente lo aiutò!

Filippo II aveva nominato governatore dei Paesi Bassi e comandante dell'esercito il duca di Parma, Alessandro Farnese, celebre condottiero dotato di straordinaria intelligenza politica e geniale talento militare. Sotto il suo comando il già impareggiabile esercito spagnolo non avrebbe avuto difficoltà a reprimere i fiamminghi in rivolta e a ridimensionare le illegittime aspirazioni di Monsieur. Caterina per proteggere il figlio irresponsabile mise in moto veri e propri servizi segreti. Riuscì così a scoprire una cospirazione spagnola contro suo figlio. Venne arrestato e condotto a Parigi nell'agosto del 1582 un certo Salcède, che sotto tortura confessò d'aver promosso nei Paesi Bassi diversi attentati per eliminare Monsieur. Affermò d'aver agito per ordine di Filippo II, ma fece anche il nome dei Guisa. Terminata la tortura Salcède ritrattò, ma si tenne per valido ciò che aveva confessato.

Nell'apprendere il coinvolgimento dei Guisa, Enrico III restò sconvolto! Dopo avere in ogni modo umiliato la nostra famiglia, osava stupirsi del nostro avvicinamento a Filippo II! Davvero non ha limiti l'umano delirio di onnipotenza. In realtà le rivelazioni di Salcède furono colte come un pretesto, uno dei tanti pretesti che avrebbero rinfocolato nell'animo instabile di codesto estenuato residuo d'una Dinastia al tramonto, l'odio contro lo Sfregiato. Un odio ingiustificato che si nutriva solamente di gelosia. Un odio nato dalla consapevolezza che la grandezza di mio figlio avrebbe fatto sempre più, per contrasto, risaltare la bassezza di Enrico di Valois. Il 17 gennaio 1583 Monsieur avrebbe tentato d'impadronirsi con la forza di Anversa, ma la reazione popolare sarebbe stata pronta e risolutiva. Le truppe francesi finirono massacrate e al nano altro non rimase da fare che tornarsene mestamente in patria.

A Ferrara intanto gli ultimi splendori allietavano la vita di una capitale al crepuscolo, e le politiche matrimoniali rinsaldavano in mio fratello un prestigio che si sarebbe tuttavia rivelato vano se un figliolo non fosse giunto a conferirvi continuità. L'usignolo della corte, la splendida Laura Peperara, il 22 febbraio 1583, sposava il conte Annibale Turchi. Nata da famiglia modesta, aveva potuto contrarre vantaggiose nozze grazie all'interessamento del duca. All'ammaliatrice che con la voce d'angelo faceva sognare illustri ospiti, regnanti, prelati e diplomatici, mio fratello Alfonso aveva assegnato una ricca dote e un sontuoso appartamento a corte. Anna Guarini sposò invece il conte Ercole

Trotti, ma il cammino spensierato che l'idolatrata diva conduceva alle note soavi del suo liuto s'interruppe presto, all'improvviso, con un tributo troppo alto pagato a una mondanità condotta con incauta leggerezza.

Anche in Francia si salutò in quell'anno una nuova unione, frutto d'una politica che ormai mi disgustava. Il 12 aprile 1583 venne celebrato il matrimonio tra il principe d'Orange e la figlia di Coligny, vedova di Teligny, assassinato insieme all'ammiraglio nella notte di San Bartolomeo. Incoraggiate da Enrico di Navarra, queste nozze avrebbero sancito l'alleanza definitiva degli ugonotti coi protestanti di Paesi Bassi e Germania. I cattolici francesi rischiavano di trovarsi accerchiati dal nemico. Se poi Monsieur fosse riuscito a sposare Elisabetta d'Inghilterra, il disastro sarebbe stato totale. Fortunatamente la regina continuava a tergiversare. Poneva una propria inderogabile condizione alla celebrazione del matrimonio. Il re di Francia doveva prima firmare un impegno solenne a intervenire a fianco dell'Inghilterra in qualsiasi guerra. Enrico III da parte sua rimandava ogni patto a dopo le nozze. Un proverbiale vicolo cieco, giacché nessuna delle parti in causa accettava di compiere il primo fiducioso passo verso l'accordo. Caterina capiva così che la possibilità concreta di pervenire a un'intesa che vedesse finalmente sistemato il nano s'allontanava, e forse anzi svaniva. Non si perse d'animo e cominciò subito a pensare a un'alternativa. Incaricò il suo ambasciatore a Madrid di proporre a Filippo II il matrimonio del duca d'Angiò con una delle infanti, figlie di sua sorella Elisabetta! Non avevamo in fondo tutti i torti, noi Guisa, a definire «da cani» siffatte unioni fra parenti strettissimi! Il problema tuttavia non fece in tempo a porsi poiché poco dopo, il 10 giugno 1584, prostrato da una violenta emottisi, Monsieur, il nano, già da anni sfibrato dalla tubercolosi, morì a Château-Thierry. Codesto triste personaggio, il peggiore forse dei miserevoli figli di Caterina, liberava la Francia e l'Europa intera dalla sua sciagurata presenza, ma apriva il drammatico problema della successione. Enrico III non aveva figli, alla sua morte non ci sarebbe stato un altro Valois pronto a salire al trono. Con la scomparsa di Monsieur si aprì quella che la storia avrebbe presentato come la *Guerra dei tre*

Enrichi, che erano ovviamente Enrico III, re senza eredi, Enrico di Borbone, re di Navarra, designato alla corona dalla legge salica, e mio figlio Enrico di Guisa, inneggiato al trono dalla volontà popolare.

Enrico di Navarra era il vero erede. La legge salica gli conferiva indubbia legittimità, questo nessuno lo ignorava. Ne erano loro malgrado consapevoli i parigini: se ne parlava nelle botteghe e nelle strade della capitale, nelle modeste case degli artigiani come nei palazzi delle famiglie più influenti. Ma si trattava di una soluzione che nessuno sentiva di poter tollerare. Gli ultimi re avevano profondamente deluso il popolo. La brillante cultura di Francesco I, l'autorevolezza di Enrico II, erano bei ricordi sbiaditi dal tempo e sepolti sotto le nuove brutture. Con i tre figli di Caterina la Dinastia dei Valois aveva decretato il proprio irreversibile declino. Il primo, Francesco, debole e malato, gli altri debosciati, caratteriali, incoerenti, troppo lontani dalla dignità regale, incapaci di suscitare rispetto. Nessuno li aveva davvero amati. Ma un conto era dover sopportare un re bizzarro o inetto, magari in attesa di tempi migliori, un conto era vedersi imporre un erede eretico! Dopo la forzata conversione della notte di San Bartolomeo, Enrico di Borbone era infatti tornato alla fede calvinista, ed era quindi, peggio che eretico, relapso, ossia ricaduto nell'errore. Peraltro non faceva nulla per nascondere la propria eterodossia. Continuava piuttosto a cullarsi nella sua grande utopia, quella di poter diventare un giorno re di un paese cattolico restando protestante. Era convinto che sarebbe bastato impegnarsi a garantire ai sudditi libertà di coscienza e di culto. Nella sua illusione era sincero. Pensava di poter convincere i francesi, i quali però avevano già a loro spese conosciuto il fanatismo dei pastori, i ripetuti tradimenti di Coligny, i saccheggi e le razzie, l'intolleranza di Jeanne d'Albret che aveva vietato il culto cattolico nelle sue terre. Ora nessuno pareva disposto a fidarsi. Oltretutto un re protestante non avrebbe nemmeno potuto essere incoronato. E senza incoronazione il suo potere non sarebbe stato riconosciuto. I parigini ritenevano che, per quanto ormai disonorato e lontano dalla fede autentica, Enrico III non avrebbe mai dovuto coalizzarsi con il candidato miscredente. E non gli avrebbero mai perdonato questa alleanza.

L'avvicinamento politico al cognato e la predilezione che Enrico III manifestò al Borbone come possibile erede a discapito del Guisa fu valutata dal popolo come un tradimento, un meschino inganno, un sacrilegio. Di fronte alla possibilità di un futuro re protestante si rinvigorirono immediatamente tutte le leghe, mentre mio figlio lo Sfregiato riceveva finanziamenti da Filippo II di Spagna per coordinarle.

La Lega cattolica avanzò subito precise rivendicazioni. Non solo il re doveva smettere di sostenere Enrico di Navarra, ma a causa della sua eresia doveva escluderlo ufficialmente dalla successione al trono. A qualcuno questa pretesa dovette apparire come assurda, forse contraria ai principi stessi della monarchia di Francia. Il problema era in effetti molto serio, ma la questione era aperta, e la discussione più che legittima. Se infatti è indubbio che i diritti di Enrico di Borbone, re di Navarra, fossero evidenti e perfettamente conformi alla legge salica, e che quindi i principi dinastici risiedessero senz'altro dalla sua parte, è nondimeno lampante la forte connotazione religiosa della monarchia francese, per cui il re, unto con l'olio della sacra ampolla, riceveva da Dio il suo potere.

Un re eretico non avrebbe potuto essere consacrato e quindi il suo potere non avrebbe potuto legittimamente sussistere. Le pretese avanzate dalla Lega cattolica erano quindi sicuramente audaci, ma nient'affatto arbitrarie. Il problema esisteva, era aperto e di ardua soluzione. Per questo la regina madre e Enrico III, nella loro politica di favoreggiamento del Borbone, lo supplicavano innanzitutto di tornare alla fede cattolica: era questa l'unica mossa che avrebbe reso il suo diritto pieno e legittimo, che avrebbe potuto tacitare i cattolici e la Lega. In mancanza di essa i loro argomenti restavano validi, seppur di ardua applicazione. Nel gennaio 1585 a Parigi i capi della Lega cattolica decretarono che, per opporsi al futuro monarca eretico, sarebbe stata legittima l'insurrezione armata. La Lega si organizzò militarmente, capeggiata dai Guisa. Si procedette al censimento di tutte le possibili reclute, si designarono capi sezione in ogni quartiere. Spesso quando si reclutano volontari per una campagna militare ci s'imbatte in tutti coloro che nulla hanno da perdere, in avventurieri, popolani affamati o saccheggiatori. Avevamo quindi giusti timori per quello che sarebbe stato il livello della nostra armata. Invece radunammo senza sforzo una buona truppa. I numerosi volontari che si presentarono erano uomini dabbene, commercianti, artigiani, impiegati che desideravano difendere la religione cattolica, che credevano nell'origine sacra del potere regale. La verità assoluta del cattolicesimo e l'origine sacra dell'autorità regia erano ai loro occhi inscindibili. Chi metteva in discussione l'una disconosceva implicitamente anche l'altra. Per questo i leghisti, ben lungi dal sentirsi dei ribelli, ritenevano di combattere per la monarchia, oltre che per la religione. La Lega parigina cominciò a stringere rapporti con quelle delle altre città e l'intero regno fu in breve coperto da una fitta rete facente capo a mio figlio Enrico.

Enrico III aveva paura, cercava di prendere provvedimenti contro la Lega, ma non riusciva a ottenere nulla, si rendeva conto che l'intera Parigi era con Enrico di Guisa. L'impopolarità del re era ormai incontrollabile. Tutti lo denigravano, e non si preoccupavano nemmeno di farlo sottovoce. I sacerdoti dai pulpiti non mancavano di smascherare le pubbliche leziosaggini che Enrico III immaginava di smerciare per pratiche di pietà e devozione. Negli scantinati del Louvre i domestici erano stati sorpresi mentre inscenavano la commedia di una processione, scimmiottavano il re e i suoi favoriti mentre si flagellavano. Il re poté far fustigare gli impertinenti camerieri, ma non poté far nulla per salvare la propria reputazione.

Il manifesto di Péronne, che venne pubblicato il 30 marzo 1585 con il titolo *Dichiarazione delle cause che hanno mosso Monsignore il cardinale di Borbone e i pari di Parigi, signori, città, comunità cattoliche di questo regno di Francia a opporsi a coloro che con tutti i mezzi si sforzano di sovvertire la religione cattolica e lo Stato,* esponeva tutti i motivi di malcontento della popolazione e metteva in luce una rottura all'interno della famiglia reale. Caterina era ormai in aperto dissenso con i favoriti del re, Jean Louis Nogaret de Lavalette, duca d'Epernon e il barone Anne d'Arques duca di Joyeuse, che tentavano di limitare la sua influenza.

L'esasperazione popolare contro i riformati non era peraltro attributo della sola Francia. Laddove i cattolici subivano le persecuzioni e le angherie dei protestanti, in Inghilterra, nei Paesi Bassi, in Germania, la reazione minacciava di esplodere. Nel febbraio 1584 un certo Parry, che agiva per conto dei cattolici inglesi esiliati a Reims, cercò di assassinare la regina Elisabetta. Il 10 luglio dello stesso anno Guglielmo d'Orange fu ucciso a Delft. Di fronte a un fenomeno europeo che in Francia rinforzava la Lega cattolica alleata a Filippo II, i sovrani protestanti decisero di stringersi in un'alleanza anticattolica la cui prima finalità sarebbe stata quella di procurare agli ugonotti francesi un numero di mercenari bastante a schiacciare la Lega. La Francia rischiava così di divenire campo di battaglia dei dissidi religiosi di tutta Europa: accanto agli ugonotti avrebbero combattuti i raitri, accanto ai cattolici l'esercito spagnolo. Enrico III ritenne che il modo migliore per scongiurare questo pericolo fosse quello di sopprimere la Lega, e l'11 novembre 1584 annunciò nuove misure contro di essa. I membri della Lega che avessero cercato d'ingaggiare nuovi seguaci si sarebbero resi responsabili del reato di lesa maestà e sarebbero stati condannati a morte. Formalmente poteva non avere torto, giacché tra i cattolici della Lega in effetti circolava l'idea del tirannicidio che avrebbe liberato la Francia da un sovrano incapace di tutelare la vera fede, ma di fatto Enrico III non disponeva del potere necessario a far applicare un simile decreto.

Nel suo Castello di Joinville, mio figlio Enrico di Guisa il 31 dicembre 1584 aveva stipulato con gli inviati del re di Spagna un vero e proprio trattato di alleanza, il cui testo venne pubblicato e presentato quindici giorni dopo ai capi della Lega, riuniti anch'essi a Joinville.

Il Trattato di Joinville definiva la Lega «offensiva e difensiva e perpetua; istituita per la difesa e tutela e conservazione della religione cattolica, apostolica e romana». Lo scopo dell'alleanza con la Spagna era quello di sradicare interamente l'eresia dalla Francia e dai Paesi Bassi. Il trattato dichiarava decaduti dai diritti al trono i Borboni eretici e riconosceva come legittimo successore di Enrico di Valois il cardinale Carlo di Borbone. Quest'ultimo prometteva solennemente che in qualità di sovrano si sarebbe anzitutto impegnato a sopprimere l'eresia e ad accogliere in Francia i canoni del Concilio di Trento, che Caterina e suo figlio continuavano a rifiutare.

Sulle rive della Senna le guardie reali bloccarono e perquisirono un battello. Lo trovarono carico di armature e archibugi destinati ai leghisti. Nessuno si curava del decreto regio. Nelle riunioni della Lega non si faceva che ripetere che Enrico di Guisa era l'erede di Carlo Magno, quindi il più degno successore al trono di Francia. Enrico III era esasperato, aveva paura, dietro ogni angolo scorgeva un potenziale assassino. Si circondò dei famigerati *Quarantacinque,* una sorta di guardia del corpo composta da sicari addestrati, professionisti dell'omicidio, che dovevano seguirlo ovunque. Trovava così il modo di proteggere ancora per un po' la sua rovinosa vita, ma non certo di riacquistare autorità. Per quella non c'era ormai più nulla da fare. La Francia avrebbe ancora avuto formalmente un re, mentre di fatto il potere della corona era in balia dei suoi nemici.

Il popolo non credeva che Enrico III avrebbe regnato a lungo. I cattolici desideravano che Enrico di Guisa salisse al trono, ma sapendo che i diritti dinastici dei Borboni erano superiori, indicavano come possibile erede dei Valois, invece del protestante Enrico di Borbone, il cardinale Carlo di Borbone, che apparteneva alla medesima famiglia ma era cattolico. È curioso notare che Enrico III aveva da poco superato i trent'anni e, a differenza dei fratelli, godeva di buona salute, mentre il cardinale di Borbone aveva superato i settanta. Eppure tutti avvertivano come urgente il problema della successione, come se s'aspettassero da un momento all'altro la morte del re.

XVI

«Perché piangete? Dovreste rallegrarvi con me. Si avvicina finalmente il termine delle mie pene, le mie catene cadono, la mia prigione si apre e l'anima si slancia felice su ali angeliche verso l'eterna libertà… la morte, la mia grave amica, viene benefica per risanarmi. Con le sue ali nere essa ricopre le vergogne subite: l'ultimo destino nobilita anche chi è caduto così in basso. Sento di nuovo sul mio capo la corona, e nel petto lo spirito regale»

Maria Stuarda
Friedrich Schiller

La regina madre, pur temendo Enrico di Guisa e la sua popolarità, non lo odiava, anche perchè era sinceramente legata a me, i nostri figli erano cresciuti insieme e il mio Enrico era nato lo stesso giorno del suo Carlo. Gli era in un certo senso affezionata, e in codesto momento di crisi e reciproca incomprensione volle scrivergli una missiva: «Nipote mio, sono dolente e sbalordita per le brutte voci che circolano e per le notizie che ci sono giunte relativamente a nuove agitazioni politiche di cui si vuole vedere in voi il responsabile». Poi si mise in viaggio per raggiungerlo, parlargli e convincerlo a rinunciare a ogni prova di forza. Nell'occasione il re le attribuì pieni poteri. Caterina giunse a Epernay, ma Enrico non c'era. Attese fiduciosa.

Mio figlio Carlo, duca di Mayenne, si era intanto impadronito di Digione. Ovunque si facevano più numerosi i sostenitori dei Guisa, mentre il re non disponeva né di un esercito né del danaro necessario a organizzarne uno. Dopo che Caterina aveva atteso invano a Epernay, seppe che Enrico di Guisa si trovava a Château-Thierry, ma quando vi giunse egli era appena ripartito. Le mandava però a dire che restasse lì ad attenderlo. Lei continuava a scrivergli affettuosamente, senza lagnarsi di queste mancanze di rispetto che in tempi migliori non avrebbe mai tollerato. Tornò a Epernay: «La vostra buona zia vi attenderà lì» scrisse. E il 9 aprile 1585, giorno di Pasqua, mio figlio finalmente la raggiunse. Aveva occupato Verdun e Toul per sbarrare la strada ai rinforzi che i riformati attendevano dalla Germania. Caterina in termini patetici dipinse la situazione irreparabile del re, Enrico si commosse fino alle lagrime, ma non si fece strappare una sola concessione. Era troppo convinto della sua politica per lasciarsi sviare da chicchessia e il suo temperamento non era per natura incline ai compromessi.

Caterina scrisse subito a suo figlio per offrirgli un resoconto completo del colloquio con lo Sfregiato. Lo invitò a provvedersi al più presto «di denaro e di ogni altra cosa necessaria per la guerra» ed ebbe perfino la sfacciataggine di ricordargli il detto popolare francese: «Il bastone porta la pace». Certo se quel detto lo avesse rammentato innanzitutto lei, nei decisivi anni della sua reggenza, forse la Francia non sarebbe arrivata a questo punto! Decise poi di rimanere a Epernay, per tenere sotto controllo le attività della Lega, le cui milizie erano accampate soprattutto nella Champagne, e per non perdere di vista i Guisa.

Il 29 aprile a Epernay la regina madre ricevette il cardinale di Borbone, il quale aveva chiesto di incontrarla nella speranza di poterla persuadere a intercedere presso Enrico III affinché accogliesse le nostre richieste. All'incontro venne fiancheggiato dai miei figli, il duca e il cardinale di Guisa. Ci si attendeva molto da questo colloquio, ma non tutto andò come previsto. Il Borbone, che non era dotato di grande personalità ed era molto affezionato alla regina madre, non appena si trovò al suo cospetto crollò. Non riuscì a dire nulla di ciò che si era preparato, scoppiò in lagrime e, con l'aria di volersi scusare, giurò di avere ceduto a malincuore alle esortazioni di chi lo aveva voluto nel ruolo di pretendente al trono, al solo scopo di difendere la religione cattolica. Caterina ritrovò allora tutta la sua arroganza, e fu molto dura con i miei figli, soprattutto con Enrico, incolpandolo d'essersi impadronito di numerose piazzeforti appartenenti al re. Mio figlio si giustificò coll'affermare di avere agito nel solo interesse della religione, giacché, controllando tutte le piazzeforti dell'area orientale, egli poteva di fatto impedire ai rinforzi tedeschi di ricongiungersi alle forze reclutate dal re di Navarra oltre il Reno. Volle comunque offrire a Caterina una tregua, durante la quale avrebbe riunito i capi della Lega per negoziare una pace duratura. In cambio chiedeva a Caterina e a suo figlio d'impegnarsi con una dichiarazione solenne a estirpare l'eresia dal regno, a riprendere le piazzeforti concesse agli ugonotti e a sospendere ovunque la libertà di culto. Rimase a lungo, Enrico, a discorrere con la regina madre, spiegandole come ciò che le stava chiedendo fosse necessario per il bene della Francia. Le ricordò tutti i fallimenti della politica di tolleranza, le spiegò come il perseverarvi avrebbe condotto alla ribellione definitiva degli ugonotti e alla rovina del regno. Caterina lo ascoltava in silenzio, lo sguardo fisso, tenace, lasciava solo a tratti trasparire timori o incertezze, ma quando mio figlio ebbe terminato, ella sembrava decisa ad accettare le sue proposte. Chiese solo alcuni giorni di tempo per discuterne con il re suo figlio. Lo Sfregiato glieli concesse, ma sottolineò che entro quindici giorni doveva essere presentato l'ultimatum a Enrico di Navarra. Solo a quel punto i Guisa avrebbero accettato di deporre le armi.

Caterina, secondo il suo stile, consigliò a Enrico III, che peraltro le diede ascolto, di emettere una dichiarazione solenne che sembrasse accontentare le richieste di mio figlio, senza tuttavia rompere i rapporti con Enrico di Navarra. Enrico III promulgò l'editto che vietava in Francia ogni religione diversa da quella cattolica romana. Noi Guisa avevamo preteso che nell'editto fosse a chiare lettere specificato che solo un re cattolico sarebbe potuto salire al trono di Francia, ma Enrico III volle omettere codesta clausola. Pur assumendo le sembianze del re cattolico richieste dalla Lega, salvaguardava diritti e ambizioni del Borbone, per non precludersi la possibilità d'una futura alleanza col cognato. Non appena l'editto fu proclamato, Caterina si precipitò a Epernay. Voleva essere lei a dare l'annuncio ai miei figli, ad assicurare loro che l'eresia era stata definitivamente bandita dalla Francia. Mentre il cardinale Carlo di Borbone ingenuamente esultava, lo Sfregiato, che visti i precedenti non si sentiva incline ad abbandonarsi a facili entusiasmi, pretese che all'editto facesse immediato seguito i fatti e che i protestanti evacuassero al più presto tutte le loro piazzeforti. Caterina tergiversò. Il dover passare dalle parole ai fatti non rientrava nei suoi piani.

Aveva sperato di poter blandire l'avversario con le promesse, che erano sempre state uno dei punti chiave della sua politica di pacificazione. La pretesa che le promesse venissero mantenute, era un problema nuovo, che non aveva valutato. Ma noi Guisa avevamo da tempo imparato a nostre spese che con la famiglia reale non conveniva contentarsi delle parole. Reclamammo subito un altro editto, con clausole precise e conformi agli accordi, che ben specificasse: l'espulsione di tutti i ministri protestanti, la destituzione dei funzionari regi aderenti alle idee della riforma e la confisca dei loro beni. Se gli ugonotti si fossero ribellati la Lega sarebbe intervenuta con le armi.

Caterina e il re cercarono ancora di temporeggiare, ma i miei figli pretesero l'accoglimento immediato di ogni richiesta. Perfino il mite cardinale di Borbone per una volta osò alzare la voce. Caterina insistette, chiese ancora ventiquattr'ore di tempo, ma i miei figli se ne andarono furiosi. E lei si sentì tradita… proprio lei che di simili trucchi aveva fatto il fulcro della sua politica, andò su tutte le furie quando scoprì che i miei figli, mentre lei credeva di guadagnare tempo, anziché attendere passivamente, ne avevano approfittato per fare arrivare svizzeri cattolici, rafforzare le loro posizioni, occupare nuove piazzeforti.

Da Epernay Caterina si spostò a Nemours dove firmò, il 7 luglio 1585, il trattato con il quale la monarchia cedeva il potere alla Lega. I Valois avevano finalmente capitolato.

«Il peggio, in tutto ciò, è che il re andava a piedi mentre la Lega andava a cavallo, e che il suo sacco di penitente non poteva reggere il confronto con la loro corazza» commentava l'Estoile. Il sovrano con il saio si piegava dinanzi al cavaliere con l'armatura. Il debole Enrico III con il suo rosario dai grani a forma di piccoli teschi e le processioni di flagellanti sbiadiva dinanzi all'eroico Enrico di Guisa con la spada sempre sguainata al servizio dei cattolici. La fede ambigua, ostentata nei riti eccessivi al limite del sacrilego, definiti dai libelli misere esibizioni di un «meticcio», ma sconfessata sul piano della politica e abbandonata quando ritenuta scomoda, di una patetica personalità senza spessore non poteva reggere il confronto con la fede nitida, battagliera d'un uomo forte, che non scendeva a compromessi e non temeva di rischiare la vita per difenderla.

Sia il re sia Caterina tentarono più volte di dividere i capi della Lega, ma non fu mai possibile. Quella lorenese era una famiglia compatta, tutti i membri legati da vincoli di reciproca solidarietà, la condotta ineccepibile. Un esempio ben diverso da quello offerto dagli ultimi Valois, dai figli di Caterina, debosciati, dissoluti, corrosi da reciproche gelosie, pronti a odiarsi fino al tradimento o ad amarsi così spudoratamente da generare accuse di incesto, a tradirsi e a riconciliarsi.

Enrico III continuava a dare spettacolo delle sue teatrali devozioni. Si fece edificare un oratorio parato a lutto, dove fece appendere crani e ossa asportate dai cimiteri. Qui, in una piccola cella illuminata dalla luce tremula d'un cero, il re si flagellava, talvolta in compagnia di qualcuno dei suoi favoriti. Trascorse tutto il venerdì santo dedito a blasfeme ostentazioni e quando il nunzio pontificio lo riferì al papa, Sisto V intervenne presso il confessore di Enrico III affinché lo mettesse in guardia contro siffatte pratiche e gli ricordasse che ben altri erano i doveri di un re cattolico, soprattutto in un paese dilaniato dall'eresia.

Con il trattato di Nemours, Enrico di Borbone si trovò ufficialmente escluso dalla successione al trono. «Ora vi è una sola via d'uscita: occorre che il re di Navarra si converta», sentenziò Caterina dopo averlo firmato. Il re mandò presso Enrico di Borbone l'abate di Barbeu e due teologi affinché lo aiutassero a convertirsi, ma egli tergiversava. L'idea della conversione non lo convinceva, non tanto per specifiche credenze religiose, quanto per timori politici. Abiurando avrebbe perso il sostegno dei protestanti senza esser certo di riuscire a conquistarsi le simpatie dei cattolici. In uno slancio di orgoglio, mandò a dire al re che non avrebbe accettato di cambiare religione nemmeno per tutti i regni del mondo. I fatti lo avrebbero presto smentito. Intanto comunque non sapeva come comportarsi ed era furioso. Cercava di tutelare i propri diritti patteggiando col partito dei politici e coi cattolici non affiliati alla Lega. Era convinto che i leghisti lo odiassero, li temeva e quindi li detestava: «Credono di potermi prendere al laccio, ma io voglio trapassarli da parte a parte e camminar loro sulla pancia».

Il 15 giugno 1585 a Moncalieri moriva mio marito il duca di Nemours. Gli anni trascorsi con lui in Savoia sarebbero rimasti fra i miei ricordi più dolci e preziosi, ricordi che mi avrebbero consolata al momento di salutare quella verde terra e mi avrebbero accompagnata nel tragico rientro a Parigi. Già, Parigi mi attendeva, mio malgrado. Detestavo l'idea di tornarvi, eppur sapevo che lo avrei fatto, e assai presto. Amavo la Savoia, i verdi altopiani dal clima salubre, il silenzio di un lembo di terra estranea agli orrori della guerra, lontana dai clamori della politica. Ma non potevo restarci da sola, non ora che mio marito non c'era più. I miei figli stavano combattendo una lotta terribile, in ogni istante avvertivo tutto il peso dell'angoscia, il timore di perderli, la sensazione terribile che, se fossi rimasta ancora lontana da loro, non li avrei mai più veduti. E nel silenzio di una grande casa, la solitudine mi parlava. Nelle notti cristalline, quando si poteva udire anche la brezza più leggera scuotere piano le vetrate o le foglie dei rami appena germogliati, mille voci mi sussurravano all'orecchio le mie paure, mi ricordavano impietose che a Parigi ogni giorno si rischiava di morire. Decisi che era meglio vedere il sangue da vicino che temerlo da lontano.

La mia influenza sui Guisa e sulla Lega cattolica era ancora fortissima, forse potevo rendermi in qualche modo utile, benché non avessi alcun desiderio di mescolarmi, da povera donna ormai anziana e due volte vedova qual'ero, alla sfrenata vita di corte. Già, mi sentivo stanca, vecchia, benché il poeta Brantôme, sempre galante e troppo generoso, dopo avermi incontrata al matrimonio di mio figlio Carlo Emanuele duca di Savoia con Caterina d'Austria, figlia di Filippo II, ebbe la bontà d'elogiare una grazia ancor fresca che io sentivo invece d'avere perduta.

«L'ammirazione per la sua bellezza e per le sue virtù rimase impressa per sempre. Se le ali della mia penna fossero bastevolmente ampie e forti per innalzarla in cielo, lo farei» mi onorava il poeta, definendomi «una bellissima donna nella sua primavera, nella sua estate e nel suo autunno, e persino durante il suo inverno, benché ella abbia avuto una gran quantità di figli e di fastidi». «Quale fatto meraviglioso che una bella donna opponga tanta resistenza all'opera del tempo!» concludeva. Un fatto meraviglioso davvero per qualsiasi donna, ma non per me. Non mi riusciva proprio di riconoscermi nelle parole encomiastiche del mio caro poeta, non in quei giorni, non mentre angustie e solitudine m'opprimevano. Mi sentivo inguaribilmente sfiduciata, e a corte condussi una vita ritirata, attenta solo ai mille pericoli che in ogni momento minacciavano i miei figli. Non credo che qualcuno abbia sentito la mia mancanza. I dissidi dello Sfregiato con Enrico III non mi apparecchiavano certo un gradito posto alla tavola reale. L'unica cosa che chiesi e ottenni da Caterina in nome della nostra antica amicizia fu la nomina di mio figlio Carlo Emanuele di Savoia a governatore di Beaujolais.

Il 9 settembre di quello stesso 1585, papa Sisto V emanò la bolla che dichiarava Enrico di Navarra e Enrico di Condè decaduti dai loro diritti in quanto eretici e relapsi. I loro sudditi erano sciolti dal giuramento di fedeltà. Enrico di Navarra era ormai pronto allo scontro armato e aveva già reclutato mercenari luterani. L'11 gennaio 1587 concluse con Giovanni Casimiro e col re di Danimarca un duplice patto che prevedeva l'invasione della Champagne e della Borgogna. Il re, prigioniero degli impegni assunti a Nemours, non poté garantirgli alcun sostegno. Credo che avrebbe in realtà desiderato ignorare le clausole del trattato, ma a Parigi non aveva più l'autorità per tentare una simile risoluzione. Nella capitale era sottoposto al controllo e alla tutela dei leghisti, e il vero re di Parigi era di fatto mio figlio, lo Sfregiato.

Ben consapevole dello stato di crisi in cui versavano i Valois, Elisabetta I a Londra ne approfittò per compiere una spregevolissima azione destinata come molte altre a restare impunita. La lunga prigionia alla quale da anni costringeva la sventurata regina di Scozia, nostra dolcissima nipote, la vivace fanciulla che con la sua grazia aveva incantato la corte francese, si concluse all'improvviso, proprio come tutti noi temevamo, confortati solamente dalla speranza che infine forse Elisabetta non avrebbe osato tanto. E invece osò. Ci pensò a lungo, certo, aveva paura, soprattutto dell'inevitabile reazione della Spagna. Aveva indugiato fintantoché aveva paventato l'eventualità che alla Spagna potesse affiancarsi la Francia. Ma quando aveva veduto la terra del re cristianissimo ridotta a un misero spettro, sfiancata dalla guerra, affatto priva di qualsiasi brandello d'autorità regale, aveva capito che un momento più opportuno per agire non vi sarebbe stato. Maria Stuarda venne condotta fuori dalla prigione. Conosceva il suo destino. La sua battaglia con la cugina era finita, e aveva perso. Capì che il sole pallido che le rischiarava il volto, il bagliore chiaro d'un inverno che faticava a cedere il passo alla nuova stagione, si sarebbe subito spento. Appena il tempo di leggere una sentenza glaciale, poche righe vergate su un foglio bianco, una firma tremula. Solamente abiurando la fede cattolica Maria Stuarda regina di Scozia avrebbe potuto salvarsi dalla scure del boia. Ma nemmeno per un istante la nostra dolcissima ostinata nipote si lasciò carezzare da quell'idea, dalla diabolica tentazione di lasciar vivere il corpo uccidendosi l'anima. Salì i gradini del patibolo con passo fermo e deciso, con una splendida dignità regale che commosse anche i più acerrimi nemici, quasi lieta d'offrirsi a Dio nella speranza che quella sua misera vita stroncata potesse valere infine un posto in paradiso. Era il 18 febbraio 1587. Una giornata di lutto per la Francia intera, addolorata per la morte di una splendida regina e umiliata da quel gesto oltraggioso. Nel mio dolore immenso, nel lasciarmi cullare dai dolci e strazianti ricordi degli anni trascorsi con la nostra cara Maria giovanissima delfina di Francia, non potevo fare a meno di pensare che se il nostro re avesse avuto ancora la sua autorità, se si fosse stati ancora ai tempi di Francesco I, certo Elisabetta non avrebbe mai osato compiere un simile atto. Ma con Enrico III sapeva di potersi permettere qualsiasi insolenza. Anche Caterina soffrì, seppur per cagioni diverse dalle mie. Colpita nel suo orgoglio superbo, aveva preso la decapitazione di Maria Stuarda come un vero e proprio oltraggio alla corona francese, ma nulla aveva potuto fare per impedirla e nulla avrebbe potuto fare per punirla.

Nel mese di giugno Caterina si trasferì a Reims, dove i miei figli avevano posto il loro comando. Cercò di creare le premesse per una tregua, ma essi rifiutarono d'ascoltarla. Temevano che la regina madre avesse stretto accordi col re di Navarra per dare ai mercenari luterani in arrivo dalla Germania il tempo di ricongiungersi con le sue truppe. Questo sospetto ci rese ben determinati a proseguire la guerra contro gli ugonotti. Più tardi capii come in quel caso i nostri dubbi fossero stati ingiusti e infondati. Seppi che Caterina non aveva in realtà stipulato alcun accordo col Borbone. Scottati da anni di politica avversa alla nostra Casata, da intrighi orditi alle nostre spalle a favore del partito ugonotto, dalla consapevolezza della predilezione che il re e la regina madre continuavano nonostante tutto a nutrire per Enrico di Navarra, ci eravamo trovati tutti d'accordo nel rifiutare ogni proposta tremendo tranelli. Forse avevamo sbagliato, ma credo non avremmo potuto agire diversamente.

Delusa e afflitta, la regina madre non poté far altro che rientrare a Parigi e prepararsi a proseguire il conflitto. Il 20 ottobre 1587 l'esercito regio si scontrò con le truppe del re di Navarra a Coutras. Il sempre vanaglorioso Enrico III aveva voluto offrire il comando del suo esercito a Joyeuse, il suo favorito del momento, né lo aveva preoccupato o trattenuto il fatto che questi non si fosse mai occupato di operazione militari. Anne de Joyeuse partì per la novella avventura come sarebbe partito per un ricevimento di corte. Non aveva elaborato alcun piano, alcun assetto di battaglia. Le truppe del re vennero annientate in due ore appena, e lo stesso Joyeuse perse la vita. Più di trecento nobili rimasero uccisi a Coutras, mentre l'esercito protestante perdette cinque ufficiali e venti soldati. Era la prima battaglia vinta dagli ugonotti.

Enrico di Borbone si rivelò in quest'occasione nobile e magnanimo. Espresse sincero cordoglio per la morte di tanti francesi, fece curare i feriti e restituì il corpo del duca di Joyeuse alla famiglia. Per i defunti fece poi celebrare esequie in rito cattolico, assistendovi personalmente.

Sull'altro fronte mio figlio Enrico di Guisa riscuoteva grandi successi. A Vimory il 20 ottobre e ad Auneau il 24 novembre 1587 lo Sfregiato annientò le truppe luterane che stavano attraversando la Francia per ricongiungersi a quelle del re di Navarra. Se avesse guidato lui le truppe a Coutras, il risultato della battaglia sarebbe forse stato diverso, ma Enrico III agli interessi della Francia preferiva anteporre la gratifica, seppur con incarichi inadeguati, dei suoi favoriti. «Un miracolo, battere un esercito di trentamila uomini riportando perdite così esigue!», commentò Caterina entusiasta alla notizia dei trionfi di mio figlio. L'esercito della Lega era effettivamente integro e Parigi gioiva, inneggiando al novello Goffredo di Buglione. Non esultava invece il re, che pure combatteva al suo fianco! La gelosia di Enrico III era tale che avrebbe egli di certo preferito vedere mio figlio ammazzato dai raitri, piuttosto che trionfante e acclamato dal popolo. Un altro che non poteva esultare dei successi dello Sfregiato era il duca d'Epernon, incapace intrigante favorito del re. Mentre la Francia combatteva, lui inondava la corte di pettegolezzi e trame al solo scopo d'eccitare l'odio per lo Sfregiato. Questo era il suo contributo alla causa della monarchia. Circolava in città un libello dal titolo accattivante: *Insigni gesta belliche d'Epernon*. Il lettore incuriosito doveva rimanere forse un poco deluso, ma certo anche divertito, nell'aprirne le pagine e trovarle tutte bianche, salvo un'unica parola finale: «Niente». Il nunzio pontificio così descriveva la situazione francese durante il rovinoso regno di Enrico III: «Qui v'è guerra e non guerra, fazioni religiose, fazioni politiche, cattolici e protestanti, politici e leghisti... Il popolo odia il governo, e il re nonostante il suo potere è povero; la sua prodigalità lo fa sempre più povero. Dimostra una notevole pietà, ma odia la Lega Santa. Vuole fare la guerra ai protestanti, ed è geloso delle vittorie dei cattolici. Vuole la sconfitta degli eretici e la teme. Teme la disfatta dei cattolici e la desidera. Non crede in se stesso, tutta la sua fede è nel duca d'Epernon. Questi è geloso dei Guisa, la sua gelosia si è mutata in odio e veleno che riversa nel cuore del re... Il Guisa è adorato dal popolo, ma odiato dal re, mentre il re ama Epernon che è odiato dal popolo».

XVII

«Mai porto un calice alle labbra senza rabbrividire per il timore che la bevanda sia stata preparata dalla mano amorosa di mia sorella...»

Maria Stuarda
Friedrich Schiller

Caterina riteneva ora che il re avrebbe dovuto stringere i rapporti con la Lega, giacché era Enrico di Navarra, con la minaccia dell'invasione straniera, a rappresentare il maggiore pericolo per la corona. Ma Enrico III non ascoltava più i consigli della madre. Era soggiogato dai suoi *mignons*, in particolare dal suo devoto Epernon, il quale diffondeva imposture infamanti e non perdeva occasione per oltraggiare mio figlio Enrico. Quando tuttavia Epernon ebbe l'audacia di schernirlo pubblicamente, si trovò ad affrontare il furore dei parigini. La capitale, eccitata per le vittorie del suo eroe, non tollerava che qualcuno osasse ingiuriarlo, e subito si ricolmò di rinnovato astio contro il re e i suoi esecrati favoriti.

In questo clima di tensione fu ordito un nuovo complotto. I congiurati avevano progettato di attaccare il Louvre nella giornata di domenica 24 aprile per arrestare l'odiato duca d'Epernon e il re. Una volta rimossi il sovrano e il suo scellerato consigliere, la regina madre avrebbe potuto governare con mio figlio Enrico di Guisa nel ruolo di luogotenente generale del regno. Ma la notizia della cospirazione trapelò assai prima che si potesse agire, giacché Enrico III aveva già da tempo infiltrato diverse spie nella

Lega. Fu tale Jean Pulain a fornire ogni dettaglio al sovrano. I cospiratori vennero immediatamente arrestati, la qual cosa stupì e addolorò mio figlio che, come me, era stato tenuto all'oscuro di tutto. Alcuni capi della Lega di Parigi avevano agito in gran segretezza, forse temendo d'incontrare l'opposizione dello Sfregiato. Ma per il re, Enrico di Guisa era l'ideatore e il principale beneficiario della congiura, e nessuno avrebbe mai potuto convincerlo del contrario.

La Lega intanto ancora reclamava l'integrale applicazione del trattato di Nemours, sulla quale Enrico III continuava a indugiare. In particolare ci attendevamo che Epernon venisse allontanato dalla Francia e che tutti gli eretici venissero finalmente dichiarati fuori legge. Pretendevamo poi che la Chiesa francese si decidesse a rispettare le decisioni del Concilio di Trento e che fosse introdotta l'Inquisizione. In Francia il controllo dei reati di eresia era dovere del parlamento, non esisteva l'Inquisizione ecclesiastica. Caterina, nonostante le pressioni del papa e di Filippo II, aveva sempre rifiutato di introdurla. Ma le avevano forse i protestanti dimostrato riconoscenza?

A Nancy, alla fine di gennaio del 1588, tutti i Lorena si riunirono per un consiglio di famiglia, al termine del quale vennero presentati al re gli «undici articoli di Nancy». Le richieste dei leghisti imbarazzavano il re, che molto li temeva e non sapeva come comportarsi. Il successo di Auneau aveva accresciuto il potere della Lega, e, soprattutto, la sua già immensa popolarità. Ogni giorno in tutta la Francia artigiani, commercianti, braccianti e contadini correvano a incrementarne le fila. Epernon insisteva nel suggerire al re la soluzione immediata a codesto dilemma: far massacrare tutti i capi leghisti e quanti più possibile dei seguaci della Lega cattolica! Il re lo ascoltava, non diceva nulla, ma forse non escludeva l'eventualità di poter un giorno giungere a mettere in pratica il suggerimento...

In una delle sue solite crisi di furore, Enrico III, dopo avere riversato sulla madre tutta la colpa della sventure che opprimevano il regno, pensò d'attuare una drastica risoluzione. Vietò categoricamente a mio figlio Enrico l'accesso a Parigi. Quando la notizia dell'ordine regio giunse in città, si sollevò una protesta generale. I leghisti mandavano continui messaggi a mio figlio reclamando la sua presenza. Il 9 maggio 1588, ignorando le disposizioni di un re ormai incapace di farsi obbedire, lo Sfregiato entrò nella capitale.

Per non farsi riconoscere s'era avvolto nel mantello, si era calato il cappello sugli occhi e aveva rinunciato al suo numeroso seguito, facendosi accompagnare da soli nove fidatissimi. Uno di questi, il giovane Fouronne, per motteggio gli tolse il copricapo, e ridendo sentenziò che un bravo gentiluomo quando entra in una locanda deve farsi riconoscere. Non sapeva egli ciò che faceva, né immaginava cosa il suo scherzo avrebbe provocato. Appena il volto dello Sfregiato fu scoperto, Parigi esplose: «Viva i Guisa!», «Viva la colonna della Chiesa!», si gridava ovunque intorno a lui. Ormai non poteva più far nulla per nascondersi. Una ragazza esile, incuriosita da tanto clamore, timidamente s'affacciò alla soglia della sua bottega: «Principe buono, ora che tu sei qui siamo tutti salvi».

In breve si radunò intorno allo Sfregiato una folla plaudente che gli impediva di proseguire il cammino. La gente si buttava in ginocchio al suo cospetto, lo supplicava di sbarazzarsi al più presto del re, dei suoi *mignons*, di tutti i ribelli.

Enrico intimidito indietreggiava, quasi spaurito da quella folla febbricitante d'adorazione: «Signori, basta, è troppo. Gridate piuttosto viva il re!» si scherniva. Dalla fedeltà alla monarchia non poteva prescindere, Enrico, che in fondo temeva questa ribellione popolare al sovrano. Al suo consiglio d'inneggiare al re, nessuno prestò attenzione. Quella folla eccitata sperava che presto sarebbe stato lui il re, e se avesse avuto il vero re a disposizione, lo avrebbe forse linciato prima che acclamato!

In realtà, lo Sfregiato non amava particolarmente questo tipo di gloria. Rimproverava finanche sua sorella, mia figlia la duchessa di Montpensier, che incoraggiava le sommosse e sfidava il re con le sue forbici d'oro! Enrico non poteva bramare un potere che giungesse dal popolo. Certo, sarebbe volentieri salito al trono di Francia, ma solo per un reale diritto divino e dinastico, solo se avesse potuto incarnare il sacro potere conferito da Dio al legittimo sovrano. Non avrebbe mai potuto accettare un potere raccolto da una rivoluzione, conferito dalla volontà popolare. Un potere che, oltre a essere illegittimo, sarebbe stato anche fragile, giacché l'autorità conferita e consacrata da Dio permane, la volontà conferita dal popolo muta al mutare della fortuna.

Facendosi largo a fatica nella calca delle ovazioni, mio figlio raggiunse via Saint-Honoré e il convento delle Pentite, dove la regina madre in quei giorni alloggiava. Mai Caterina si sarebbe potuta attendere di vedere giungere al suo cospetto Enrico di Guisa. Sapeva che il re gli aveva proibito l'accesso a Parigi, pena la morte. Ancora convalescente da una delle sue ormai frequenti bronchiti, si trovava in compagnia della duchessa di Montpensier, mia figlia. Restarono entrambe sbalordite nel vederlo. Conoscevano l'enorme rischio che stava correndo. In effetti la notizia non tardò a giungere alle orecchie di Enrico III, che come di consueto diede in escandescenze.

«Per Dio, morirà!» gridò furibondo.

Caterina cercò di farlo ragionare, di metterlo davanti alla consapevolezza del pericolo che egli stesso avrebbe corso se fosse morto il duca di Guisa, l'idolo di Parigi.

«Ho una spada per difendermi» affermò solenne, cercando di recuperare scarni brandelli d'una dignità perduta. Poteva egli non immaginare quanto poco gli sarebbe servita una spada di fronte al risentimento dell'intero popolo, all'odio che un simile misfatto avrebbe generato? Non saprei dirlo. La sua collera livida e astiosa era tuttavia ormai difficile da controllare.

Enrico III cominciò a preparare l'agguato. Nel suo appartamento, al Louvre, i sicari si sarebbero nascosti in uno studiolo che s'apriva sulla stanza dove il re avrebbe ricevuto lo Sfregiato. La porta sarebbe rimasta socchiusa, gli assassini pronti a colpire al segnale convenuto. Tal segnale erano le parole, che il re avrebbe scandito a voce alta, all'indirizzo del rivale: «Voi siete un uomo morto, signore di Guisa».

Caterina aveva intuito le intenzioni del folle figlio e s'ingegnò per cercare di salvare il condannato. Invece di lasciare andare lo Sfregiato nell'appartamento del re, dove appunto immaginava avrebbe ricevuto pessima accoglienza, mandò un inviato da suo figlio a chiedergli di andare da lei per incontrare il duca di Guisa.

Enrico III si abbandonò a una nuova sfuriata. La madre intralciava i suoi piani, e in nessun caso comunque sarebbe toccato al re presentarsi al cospetto del duca! L'inviato, che Caterina s'era premurata di ben istruire, si permise d'insistere, facendo notare che la regina, a causa della recente malattia, non poteva alzarsi. Enrico III rispose che restasse pure a letto. Non c'era alcun bisogno che accompagnasse il duca, anzi... Il re gradiva piuttosto un incontro a quattrocchi!

Quando l'inviato riferì a Caterina le parole del figlio, ella vi ravvisò triste conferma dei propri timori. Decise allora di accompagnare ella stessa il duca di Guisa. In portantina si diresse verso il Louvre. Lo Sfregiato procedeva al suo fianco a piedi, il cappello in mano. Era solo, senza scorta, mentre il Louvre era circondato da guardie. Caterina gli consigliò di ritirarsi non appena terminato il colloquio, senza attardarsi per alcun motivo in quel luogo così pericoloso per lui.

Quando mio figlio apparve al cospetto del re, fu investito dalla sua collera. Prima ancora di salutare, il sovrano furibondo gli rinfacciò di essere entrato a Parigi contravvenendo ai suoi ordini. Senza perdere la sua consueta tranquillità, lo Sfregiato rispose che lo aveva fatto solamente perché era stato informato che sua maestà, su consiglio di Epernon, aveva programmato di far massacrare i cattolici della capitale: «Poiché la mia fede mi è più cara della vita, sono venuto a morire con loro» concluse.

Il re negò d'aver progettato uno sterminio di cattolici e riprese a rinfacciare al Guisa le sue mire sulla corona, crimine di lesa maestà. Urlava, il furore cresceva, era sul punto di pronunciare la frase che avrebbe scatenato i sicari acquattati dietro alla porta. Caterina intuì che qualcosa di terribile stava per accadere. Prese il figlio da parte e gli chiese se sapesse ciò che stava per fare. Egli rispose che avrebbe fatto male a non profittare dell'occasione, giacché il suo nemico era stato tanto sprovveduto da consegnarsi spontaneamente a lui, peraltro senza guardie del corpo.

Caterina allora condusse il re davanti alla finestra. Le strade rigurgitavano uomini e donne che gridavano il nome del loro eroe nella speranza che s'affacciasse a un balcone.

«Le sue guardie del corpo sono tutti i parigini. Guardate e

sappiate che, se il signore di Guisa non esce vivo da qui, la vostra vita e la mia non varranno molto!».

Enrico III impallidì, sconvolto alla vista di quella folla osannante: «Come posso restare il re di Francia fintanto che lui sarà re di Parigi?».

Dovevo convenire che in ciò non aveva torto.

Caterina s'adoperò in ogni modo per giungere a una pacificazione tra il re e mio figlio. Riteneva in quel momento più temibile per il trono un trionfo dell'esercito straniero guidato dal re di Navarra, ma soprattutto temeva le conseguenze popolari di ogni atto ostile nei confronti del «Re di Parigi».

Fece davvero di tutto per convincere il figlio delle buone intenzioni del capo della Lega cattolica, il quale nel frattempo aveva fatto chiamare a Parigi monsignor d'Espinac, vescovo di Lione. Uomo di sicura fedeltà alla corona e tuttavia simpatizzante della Lega, sembrava la persona più adatta a tentare una mediazione. Il 10 maggio 1588 ebbe luogo un incontro ufficiale tra il re, mio figlio, e Pierre d'Espinac. Enrico III entrò senza salutare lo Sfregiato, il quale, sollecitato da Caterina che voleva la pace ad ogni costo, promise solennemente di fare tutto il possibile per pacificare la capitale. Il re gli chiese allora di stringere amicizia con Epernon. Questo era forse troppo, e mio figlio sarcastico rispose che al massimo «per rispetto verso il signore ne avrebbe amato il cane». Il colloquio comunque non si rivelò un fallimento. Enrico III promise d'impegnarsi a cercar di raggiungere un compromesso con mio figlio, anche se in cuor suo non rinunciò mai al proposito di assassinarlo. Era paralizzato dalla paura, ma bramava la morte del rivale. Si confidò ancora una volta con Epernon, e ancora una volta la consultazione col perfido favorito non portò nulla di buono. Enrico III decise di tutelarsi dalla popolarità di mio figlio mandando a chiamare seimila svizzeri da insediare a Parigi, affinché vegliassero su eventuali tentativi da parte dello Sfregiato di profittare del sostegno popolare per impadronirsi con la forza del potere!

Le guardie armate arrivarono nel corso della notte. A procurarle così celermente era stato il re di Navarra. Giovedì 12 maggio 1588, ai primi raggi del sole primaverile che si posavano sui volti assonnati dei parigini risvegliandoli dal sonno notturno, s'accompagnavano note di pifferi e tamburi, gli inni inattesi dei battaglioni svizzeri. Stupore e sdegno si mescevano nei volti curiosi che facevano capolino dalle finestre. Ma rimase solo un furibondo astio quand'essi realizzarono che la città era occupata da un esercito di mercenari! Il re aveva osato violare una libertà della quale Parigi andava da lungo tempo fiera: il privilegio di difendersi in autonomia e con mezzi propri.

Ovunque si prese a gridare contro Enrico III e contro l'odiatissimo Epernon. La voce che si alzava dalla capitale era univoca: gli svizzeri avevano invaso Parigi perché «frate Enrico» aveva deciso di far massacrare i capi della Lega. Forse stava preparando la San Bartolomeo dei cattolici! Già all'alba di quel 12 maggio insorsero gli studenti dell'Università. Péginard, dottore in teologia, s'infilava una corazza e spronava i giovani a battersi per la religione e l'autonomia cittadina. Ma in breve la sollevazione fu generale. Le campane suonarono a martello, poi i parigini cominciarono a tendere catene attraverso le strade e ad accatastarvi dentro botti, travi, finanche mobili e tavoli. Il popolo di Parigi aveva inventato le barricate.

I soldati sconcertati si trovarono accerchiati dalla folla. Strette da ogni lato, le truppe del re non riuscivano né ad avanzare né a retrocedere. Su ogni davanzale erano accumulate grosse pietre, pronte per essere scagliate sugli sgraditi svizzeri. Da qualche balcone spuntavano anche canne di archibugio. In farsetto bianco, affascinante, impavido e rassicurante, lo Sfregiato camminava tra le barricate accendendo gli entusiasmi della folla. Sono certa che se in quella giornata mio figlio avesse deciso di fare proprio ciò che Enrico III paventava, se avesse voluto tentare un'azione di forza per impadronirsi della capitale e del trono, nulla avrebbe potuto impedirgli di trionfare.

E infatti Enrico III era letteralmente atterrito. Chiuso al Louvre attendeva nell'angoscia i comunicati che giungevano senza posa con le notizie dei crescenti disordini, e anche la regina madre aveva paura. Supplicò il duca di Guisa di fare il possibile per evitare una strage. Certo nessuno avrebbe desiderato una nuova San Bartolomeo! Lo Sfregiato la rassicurò: era sempre fedele al re. Ma placare il popolo infuriato non sarebbe stato facile. I parigini avevano già cominciato a massacrare gli svizzeri quando mio figlio intervenne per placarli. La folla a gran voce reclamava il re per ucciderlo. Caterina, che come sempre era innanzitutto una madre solerte e amorosa, decise di entrare nell'arena per offrirsi in pasto ai leoni al posto dell'adorato figliolo. Salì sulla portantina e cominciò a percorrere le strade di Parigi in sommossa. Andò a Palazzo Guisa per supplicare mio figlio di aiutarla a sedare l'insurrezione; sapeva che era l'unico a poter esercitare una qualche influenza su quella folla furibonda. Lo Sfregiato aveva subito accettato d'intercedere, ma poi era stato costretto ad ammettere che i rivoltosi non lo ascoltavano più di quanto avrebbero fatto «dei tori eccitati».

A lungo la regina madre continuò instancabile ad attraversare tutte le strade della capitale. Voleva mostrarsi ai parigini ostentando sicurezza, sorrideva perfino. I rivoltosi non la insultavano, avevano anzi per questa donna anziana e ammalata che sfidava la folla impazzita per salvare quel che restava della regalità del figlio, una sorta di muto rispetto. Quando la vedevano arrivare sulla sua lettiga spostavano le barricate per farla passare, poi le tornavano a innalzare e riprendevano a gridare insulti al re, al duca d'Epernon, agli svizzeri...

«Domani andremo a impiccare frate Enrico nel suo Louvre!».

Mentre i parigini in rivolta si riversavano nelle strade, accerchiavano il Louvre, sgozzavano gli svizzeri, mentre Caterina teneva impegnato mio figlio nel tentativo di placare la furia popolare, Enrico III preparava la sua fuga.

Venerdì 13 maggio 1588, camuffato in un grottesco travestimento, il re sgattaiolava da un'uscita di servizio in fondo al giardino delle Tuileries, e si rifugiava a Chartres.

Non avrebbe mai più rivisto Parigi.

Alla notizia della fuga di Enrico III, lo Sfregiato esplose in un grido di disperazione.

«Signora, sono morto. Mentre la Vostra Maestà mi tiene impegnato qui, il re se ne va per perdermi» diceva sgomento a Caterina. Era vero. Mio figlio sapeva quanto lo spettro della morte gravasse ora su di lui. Il re non aveva ormai altro scopo o desiderio che ucciderlo, foss'anche stata l'ultima azione della sua misera vita. E la vergognosa fuga, se non poté disonorare Enrico III più di quanto già non lo fosse, andò tuttavia ad aggravare fatalmente la situazione del Guisa.

A Chartres Enrico III avrebbe raccolto le ultime briciole della sua autorità per organizzare l'assassinio del rivale, mentre la rivolta di Parigi, dopo la fuga del re, si sarebbe rivelata essere un'arma a doppio taglio. Iniziata certo sotto l'insegna dell'immenso carisma e dell'autorevole prestigio dello Sfregiato, nondimeno ora lo avrebbe posto in enorme difficoltà.

Il re era fuggito, non si trovava più a Parigi. Per il capo della Lega si trattava di una situazione imbarazzante e rischiosa. Affinché infatti potesse agire legittimamente, nel rispetto della monarchia, nella cui sacralità peraltro fermamente credeva, mio figlio necessitava della presenza di un sovrano al quale presentare le proprie richieste. Se non c'era il re, a cosa sarebbe stata finalizzata la sua azione politica? A Parigi senza Enrico III, si sarebbe davvero configurato come un ribelle e a quel punto avrebbe potuto essere accusato di lesa maestà.

Le insinuazioni che qualcuno aveva avanzato sulle sue ambizioni, le ingiuste allusioni al suo presunto aspirare alla corona, sarebbero suo malgrado state avvalorate. Mio figlio era ben consapevole di tutto ciò. Quella capitale devota che lo celebrava come un re, poteva rappresentare la sua definitiva condanna. Si sentiva come dopo la strage di san Bartolomeo, più imbarazzato e addolorato che non compiaciuto della propria stessa gloria.

Per cercare di limitare i danni di quello stato increscioso, lo Sfregiato emanò immediatamente un proclama con il quale ordinava che venisse ristabilito l'ordine sotto l'indiscussa autorità regia. Si definiva solennemente un fedele suddito del re, negava ogni responsabilità circa la fuga di Enrico III e dichiarava di essere pronto a porsi sotto la sua autorità, non appena a Sua Maestà fosse piaciuto di far ritorno. Attestava tutto ciò in buona fede, rammaricandosi pubblicamente «che il re non abbia voluto accettare il nostro rispetto e la nostra fedele obbedienza».

«Ho preso la Bastiglia, l'Arsenale e tutti gli altri punti chiave, ho apposto i sigilli ai forzieri del tesoro per poterli riconsegnare nelle mani di Sua Maestà quando sarà di umore pacifico, ciò che speriamo possa avvenire grazie alle preghiere che rivolgiamo a Dio, e grazie all'intercessione di Sua Santità il papa e di tutti i principi cristiani» comunicava umilmente a Enrico III. Mio figlio aveva salvato dal saccheggio i beni della corona, così come aveva salvato dal massacro gli svizzeri. Ma la fragile personalità del re di Francia era troppo sconvolta dalla gelosia verso il «re di Parigi» per poter valutare in modo equanime i suoi servigi.

Parigi, alla stregua d'un cane rabbioso che s'acquatta mansueto nel riconoscere il padrone, appena si rese conto di essersi liberata del re e di trovarsi finalmente affidata al proprio idolo, abbandonò ogni protesta e ritrovò la pace.

«In ogni momento possiamo fare affidamento sui parigini, più che mai obbedienti al duca di Guisa» poteva comunicare soddisfatto l'ambasciatore di Spagna a Filippo II. Non era tuttavia che una fragile pace basata su presupposti inconsueti. Caterina nel ruolo di reggente esercitava quel poco che restava del potere dei Valois al fianco della nuora Luisa de Vaudémont. Timida e impacciata, assolutamente estranea alla politica e agli intrighi di corte, Luisa non poteva certo risultare di grande aiuto, nondimeno la sua sola presenza era preziosissima per conservare quella pur provvisoria pace. Principessa di Lorena, cugina di Enrico di Guisa, la regina era per ciò stesso amata da Parigi. La sua presenza manteneva tranquillo il popolo, mentre Caterina frenetica studiava un piano per giungere a una rapida pacificazione tra il re e mio figlio.

«Mai vidi una simile sventura e così poche vie d'uscita» si lamentava.

La Lega deteneva indubbiamente il controllo di Parigi. Il re avrebbe dovuto cessare d'opporsi ad essa. Occorreva convincerlo, al più presto. Enrico di Guisa e la regina madre partirono insieme per raggiungere Enrico III.

A Chartres, in solitudine, il re aveva avuto modo di riflettere sulla propria umiliante condizione. Aveva visto da vicino l'odio dei propri sudditi. Si era sentito perduto. Non poteva più illudersi di nulla. Aveva salvato in modo rocambolesco la vita, ma certo non la dignità. E forse nemmeno la corona. Ora, era pronto a sottomettersi a qualunque esigenza, a scendere a qualsiasi compromesso pur di poter continuare a essere il re di Francia.

Lo Sfregiato, che temeva di dover affrontare il furore del re pronto a ucciderlo, incontrò invece un uomo mite, spossato. E nel vedere il figlio così remissivo, Caterina fu ben felice di mettere in scena una delle sue tipiche commedie di pacificazione. Commedia che Enrico III seppe recitare con svenevole abilità. Appena mio figlio ebbe abbassato il ginocchio a terra dinanzi al suo sovrano, Enrico lo sollevò e lo abbracciò. Insistette per pranzare insieme a lui e a tavola levò il calice in suo onore. Caterina era entusiasta, e mio figlio s'illudeva che finalmente Enrico III avrebbe accettato di riconoscere il suo potere, come lui da sempre riconosceva l'autorità regia. Una situazione perfetta. La regina madre aveva già preparato un trattato, che sarebbe stato reso noto come Patto di Unione. Il primo giorno di luglio di quel 1588, il sovrano lo vergava, attribuendo a mio figlio il duca di Guisa pienezza di poteri. A Notre Dame fu subito intonato il *Te Deum*, al quale tuttavia Enrico III non volle intervenire. Non voleva più rimettere piede a Parigi, la città che lo aveva tradito, che si era scelta un nuovo «re».

Il patto prevedeva che mio figlio fosse nominato luogotenente generale del regno, Enrico di Borbone ufficialmente escluso dalla successione, l'odioso Epernon cacciato dal regno. I parigini che avevano osato alzare le barricate sarebbero stati perdonati, senza alcuna ritorsione.

Il re accettò tutte le condizioni già intimamente convinto di potersi poi esimere dal rispettarle. La dissimulazione era una delle sue poche vere capacità. Mentre fingeva di accontentare la madre riconciliandosi con mio figlio, pensava già che al momento propizio avrebbe privato Caterina di ogni potere e avrebbe fatto uccidere lo Sfregiato. Tal momento propizio sarebbe secondo lui stato quello della ripresa del protestantesimo internazionale, fenomeno che avrebbe finalmente indebolito la Lega.

Mentre il mondo cattolico attendeva col fiato sospeso il trionfo di Filippo II che, per vendicare Maria Stuarda, aveva mandato in Inghilterra la sua *Invincibile Armata*, Enrico III si cullava nell'idea che Elisabetta avrebbe infine prevalso e che il partito cattolico sarebbe così caduto in fatale disgrazia. Forte di codesta speranza che il suo orgoglio tramutava in certezza, sapeva di dover solo prendere tempo, fingere di accontentare la Lega, ammansire i cattolici in fermento che inneggiavano al loro «re di Parigi», per poi avere la rivalsa suprema al momento opportuno. Firmò impassibile a Rouen il 15 luglio 1588 il trattato che faceva ufficialmente del suo odiato nemico Enrico di Guisa un vicerè, poi attese lo svolgersi degli eventi. Non dovette sopportare a lungo la presenza dello scomodo rivale. Ancor prima che a Blois venissero inaugurati gli Stati Generali, giunse la terribile notizia che il 9 agosto l'*Invincibile Armata* era stata irrimediabilmente sconfitta, sbaragliata dalla flotta inglese, poi dispersa da un uragano. Il mondo cattolico era paralizzato dall'orrore.

Gli Stati Generali s'aprirono a Blois il 16 ottobre 1588. Mio figlio aveva già disposto tutte le misure opportune affinché venisse delegato il maggior numero possibile di rappresentanti della Lega, e infatti i cattolici poterono contare su una netta maggioranza all'assemblea. Enrico III, in conformità agli accordi presi col duca di Guisa, aveva decretato la caduta in disgrazia di Epernon, ma purtroppo solamente sulla carta. In realtà l'infido favorito aveva conservato beni e titoli, e immutata sussisteva la sua nefasta influenza sul re. Anche per questo la vita dello Sfregiato era sempre più a rischio.

«Il solo e vero pericolo che corre il duca di Guisa è quello di essere assalito e ucciso nello studio del re» scriveva l'ambasciatore di Spagna a Filippo II.

Sgomenta, annientata, oppressa da mille angosciosi presentimenti di sciagura, avevo accompagnato i miei figli a Blois. In ogni modo avevo provato a convincerli a non andare. Ma mentre parlavo e piangevo sapevo bene che a nulla sarebbe valso. Era assurdo sperare che con i loro incarichi politici, il loro ruolo di primo piano nella Lega, potessero rinunciare agli Stati Generali. Eppure, mi chiedevo, quand'è in gioco la vita, a che vale il resto?

Cosa può fare una madre costretta a osservare i propri figli mentre camminano rapidi verso la morte se non cercare a ogni costo d'arrestare la folle corsa? E quando s'accorge della propria impotenza, come può non cedere alla disperazione? Ancora oggi a volte mi chiedo il perché... perché non sono riuscita a fermarli, perché non m'abbiano voluto dare ascolto. Perché non mi sono infine imposta con la forza, con la violenza, con ogni mezzo lecito o illecito. Mille perché, nessuna risposta utile. Mi fa impazzire il pensiero che, se fossi stata più convincente, forse avrei potuto salvarli. Talvolta m'assilla l'idea che essi non abbiano veduto, chiaro e distinto come lo vedevo io, il fatale tranello che era ad attenderli a Blois. No, anche questa è una sciocca inutile illazione. Sapevano tutto. Erano troppo arguti, ben adusi agli intrighi della politica... E avesse voluto Dio che fossero stati meno coraggiosi!

Io vivevo quelle giornate nel tormento, sottoposta a continue torture. L'angoscia mi lacerava il petto più d'una lama affilata, il terrore mi stringeva le viscere, mi soffocava prendendomi la gola come nemmeno avrebbero potuto fare le mani nodose d'un sicario. E in piena notte balzavo nel letto, ogni notte alla medesima ora un grido spezzava il silenzio dell'oscurità. Il sangue che lordava tutti i miei incubi impregnava il mio letto, i cuscini, le lenzuola. Mi alzavo in preda al disgusto, assalita dalla nausea e solo quando riuscivo a raggiungere un lume, vedevo che le coltri erano pulite.

Ma non poteva confortarmi il sollievo che solitamente refrigera la mente dopo un brutto sogno che solo tale si rivela. Ero consapevole di quanto labile fosse nel mio caso il confine tra sogno e vita. E forse quello non era solo un incubo, bensì l'orrida realtà che beffarda voleva preannunciarsi, e farmi soffrire in anticipo la più terribile delle pene. Né quando l'alba giungeva a rischiarare i miei incubi poteva lenirsi il mio supplizio. Anche le mie giornate si trascinavano penose nell'angoscia, tanto che le mie rare apparizioni a corte ne risultavano funestate. Non doveva più essere brillante come un tempo la mia conversazione, e i miei occhi dovevano lasciar trasparire in ogni istante la tristezza del mio cuore se, come mi fu riferito, una dama di corte, conversando con Brantôme, giunse ad affermare che secondo lei io sarei certamente stata «la principessa più felice del mondo» se non avessi amato tanto i miei figli.

«Perché essa li amava tanto che il solo timore che potesse succedere loro qualcosa di male guastava tutta la sua felicità, e pertanto essa viveva in un continuo allarme e in una continua inquietudine», diceva ella al poeta. Come riescono a essere sciocche talvolta le donne! La leggerezza di certe dame di corte riesce a emergere anche nelle circostanze più tragiche! Conosce forse, quella sventata signora, una madre capace di non amare i suoi figli? Conosce forse una madre che non vivrebbe nell'angustia più atroce sapendo di essere sul punto di perdere per sempre le sue creature?

Troppo presto arrivò il giorno dell'apertura di quegli sciagurati lavori, degli Stati Generali più disgraziati della storia di Francia. Una messa solenne, introdotta dal canto del *Veni Creator*, aprì la cerimonia d'inaugurazione. Tutti i deputati s'accostarono al sacramento, «si presentarono a volta a volta davanti all'altare cinque della nobiltà, cinque del clero, cinque del terzo Stato, per significare che davanti a Dio scomparivano le distinzioni sociali. Furono cantati gli inni tradizionali e la commozione fu grande. La cerimonia parve tanto bella che il clero propose di celebrare una messa simile ogni domenica. Mai vi fu tra la borghesia, il clero e la nobiltà un tale accordo». Tutto ciò appariva di buon auspicio. Codesta unione nel fervore religioso rafforzava la posizione dei Guisa, campioni del cattolicesimo, e danneggiava il re, irresoluto difensore dell'ortodossia. Ma l'iniziale svantaggio rese Enrico III più aggressivo. Il 16 ottobre, nel discorso introduttivo, il re cercò la propria rivalsa. Prese a incensare smodatamente la figura della madre, esaltando il contributo da lei portato alla corona francese e l'ingegno della politica da lei condotta per tanti anni, per celare - ma solo agli occhi dei più sciocchi - il fatto d'averla in realtà privata di ogni effettivo potere, cacciando dalla corte i più importanti collaboratori di Caterina. Ben sapendo che la maggior parte dell'assemblea era composta da cattolici, l'ipocrita lusingatore non mancò di sottolineare la propria volontà di contribuire energicamente al trionfo della vera religione in Francia.

«Non vi è monumento più superbo di quello che si erge sulle rovine dell'eresia», proclamò solennemente per blandire l'uditorio prima del brusco mutamento di rotta. Ammutolendo gli astanti, il re poco dopo infatti si dichiarava, dall'alto della propria maestà, deciso «a castigare tutte le leghe», e affermava «che in avvenire saranno colpiti e perseguitati per lesa maestà quanti vi parteciperanno o si lasceranno coinvolgere o si comprometteranno senza la mia autorità».

Non all'eresia, come tutti s'aspettavano, erano rivolte le minacce del re, bensì alla Lega cattolica! Sconcertato, mio figlio lasciò la sala. Si precipitò dal cardinale di Borbone, che giaceva ammalato nel suo letto, e gli fornì un resoconto delle intimidazioni del re, solennemente proferite davanti a tutti i rappresentanti del regno. Il cardinale, che non era mai stato un astuto consigliere, non poteva certo diventarlo ora, debole e ammalato. Si limitò a suggerire a Enrico di ricorrere alla regina madre che, pur caduta in disgrazia presso il re, restava sempre la mente politica più ingegnosa che ci fosse in circolazione nella debosciata corte degli ultimi Valois.

Nemmeno Caterina poteva aiutare lo Sfregiato. Lo guardava impotente, addolorata, vergognosa della propria stessa debolezza, condizione alla quale non era certo domesticata. Al termine d'una vita consacrata alla ragion di Stato e al trono dei Valois, Caterina, che aveva ognora vissuto d'intrighi politici, dominando i figli prima che i francesi, si trovava ora spodestata, per la prima volta privata di ogni potere, ad opera - ed era questo forse il vero smacco, la beffa più umiliante - del figlio prediletto. Cosa poteva suggerire lei, relegata nell'ombra, accantonata a guisa d'inutile cencio, al rivale di suo figlio che implorava aiuto? Nulla. La regina madre, la donna più potente di Francia, per la prima volta non aveva niente da dire, perché, ammise tristemente, «io sono ben lontana dal possedere l'influenza che mio figlio mi ha attribuito nel suo discorso».

«Come ha ingannato i suoi ministri, forse ha ingannato anche voi» si limitò a sussurrare. Mio figlio sfiduciato s'apprestava ad accomiatarsi, ma lei lo trattenne. Gli chiese se il discorso del re fosse già stato dato alle stampe. Enrico non lo sapeva.

«Si vedrà...», ammiccò Caterina misteriosa. Col suo consueto acume aveva ella previsto ciò che sarebbe accaduto di lì a poco.

Enrico III sarebbe stato costretto a prendere ancora una volta coscienza dell'esiguità cui era ridotto il suo stesso potere. Gli stampatori rifiutarono categoricamente di pubblicare il suo discorso. Era un affronto gravissimo e il sovrano, smarrita tutta la vanagloria che lo aveva sostenuto agli Stati Generali, corse a chiedere aiuto alla madre, quella stessa che aveva depauperato d'ogni potere incolpandola di essere la causa delle sue ultime disgrazie parigine! Caterina gli suggerì di omettere dal testo quelle parti ingiuriose contro la Lega che gli stampatori, cattolici, non volevano fossero diffuse. Per la parte iniziale del testo, non ci sarebbero stati problemi. E cosi fu. Gli stampatori furono ben lieti di pubblicare l'elogio ipocrita del re alla regina madre, una volta che fu eliminata la parte contenente le minacce alla Lega.

Nel mese di dicembre Caterina rimase quasi sempre a letto. I disturbi che l'affliggevano ormai da tempo sembravano essersi all'improvviso aggravati. Dolori diffusi in tutto il corpo rendevano difficile ogni movimento, una tosse persistente sembrava volerle togliere il fiato, mentre i fastidi allo stomaco avrebbero mutato in una sorta di supplizio qualsiasi eventuale appuntamento conviviale.

Aveva ormai raggiunto i settant'anni, Caterina, e, se la sua indole battagliera gliene faceva forse percepire meno in spirito, il suo corpo appesantito ne coglieva invece tutto il carico. Ma per quanto fosse debilitata e affaticata, ella mai accennò a desistere dall'illudersi che il figlio le avrebbe un giorno restituito un poco di potere. Il suo unico obiettivo, il grande miraggio, l'irrinunciabile chimera rimaneva la riconciliazione del re e del duca di Guisa. Allarmata dalle chiacchiere che ridondavano a palazzo, cominciava a paventare che esse potessero contenere un fondo di verità, che il figlio davvero avesse trascurato i suoi ammonimenti e fosse ormai sul punto di far assassinare lo Sfregiato.

Ben sapeva la regina madre come l'animo depravato del re potesse ormai esser capace del peggio, sottoponeva il figlio a lunghe discussioni per convincerlo ad abbandonare ogni progetto criminale, e finalmente avviare una sincera rappacificazione.

Ricordo con profondo dolore il giorno in cui, per il mero gusto perverso di raggirare i propri nemici e prendersi gioco della madre, Enrico III si dichiarò pronto a seguire i consigli di Caterina. Ai primi di dicembre il re ebbe un colloquio con mio figlio Enrico, alla presenza della regina. In un lampo mise in scena una delle sue consuete mascherate, e volle trasfigurarsi in quel devoto amico di Enrico di Guisa che non era mai stato, se non, forse, quando ancor fanciullini giocavano beati nei cortili del Louvre. Un sentimento indicibile, denso di discrepanti sensazioni, un amalgama curioso di speranza, stupore, orrido ribrezzo e incredulità mi colse, mi pervase fino a privarmi d'ogni forza, quando seppi che era finanche giunto a giurare sull'ostia consacrata «riconciliazione e assoluta amicizia con il duca, e oblio di tutte le liti trascorse».

Era egli così abietto, empio e turpe da giurare il falso sul sacro Corpo di nostro Signore? No, non poteva esserlo. Allora forse c'era davvero la speranza che i suoi sentimenti verso lo Sfregiato fossero mutati? Potevo davvero sperare che egli non bramasse più la morte del mio adorato figliolo? No, non osavo.

Non sapevo neppure io cosa pensare, da quali facili illusioni lasciarmi cullare, o da quale tremenda disperazione lasciarmi annientare. Giacché ora sapevo che, se Enrico III aveva mentito, se aveva giurato sul Santissimo Sacramento unicamente per celare con maggior zelo il suo odio per mio figlio, allora davvero sarebbe stato capace di ogni mostruosità, davvero dovevo aspettarmi disgrazie tanto immani quali fino a quel momento solo i miei incubi avevano eguagliato.

Non mi convinse affatto il re, quando affermò con occhi risoluti e voce ferma di sentirsi pronto ad «abbandonare le redini del potere nelle mani del duca di Guisa e della regina madre, per non doversi preoccupare più d'altro che di pregare». Non mi convinse nemmeno quando, per dare maggior credito alla propria menzognera dissimulazione, fece realizzare nel sottotetto del Castello una serie di celle monacali, nelle quali diceva si sarebbe ritirato con alcuni frati cappuccini. Avrei conosciuto poco tempo dopo la vera funzione di quelle celle. Esse erano destinate a ospitare gli assassini che egli aveva assoldato per un incarico della massima importanza.

Riuscii ancora a stupirmi in fondo della smisurata capacità

di depravazione della mente umana. Solo un animo perverso e mostruoso poteva avere concepito una siffatta idea, l'orrido piano di far precorrere a un vituperevole assassinio come fu quello del duca di Guisa, innocente e fedele alla corona, un giuramento blasfemo e sacrilego, che solo il peggiore degli eretici avrebbe forse osato pronunciare!

La funesta voce dell'imminente morte del duca di Guisa si stava propagando ormai per tutta la corte. Crudele e malvagia come la mente assassina che l'aveva ideata, lesta e rapidissima, inafferrabile come spirito maligno che molesto decida di divertirsi a seminar panico, la voce che annunciava l'assassinio di mio figlio correva in ogni angolo del Castello di Blois, entrava e usciva da ogni stanza, s'affacciava alle terrazze, sussurrava fra le piante del bosco, gorgheggiava nelle fontane dei giardini. A nessuno risparmiava il tragico annuncio, a nessuno consentiva di fingere di non sapere, a nessuno avrebbe concesso di cullarsi in quell'ignoranza delle cose che talvolta aiuta a tacitare la coscienza.

Mia figlia Caterina non si dava pace e ogni giorno in lagrime, fra i singhiozzi disperati di chi sente la sciagura ormai troppo vicina per poter essere rifuggita, supplicava Enrico di stare in guardia, di allontanarsi da Blois, di abbandonare immediatamente quell'assemblea affinché non fosse l'ultima. Lui, che del coraggio aveva sempre fatto la sua bandiera, che sapeva essere audace fino all'imprudenza, le sorrideva, le carezzava i capelli e asciugava le lagrime dal bel volto segnato dall'amaritudine, poi pacato, quasi ironico le rispondeva: «Considerando chi io sono e dove mi trovo, voi sapete che vedendo la morte entrare dalla porta non cercherei scampo dalla finestra!». Riusciva a scherzare, a sorridere anche nei momenti più disperati. Sapeva di dover morire, e non se ne preoccupava. Un giorno ricevette anche una lettera anonima. Qualcuno aveva voluto mettere su carta ciò che le voci di tutta la corte non cessavano di mormorare, qualcuno aveva desiderato, casomai mio figlio non avesse udito o non avesse voluto dar credito a quelle voci, avvisarlo che il re stava preparando il suo assassinio. Il cuore sembrava volermi uscire dal petto mentre lo osservavo leggere composto e impassibile quell'atroce missiva, e mia figlia Caterina gridava e non cessava di supplicarlo, incapace di rassegnarsi a ciò che lui invece sembrava aver accettato.

«Se non importa a voi, importa a me! Se non volete farlo per voi, fatelo per me, e per nostra madre!» piangeva, senza riuscire tuttavia a scuotere il cuore impavido d'un uomo ormai pronto a qualsiasi sorte. Corse allora dalla regina madre, ancora costretta a letto. Si accostò al suo capezzale e fra i singhiozzi la implorò di salvare lo Sfregiato.

«Finché ci sarò io non dovete temere niente per vostro fratello» garantì Caterina. Un poco sollevata, mia figlia mi riferì le parole della regina madre, e s'aspettava che ciò alleviasse il mio turbamento. Ma io non potevo credere più a nulla. Le promesse della regina a mia figlia non poterono che apparire al mio cuore spezzato e disilluso solamente come lo stupido frutto d'un facile ottimismo. Dimenticava forse ella di non avere più alcun potere? E in ogni caso la promessa non forniva una gran assicurazione visto che giaceva a letto in fin di vita!

Se nemmeno serbava forze bastanti ad alzarsi per raggiungere la stanza del re, come reputava di poter proteggere mio figlio? Enrico III avrebbe potuto tranquillamente allestire a Blois il trabocchetto che già aveva tentato di disporre al Louvre, senza che questa volta Caterina intervenisse a rovinarglielo!

Il 17 dicembre i Guisa offrirono una cena nel loro Palazzo. Inaspettatamente, fra mia figlia risollevata dalle promesse della regina e i suoi fratelli che ostentavano audacia fin nelle circostanze più avverse, a quella festa regnò l'ottimismo. Caterina, duchessa di Montpensier, rivolgendosi a Enrico indugiava nel suo ormai consueto scherzo: «Voi lo terrete e io con le mie forbicine gli taglierò una chierica sulla testa»! Immaginava che davvero «frate Enrico» sarebbe stato infine detronizzato e rinchiuso in convento. E dopo... Mio figlio Luigi, cardinale di Guisa, alzò il calice e fissando negli occhi suo fratello Enrico brindò: «Bevo alla salute del re di Francia!».

Quando, il giorno successivo, agli Stati Generali lo Sfregiato propose ciò che il trattato firmato dal re pochi mesi prima già prevedeva, cioè che Epernon e il fratello La Vallette fossero ufficialmente dichiarati eretici e messi fuori legge, Enrico III divenne furioso e s'abbandonò ad una di quelle crisi di furore e pianto che il consigliere Cheverny definiva «temibili per le persone che allora circondavano il re». Il 18 dicembre riunì segretamente alcuni intimi che si diedero da fare per raccogliere tutto ciò che poteva essere rimproverato a mio figlio e alla nostra Casata. Qualcuno suggerì di far arrestare lo Sfregiato, ma l'idea fu giudicata troppo pericolosa. Sarebbe stato più sicuro ucciderlo. Il giorno seguente, il re e i suoi fedelissimi stabilirono la sorte dei miei figli: Enrico di Guisa doveva morire, mentre gli altri, il cardinale Luigi suo fratello e il giovane duca di Nemours dovevano essere arrestati insieme al duca d'Elboeuf.

Lo Sfregiato seguitava a ostentare tranquillità, ma ancora e sempre più spesso sentiva parlare del suo imminente assassinio. Decise di parlarne con il re. Nel giardino del Castello di Blois, mentre un vento freddo di tramontana faceva roteare fiocchi di neve, Enrico di Guisa annunciava a Enrico III di voler rinunciare alla carica di luogotenente generale del regno. Era stanco. Tutti i suoi sforzi per meritare la fiducia del sovrano si erano rivelati vani, ogni sua azione veniva mal interpretata. Non poteva più lavorare in codeste condizioni. Il re cominciò a tremare visibilmente, il sangue quasi ghiacciato a ostruire vene che s'ingrossavano fino a sporgere dal volto cianotico. Non era l'effetto della tramontana. Le parole che aveva dovuto ascoltare erano sì dure e fredde come il ghiaccio, ma ben più dolorose. E gravide di guai, di nuove catastrofi che lui non si sentiva in grado di affrontare. Se Enrico di Guisa avesse lasciato la corte e i suoi incarichi, si sarebbe immediatamente riaperto il baratro della guerra. Fremeva mentre mio figlio enumerava le ragioni di quella decisione e spiegava di essere «stato più volte in questi tempi messo sull'avviso che voi nutrite malanimo nei miei confronti». All'improvviso il re ebbe tutto chiaro, capì come doveva comportarsi. Il dissimulatore comprese ch'era necessario giocare d'astuzia per impedire al rivale d'andarsene, di creare una Francia cattolica da opporre a quella misera e debole dei Valois.

Quando il 22 dicembre Enrico III e il duca di Guisa s'incontrarono nella stanza di Caterina, il re stucchevole inscenò l'ennesima delle sue commedie perverse. Giurò ancora eterna amicizia a mio figlio, fu con lui cortese e affabile. I due amici d'infanzia parvero tornare indietro negli anni, al remoto tempo in cui invidie e complotti ancora non avevano avvelenato i loro rapporti. Chiacchierarono gustando dolcetti, insieme prepararono i festeggiamenti per il giorno di Natale. Ma Enrico III ben sapeva che a Natale l'amico non avrebbe fatto festa insieme a lui.

Quello stesso giorno lo Sfregiato aveva ricevuto diversi avvertimenti, e anche a me erano stati riferiti precisi dettagli in merito a ciò che si stava tramando alle spalle del mio primogenito. Ero subito corsa da lui, supplicandolo disperata di allontanarsi immediatamente dal re, ma lui non aveva voluto ascoltarmi.

«Ci siamo appena riappacificati, abbiamo trascorso il pomeriggio come due vecchi amici... » mi diceva. Riuscii a strappargli la promessa di indagare comunque sulla fondatezza dei miei timori, ed egli quella sera stessa, cenando con madame de Sauves, le parlò dei miei funesti presentimenti. Lei gli promise che già l'indomani ne avrebbe parlato con la regina madre. L'indomani. Troppo tardi.

Erano appena le otto del 23 dicembre. Il duca di Guisa venne convocato nell'appartamento del re. Per assistere a un consiglio ristretto, gli fu detto. I *Quarantacinque* erano pronti. Il re ne aveva collocati otto nella sua camera, e aveva fatto appostare gli altri nel salottino vecchio e nel corridoio, poi con gli ultimi tre si era ritirato nel salottino nuovo.

Mio figlio giunse all'appuntamento puntuale e senza scorta. Sulla porta gli fu detto che la riunione si sarebbe tenuta non nella stanza del re - com'era stato inizialmente deciso - ma nello studio vecchio, per accedere al quale si doveva attraversare un corridoio stretto e buio. Qui erano ad attenderlo i suoi assassini, Montsery, Saint-Maline e Loignac, capo della guardia personale del re, a lui così invisa. Uno di loro lo afferrò per le gambe e lo scaraventò a terra. Un altro gettò il proprio mantello sulla sua spada, in modo che non potesse sguainarla. Fu colpito più e più volte. In un estremo disperato tentativo di rivalsa riuscì ad alzarsi in piedi e a brandire la spada. Si difese per alcuni istanti, ma era ormai esangue. Ruppe il naso di un sicario con una confettiera, poi barcollando arrivò fino alla porta ed entrò nello studio di Enrico III. Rimase fermo al centro della stanza. Trafitto da dieci colpi, tutti aspettavano che cadesse al suolo, ma egli rimaneva lì, diritto. Con le braccia protese in avanti, gli occhi velati, procedeva a tentoni verso Loignac. Questi non fece nemmeno il gesto di sguainare la spada. Colpì il moribondo con il fodero. Enrico indietreggiò, perse l'equilibrio, cercò un estremo appoggio, ma non lo trovò. Lasciò un'impronta di sangue sul muro, poi cadde ai piedi del suo re assassino.

«Mio Dio abbiate pietà di me» mormorò, poi ancora «Miserere mei, Deus» e spirò.

«Non sapevo che fosse così grande» commentò Enrico III mentre soddisfatto osservava il cadavere del «re di Parigi». Poi si fece vestire di panni d'oro, si fece arricciare i capelli, si riempì di belletto, e andò ad assistere alla messa. Fece una sosta nella camera della madre. Sofferente, Caterina disse di sentirsi particolarmente oppressa e angosciata e chiese motivo del trambusto udito poco prima. «Finalmente sono re di Francia, ho appena ucciso il signore di Guisa» dichiarò Enrico con spensierata leggerezza, precisando di non essersi mai sentito meglio. Caterina rimase a osservarlo muta, lasciò che alcuni istanti scorressero senza che nessuno proferisse parola. Come inebetita, pareva non riuscire a comprendere il senso di ciò che aveva dovuto udire. Era un colpo troppo forte per una donna in fin di vita. Ansimò, e ancora non disse nulla.

«Io ho ucciso il re di Parigi e finalmente sono il re di Francia» ripeté Enrico accostandosi a lei.

«Iddio voglia che sia come voi sperate, e che non vi siate nominato con le vostre mani re di niente» sussurrò debole Caterina.

Al momento del tragico annuncio nella stanza era presente il medico della regina, che annotò: «Il re uscì senza il più leggero turbamento né sul viso e nemmeno nei pensieri, il che mi fece meraviglia...».

«Sventurato! Cosa ha fatto? Pregate per lui, ne ha bisogno più che mai; lo vedo correre verso la rovina e temo che perda il corpo, l'anima e il regno!» confidò Caterina a un monaco italiano.

La follia del re non si placò con la morte dell'eterno rivale. Il giorno successivo, la vigilia di Natale, il capitano Guast andò a chiamare mio figlio Luigi. Enrico III aveva deciso di far incarcerare il cardinale di Guisa, poi cambiò idea, forse valutò che più drastica soluzione avrebbe garantito maggiore vantaggio. Guast disse a Luigi che il re lo attendeva e che lo avrebbe accompagnato nei suoi appartamenti. Ma ad attenderlo erano invece sei soldati agli ordini di uno dei sicari del re, sei uomini armati che gli si avventarono addosso, trafiggendolo a morte. Con ignobile codardia lo finirono a colpi di alabarda. Moriva così anche il cardinale di Guisa, il fratello dello Sfregiato. La Francia perdeva il più geniale dei capi della Lega. Io perdevo un altro figlio.

XVIII

«Ella aveva ben di che spargere tanto pianto sulla perdita dei propri figli, tanto essi erano buoni, generosi, virtuosi, valorosi, e soprattutto quel grande duca di Guisa, vero modello di ogni valore e di ogni generosità»

Brantôme

Davanti ai corpi senza vita dei miei due figli, ebbi l'unica crisi di autentica disperazione di tutta la mia vita. L'amarezza si mesceva alla rabbia, al disgusto verso un sovrano malvagio e assassino al quale la mia famiglia aveva sempre votato fedeltà.

«Ah, i miei figli! I miei figli!» non cessavo mai di mormorare, come inebetita da troppo dolore, «frammezzando i lamenti con tante lagrime che avrebbero impietosito un cuore duro come la roccia» avrebbe notato Brantôme. Ma il cuore del re era più duro della roccia, ed egli non s'impietosì. Sembrava anzi incredibilmente felice, orrendamente, disgustosamente soddisfatto.

Non potei trattenermi dal «lanciare mille ingiurie contro il re e altrettante maledizioni». E non mi rivolgevo a lui se non chiamandolo «quel tiranno». Poi, come in un miracolo, sentii la speranza prendere il sopravvento, non sul dolore, ma sulla rabbia. Una speranza dolce, leggera, affascinate e lusinghiera. Se qualcuno avesse potuto farmi una grazia…

«No!» gridai come rianimata «non lo chiamerò più così, ma sì ottimo e clemente, se egli mi farà morire come ha fatto morire i miei figliuoli, per togliermi dalla disperazione nella quale mi trovo e farmi entrare nella beatitudine del Cielo!». Ma nemmeno queto mi fu concesso. Come non mi fu concessa una tomba, una lapide, un qualsiasi misero luogo su questa terra infame dove potermi ritirare almeno a piangere e a pregare sulle spoglie delle mie creature.

Avevo pianto, avevo supplicato il re affinché mi restituisse almeno i corpi di Enrico e Luigi, ma egli, senza alcuna spiegazione me li aveva negati. I miei figli vennero fatti a pezzi e bruciati in un camino del Castello. Colui che aveva voluto la loro morte volle spingere la crudeltà fino ai limiti più estremi, negando ciò che a nessuno vien di solito negato, la sepoltura cristiana. Temeva egli che sulle tombe dello Sfregiato e del cardinale i cattolici sarebbero accorsi in folla a pregare.

Anche morti i miei figli gli facevano paura.

Mentre io come impazzita mi sentivo travolgere dalla disperazione, altri si sentivano abbattere dal terrore. Il cardinale di Borbone atterrito si sentiva condannato alla medesima fine. La regina madre, che aveva sempre nutrito per lui profondi sentimenti d'amicizia, voleva salvarlo a tutti i costi. Malgrado il divieto dei medici di alzarsi dal letto, il 1 gennaio 1589 Caterina si fece condurre in portantina dal cardinale che, non appena la vide, si gettò fra le sue braccia e insieme - narrava un cronista - «presero a piangere come due fontane». Appena passato il primo momento di commozione tuttavia il cardinale di Borbone cominciò a riversare addosso a Caterina tutte le responsabilità per la strage avvenuta. Era stata lei in fondo, trattenendo il duca di Guisa a Parigi durante la rivolta popolare, a consentire al re di fuggire, era stata lei ad attirare tutti a Blois, trappola mortale. Caterina si difendeva, si proclamava all'oscuro dei progetti del figlio, che anzi aveva cercato di fermare. Sono costretta ad ammettere che almeno su questo aveva ragione. Ogni sua eventuale responsabilità era solamente indiretta. Ma il cardinale non la ascoltava più e frastornato dall'angoscia e dall'orrore continuava a ripetere: «Voi ci avete ingannati tutti! Voi ci avete ucciso!». Caterina chiese di essere riportata a letto. Era profondamente scossa, sconvolta: quest'ultimo terribile colpo, inferto da un caro amico, l'abbatté definitivamente.

Il Castello nel frattempo piombava nel subbuglio. I cattolici e i prelati erano fuggiti. Mio figlio il duca di Mayenne riuscì a mettersi in salvo a Parigi, raggiungendo la sorella Caterina di Montpensier e la vedova di Enrico, mia nuora Caterina di Clèves, che proprio in questi sciagurati giorni, come in un estremo provvidenziale trionfo della vita sulla morte, diede alla luce un bambino, dimostrando al mondo intero che il sangue degli eroi di Francia, il soffio vitale dello Sfregiato non si sarebbe estinto con lui.

Mia figlia Caterina di Montpensier aveva una forza straordinaria. Ricevette a Parigi l'orrorosa notizia della morte dell'adorato fratello, ma non si lasciò abbattere. Le immortali pagine di Brantôme consegneranno ai posteri il ritratto esemplare di una donna forte nella sciagura, intraprendente, risoluta nel continuare a difendere ciò per cui il fratello aveva dato la vita. E anche dopo secoli chiunque avrà il buon cuore di provare un poco di pietà per le nostre immense sventure, potrà quasi scorgerla mentre «senza starsene rinchiusa nella propria camera e sciogliersi in pianti, come fanno abitualmente le donne» esce dal suo Palazzo tenendo per mano i figli dello Sfregiato, e li conduce per le vie della città, per mostrarli al popolo prostrato dalla tragedia, e intanto incita «tutti a impugnare le armi e a sollevarsi in gran furore, e a sfregiare la dimora e i ritratti del re, a negargli ogni fedeltà, anzi a giurargli ribellione».

«La vita del re mi appartiene!» gridò pubblicamente mio figlio Carlo, duca di Mayenne, esortando il suo esercito, quando udì Enrico III, eterno trasformista, pronunciare stucchevoli parole d'amicizia verso la Casa di Lorena.

Io venni arrestata insieme a mio figlio Carlo Emanuele di Savoia, a mio nipote il principe di Joinville, primogenito di Enrico, al mio segretario Péricard, ai miei nipoti il duca e la duchessa d'Elboeuf, al conte di Brissac presidente dell'ordine della nobiltà e al cardinale di Borbone. Ci condussero ad Amboise. Nell'uscire dal Castello di Blois, stordita dalla tragedia, stremata dalle troppe lagrime, perseguitata dall'immagine dei corpi martoriati dei miei figli che si mescolavano alla cenere d'un vecchio camino, mi fermai a lungo a rimirare il monumento equestre di mio nonno Luigi XII: «O grande monarca, voi non avete fatto costruire questo Castello per farvi perire i figli di vostra nipote!» esclamai fra le lagrime.

«Se colui che là è raffigurato fosse in vita non consentirebbe giammai che sua nipote fosse portata così prigioniera e in tal modo trattata» gridai «davanti a molta gente là accorsa», «con quel bello e sicuro contegno che mai le venne meno», ebbe la bontà di scrivere Brantôme.

E proseguii senz'altro dire.

Enrico III aveva intenzione di condurci a Tours, ma, ormai sicuro che non avremmo più potuto nuocergli, ci liberò, grazie anche all'intercessione del luogotenente generale di Bretagna, maresciallo di campo e consigliere di Stato, Jean de Pérusse des Cars, principe di Carency.

Prima di rimetterci in libertà ebbe la sfacciataggine di pretendere da me un giuramento. Voleva che io mi obbligassi a portare ai capi della Lega parole di pace. Solo a quella condizione mi avrebbe lasciata libera di raggiungere i miei cari nella capitale in subbuglio. Promisi, e tornai subito a Parigi. Era l'11 febbraio di quel terribile 1589 quando entrai in una capitale prostrata dal dolore, avvolta in uno spasimo sordo, silenzioso, troppo profondo per poter essere espresso. Compresi subito come assai difficilmente le parole di pace che avevo promesso di pronunciare sarebbero state ascoltate, ma m'imposi di rispettare la parola data, e subito feci il rapporto di cui ero stata incaricata.

«Figlio mio, io non sono venuta qui per consigliarvi, ma soltanto per riferirvi ciò che mi fu detto e ordinato. Spetta a voi decidere su quello che vi resta da fare. Quanto a ciò che io vi ripeto, dovete chiedere consiglio al vostro cuore e alla vostra coscienza. Per conto mio, mi libero della mia promessa» dissi a mio figlio, che attendeva da me consigli su come gestire quella città annichilita dal dolore.

Certo, la pace sarebbe stata desiderabile. Ma i francesi erano disposti a perseguirla a qualunque costo? No. E il cuore e la coscienza degli eredi dello Sfregiato non potevano in fondo permettere che venisse ignorato l'appello del popolo di Francia, il grido silenzioso e disperato di una capitale sfiancata che vedeva in loro l'unica possibilità di salvezza.

Nonostante il rigore invernale, i parigini lasciavano le loro case e riempivano muti e attoniti le chiese della città. Messe funebri e commosse orazioni si susseguivano silenziose. Il popolo portava il proprio dolore agli altari e da una chiesa all'altra s'allineavano lunghe processioni, dove la gente con i piedi scalzi e i ceri in mano pregava senza sosta.

Dalle cronache del tempo prometteva di alzarsi attraverso i secoli la voce muta eppur eloquente di migliaia di penitenti che da gennaio fino ad aprile affollarono le strade della capitale a ogni ora del giorno e della notte, a piedi nudi, sfidando il rigore d'un inverno gelido, in una sofferenza quasi cercata e voluta, una sofferenza innocente che potesse in parte espiare un crimine atroce. Un'unica commovente supplica si levava al cielo accompagnata solamente da lagrime silenti, in quel dolore autentico e inspiegabile che conduce il fedele attonito a rimettersi, confuso seppur fiducioso, tutto nelle mani di Dio. Solo sporadica talvolta esplodeva la rabbia, e allora qualcuno gettava a terra un cero, lo calpestava e gridava: «Così perisca la razza dei Valois!».

Il giorno successivo la triste visita al cardinale di Borbone, Caterina, malgrado l'aggravarsi delle condizioni di salute, insistette per essere accompagnata a messa. Faceva molto freddo, l'aria umida di quell'inverno sciagurato penetrava spietata nelle sue ormai fragili ossa. Quando rientrò nella sua stanza per abbandonarsi al tepore avvolgente delle coltri, che secondo il parere dei medici non avrebbe dovuto lasciare, la malattia aveva compiuto decisivi passi nell'accompagnarla alla morte.

Il 5 gennaio fece testamento, chiese d'essere sepolta a Saint Denis accanto al marito. Da sempre era il suo più grande desiderio, riposare accanto all'uomo che aveva amato così tanto da consacrare l'intera vita alla gloria dei suoi discendenti. In questo aveva fallito, ma nessuno poteva negare che ci avesse provato con tutta se stessa. Contro ogni convenienza e ogni logica aveva protetto e difeso in ogni circostanza quei ragazzi malaticci, un poco folli e debosciati, in fondo indegni di quella corona che lei voleva a tutti i costi tenessero sul capo.

Alle due del pomeriggio si spense, e per un mese la sua salma rimase esposta nel Castello di Blois, secondo la tradizione. Il 4 febbraio 1589 si celebrarono i funerali nella chiesa del Santo Salvatore. Il suo ultimo desiderio non poté essere esaudito. Caterina non poté essere sepolta a Saint Denis. La capitale, ancora sgomenta per la morte di mio figlio lo Sfregiato, era preclusa al re e al feretro della regina madre. L'odio di Parigi contro il regale assassino e tutto ciò che era a lui vicino si sarebbe frapposto quale insormontabile ostacolo all'avverarsi di quel romantico sogno. Se il re, o un qualsiasi membro della sua sciagurata famiglia, fosse stato visto nella capitale, sarebbe stato linciato dalla folla. In realtà i parigini fino a pochi giorni prima non avevano odiato Caterina, ma solo Enrico III. Lo avevano dimostrato durante la rivolta, quando la regina madre passava indisturbata per le strade della capitale, fra le barricate, senza che nessuno desiderasse farle alcun male. Tutto era cambiato dopo l'assassinio dei miei figli. Il popolo ora attribuiva a Caterina una responsabilità indiretta nell'accaduto e non le perdonava le benevolenze verso gli eretici che avevano fatto precipitare la situazione francese fino a quel delittuoso punto. Qualcuno addirittura sospettava che fosse stata complice del figlio, del «tiranno assassino» nell'orrendo delitto che aveva tramortito Parigi. Il racconto del suo ultimo incontro con il cardinale di Borbone e le accuse che questi le aveva rivolto fra le lagrime avevano già fatto il giro della città. Dal semplice risentimento per la benevolenza verso i protestanti al furore più spietato per la morte dell'idolo dei parigini il passo era stato assai breve. E ora, accanto allo sgomento per la morte dello Sfregiato, palpitava il disprezzo verso chi poteva, più o meno direttamente, esserne stato causa. Così, quando giunse la notizia della morte di Caterina, a tutto la gente pensò fuorché a inumare il suo corpo a Parigi secondo le sue ultime volontà. La salma della regina non sarebbe potuta arrivare integra a Saint Denis: il popolo infuriato l'avrebbe forse più facilmente fatta a pezzi o gettata tra i rifiuti, se qualcuno avesse avuto il coraggio di portarla a Parigi. Ma tal coraggio - o sfrontatezza - nessuno ebbe, così nella capitale ci si limitò a celebrare qualche messa di suffragio, durante la quale peraltro i sacerdoti non fecero nulla per celare i loro sentimenti.

In una di queste messe, un'omelia la ricordava così: «La regina madre è morta, nella sua vita ha fatto molto bene e molto male, e si crede più male che bene. Io non ne dubito affatto. Tutto il problema consiste nel sapere se la Chiesa cattolica pregherà per lei, perché spesso lei è stata del partito dell'eresia, ma alla fine si diceva che sostenesse la nostra santa Lega e che non avesse acconsentito alla morte del nostro buon duca. Ecco perché vi dico, se volete offrirle qualche *Pater* e qualche *Ave* come opera di carità, potete farlo, serva a quel che serva, altrimenti ciò non ha grande importanza e lo lascio alla vostra libertà».

A Parigi venne formato un governo provvisorio composto dai capi leghisti dei sedici consigli di quartiere. La Sorbona, interrogata sulla legittimità della rivolta, il 7 gennaio 1589 deliberò che in seguito al delitto di Blois i francesi potevano ormai considerarsi sciolti dal giuramento di fedeltà alla corona e che pertanto erano liberi di armarsi, radunarsi e raccogliere fondi per difendere la religione cattolica apostolica romana contro gli empi intenti del tiranno. Quando mio figlio Carlo di Mayenne entrò a Parigi venne accolto da una commossa ovazione. Molte città della Francia seguirono l'esempio di Parigi, insorsero e si dichiararono sciolte dal giuramento di fedeltà al re. Trovandosi accerchiato dall'esercito di mio figlio il duca di Mayenne, Enrico III chiese appoggio a Enrico di Navarra. Il 30 aprile il Borbone raggiunse Enrico III a Plessis-les-Tours. Portava il suo esercito, affinché i due re uniti potessero reprimere la rivolta popolare. Sconfissero mio figlio a Tours e presero la via di Parigi. Alla fine di luglio s'impadronirono di Saint-Cloud. Avrebbero preso con le armi ciò che non potevano più ottenere per vie legittime, ma non potevano in alcun modo, tantomeno con la forza, sperare di riconquistare la devozione popolare, che era tutta per i Lorena.

Mentre Carlo di Mayenne combatteva contro l'armata reale che cingeva d'assedio la capitale, un altro dei miei figlioli, il giovane duca di Nemours, venne nominato governatore di Parigi dal cardinale di Borbone, e si oppose alle truppe di Enrico di Navarra, a Arques e a Ivry. Il popolo lo amava, avrebbe voluto proclamarlo re. Io ero al suo fianco, e incoraggiavo i francesi alla resistenza. Dai gradini della chiesa dei Cordeliers arringavo la folla, che commossa applaudiva. I parigini, che avevano tragicamente perduto il loro «re di Parigi» mi chiamavano «la regina madre», per rimarcare la speranza che un giorno uno dei miei figlioli potesse salire al trono.

Nonostante la promessa fatta a Enrico III, che pur non avevo mancato d'assolvere, io, improbabile ambasciatrice di una pace ancora inverosimile, continuai, come avrebbe riportato Brantôme «sotto sotto ad attizzare il fuoco che divampò per lungo tempo ancora». Non avrebbe nascosto il poeta la sua meraviglia per il fatto che il re «si fosse servito di quella dama per un tale incarico, dopo averla offesa in modo tale che, per assumerlo, ella avrebbe dovuto mancare di ogni sentimento e di ogni dignità, epperò ella si fe' beffe di lui». Già, era proprio ciò che avevo fatto. Avevo accettato quella disgustosa promessa per ritrovare la libertà. Avevo riportato alla città infuriata e dolente quelle parole così vuote di senso, ricolme solo d'ipocrisia perché non mi costava nulla farlo. Sapevo che non sarebbero state ascoltate. Avevo assolto la mia funzione, avevo rispettato una sciocca promessa, avevo riferito un messaggio, senza meriti e senza colpe, come né colpe né meriti può avere un foglio bianco sul quale vengano vergate parole stolte o offensive, futili o adeguate che siano.

Mia figlia la duchessa di Montpensier aveva intanto deciso di recarsi nelle Fiandre per andare a chiedere aiuto al duca di Parma Alessandro Farnese, governatore dei Paesi Bassi al servizio di Filippo II. Narrava Brantôme di com'ella «volle compiere il viaggio con tanta fretta» che i suoi cavalli «caddero affranti di fatica nelle paludi della Piccardia». Nell'incresciosa situazione fu aiutata da un gentiluomo ugonotto che la riconobbe nonostante viaggiasse travestita e sotto falso nome.

«Signora, vi riconosco; vi sono servitore: vi trovo in triste situazione epperò voi verrete, se vi piacerà, nella mia casa che si trova qui poco discosto, per asciugarvi i panni e ristorarvi. Farò di tutto per esservi utile come meglio potrò. Non abbiate alcun timore: perché quantunque io appartenga ai protestanti e voi ci odiate talmente, non vorrei dipartirmi da voi senza avervi usato quelle cortesie che vi sono molto necessarie». Ella accettò, il gentiluomo la rifornì di tutto ciò che le serviva, poi la accompagnò per un tratto di strada, e in seguito «ella ricambiò il suddetto gentiluomo del suo atto cortese con molte altre cortesie».

Il 31 luglio 1589, sei mesi dopo la morte della madre, re Enrico III si trovava con Enrico di Navarra, suo erede e alleato, a Saint-Cloud. Avevano raccolto uno sterminato esercito di raitri che s'accingevano a riservare a Parigi lo stesso trattamento che Caterina de' Medici infante aveva dovuto veder infliggere alla capitale della cristianità ai tempi del famigerato Sacco di Roma.

All'alba di quel giorno fatale, i due Enrichi chiacchieravano amabilmente sulla terrazza del Castello dalla quale nelle giornate limpide si poteva godere una splendida veduta sulla capitale.

«È quasi un crimine distruggere e perdere una città così bella. Eppure non c'è altro da fare. Solo in questo modo la Lega imparerà ad obbedire» mormorava il re.

Il giorno successivo, erano appena le sette del mattino, il sole timidamente si alzava preparandosi a infuocare una lunga afosa giornata estiva, e un frate domenicano, Jacopo Clément, chiese di vedere il re. Doveva porgergli una supplica. Venne accompagnato dal procuratore La Guesle a casa dei Gondi, dove alloggiava Enrico III. Il frate portava un biglietto con la firma falsificata del presidente Achille de Harley, detenuto alla Bastiglia, e un salvacondotto che gli aveva rilasciato il conte di Brienne, prigioniero al Louvre.

Il re si era appena alzato. Ordinò di far passare subito il frate che portava importanti informazioni da Parigi. Costui gli andò incontro con fare sicuro e cortese, tendendogli una pergamena, ma, mentre Enrico III si avvicinava per leggere il contenuto della missiva, estrasse dalla manica un pugnale e glielo affondò nel ventre. Questa era la sua supplica. L'unica utile alla Francia. Che quel re folle e assassino si congedasse per sempre.

Enrico III lanciò un grido, si strappò il coltello dal ventre e colpì il frate in volto. La Guesle sguainò la spada e s'avventò sul monaco che inerme, a braccia spalancate, accolse il martirio. In pochi istanti le guardie gli furono addosso e lo massacrarono. Anche il suo corpo, come quelli dei miei figli, venne gettato nel fuoco per evitare che i leghisti ne venerassero le reliquie.

Jacopo Clément era arrivato in tempo per liberare Parigi. L'assedio fu tolto, la capitale era salva. Prima di morire Enrico III fece in tempo a far promettere agli astanti obbedienza a Enrico di Borbone, che aveva raggiunto il sovrano morente. Lo abbracciò, lo riconobbe come successore e lo incitò a convertirsi alla religione cattolica. Si accostò poi ai sacramenti, pronunciò parole di perdono per i nemici e spirò facendosi il segno della croce.

La stanza era piena di pianti e grida, tutti erano atterriti da quella violenza. Veder giungere la morte, vederla travolgere improvvisa una giovane vita, vederla procedere imperterrita, incurante delle terrene glorie, perfino dinanzi a un re, è cosa che può spaventare anche i cuori più induriti, mostrando ciò che di solito essi preferiscono fingere d'ignorare, la caducità di quella vita a cui tutto consacrano. Uno dei *mignons* del re, Bellegarde, cadde in ginocchio e prese a invocare perdono per le nefandezze compiute accanto al sovrano.

«Taci, tu parli come una donna!» lo redarguì l'incorreggibile Epernon.

Quando la notizia del regicidio giunse a Parigi, il 2 agosto, il popolo esplose in un grido di esultanza e, come annotò il cronista Pierre de l'Estoile, «per testimoniare la gioia che ne aveva mise il lutto verde», il colore della livrea dei buffoni. Anche mia figlia Caterina di Montpensier non volle celare il proprio giubilo, né rischiare poi di dimenticarlo, così, in ogni giorno della sua vita, la si vide indossare la sciarpa verde che le cingeva il collo il giorno della morte del re.

L'Estoile, che non si premurava di nascondere l'astio per i Guisa e la Lega cattolica, riportava nella sua cronaca: «Madame de Nemours e Madame de Montpensier salendo sui gradini del grande altare dei Cordeliers arringarono quella stupida folla sulla morte di Enrico di Valois mostrando così la furiosa smania femminile di mordere dopo la morte. Fecero anche accendere ovunque dei falò». Il cronista nella sua ansia di moderazione e simpatia per il partito degli eretici, forse dimenticava che, prima di «mordere dopo la morte», come sarebbe secondo lui nell'uso femminile, noi, madre e sorella unite dal lutto e dalla comune amarezza, eravamo state innanzitutto morse, e nel modo più doloroso, trafitte negli affetti più cari, da persone alle quali avevamo giurato e dimostrato fedeltà! Colpite duramente, tradite nell'onore e nella fede, ora non facevamo che rispondere all'appello di un popolo, di un intero regno che aveva scelto di rimanere senza re piuttosto che averne uno indegno; non facevamo che unire il nostro grido di dolore a quello del paese, la nostra voce a quella di tutti i pulpiti, dai quali senza facile ipocrisia s'inneggiò al martire che aveva sacrificato la vita per compiere un'azione di grande merito per la salvaguardia della Chiesa.

Con Enrico III dopo oltre due secoli si chiudeva la Dinastia dei Valois. Rimaneva una vedova affranta, la dolcissima Luisa di Lorena, che volle trasferirsi a Chenonceaux dove fece rivestire di nero la sua stanza da letto e per tutta la vita indossò il lutto. Poiché il bianco era il colore del lutto per le regine, lei mai più volle apparire in pubblico senza essere avvolta da candidissimi abiti che le valsero il romantico appellativo con cui sarebbe stata ricordata dai posteri. «La regina bianca» era tutto ciò che restava di una stirpe al tramonto, mentre sui resti di una Francia sconvolta s'affacciava la Dinastia dei Borboni.

L'avvicendamento si prospettava tutt'altro che semplice. Fedeltà alla chiesa e fedeltà alla monarchia si contrapponevano radicalmente, come mai era accaduto nelle terre del re cristianissimo. Dai tempi del battesimo di Clodoveo, e più ancora all'epoca di Carlo Magno, la monarchia francese aveva fatto della fedeltà alla Chiesa un titolo di speciale merito. Ora proprio questa sua peculiarità veniva messa in discussione, per la prima volta si profilava la possibilità che il re di Francia fosse un eretico. La fede protestante si ergeva come un muro invalicabile tra Enrico di Borbone e il trono. Eppure era lui l'erede designato. Non ve n'erano altri. La debolezza politica della Lega, il nostro grande problema stava proprio qui, nella difficoltà ad affrontare la questione della successione al trono nel rispetto della legge salica.

Il cardinale di Borbone venne proclamato re con il nome di Carlo X, ma la soluzione non parve abbastanza convincente e comunque egli si spense il 9 maggio 1590. Pochi giorni dopo, il 14 maggio a Ivry, l'esercito di Enrico di Borbone sconfisse inaspettatamente le forze, pure molto superiori, di mio figlio il duca di Mayenne. Il 26 gennaio 1593 si aprirono a Parigi gli Stati Generali. La città era ancora dominata dalla Lega e nessuno si sarebbe potuto ragionevolmente attendere un successo di Enrico di Borbone, ma in aprile un gruppo di deputati leghisti guidati dall'arcivescovo di Lione accettò d'incontrare una delegazione di monarchici, presieduta dall'arcivescovo di Bourges, per cercare di giungere a un accordo.

Il 17 maggio l'arcivescovo di Bourges esultante annunciava che Enrico di Borbone aveva accettato di abiurare l'eresia, di convertirsi finalmente alla religione cattolica apostolica romana. L'arcivescovo di Lione ringraziò Dio e si assunse l'incarico di portare egli stesso la notizia all'assemblea parigina. Il giorno prima l'ambasciatore di Spagna aveva avanzato la candidatura al trono francese di Isabella Clara, la figlia che Filippo II aveva avuto dalla sorella degli ultimi re di Francia, Elisabetta di Valois. Una siffatta soluzione palesemente violava la legge salica e scontentava la maggior parte dei francesi, che vi vedevano un'inaccettabile intrusione negli affari del regno da parte della Spagna, tradizionale avversaria della Francia. Guillaume du Vair, noto esponente del ceto parlamentare, vicino alla Lega ma intransigente nella difesa delle tradizioni del regno, s'era fatto portavoce d'una consistente parte dell'assemblea decisamente contraria a qualsiasi soluzione che andasse a violare la legge salica.

Ovunque cresceva la voglia di giungere a una soluzione pacifica e la maggior parte dei francesi accolse con giubilo la decisione di Enrico di Borbone. La sua formazione calvinista lo portava ancora a rifiutare punti fondamentali della dottrina cattolica, come la presenza reale di Cristo nell'ostia consacrata e l'esistenza del purgatorio, ma la domenica del 25 luglio, nonostante la diffida del Legato pontificio, il Borbone assisteva alla messa in Saint Denis alla presenza dell'arcivescovo di Bourges e riceveva la comunione secondo il rito che la Chiesa cattolica riservava ai re di Francia, sotto entrambe le specie del pane e del vino, come i sacerdoti. Dopo la cerimonia il re venne investito del tradizionale potere taumaturgico e al suo ingresso a Parigi, l'anno successivo, molti sofferenti sarebbero accorsi mossi dalla speranza di una guarigione miracolosa.

Erano tuttavia ancora tanti i cattolici che non si fidavano, e da multi pulpiti parigini si gridava con preoccupazione alla «simulata conversione». Mia nuora Caterina di Clèves prese le difese di Enrico IV e invitò i parigini ad accordargli fiducia, a porre fine alle sedizioni per cercare finalmente una pace duratura. Le parole della vedova dello Sfregiato non potevano rimanere inascoltate a Parigi: il popolo cominciò a placarsi, e a riflettere. Se Enrico di Borbone non era più eretico, non c'era più bisogno di rifiutarlo. La guerra civile aveva stancato tutti, perché continuare a combattere, se non era più necessario?

Quando, il 27 febbraio 1594 il re venne consacrato a Chartres, la capitale aprì le porte all'esercito regio. Il re di Navarra saliva al trono di Francia come Enrico IV. Non appena si fu insediato a Parigi, giunse al mio cospetto per rendermi umile omaggio. Come avrei potuto rigettare la sua amicizia? Se avevo osato sperare che uno dei miei figli potesse ascendere al trono, lo avevo fatto in nome di un popolo che disperatamente bramava la pace, quella pace autentica che solo un sovrano rispettoso della religione avrebbe potuto garantire. E, ora che il Borbone aveva accettato di convertirsi, che motivo avevo di oppormi al suo potere?

Con una sincerità dettata dalla più fervida delle speranze, non solo accolsi le sue profferte di amicizia, ma gli promisi di cuore che, se nei miei figli ancora sussisteva una qualche recriminazione, avrei fatto quanto era in mio potere affinché la superassero. Da quel giorno il mio ruolo fu quello di mediatrice, il mio solo scopo quello di giungere quanto prima a una pacificazione fra il nuovo sovrano di Francia e la parte più intransigente della Lega, che ancora non si fidava della sua conversione.

Animata dall'intima convinzione che nonostante tutto Enrico di Borbone sarebbe stato un buon re cattolico, che la sua discendenza avrebbe avuto tanto da offrire a un paese ormai prostrato dai conflitti, che più nulla avrebbe minacciato la Chiesa, mi presentai al cospetto dei miei figli. Mi appellai alle infinite sofferenze del mio cuore stanco, fra le lagrime li supplicai di imboccare la strada della pace, profondamente convinta che lo Sfregiato avrebbe voluto proprio questo.

Le mie parole raggiunsero il cuore del duca di Mayenne, che si dichiarò pronto a riconoscere Enrico IV, in rispetto ai miei desideri. Nulla invece potei fare o dire per placare l'astio di Carlo Emanuele. Null'affatto convinto della sincerità del Borbone, affermò che mai avrebbe accettato di giurare fedeltà a un nemico della Chiesa. Di fronte a siffatta ostinazione, Enrico IV lo fece arrestare. Mio figlio venne rinchiuso a Vincennes, e io dovetti rivivere i giorni terribili della paura, quando lo spettro dell'assassinio gravava sulla mia prole. Non avevo più la forza di sopportarlo. Troppi i dolori, troppe la angosce degli ultimi anni. Mi recai immediatamente dal re e lo supplicai, lo implorai, abbandonando ogni decoro, ogni dignità, utilizzando ogni più piccolo residuo di forza che era potuto sopravvivere alle angustie, parlando non come suddita ma come madre.

La fiducia che avevo riposto nel nuovo sovrano non doveva essere delusa. Non solo Carlo Emanuele venne liberato, ma ottenne cariche e onori da Enrico IV. Nulla avrebbe più potuto impedirmi di pormi al suo completo servizio, di adoperarmi con ogni mezzo per piegare quei cattolici che ancora si ostinavano a chiamare Enrico IV «il re di Navarra».

Non fu facile. C'era un muro di diffidenza da abbattere. Io che avevo imparato a fidarmi del nuovo sovrano, dovevo aiutare gli altri a fare altrettanto. Ero sicura che i Borbone meritassero una possibilità, la Francia ne sarebbe stata ripagata. Tuttavia nell'animo di troppi francesi continuavano ad albergare risentimento e sfiducia verso il re delle mille conversioni.

Vi furono perfino dei tentativi di regicidio. Alla fine di quel 1594 un giovane allievo dei gesuiti, Jean Chastel, intrufolatosi al Louvre con un gruppo di nobili che andavano a rendere omaggio a Enrico IV, cercò di colpirlo a morte, ma venne catturato. Il poveretto sarebbe morto squartato da quattro cavalli, usuale castigo inferto ai regicidi. Fu in quell'occasione che il parlamento di Parigi ordinò l'espulsione della compagnia di Gesù, gesto che rischiò di compromettere la possibilità di un accordo con la Santa Sede, accordo peraltro caldeggiato presso papa Clemente VIII dal cardinale Baronio, che non perdeva occasione per illustrare come l'ostinarsi a combattere quello che ormai era a tutti gli effetti il re di Francia, avrebbe inevitabilmente finito per danneggiare la Chiesa e rafforzare i sentimenti gallicani del clero francese.

Il cardinale Baronio si faceva portavoce di un grande santo, che in quelle giornate di tensione si espresse senz'indugio in favore del nostro re. Filippo Neri assicurava che la conversione di Enrico di Borbone era sincera, affermava di aver ricevuto in merito una particolare rivelazione divina. Le sue parole convinsero finalmente il papa a togliere la scomunica a Enrico IV. Il 17 settembre 1595, nel portico di san Pietro, si svolse la cerimonia del perdono. Clemente VIII accolse nella veste di penitenti due rappresentanti del re di Francia, Arnaud d'Ossat e Davy du Perron, che avrebbero poi ricevuto il cappello cardinalizio. Il 22 settembre la notizia giunse a Parigi. Il popolo ora non poteva che esultare. Davvero sembravano essere state poste le basi per una vera riconciliazione. Finalmente per la Francia e i suoi abitanti provati da mille tribolazioni prometteva d'aprirsi un tempo di prosperità.

Non per me. Non per il mio cuore di madre. Se la guerra fratricida mi aveva portato via due figli, il tempo della pace non m'avrebbe risparmiato altri lutti. Il 13 agosto 1595 a Annecy si spegneva Carlo Emanuele, il giovane duca di Nemours. Non era il pugnale d'un assassino a strapparlo dalle mie braccia, ma immensi erano comunque il dolore, l'amaritudine, lo smarrimento. Eppure questa mia esistenza costellata di pianti doveva proseguire, per i francesi ero la vedova e la madre dei grandi eroi della causa cattolica, e il mio ruolo a corte era indispensabile al consolidamento di quella pacificazione appena conquistata.

La mia amicizia con la giovane regina Maria de' Medici, che Enrico IV sposò non appena riuscì a far annullare il matrimonio con Margherita di Valois, riuscì poi a rendere sereni, quasi piacevoli, i miei ultimi anni alla corte di Parigi. E per tutti rimasi la moglie e la madre dello Sfregiato, anche quando la guerra civile grazie a Dio sfumò lenta, sempre più lontana e offuscata, fra i ricordi. Il 30 aprile 1598 Enrico IV firmò l'editto di Nantes. I contrasti religiosi che avevano seminato lutti e lagrime, che avevano accompagnato il declino di una secolare Dinastia, che mi avevano strappato marito e figli, erano al fine risolti.

Se in Francia avevo dovuto assistere al crepuscolo dei Valois, nondimeno se fossi rimasta a Ferrara avrei veduto un altro pietoso vespro. Quello della mia stessa Dinastia. Il 19 febbraio 1591 s'era spenta ancor giovane mia sorella Leonora d'Este, da lungo tempo oppressa da una crudele malattia di cuore che l'aveva ridotta a trascinare mestamente la propria vita da una stanza all'altra del suo appartamento al Castello, sola, o al massimo con qualche dama di compagnia e il fedele medico Cesare Caprile. Non c'era ormai nemmeno più il geniale poeta deputato alla celebrazione delle glorie di Casa d'Este. In una serena giornata d'aprile del 1595 nel convento di Sant'Onofrio a Roma, il cantore della conquista di Gerusalemme, l'orgoglio combattuto e incompreso degli Este, se n'era andato per sempre. Né avrebbe impiegato molto a raggiungerlo il suo mecenate.

Mio fratello Alfonso aveva ormai superato i sessant'anni. Era ancora agile e forte, serbava l'impronta di un'antica bellezza, tuttavia la barba e i capelli bianchi tradivano l'appressarsi della senilità. Cominciava invero a temere per la propria vita, giacché non voleva morire senza lasciare quell'erede così indispensabile per la sopravvivenza a Ferrara degli Este. L'assassinio del re di Francia lo aveva impressionato e, pur sapendo d'essere molto amato dai sudditi, aveva cominciato a farsi accompagnare da due guardie del corpo, due omaccioni tedeschi che vestivano di giallo e azzurro, portavano una berretta di velluto con una penna bianca e una vistosa collana d'oro che scendeva fino al petto. In ogni uscita, a piedi, a cavallo o in carrozza, essi affiancavano il duca, tenendo sempre pronto uno spadone sulla spalla, ed erano così grossi e nerboruti che certo nessuno avrebbe osato d'avvicinarsi. Ma per Alfonso era in agguato un'assassina silenziosa che a nessuna guardia del corpo è dato di poter fermare.

La malattia, sostenuta da quella perfida alleata che era una vecchiaia stanca e disillusa, fece rapida ciò che non avrebbe meglio potuto fare il più abile dei sicari. La sua salute declinava di giorno in giorno, mentre i suoi pensieri, ognora più angosciati, si concentravano tutti sul destino della nostra amata città. Anche io ero preoccupata per Ferrara, la splendida capitale dai bianchi palazzi che aveva salutato la mia infanzia radiosa e che avrei tanto desiderato rivedere prima di morire. Ma sapevo che le speranze di poterla conservare si facevano sempre più labili. Il matrimonio di mio fratello con Margherita Gonzaga aveva portato amore e gioia, ma non il desiderato erede. Alfonso era sterile e le profezie di Nostradamus che l'avevano rassicurato per tanti anni, cullandolo nell'illusione di poter infine generare un erede, non s'erano avverate. Già da tempo, pur senza in fondo rassegnarsi, s'era abituato a considerare Cesare di Montecchio il possibile erede al trono. Per questo Cesare s'era trasferito al Palazzo dei Diamanti e aveva contratto nozze importanti con Virginia de' Medici, anche se mia sorella Lucrezia, che non aveva mai smesso di detestare i Montecchio da quando il marchese Alfonso aveva scoperto il suo amore illecito per il Contrari, cercava in ogni modo di ostacolare la sua posizione di erede. Lo odiava perché suo padre tanti anni prima aveva distrutto la sua piccola felicità, e affermava che mai avrebbe accettato di vedere un Montecchio sul trono estense. Il marchese Alfonso si era a lungo lamentato di codesto odio che reputava ingiusto. Era egli convinto d'aver sempre reso alla nipote devoti servigi.

«Ascoltatemi bene: ella a volermi male ha ragione et ha torto; ha ragione perché io per esempio le ho tolto un pomo di mano che lo aveva caro, ma ha torto perché io conoscevo quello pomo esserle dannoso et esser la sua rovina: perciò ne l'ho tolto», aveva un giorno confidato all'ambasciatore toscano Orazio Urbani, alludendo alla spinosa questione dell'amore smascherato. Forse davvero lo aveva fatto per il suo bene, ma il bene non sempre toglie il dolore. E il dolore che il marchese, in buona o in cattiva fede, aveva provocato a mia sorella Lucrezia, era stato davvero immenso. Dopo l'assassinio dell'amante si erano susseguiti solo giorni bui, per lei che al di fuori di quella passione illecita non aveva più nulla. Non poteva disporre di ricchezze, giacché tutti i suoi beni personali erano rimasti a Pesaro, a disposizione d'un marito ingrato e detestato. Un marito che non le aveva mai dato nulla. L'unica cosa che a Lucrezia rimaneva di Francesco Maria era il mal francese, che egli aveva contratto dalle donne di strada che abitualmente frequentavano il suo Palazzo.

La salute di mia sorella declinava e si portava via tutto l'incanto d'un recente passato. Certo, la vita a Ferrara per Lucrezia non sarebbe mai più stata quella di prima, quando giovane principessa incantava tutti con la sua eleganza, ma era comunque infinitamente meglio essere a casa che non fra le braccia viscide di un uomo che la detestava, a dividere gli appartamenti con la prostituta di turno! In un estremo sussulto di determinazione, aveva osato comunicare a nostro fratello che mai più, per nessuna ragione, avrebbe accettato di ritornare a Pesaro. Si aspettava una lunga ramanzina sull'onore della Casata e sulle esigenze della ragion di Stato che ognora impegnano una principessa di alto lignaggio, e si era preparata a resistere con tenacia. Invece inattesa giunse la dolce tardiva comprensione fraterna. Alfonso vedendo nostra sorella, un tempo splendida perla della corte, perdere l'avvenenza che aveva riempito le pagine dei poeti, ispirato i musici, allietato le lunghe giornate estive nelle Delizie di campagna, dove le conversazioni dotte o spiritose erano guidate dal suo abile ingegno e le damigelle la imitavano nelle letture, nell'eleganza dell'abbigliarsi, nella raffinatezza dei modi, comprese di avere sbagliato, di averle rovinato la vita con quell'improbabile unione foriera di umiliazioni e lagrime. Non poteva più rimediare, ma poteva certo almeno consentirle di rimanere a Ferrara, dov'era amata e dove nessuno l'avrebbe mai più maltrattata. Con l'appoggio del duca, Lucrezia aveva presentato alla Santa Sede una pratica di separazione dal marito che si era protratta per alcuni anni. Nel 1578 aveva finalmente ricevuto da papa Gregorio XIII la risposta definitiva. Il suo matrimonio con Francesco Maria della Rovere non poteva essere annullato ma, visti i validi motivi che impedivano la convivenza, ella era autorizzata a vivere a Ferrara, per sempre separata dal marito. Lucrezia tirò un sospiro di sollievo. Mai più avrebbe incontrato quell'uomo arrogante e odioso, mai più si sarebbe piegata ai suoi voleri, avvilita dalle pubbliche umiliazioni, sottomessa a quegli ipocriti seppur rari disgustosi amplessi. Avrebbe ripreso il suo ruolo alla corte del fratello, avrebbe vissuto come se quell'orrida lunga parentesi non fosse mai esistita.

Non tutto andò come aveva sperato. Malata, delusa, precocemente invecchiata, Lucrezia si rese ben presto conto di non poter in alcun modo competere con le fresche e vivaci damigelle che a corte attorniavano la giovane duchessa Margherita. Il suo posto era stato preso dalla vivace Marfisa d'Este, capricciosa musa del Tasso mai sazia di feste e divertimenti, intima amica della duchessa Margherita. Capì che anche a Ferrara il suo regno era finito e il suo orgoglio le impose di ritirarsi piuttosto che lasciarsi pubblicamente sopraffare. Partecipò al carnevale del 1580 come ad una festa d'addio, poi non volle più prendere parte a banchetti, feste e balli. Si dedicò con fervore alla vita spirituale visitando numerosi conventi e occupandosi di studi teologici. Fu una fervida ammiratrice del celebre oratore sacro padre Panigarola, ma il richiamo dei piaceri mondani e della vita galante non si spense in lei del tutto. Forse s'innamorò ancora: qualcuno parlò di un suo legame con il conte Luigi Montecuccoli. Ma certo non dimenticò mai Ercole Contrari e il motivo della sua morte violenta. La sua vendetta attendeva solo il momento migliore per potersi compiere. Superba del suo sangue regale, ambiziosa e molto infelice, avvelenò il suo animo al punto di entrare in aperto contrasto con chi ancora aveva tutto ciò a cui lei aveva dovuto rinunciare. Per nostra cognata Margherita, regina della corte, diletta e ammirata, giovane, vivace e spensierata, era arrivata a provare un astioso sentimento di vero disprezzo. Sentimento che Margherita doveva nondimeno ricambiare se l'ambasciatore toscano Raffaele de' Medici aveva potuto annotare che «sono come due vipere quando hanno occasione di mordersi».

Fu il 1597 l'anno decisivo per la sorte della capitale estense, l'anno che si portò via mio fratello, l'ultimo duca di Ferrara. Non era cominciato, quel mesto anno, in modo troppo dissimile dagli altri. Il carnevale era stato festeggiato con la consueta sontuosità, e il 7 giugno i duchi si erano recati a Reggio per collocare la prima pietra del santuario della Madonna della Ghiara. Ma col sopraggiungere dell'autunno il duca aveva cominciato a essere infastidito da una leggera febbre, alla quale peraltro non aveva voluto dare troppa importanza. Senza mutare abitudini e stile di vita, ai primi di settembre si era trasferito alla Mesola, poi a Belriguardo, e infine aveva insistito per trascorrere qualche tempo a Copparo. Il 9 ottobre era rientrato a Ferrara. I calcoli renali che da anni lo tormentavano sembravano essersi aggravati e gli provocavano sintomi così fastidiosi da costringerlo suo malgrado, già dalla metà di ottobre, a sospendere i ricevimenti a corte e a consumare privati pasti nelle sue stanze. La febbre insisteva, e s'accompagnava a inappetenza e irrequietezza. Rapido fu l'ultimo declino e, benché continuasse a rifiutare di mettersi a letto e cercasse di nascondere il proprio male, Alfonso capiva d'esser giunto alla fine. Margherita faceva spesso visita al marito costretto a letto, il quale tuttavia un giorno non la fece entrare perché, scrisse il Rodi, «ella non haveva più che fare in quel luogo». Trattenendo a stento le lacrime lei obbedì, uscì dalla stanza coprendosi il volto col velo poi «scoppiò in un dirotto pianto e prese a gemere così forte che moveva pietà». Allontanando la moglie dal suo capezzale, mio fratello intese certo risparmiarle il triste spettacolo della morte e forse preferì accantonare le tenerezze per concentrarsi suoi bisogni dello Stato, che molto lo preoccupavano: le sue ultime parole furono per Cesare di Montecchio, che nominò suo erede: «Io conosco che Dio mi chiama all'altra vita, e come cristiano mi rassegno alla sua volontà. Vi ho fatto e vi faccio erede di quanto posseggo, e voglio io stesso consegnarvi le chiavi del tesoro. Spendetelo per amor mio e vostro e per la conservazione di questo Stato, che i miei antecessori acquistarono ed io con tanta fatica conservai; e mostratevi in tutto un successore degno di me».

Erano le quattro del pomeriggio del 27 ottobre 1597 quando mio fratello Alfonso II, a sessantaquattro anni e dopo trentotto di regno, se ne andava per sempre. Modesti furono i suoi funerali, giacché Ferrara aveva già ben altro a cui pensare! Non aveva il duca quasi fatto in tempo a esalare l'ultimo respiro, ch'erano scoppiati i contrasti fra Cesare, che cercava di assicurarsi la successione, e la Santa Sede, che esigeva la devoluzione del feudo per l'estinzione della linea legittima. Clemente VIII si mostrò fin dal principio deciso e risoluto, Cesare si preparò a una strenua resistenza, mentre la nobiltà ferrarese si divideva tra i fautori del papa e i fedeli agli Este.

Mia sorella Lucrezia si pose subito a capo di quella fazione di nobili che, considerando ormai perduta la causa estense, tramava per favorire e compiacere quelli che sarebbero stati presto i nuovi padroni di Ferrara, e li informava regolarmente di tutto ciò che accadeva in città.

Don Alfonso di Montecchio era morto, appena sessantenne, dieci anni prima, il 1 novembre 1587, ma non per questo Lucrezia aveva dimenticato la vendetta. Cesare di Montecchio aveva ereditato il titolo ducale, e tutti sapevano che di lì a pochi giorni Ferrara non sarebbe più stata la capitale estense. Sei anni prima mio fratello Alfonso aveva avuto in merito la sua ultima immensa delusione. Essendo stato eletto pontefice un amico di Casa d'Este, il milanese Niccolò Sfondrati che aveva assunto il nome di Gregorio XIV, mio fratello aveva sperato di poter ottenere per suo tramite il riconoscimento di Cesare di Montecchio quale legittimo erede al trono estense. Per perorare la causa della sua successione, si era recato appositamente a Roma, dove da diciotto anni non aveva avuto occasione d'andare. Vi era giunto in un'afosa giornata d'agosto ed era stato accolto con ogni onore dal papa, che aveva subito avviato intense trattative. Poiché l'imperatore era in quel periodo in guerra con i turchi, Alfonso aveva promesso che, se fosse stato riconosciuto il suo erede al trono estense, sarebbe andato personalmente a combattere sotto le insegne imperiali con un esercito di seimila uomini, avrebbe accresciuto il censo annuo che versava alla Santa Sede e avrebbe donato un milione in oro alla Camera Apostolica. Gregorio XIV, nel concistoro segreto del 19 agosto, aveva cercato di far approvare un decreto che, in ragione dei compensi offerti dal duca di Ferrara, accordava per estensione l'investitura di Ferrara al successore da lui indicato.

Le speranze di mio fratello si erano così riaccese, illuminando per alcuni istanti la sua sventura, ma assai presto il buio era tornato ad avvolgere il destino di Casa d'Este e della sua capitale. Molti cardinali si erano ribellati, dichiarando che una siffatta investitura sarebbe stata contraria alla bolla di Pio V, alla quale erano vincolati da solenne giuramento. Gregorio XIV si era visto costretto a ritirare il decreto e due mesi dopo moriva, portandosi via per sempre ogni residua illusione del duca di Ferrara.

Salì al soglio pontificio Clemente VIII, al secolo Ippolito Aldobrandini. Ritenendo il recupero di Ferrara alla Chiesa come un dovere e una gloria del suo pontificato, egli volle immediatamente scansare ogni possibile equivoco e il 14 febbraio 1592 riconfermò solennemente la bolla di Pio V.

Molti membri del Sacro Collegio alla morte di Alfonso invitarono il pontefice a impadronirsi subito della città estense, se necessario con le armi. Mentre Cesare si dava da fare per rinforzare le difese della città, l'esercito pontificio s'appostava a Faenza. Inizialmente molti principi italiani e stranieri dichiararono la loro solidarietà al nuovo duca, ma tutti temevano che una guerra contro il pontefice rendesse l'Italia nuovo teatro di conflitti internazionali. Risolutivo fu l'annuncio che Enrico IV dalla Francia mandò in Italia. Forse desideroso di mondare il suo passato di nemico della Chiesa, di farsi accettare dai cattolici francesi che ancora non si fidavano completamente di lui, di rendere finalmente credibile la sua frettolosa conversione, non esitò a mettere il proprio esercito a disposizione del papa per la conquista di Ferrara, se Cesare si fosse rifiutato di cederla spontaneamente. Il nuovo duca non ebbe bisogno di altri argomenti per convincersi a lasciare la sua capitale. Già mite di cuore e timorato di Dio, detestava il fatto di dover disubbidire al papa. La scomunica che il 23 dicembre dalla loggia di San Pietro a Roma il pontefice aveva solennemente lanciato contro di lui aveva fatto vacillare ogni sua convinzione sull'opportunità di continuare a resistere. Il rischio poi di una guerra contro la Francia, non si poteva nemmeno prendere in considerazione!

La capitale era perduta, ma c'erano ancora in gioco alcune terre circostanti e in particolare Comacchio, che avrebbe consentito quantomeno agli Este di conservare lo sbocco sul mare. L'umile cittadina quieta e silenziosa, seduta sulla vasta laguna cosparsa d'isolotti, intersecata da verdi canali dove agili correvano le barche, era stata particolarmente cara ai duchi di Ferrara, in particolare a mio fratello Alfonso. In autunno egli amava partecipare con dame a cavalieri alla grande pesca delle anguille, un evento che sembrava risvegliare la città e che era stato cantato dal grande poeta della corte estense in un'ottava della sua *Gerusalemmme*: «Come il pesce colà dove impaluda/ nei seni di Comacchio il nostro mare,/ fugge da l'onda impetuosa e cruda/ cercando in placide acque ove ripare,/ e vien che da se stesso ei si rinchiuda/ in palustre prigion, né può tornare...».

Il palazzo che sorgeva presso Comacchio, la Delizia delle Casette, era stato per molti anni il favorito della corte, teatro di allegre sfrenatezze, punto di ritrovo e partenza per la ricca pesca, che rappresentava tra l'altro un ingente irrinunciabile introito per l'erario ducale.

Conservare Comacchio o perderla era insomma questione di vitale importanza. Occorreva trattare, era necessario che un arguto diplomatico si ponesse al servizio della causa estense, avvalendosi nel perorarla d'ogni possibile stratagemma.

Cesare nominò responsabile delle trattative con la Santa Sede, con pienezza di poteri, proprio mia sorella Lucrezia. La notte del 27 dicembre aveva mandato il suo primo ministro Giambattista Laderchi dalla cugina, pregandola di recarsi al campo di Faenza per trattare con il cardinale Pietro Aldobrandini, comandante delle truppe pontificie. Strana risoluzione. Non poteva Cesare non conoscere l'odio che ella nutriva verso la sua famiglia, o forse, proprio sapendolo, desiderava con cotal nobile gesto riconciliarsi. Oppure semplicemente aveva valutato che Lucrezia era in ottimi rapporti con Roma e che avrebbe potuto ottenere più di chiunque altro se, in un sussulto d'orgoglio, avesse miracolosamente deciso di tenere le parti della sua stessa famiglia.

Ma il sussulto d'orgoglio non ci fu, né tantomeno una qualsiasi ombra di desiderio di riappacificazione. Dissimulando i suoi veri sentimenti, mia sorella accettò il mandato, vedendovi un'irrinunciabile occasione per realizzare ciò che attendeva da oltre vent'anni. La sua personale vendetta contro i Montecchio, una vendetta sottile, ingegnosa, da attuarsi senza spargimenti di sangue, andando a colpire ciò che Cesare in quel momento aveva più a cuore: il destino del trono appena ereditato!

La mattina del 31 dicembre la sessantaduenne Lucrezia, inferma, piena d'acciacchi, costretta a farsi trasportare in lettiga, intraprese un faticosissimo viaggio attraverso strade rese impraticabili dal ghiaccio e dalla neve, che proprio la notte prima aveva imbiancato le pianure distese tra il confine estense e quello pontificio. A Faenza mia sorella incontrò il cardinale Aldobrandini, presentò le richieste di Cesare, poi firmò senza esitazioni, il 12 gennaio, la *Convenzione faentina*: un trattato che contemplava la rinuncia, da parte estense, non solo a Ferrara - abbandonata al papa senza discussione, «come se fosse stato un piccolo podere», avrebbe scritto il Guarini - ma anche alle terre romagnole, e alle città di Cento, Pieve e soprattutto Comacchio, dalla quale gli Este traevano le maggiori rendite e che non si sapeva bene se fosse stata loro infeudata dal papa o dall'imperatore.

Per Casa d'Este quel trattato era un completo fallimento, un disastro, che l'allontanava per sempre dall'adorata capitale, ridimensionava tutto il suo potere e la privava dello sbocco sul mare. Al termine delle trattative la scomunica fu ritirata.

Il 28 gennaio 1598 Cesare d'Este con la moglie Virginia de' Medici si mise tristemente in viaggio verso Modena. Per la successione dei feudi imperiali di Modena, Reggio e Carpi, Rodolfo II aveva riconosciuto Cesare senza problemi, sottoscrivendo il diploma d'investitura già l'8 agosto 1594. L'anno dopo, il 17 luglio 1595, il testamento di Alfonso II lo aveva ufficialmente nominato futuro duca, e come duca di una nuova capitale Cesare salì sulla carrozza che lo avrebbe condotto via da Ferrara, mestamente tenendo fra le mani una lettera che fingeva di leggere, un semplice foglio vergato in nero dove le parole che si susseguivano avevano l'unico scopo di offrirgli un pretesto per non dover alzare lo sguardo traboccante di lagrime. Il giorno successivo, accolti da un popolo osannante i duchi entrarono nella nuova capitale estense, una capitale tutta da costruire, dove non c'era ancora nemmeno un palazzo adatto ad accogliere degnamente la famiglia ducale, ma solo un vecchio e tetro Castello medievale, che certo altro non avrebbe fatto che accrescere la nostalgia per i lussuosi fasti delle raffinate residenze ferraresi.

Debilitata dai disagi di quel viaggio che aveva condotto alla rovina la sua stirpe, spossata dalla febbre, il 12 febbraio 1598 mia sorella Lucrezia morì. Anche nel suo testamento riuscì a dar bella mostra dell'avversione che provava per il nuovo ramo di Casa d'Este: non solo Cesare di Montecchio non venne nemmeno nominato, ma ella lasciò erede di tutti i suoi beni il nuovo governatore di Ferrara, il cardinal Pietro Aldobrandini. Risoluzione bizzarra che diede la possibilità ai più maliziosi di fare insinuazioni su un'improbabile infatuazione dell'anziana principessa per il giovane aitante nipote del papa!

Il cardinale Aldobrandini fece tributare a Lucrezia onori funebri solenni nel duomo di Ferrara, ma un biglietto scritto da mano ignota e deposto sul drappo di velluto che copriva il suo feretro condannò «l'iniqua donna che qui giace esangue» quale «inimica alla patria e al proprio sangue».

La morte di mio fratello aveva indirettamente provocato un'altra sciagura. La sua splendida gemma del canto, Anna Guarini, sprovvista della sua protezione, vide finire in tragedia il suo amore proibito per il conte Ercole Bevilacqua, marito di Bradamante d'Este.

Invaghitosi perdutamente della seducente perla della musica estense, e deciso a sposarla ad ogni costo, Ercole Bevilacqua non aveva trovato soluzione migliore che cercare d'avvelenare la propria moglie Bradamante e il marito dell'amata, il conte Ercole Trotti. Individui sospetti erano stati arrestati dagli uomini del duca e trovati in possesso di un potentissimo veleno. Interrogati, confessarono d'aver prodotto la mortal mistura in casa del conte Bevilacqua. Domenica 9 giugno 1596 mio fratello aveva convocato Ercole Bevilacqua e gli aveva imposto di uscire entro tre ore dai confini dello Stato estense. Già la mattina successiva, accompagnato da un solo servitore, il conte oltrepassava il Po, per andare a ritirarsi nella sua villa di Racano, in Veneto.

Convinto d'avere soffocato lo scandalo, mio fratello aveva fatto promettere al Trotti che non avrebbe torto un solo capello alla moglie. La dolce musa del canto fu così risparmiata e l'ira del marito tradito non si abbatté su di lei, finché… un anno dopo il duca Alfonso morì. Il conte Bevilacqua rientrò in città, Bradamante partì con la corte di Cesare prima del suo ritorno e i due coniugi non s'incontrarono mai più. Ma sulla sciagurata Anna Guarini s'addensò la bufera. Il conte ritenne che la morte di colui che gli aveva strappato la promessa lo svincolasse al fine da ogni obbligo, così, all'inizio di aprile di quel 1598, mentre i primi raggi del tiepido sole della primavera invogliavano a ritirarsi nella verde quiete della campagna, egli condusse la famiglia nella villa di Zenzalino, dimora estiva sperduta nelle più remote pianure ferraresi. Lì, lontano dai clamori della corte e da chiunque avrebbe potuto cercare d'ostacolare l'agognata vendetta, attese l'occasione propizia. La trovò in una mite giornata di maggio, quando Anna rimase a letto lamentando una leggera indisposizione. La porta della sua stanza si spalancò all'improvviso. Sulla soglia vide apparire il marito, affiancato da un volto sinistro, quello del sicario mantovano Iacopo Lazzarini. Tutto le fu subito chiaro. Era condannata. In un disperato aggrapparsi alla vita Anna balzò dal letto e si inginocchiò ai piedi del conte. Non ebbe il tempo di chiedere la grazia. Quella gola che aveva prodotto i suoni paradisiaci che per anni avevano deliziato Ferrara fu aperta da un rapido colpo di scure. Non più un suono ne sarebbe uscito, non una dolce nota, non una disperata supplica. Sul viso perfetto e candido che aveva acceso d'illecito sentimento il Bevilacqua s'accanì la furia dell'uomo offeso, e ogni traccia di bellezza scomparve, vittima della stessa scure che aveva profanato lo strumento del soave canto.

Sfigurata, sgozzata, Anna aveva perduto tutti i suoi doni, ma non ancora la vita. Agonizzante annaspava sul pavimento umido di sangue della villa campestre, solo rantoli uscivano da un petto affannato, rantoli sempre più lenti, che sembravano liberare a tratti l'anima dolente d'una stella che perdeva la sua luce. Occhi sgomenti gridavano quel che la bocca non poteva più gridare, e muta giungeva una preghiera disperata di pietà. Non fu tuttavia la pietà a strappare i colpi che posero fine all'agonia, bensì l'odio barbaro, giacché troppe volte la scure si abbatté sul corpo esanime prima che i due assassini fuggissero per rifugiarsi in territorio veneziano.

Così finiva una delle dame più splendide che avevano ingentilito gli ultimi anni di fasto a Ferrara. Così finiva Ferrara.

Solo io sopravvivevo ormai del ramo principale degli Este. Non saprei dire se fu per solidarietà verso mia sorella Lucrezia, ma un'inspiegabile antipatia mi impediva d'appoggiare l'ascesa al trono del ramo cadetto dei Montecchio. Decisi così di rivendicare tutti i possedimenti francesi della Dinastia estense, affinché nulla alla mia morte potesse essere ereditato da Cesare.

Il 5 ottobre 1600 venne celebrato a Firenze il matrimonio di Enrico IV con Maria de' Medici. Andai a Marsiglia ad accogliere la futura sovrana di Francia, e durante la cerimonia sostenni lo strascico del magnifico abito regale. In tutte le feste e cerimonie del regno di Enrico IV ebbi ruoli onorifici. Per il nuovo re, anche ora che i contrasti religiosi sembravano sopiti, avere accanto «la regina madre» dei leghisti era importante per farsi accettare da tutti i cattolici. La mia presenza alla corte di Enrico IV era un continuo invito alla conciliazione, un segno manifesto che finalmente la pace politica e religiosa era stata raggiunta.

La regina Maria de' Medici mi aveva nominata soprintendente della sua Casa, così, fino a quando la salute volle permettermelo, partecipai a banchetti e ricevimenti al Louvre.

Di quegli anni sereni, non ricordo molto. Quasi come se la mia mente e il mio cuore fossero ormai saturi delle turbinose vicende degli anni precedenti, e non volessero trattenere più nulla. O forse semplicemente non c'era nulla da ricordare, giacché tra feste e balli i giorni scorrevano in fondo assai simili l'uno all'altro.

Solo qualche aneddoto riaffiora di tanto in tanto, qualche episodio lieve, di cui posso, dopo tante lagrime, di buon grado sorridere. Rammento l'imbarazzo che provai quando la regina Maria de' Medici fece il suo ingresso ufficiale al Louvre. Un evento atteso, preparato nei minimi dettagli. Come soprintendente della Casa, avevo curato ogni particolare, e scrupolosa controllavo, non senza una lieve inquietudine, che tutto procedesse al meglio. Inaspettatamente il re mi mandò a chiamare. Attendevo le sue disposizioni, ma non potei celare un moto di sorpresa e avversione quando udii ciò che mi chiedeva.

«Piuttosto rudemente», com'era nei suoi modi, mi ordinò di presentare ufficialmente alla sovrana mademoiselle Henriette d'Entragues. La trovai un'idea «rivoltante», e glielo dissi. La giovanissima Henriette aveva da poco sostituito Gabrielle d'Estrees nei favori del sovrano. Era insomma la sua favorita, la sua amante, tutti a corte lo sapevano, e non avrebbe tardato Maria de' Medici a scoprirlo lei stessa, ma che dovessi essere io a presentargliela nel suo primo giorno al Louvre era semplicemente disgustoso.

«Così mi priverà di ogni credibilità da parte della mia signora!» protestai.

Ma il re era tanto risoluto da rendere vane le mie rimostranze. Dovetti cedere. Confusa e imbarazzata entrai negli appartamenti di Maria de' Medici. Dietro di me, mademoiselle Henriette procedeva spavalda. Non sembrava affatto preoccupata all'idea d'incontrare la regina. Enrico IV era con noi. Giacché io non riuscivo a trovare le parole adatte a spiegare l'incresciosa situazione, e rimanevo in piedi, muta, con la giovane damigella alle spalle, il re pensò di togliermi dall'imbarazzo cominciando lui stesso le presentazioni.

«Questa giovane è la mia amante e vuole oggi essere vostra umile serva» proclamò disinvolto. La regina si volse stupefatta. Mai si sarebbe aspettata una simile situazione.

Certo, anche nella sua Firenze, così come nella mia Ferrara, capitava spesso che i sovrani s'intrattenessero con giovani favorite, ma mai con siffatta disinvoltura! Mentre Maria de' Medici non staccava i grandi occhi sgranati pieni di stupore dall'inaspettata rivale, questa abbozzava una vaga riverenza, in realtà assai lontana dall'omaggio dovuto a una regina. Enrico IV contrariato le mise con malgarbo una mano sulla spalla obbligandola a genuflettersi com'era richiesto dall'etichetta e a baciare il bordo della veste della sovrana.

Nient'affatto intimidita dalla contiguità con la regina e moglie del suo amante, Henriette assunse a corte un contegno spigliato. Il suo comportamento era così familiare e spontaneo che Maria de' Medici finì suo malgrado per abituarsi a lei. Soffriva molto per i tradimenti del marito e per l'assidua presenza di quella che si ostinò sempre a chiamare «la sua puttana». Quando tuttavia le due donne si trovarono accomunate dall'esperienza di essere entrambe gravide, di aspettare insieme un bambino del re che si dividevano, una sorta di complicità, se non di simpatia, s'insinuò fra loro. La regina prese a trattare Henriette con una certa garbata cortesia, la qual cosa riempì di gioia Enrico IV, compiaciuto e oltremodo divertito dalla stravagante situazione.

Quando il 27 settembre del 1601 alle dieci e mezza della sera vide la luce il futuro Luigi XIII, io ero accanto alla regina che esausta e raggiante ammirava il suo primogenito, un maschio, l'erede al trono di Francia. Di una Francia pacificata, finalmente serena e prospera.

Mi cullai placida nella mondanità di quegli ultimi anni, una mondanità finalmente scevra di invidie, tradimenti, intrighi. Almeno per me, che ero ormai vecchia e cominciavo ad assaporare un graduale distacco dalle cose di questo mondo, nella consapevolezza che assai presto le avrei lasciate. Dopo tante sventure, mi compiacqui di quella pace, una pace che si consolidava nel mio animo come nel regno di Francia.

Il mio compito era terminato. Avevo accompagnato il tramonto dei Valois e l'ascesa dei Borboni. Avevo sofferto ogni amaritudine e desiderato nuove gioie, affrontato la guerra e anelato la concordia. Ora potevo finalmente riposare, e il grande Palazzo parigino dei Nemours era pronto a ospitare i miei ultimi giorni, giorni piatti e vuoti, solitari e tutti uguali, balsamo provvidenziale per l'anima che fu scossa da mille tormenti.

EPILOGO

Quando lasciai il mondo dei mortali, quando chiusi gli occhi per sempre su un regno finalmente pacifico, credevo che davvero il sangue avesse cessato di scorrere sulle mie terre.

Il mio corpo riposava nella pace del piccolo cimitero di Notre Dame de Liesse, sulla mia tomba si ostinavano a sbocciare strani tipi di fiori, in grande quantità, così che essa non era mai spoglia, né speravo mai lo sarebbe stata, nemmeno quando gli uomini m'avessero dimenticata. Sapevo che ciò sarebbe accaduto presto, che assai labile è la memoria umana, ma non avrei mai voluto immaginare un odio capace di profanare le mie spoglie, di distruggere il luogo del mio riposo. Mi ero illusa che la mia travagliata esistenza avesse avuto un senso, che i miei dolori fossero valsi a sanare quelle ferite profondissime che avevano insanguinato la Francia. Ora dai luoghi della vera pace vedo e comprendo il mio errore: sempre effimera, e di breve durata, è la concordia fra gli uomini.

Nel sangue accompagnai gli esordi al regno della Dinastia dei Borboni, nel sangue l'ho veduta, neppur due secoli dopo, estinguersi. Ho veduto rotolare a terra la testa del re di Francia, poi quella della regina. Ho veduto uomini bruti affamati di violenza esultare, nel sangue saziare disgustose brame di potere o annegare una sciocca ignoranza. Ho sentito inneggiare alla libertà e alla ragione. Ma quale libertà può nascere da tanta ferocia? Quale ragione dovrebbe celarsi nel vivere come pecore smarrite senza una guida, senza una meta, senza Dio?

La strage di San Bartolomeo, che vissi con inenarrabile orrore e che fu poi dipinta come l'emblema stesso dell'oppressione, come il frutto esecrato dell'alleanza fra trono e altare, non si sarebbe rivelata l'unica della storia di Francia, né certo la più sanguinosa. Quante notti di San Bartolomeo hanno lordato Parigi del sangue dei suoi stessi figli durante il tragico crepuscolo di quella stirpe che io stessa avevo aiutato a stabilirsi sul trono!

Ho veduto e compianto quei miseri che affannati rincorrevano l'utopia della felicità terrena, si macchiavano di orrorosi delitti, profanavano la mia come mille altre tombe, smarrivano l'eterna beatitudine fra le bestemmie degli invidiosi e le false promesse dei filosofi, si lasciavano tagliare l'anima dalle lame affilate del loro nuovo strumento di morte. La ghigliottina instancabile mozzava nobili teste, e gli stolti esultavano per poi finire essi stessi fra le braccia fredde d'una morte che assai presto avrebbe cessato di guardare in faccia le proprie vittime, di distinguere tra patrizi e plebei, per inghiottire tutti i francesi nella loro più atroce tragedia. Una tragedia assurda che di gran lunga superava tutte quelle che avevo avuto la sventura di conoscere nella Francia lacerata dalle guerre di religione. E mai mi sarei figurata di poter stimare la mostruosità umana capace di eguagliarle!

Il sangue che avevo veduto scorrere ad Amboise mi parve nulla al confronto di quello sparso dalla furia giacobina. Da chi affermava di agire per la libertà, per la ragione, per la dignità dell'uomo. Ma è forse dignitoso inginocchiarsi sulla pubblica piazza, posare il capo su un ceppo fra urla e bestemmie d'incoscienti per offrire il collo a una scure metallica che meccanica, rapida, fredda cade come dal cielo, senza che nemmeno sia necessaria la mano del boia a muoverla? Questo è il vostro progresso? Che ad uccidere sia un veloce marchingegno piuttosto che un braccio umano? Poveri illusi! Volete un mondo nuovo, i filosofi vi hanno promesso la felicità col togliervi ogni giogo, quello del re che vi guidava in terra, quello di Dio che vi guida dal cielo. Ma annegherete nella vostra solitudine, senza alcuno che vi guidi vi perderete nell'oscurità, finirete per dibattervi come uccelli in gabbia. E la gabbia saranno i vostri abbagli, il non senso d'una vita che promette tanto e poi finisce, prima o dopo, lentamente o all'improvviso, senza lasciare nulla.

Noi per difendere il nostro credo e il nostro mondo abbiamo

combattuto i nostri nemici, abbiamo versato e sparso sangue, siamo stati tacciati di crudeltà. Ma poi si è ucciso ancora, come e più di prima, e per quali motivi? Qualcuno s'è illuso fosse per portare la libertà.

La ghigliottina mozzando teste ha creato un nuovo mondo, un mondo che io non avrei mai potuto figurarmi, capace di vivere senza autorità celeste o terrena. Questo nuovo mondo giudicherà con severità la mia epoca, spargerà calunnie sulla mia famiglia, detesterà o irriderà chi ha lottato in nome di Dio.

Rivedo i cadaveri che penosi pendevano dalle mura di Amboise, quando noi Guisa ci trovammo d'accordo con Caterina de' Medici nel reprimere la ribellione protestante che aveva minacciato la stabilità del regno. Noi volevamo scoraggiare il diffondersi dell'eresia, ma la più determinata nell'ordinare il massacro, nel negare irremovibile qualsiai grazia, fu Caterina, che non agiva per motivi religiosi.

Cattolica più per cultura che per fede, ansiosa solo di proteggere l'autorità regale, Caterina ad Amboise non aveva ordinato un massacro di protestanti. Che gli uomini diretti verso il patibolo fossero seguaci di Calvino, era un fatto irrilevante, un particolare secondario. Lei aveva voluto punire i ribelli che avevano complottato contro il re suo figlio, che avevano ignorato il sacro potere dei Valois!

Gli uomini hanno sempre una motivazione per uccidere e per morire. Nei lunghissimi secoli in cui la religione ebbe gran rilevanza, la salute dell'anima, eterna e infinita, era considerata ben più preziosa della salute del corpo, corruttibile, finito, prima o poi destinato a malattia e a morte certa. La vita terrena era sì per noi importante, ma mai fine a se stessa. E noi Guisa non esitammo a metterla in gioco per la difesa della fede. Posso capire quanto ciò debba apparire assurdo a voi, figli della ghigliottina e delle sue conquiste, che vivete la vostra misera esistenza terrena come fosse l'unica.

E comunque anche voi uccidete! Anzi, uccidete più di noi, e sempre più lo farete, man mano che il vostro progresso vi consentirà di perfezionare gli strumenti di sterminio.

Sete di ricchezza, potere, passioni, ambizione… o la grande

religione di Caterina de' Medici, la ragion di Stato: queste rimarranno sempre ottime giustificazioni per uccidere. Tutte a ben vedere futili, quantomeno per la loro più o meno imminente scadenza temporale.

Noi Guisa chiedemmo la condanna esemplare dei capi protestanti per evitare che diffondessero l'eresia. Il popolo, ben lungi dal considerarci crudeli, ci amò anzi proprio per questa strenua difesa dell'autentica fede. Caterina de' Medici uccise gli avversari per tutelare una regalità che di lì a poco avrebbe comunque perso. Li uccise senza odio, senza rabbia. Fredda come la vostra Ragione. Non uccise i protestanti, ma i ribelli. Se fosse stata a capo d'un paese riformato, avrebbe fatto lo stesso con i cattolici. Il suo popolo la condannò per non essere stata capace di difendere la religione. Ma voi, eredi delle rivoluzioni, questo non potete capirlo, e preferite condannare noi, forse perché in lei un poco vi riconoscete. Già, il pensiero politico, la personalità di Caterina de' Medici sembrano avere attraversato i secoli, sembrano avere infine trionfato. Vedo ora migliaia di Caterine, migliaia di governanti che hanno preso il posto dell'unico re e sono sempre pronti a vendersi a poco prezzo. Vedo paesi considerati modello di civiltà ammettere ancora la pena capitale, per motivazioni differenti dalle nostre certo, ma non in modo poi troppo diverso e certo non con diversi risultati. Ma i Guisa sono da tutti vilipesi. In nome della religione nulla è più ammissibile, ma per questioni materiali in fondo tutto lo è. E la violenza certo non è scomparsa dalla vita dell'uomo.

Questo è il risultato della Ragione? Tanto inchiostro ha riempito pagine e pagine in nome della Ragione, tutto il XVIII secolo è stato speso per glorificare la Ragione, i filosofi hanno dedicato la loro intera esistenza, hanno trascorso notti suoi loro tomi per insegnare al mondo a usare la Ragione. Ed essa infine cos'è? Io vedo unicamente una rivoluzione, un radicale mutamento di pensiero, senza che in esso possa invero scorgere alcunché di ragionevole.

Ciò che il pensiero antico considerava assurdo, oggi è reputato legittimo, e viceversa. Una metamorfosi di giudizio, ecco tutto. Vorrei poter parlare con gli uomini solamente per sapere per quale motivo i dogmi di oggi sarebbero da considerarsi preferibili a quelli di ieri, per quale motivo ritengono che la ragione abbia trionfato nel momento in cui ha cominciato ad anteporre il finito all'infinito.

Forse, a ben guardare, tutto cominciò ai miei tempi, forse il seme della rivoluzione che definitivamente ha distrutto il regno di Francia per poi andare a capovolgere i valori dell'intera Europa venne gettato allora. Non lo capimmo appieno, noi protagonisti delle guerre di religione. Ma vedendo ora la storia dipanarmisi come unico immenso affresco, dove ogni evento trova un suo significato e tutto si collega in una perfetta architettura, posso comprendere ciò che accadde alla mia Francia nel secolo dei Lumi, ciò che accadde all'Europa e al mondo intero nel secolo borghese, posso vedere con chiarezza quei sottili fili che legano le cose umane. Chiese distrutte, immagini sacre calpestate, religiosi perseguitati, tombe profanate... Tutto sembra ripetersi, in nome della civiltà, della libertà, della tolleranza, e i fanatici ribelli contro i quali noi Guisa combattemmo anticiparono finanche nei loro atti più meschini la furia giacobina che travolse due secoli dopo il regno dei gigli.

Non hanno risparmiato me, e nemmeno Caterina, nemmeno il suo sogno di riposare accanto all'adorato sfuggente marito! Dopo essere rimasta a Blois per vent'anni, ella trovò pace a Saint Denis grazie alla pietà di Diana di Francia, figlia naturale di Enrico II. Ma nel 1793, in quello sciagurato anno che vide l'orrida profanazione dei sepolcri, anche i suoi resti come i miei vennero dispersi.

E i nostri nemici, che ora accendono nel mio cuore pacificato solamente un'immensa misericordia, non potendo trionfare contro una Chiesa forte e un popolo devoto, tentano la rivincita con l'inganno, alleati dei falsi liberatori, mascherati da fautori del progresso. Tutti i difensori della fede alla stregua di noi Guisa vengono diffamati, il secolo dei Lumi travolge ogni antica tradizione, ogni religione, poi il secolo ateo esulta al trionfo dei ribelli e vede anche gli uomini di Chiesa rinunciare alla difesa della vera fede. Con una mestizia dettata solo dalla pietà, vedo che gli eredi di coloro che insanguinarono la mia Francia diffondono il pensiero desacralizzato dopo aver deposto le armi e aver indossato la maschera della libertà. Non è lontana l'epoca in cui anche i loro spogli luoghi di culto prenderanno il sopravvento sulle magnifiche cattedrali cattoliche, e ovunque si perderà la Bellezza.

E voi spietati condannate ogni tempo, ogni costume diverso dal vostro, rigettate ogni dogma prigionieri di un unico grande dogma, l'ottusa convinzione che la vostra giovanissima epoca sia l'unica giusta, le vostre nuove idee le uniche possibili e condivisibili. Credete forse che per secoli e secoli gli uomini siano stati stolti o folli? Credete che fosse un pazzo mio figlio Enrico che rifiutava l'autorità conferitagli dal popolo nella certezza che l'unico potere legittimo dovesse provenire da Dio? Non gli hanno forse dato ragione, appena due secoli dopo, Napoleone e Luigi Filippo d'Orleans, col raccogliere il potere dal basso per poi vederselo strappare al primo mutare dei capricci della fortuna? Non gli hanno dato ragione i governanti borghesi che prendendo il posto del re ne hanno conservato tutti i privilegi senza assumerne i sacri doveri?

Io ogni giorno ringrazio Dio d'avermi concesso di affrontare la mia prova terrena in un tempo che, seppur travagliato, ancora offriva qualche certezza. Voi siete zattere sbattute dalla tempesta, foglie al vento, pecore senza pastore. E non lo sapete.

Avrei voluto lasciare ai posteri un esempio di valore, avrei voluto che la prematura morte dei miei figli potesse almeno accendere gli animi virtuosi. Ma temo che così non potrà più essere. Vi hanno insegnato a non guardare mai indietro. Per secoli l'uomo ha saputo raccogliere l'eredità, nel bene o nel male, di chi l'aveva preceduto. Ora dite di voler guardare al futuro, ma com'è possibile questo, senza tener conto degli errori e delle glorie del passato?

Qualcuno disse d'avere udito, vicino alla mia tomba, strane voci. Qualcuno aveva creduto che fossi io, ancora desiderosa di comunicare col mondo terreno. No, non era mia quella voce, ancora non avevo nulla da dire, il mondo sembrava scorrere non troppo dissimile da come m'aspettavo, non troppo dissimile da quello in cui avevo vissuto. Ora, però vorrei parlare. Ora che non c'è più la mia tomba, non c'è più un luogo che testimoni il mio passaggio sulla terra, vorrei restassero le mie parole, i miei ricordi.

Non eravamo certo perfetti alla corte di Francia! Ho ricordato grandi peccatori, assassini, pazzi debosciati. Eravamo creature mortali, con i vostri stessi limiti, incolmabili debolezze, momenti d'orrida crudeltà. A ogni virtù s'affiancava una miseria, a ogni preghiera un delitto. Figli disgraziati di un Dio misericordioso, solo questo eravamo. Ma non eravamo orfani e non abbiamo mai desiderato d'esserlo. Credo che essere liberi non significhi non avere un padre, terreno o celeste, non avere una guida o un sostegno. Come essere sapienti non significa lasciarsi raccontare e apprendere ogni favola scambiandola per verità.

Disperdendo le mie ceneri, distruggendo le tombe dei grandi di Francia, i figli della rivoluzione speravano di cancellare ogni traccia del passato. Come Enrico III nel far bruciare le spoglie dei miei figli aveva voluto sottrarle alla devozione dei cattolici. Il vostro nuovo mondo non tollera i ricordi, non ama il confronto. I vostri eroi vogliono essere soli. E invece io vorrei che il mio esempio vi facesse compagnia, che la mia vicenda sventurata di vedova e madre dal cuore troppe volte spezzato, di umile spoglia senza tomba, potesse giungere fino a voi, uomini senza Dio, così diversi da me, eppure in un certo senso così simili, come simili in fondo sono tutte le creature nate sotto il grande tetto del cielo. Hanno voluto che di me non restasse testimonianza terrena, non una tomba, non una lapide. Eppure vorrei chiedere agli uomini di non dimenticarmi, di non relegare fra le cose vecchie e dismesse un'esistenza sventurata vissuta con onore.

Anna Eleonora d'Este, principessa di Ferrara, duchessa di Guisa e di Nemours, moglie e madre dello Sfregiato, protagonista della storia della vecchia Francia, non è tanto lontana da voi da non potervi trasmettere qualcosa. Un qualcosa che magari qualche anima pietosa avrà la bontà di non giudicare inutile o noioso.

Bibliografia

ASMo, Casa e Stato, busta 358 (documentazione sui trattati nuziali di Anna d'Este)

ASMo, Carteggio principi esteri, busta 1568, A14 (corrispondenza di Anna d'Este con suo padre Ercole II)

Bloch Marc, *I re taumaturghi. Studi sul carattere sovrannaturale attribuito alla potenza dei re*, Einaudi, Torino 1973

Brantôme, *Le dame galanti*, Adelphi, Milano 1982

Castelot André, *La regina Margot*, Rizzoli, Milano 1994

Castelot André, *Maria de' Medici, un'italiana alla corte di Francia*, Rizzoli, Milano 1996

Chiappini Luciano, *Gli Estensi*, Dall'Oglio Editore, Ferrara 1967

Chiappini Luciano, *Gli Estensi, mille anni di storia*, Corbo, Ferrara 2001

Davila Enrico Caterino, *Dell'istoria delle guerre civili di Francia* [1630], Società tipografica de' classici italiani, Milano 1825

Duby Georges, *Storia della Francia. nascita di una nazione, dinastie e rivoluzioni dalle origini al 1852*, Bompiani, Milano 1987

Ferro Marc, *Storia della Francia*, Bompiani, Milano 2003

La Fayette Marie Madeleine, *La principessa di Clèves*, Rizzoli, Milano 1952

Lazzari Alfonso, *Renata di Francia duchessa di Ferrara*, in «La regione Emilia Romagna», anno 11 n. 4, Cappelli, Bologna 1951

Orieux Jean, *Caterina de' Medici. Un'italiana sul trono di Francia*, Mondadori, Milano 1994

Pazzi Gianna, *Renata di Francia e il movimento ereticale alla corte estense*, Taddei e figli, Ferrara 1919

Prosperi Adriano, *Dalla peste nera alla guerra dei Trent'anni*, Einaudi, Torino 2000

Rabelais François, *Gargantua e Pantagruele*, Rizzoli, Milano 2004

Rimondi Riccardo, *Estensi. Storia e leggende, personaggi e luoghi di una Dinastia millenaria*, Cirelli e Zanirato, Ferrara 2005

Tencajoli Oreste Ferdinando, *Principesse italiane nella storia d'altri paesi*, Modernissima Libreria internazionale, Roma 1933

Vivanti Corrado, *Le guerre di religione nel Cinquecento*, Laterza, Roma-Bari 2007

Vivanti Corrado, *Lotta politica e pace religiosa in Francia fra Cinque e Seicento*, Einaudi, Torino 1963

Tutti i diritti riservati

Edizioni Terra e Identità
via Prampolini 69 - 41124 Modena
Tel/Fax 059 212334 - E-mail info@terraeidentita.it

Finito di stampare nel mese di novembre 2010 - Grafiche Garattoni (Rn)